本书为国家哲学社会科学基金青年项目"汉英同声传译语序差异处理能力及其发展研究"（项目编号：15CYY006）的结项成果

中华译学馆

莫言题

中华译学倡言倡字与

以中华为根 译与学并重

弘扬优秀文化 促进中外交流

拓展精神疆域 驱动思想创新

丁酉年冬月 许钧撰 罗卫东书

中華譯學館 · 中国翻译实证研究论丛

穆 雷 许 钧／总主编

汉英同声传译语序差异处理能力及其发展研究

郭靓靓◎著

ZHEJIANG UNIVERSITY PRESS
浙江大学出版社
·杭州·

图书在版编目（CIP）数据

汉英同声传译语序差异处理能力及其发展研究 / 郭
靓靓著. -- 杭州 ：浙江大学出版社，2025.4. -- ISBN
978-7-308-25789-3

Ⅰ. H315.9

中国国家版本馆 CIP 数据核字第 2024U1X683 号

中華譯學館 菉言題

汉英同声传译语序差异处理能力及其发展研究

郭靓靓　著

丛书策划	包灵灵
责任编辑	诸葛勤
责任校对	黄　墨
封面设计	周　灵
出版发行	浙江大学出版社
	（杭州市天目山路 148 号　邮政编码 310007）
	（网址：http://www.zjupress.com）
排　　版	浙江大千时代文化传媒有限公司
印　　刷	杭州高腾印务有限公司
开　　本	710mm×1000mm　1/16
印　　张	22.5
字　　数	403 千
版 印 次	2025 年 4 月第 1 版　2025 年 4 月第 1 次印刷
书　　号	ISBN 978-7-308-25789-3
定　　价	98.00 元

总　序

　　15 年前，我招收了第一名博士研究生；到 2020 年退休，一共有 22 名博士生入门，还有近 50 名曾经指导过的硕士研究生和本科生读了博士。学生们常在一起交流，合作研究，形成团队。这个数量在国内翻译圈远远不算多（同人中招收博士生最多的有上百人）。我对这些博士生情有独钟，并非因为他们学历、学位高，而是因为我跟他们朝夕相处的时间较长，感情深厚。可以说，我跟这些学生相处的时间远比跟我儿子在一起交流的时间要多。很多学生跟我情同母女/子，我们无话不谈。"教学相长"是个老说法，但我对其感同身受：我和博士生们在一起，他们给我的教育一点不比我给他们的少，这令我深感欣慰。

　　在过去的十几年里，对于如何成为一名好的博士生导师，我经历了一个逐步学习的过程。入门初始，我仅以自己的导师和我观察到的其他导师的做法为主，慢慢地有了体会和认识，也有了经验和教训。首要的是选材，研究生院一般比较关注考试成绩，所以大多数考生咨询时最关心的也是成绩和录取名额。例如，很多考生会问："请问导师有几个名额？""您是否已经有心仪的人选了？我还有没有机会？""你们要考二外吗？考分要多少才能录取？""我有一些特殊情况，请问老师能否考虑优先录取我？"来自高校的青年教师有很多会谈到大学"非升即走"的要求，谈到自己的年龄、工作、婚姻家庭，特别是职称等方面的压力，请求老师尽快录取他们，以免耽误其他的机会。应届毕业生往往会一石多鸟地"投石问路"：只要你肯录取，就多说你好话；一旦你表示竞争激烈，就立刻转向。只有很小一部分考生会主动谈到自己的理想、信念、兴趣，有意愿了解导师的想法和方向，明白读博士的艰辛和目的。

　　我习惯在考试之前就跟考生交流，了解考生的基本情况。例如，通过聊天可以发现：有的考生功利心太强；有的考生不善于跟别人合作与交流；有的考生以为读博士可以有一段悠闲的假期，可以用来怀孕生子或者完成此前未能完成的研究；也有的考生读博士就是为了戴上博士帽，满足虚荣心。凡此种种，不深入交谈，根本无法发现。每年面试结束后，我还会邀请在读的博士生跟部分考生共进晚餐，观察考生人际沟通的能力。这种考察真的管用，有的考生一顿饭下来会赢得未来师兄、师姐的喜爱，也有的会被他们一致否定。他们会说："老师千万别录取这个考生，否则我们团队就没有现在这么融洽的氛围了。"然而，也有个别考生善于隐藏自己的想法，可以顺利地通过上述考察，等到入校后才暴露真实意图。这是教训。例如，有些考生考前信誓旦旦地表示哪怕辞职都要专心读书，绝对会心无旁骛，等到一个学期的课上完，就坚决要求回原单位上班。他们的理由各种各样——照顾妻儿、单位考核、担任职务、保住收入，等等，让你不得不批准他回去。有的考生还会堂而皇之地屡屡对外宣称自己多么辛苦，要旅途奔波，其实是什么都不想放弃，读书成了副业，得了便宜还卖乖。同样的读书机会，那些宁愿放弃眼下一切既得利益而选择踏实读书的学生更应该优先得到。

学生入学之后，师生之间的"磨合"才真正开始。每个学生都有不同的成长经历和学习风格，导师需要适应每个学生的特点，因材施教。有的学生非常自律，读书写作无须督促；也有的学生有拖延症，每次作业都要反复督促。有的学生心理适应能力强，经得起批评；有的学生比较脆弱，情绪起伏较大；还有的学生家庭负担较重，有老人孩子需要照顾。加上每个学生论文方向都不一样，需要的帮助也不尽相同，所以对待学生就需要有耐心和信心。师生之间的交流在某种意义上跟婚恋相仿：有的人婚前已经彼此有情有义，有的人只能在婚后慢慢磨合。

至于学生的研究兴趣，因入学前已对其有所考察和了解，所以研究方向大体有了，入学后通过深入广泛阅读再继续深入即可。我有一个认识：导师不能强迫学生亦步亦趋地跟在自己后面，自己做什么，学生也必须做什么；不能强迫学生必须用上自己的"理论"，并加以宣传；不能强迫学生必须大量引用自己的论著，让学生摇旗呐喊，为自己的研究助威。学生入学前一般会有自己的研究兴趣，如果导师认为大方向没问题或者自己也有兴趣，双方一拍即合，这是最理想的状态。导师的任务是通过自己的帮助和学生的努力去实现学生的学术理想，解决他们发现的问题。不过，如果研究兴趣相去甚远，双方往往也难有师生的缘分。

有的学生真心要进入团队，但那年恰恰又不一定有名额，他们宁可先参加团队活动，埋头读书，向师兄、师姐请教。这些学生后来入校，反而比较顺利，一般三年即可毕业。因此，我常常跟前来咨询的考生讲，很多导师每年只有一个名额，但录取并非仅凭成绩，要看哪个考生的准备成熟了，也就是说通过读书学习等活动，考生已经大体掌握了研究方法，明确了研究兴趣，找到了研究方向，认识到研究和读博的艰辛并下定决心。录取是一个形式，重要的是你从决心读博开始，就已经进入读博的状态，无论何时被录取，读书研究的脚步都是坚定向前的。考试顺利固然可喜，但考上了毕不了业也很煎熬。

我对于研究方法的认识也有一个过程。读博士之前，我对研究方法的认识是懵懂的，也很少有相关论著可以学习。进入博士阶段第一学期，我就选了语言学研究方法的课，跟同学们一起听课，为了完成作业"泡"图书馆，这才发现有关方法论的著作实在太丰富了。我站在书架旁一本一本地筛选浏览，很多内容对我颇有启发，似醍醐灌顶。在旁听一名同学的开题报告时，评委老师们对于选题逻辑和研究的方法提问犀利，令我印象深刻。虽然迄今自己对研究方法的了解也还仅是皮毛，但我从开始指导研究生时起就暗自决定，要让孩子们早点重视研究方法。国内很多学者把无法归类的研究都称为"思辨性研究"，我一直对此存疑，因为在各类研究方法的论著中都找不到其定义。直到有博士生从比利时鲁汶大学翻译学研究中心的暑期学校回来说，欧洲的老师们对中国学生普遍使用的"思辨性研究"说法不认可，因为在任何一种研究方法的使用中都存在思辨活动，思辨是思考的过程而非独立设计使用的研究方法。这才从侧面印证了自己的观点，我感到欣慰，因为自己的学生在论文写作中几乎无人将"思辨性研究"作为唯一的研究方法，尤其是博士生大多会从实证研究入门，一点一滴地掌握各种研究方法。

我从 20 世纪 90 年代开始关注翻译教学，发现很多硕士学位论文都是套用一个或 n 个理论去分析翻译文本，用理论话语去解释原文，并进行译文比较。从理论上说，一个理论可以套用 n 多个译文分析；反之，一个译本也可以套用 n 个理论。这样排列组合，可以产生无数的论文。然而仔细阅读这些论文，发现都是一个模式：同样的结论，无非"证明"该理论可以"解释"不同的译文。从理论建设的角度而言，如果一个理论产生后所有的研究都证明其正确有用，该理论就无法推进了。我们的研究生，特别是博士生，应该得到系统的训练，把各种理论和方法都当作研究的工具，用以解决翻译实践和翻译研究中的各种问题。如果他们从硕士读到博士，还只会套用理论去解释译文，或者只会"建构"理论自说自话，那么很难想象他们未来的研究之路何在。针对研究生的学术训练应该主要培养学生掌握发现问题、分析问题和解决问题的能力，这种能力的提升可以伴随他们日后的研究与工作。在高校，我们发现很多外语"青椒"找不到研究方向：明明教学中有很多亟待解决的问题，却"端着金碗要饭"，在各种理论中苦苦寻觅研究课题。问题的根源就是在研究生的训练中缺少正确的研究方法训练。

有了上述认识，我就鼓励自己指导的研究生，特别是博士生，不要躲在舒适区里图安全，满足于套用理论分析译文，而是先磨刀——开拓理论视野，掌握研究方法，找到研究问题，再砍柴——找到有价值的研究问题，选用合适的工具去分析问题，解决问题，同时最好在理论上有进一步的推进，有所独创。研究的目的一定是解决问题而非"填补空白"或"构建理论体系"。久而久之，学生们的选题和研究不再出现空谈理论或者套用理论的现象，实证研究成了很多学生的选择。本论丛就选择了部分博士学位论文，反映了团队近十多年来的研究特点。

我还记得蓝红军的论文选题过程。入校后他表示要做钱锺书翻译思想研究，我认为以他当时的训练基础，还不足以做这个课题——这个选题虽然非常有意义，但不太适合做博士学位论文。我建议他暂时保留这个选题，毕业后申报国家社会科学基金项目。他接受了我的建议，毕业后果然顺利申请到国家社会科学基金项目，也顺利完成了这个课题的研究，还做得非常出色。他的博士学位论文则为《翻译操作规范：应然与实然——一项基于韩素音青年翻译竞赛语料的描写性研究》。当时对这个话题的研究还没有做过博士学位论文这么深入的探讨。红军毕业后开始发力，自身的优势凸显。他长于逻辑思维和论辩，理论分析深入精准，每年都有力作推出，连续几年在《中国翻译》发表年度头篇。

王巍巍硕士毕业后直接读博士。选题的时候她说，口译员感知的用户需求跟用户的口译需求、口译期待产品和实际口译产品之间往往有差别。开题答辩时有评委老师指出，口译质量是客观存在的，好就是好，不好就是不好，怎么会不一样呢？后来经过她反复查阅文献，和我们共同讨论，我肯定了她对口译活动和质量的观察：对于口译产品质量的认知，口译员和客户之间确实存在着差异。我觉得她的研究恰好可以回答评委的疑问，很有意义。通过博士研究，巍巍成长迅速，我们亦师亦友，深入交流。她不仅在学术研究成果方面越来越亮眼，还积极主动做了很多行政及中国翻译协会和广州翻译协会的工作，承担了很多烦琐的填表申报和沟通联络事务，使得广东外语外贸大学（广外）口译系的工作上了一个台阶（口译系成为广东省三八红旗集体和五一劳动模范集体，通过了国际口译员协会的认证，获得了国家级课程），再次擦亮了口译教学团队这块牌子，而她自己也成为口译研究、口译教学和口译服务的排头兵，成为师弟、师妹们信赖的师姐。

邹兵读硕士期间就表现出色，勤于阅读思考，不怕吃苦，选择了"英汉笔译难度主要影响因素及测量方法的实证研究"。无论对翻译行业还是对翻译教育和翻译测试而言，翻译难度问题都是一个亟待解决的重要研究课题。该研究分别得到英汉笔译难度的影响因素框架、预测变量和测量模型。我认为，这个研究如果持续进行下去，实际运用后对于现有的翻译质量评估和翻译测试评分体系都很有价值。我希望他不要放弃，继续开展相关研究。十多年来，邹兵在团队都是"后勤部长"，默默地承担了许多团队事务性工作。师弟、师妹入校前，他就开始张罗，帮助安排住宿，关注到各种生活细节。谁有困难找他，他都会伸出援手。邹兵的踏实勤奋、助人为乐给大家留下深刻的印象。

许艺硕士跟刘建达老师学习测试学，研二时来找我，表示要做口译测试方面的研究。她说自己读硕士期间做英语口语测试研究，同时学习了翻译理论，希望能把测试学方法用于口译研究。我喜出望外，因为前面有邹兵做笔译测试研究，许艺的选题"交替传译策略能力构成研究"则从口译方面开展测试研究，口笔译测试研究可以相互借鉴。她入学第二年，刘建达教授主持了教育部重大攻关项目"中国英语能力等级量表研制"，我们团队承担了其中口译量表的子课题，王巍巍、许艺和邹兵作为课题组的骨干成员立下了汗马功劳。许艺和邹兵在读期间，全国翻译专业学位研究生教育指导委员会秘书休产假，他俩业余时间承担起秘书处的工作，跑前跑后，忙里忙外，为秘书处的正常运作提供了保障。

傅琳凌从华南师范大学（华师）硕士毕业后在广外南国商学院教书，她申请考博时表示对翻译的性别研究很有兴趣，但我没有立即答应，因为我曾经指导过八九个硕士做同类研究，盲审时评委给分差异悬殊——同一个选题，有的评委评价很高，有的评委给分很低。有一名翻译研究专家说，性别研究是政治问题，不是学术问题。虽然我持不同看法，但不敢让博士生去冒险，毕竟这个风险比较大。琳凌坚持不放弃初心，她工作之余坚持参加团队活动，在师兄、师姐们的帮助下扩大阅读范围，终于在两年之后被录取。直到胡开宝教授的博士生用语料库的方法确实证明了性别在翻译中的差异，我才同意了她的选题"译者性别对译作风格的影响研究"。她的扎实研究在答辩时获得评委一致认可。琳凌毕业后通过激烈的竞争回到母校华师工作，她除了完成本职教学科研工作外，还积极承担了很多院务工作，把团队合作的精神带到了自己的工作中。

李希希从准备报考到被录取经历了三年的耐心等待，最终顺利完成博士学位论文《汉英交替传译策略能力发展——基于翻译硕士专业学位研究生的纵向研究》。希希聪明好学，从四川外国语大学（川外）毕业后，在从事口译教学的过程中发现了一些问题，想通过研究解答疑惑，但我感觉她基本功还不够扎实，就没有很快录取她。然而她能够沉下心来，甚至辞职来到学校，积极参加团队活动，以博士生的标准要求自己。她的论文是基于翻译硕士专业学位（Master of Translation and Interpreting, MTI）口译学习者的一项质性跟踪研究，跟踪时间长、工作量与工作难度较大。入校前，她已经完成了为期一年的跟踪试点，充分论证了研究计划的可行性并完成了开题报告初稿，入校即展开研究工作。在读期间，她先后赴鲁汶大学和香港理工大学访问学习，打磨研究，最终在三年时间里顺利完成了论文。她的研究发现了 MTI 口译学习者的策略能力发展曲线、突变节点，以及影响因素，对于我们 MTI 口译教育具有重要启示意义。在读博期间，她除了完成博士学位论文，亦参与了团队的多项工作，承担了高翻学院本科和研究生口译教学工作，还兼任博士生党支部书记和博士班班长，在学习和各项工作中迅速成长。她和琳凌都是先开展博士研究，后被录取，这说明博士研究的过程不是一定要在被录取之后才能进行，入校之前的准备也是非常有效的。预先打下坚实的研究基础，入学后心理压力反而不会太大。

王莹硕士也在本院就读，但因为我不是她的导师，只给她上过课，知道她语言功底不错，跟巍巍一样都在全国模联比赛中获过奖。她毕业后去了深圳大学。有一次，她来办公室找我，说在口译教学中感到学生的情绪对口译学习有很大影响，想以此作为博士研究选题。恰巧，我在博士阶段认识北京体育大学做运动心理学研究的毛志雄教授，同单元住宿的博士同学苏细清也是从心理学入手做社工研究，博士学位论文做的就是大学生的情绪表达。在跟他们的交流中，我了解到一些心理学理论和相关的各种量表问卷等信息，尤其是毛老师的运动心理学教材引起了我的兴趣。我一直在思考，口译员和运动员的某些心理活动类似，如焦虑——过度焦虑一定会影响表现，但完全不焦虑可能也无法调动积极因素去超常发挥。这种相似性是否可以用于我们的口译教学研究呢？于是我让王莹回去扩展阅读有关心理学的论著，看看心理学的理论和方法是否可以帮助解决口译教学的问题。可以说，王莹的研究也是我多年的心愿，她的选题"教学情境下的同声传译焦虑——一项基于翻译硕士专业学位学生译员的实证研究"很好地回答了研究问题。在研究过程中，我两次陪她去北京向毛老师当面请教，邀请苏老师来指导开题，还送她去香港浸会大学访学。在苏老师的训练营里，她收获满满，为开展博士研究奠定了基础。最让我们开心的是，王莹的研究还令研究对象获益。她以本院口译证书班的学生为研究对象，发现学生的焦虑情绪对口译学习影响很大，于是跟学生的导师和口译老师一起，针对学生的焦虑情绪进行疏导，化解了危在旦夕的心理矛盾。最终学生顺利毕业，也验证了苏老师指导的研究方法的有效性。研究问题从教学中来，研究过程同时也解决了教学中的问题，这不正是我们要追求的教学和研究效果吗？在王莹的研究过程中，参与配合的口译教师也从中发现了研究的乐趣和意义，激发了他们的研究动力，这更加令我感到欣慰。

李雯在所有学生中是一个"另类"：她外语本科毕业后进入华为翻译中心，工作十年后离职。经翻译中心陈总推荐，我认识了她。翻译硕士专业学位设置之后，教指委一直在做翻译博士专业学位的论证准备，广外翻译学博士点也设置了"语言服务"方向。据我观察，从学校到学校的学生，完全不了解语言服务行业，很难从语言服务行业的实际运作中发现问题，因此就想看看李雯是否能够打破这个魔咒。李雯从我和陈总商议的三个课题中挑选了一个作为研究方向，她的博士学位论文《基于客户视角的翻译服务质量评价研究——以汉英翻译为例》解决了翻译行业笔译服务质量评价的问题。有关翻译的学术研究中不乏对翻译质量的评价研究，然而，语言服务行业的翻译服务质量评价跟我们的学术研究基本上没有交集。学术研究对翻译质量的评价依据语言学理论，而翻译服务的质量评价以客户满意度为依据。李雯遇到的困难是她虽然翻译经验丰富，但学术表达从零开始，阅读文献和学术写作都要从头学起。她之前的工作经历派上了用场。由于具备了有条不紊的时间管理手段和极高的学习效率，李雯很快就进入研究状态，出色地解决了研究问题，这也为她毕业后进入高校任教奠定了扎实的基础。广外的博士答辩一般有 5 名评委，王巍巍和李雯的正式答辩，我们都邀请了 7 名评委——因为她俩都使用了管理学的方法，我想多邀请几名专家，多发现一些问题。巍巍答辩时我们邀请了中山大学管理学院的博士生导师，李雯答辩时我们邀请了语言服务行业的专家。她们的研究得到了专家们的一致赞誉，我们也获得了跨学科研究的经验。多一双专业的眼睛就能多挑出一些问题，让博士学位论文更加经得起推敲和考验，也让翻译研究有更多机会跟相关学科进行交流。

杨扬跟邹兵一样，也是从硕士阶段就进入团队的。她决定硕士选题时就遇到团队做量表，她的选题从硕士到博士都与量表相关。她的硕士学位论文《全国翻译专业八级考试（英语口译科目）概要口述（英—汉）任务效度研究》难度很大，团队讨论已经帮她压缩了很多研究内容，但论文仍然比其他同班同学厚重很多，完成质量也很好。她的博士学位论文《口译能力认知诊断评价研究——以学生译员英汉交替传译为例》，其研究结果——交替传译认知属性模型补充和发展了口译能力模型、口译过程的并行加工理论，以及口译子能力之间的互补性机制，所构建的交替传译能力认知诊断评价体系为日后相关口译教学和测评实践提供了评价参数基础。且交替传译能力认知诊断评价工具实现了口译过程评价和口译产品评价的有机结合，兼具形成性评价和终结性评价功能，具备良好的信效度，可为口译能力评价、翻译能力评价或其他语言能力评价提供工具基础。无论是做硕士学位论文还是博士学位论文，杨扬都特别认真，工作量非常饱满，远远超出其他同学。一个瘦弱的小女生，在三年时间里，完成了这么厚重的博士研究，还兼任博士班的班长，承担了许多行政工作和团队工作，确实不易。

马晶晶是云南师范大学的青年教师，硕士毕业后任教多年，在研究方向上徘徊。共同的少数民族背景让我对她"另眼相待"，我直接建议她做民族翻译研究。在研究对象上我们纠结过一段时间，也根据黄友义老师的建议探讨过几个民族翻译的案例，后来才确定以彝族创世史诗《勒俄特依》英译为研究对象，探索创世史诗翻译中的原型重构。对此无论是研究对象，还是研究目的及研究方法，都是没有先例的。好在晶晶身处民族地区，她的公公从事的是民族地区的地方志撰写工作。耳濡目染下，她也有一定的资源积累，在英译本尚未拿到纸质版的时候就先获得了译者赠予的电子版，从而可开展先期研究。文化人类学和原型理论我们团队没有人做过，所以晶晶很多时候是"孤军作战"，团队成员们只能从研究的逻辑和方法上提出建议。翻译学界对创世史诗的关注极少。创世史诗的翻译文本少，相关研究严重不足，现有的零散研究缺乏对创世史诗文本及文化的深入研究和对创世史诗翻译的理论建构。但这些困难并没有让她止步不前，她在译者本人的帮助下，获得了大量一手资料，通过阅读文献并向专家请教，终于对原型理论有了自己新的认识，借助"三重证据"法和其他相关理论，解读了这本从说唱艺人流传直接进入翻译程序的创世史诗的翻译过程，提出了创世史诗翻译中的原型重构模式。期望马晶晶以此为契机，日后在民族翻译研究中有所贡献。

这几部以博士学位论文为基础的专著，以及陆续加入的作者的相关研究著作，展示着我们在翻译实证研究方面所做的不懈的探索。感谢许钧老师的慧眼和推荐，感谢浙江大学出版社的鼎力相助，感谢包灵灵老师和诸葛勤等各位责任编辑老师，使我们这套丛书得以出版。希望丛书能够得到更多学界同人的参与、关注、批评与指正。

是为序。

穆 雷

2025 年春

前　言

本研究聚焦于汉英同声传译语序差异处理及其能力发展这一我国同传研究的特色主题，采用跨学科交叉演绎推理的范式构建处理的信息—认知模型，通过职业译员受控实验检验模型工作假设、描写专家处理行为，通过学生译员对比实验探索处理能力发展。对实验中所采集的语料与数据进行质性分析与量化统计，证实信息—认知模型，发现处理时间，明确处理能力发展实际与循证教学对能力发展的高效性。对汉译英方向同传实验中发现的反常现象追加个案分析，揭示汉译英同传中显化的特征，以及译员对外话语实践者的职业身份认同。

第 1 章为"绪论"，通过文献法梳理我国同传研究 40 年发展历史。本章先指出我国同传实践已经普及但学术研究仍未获得独立地位的现实，继而建立中国同传研究代表性成果文献库，在科学哲学史观视域下对文献进行全时考察与阶段剖析。我国同传研究历经三个阶段：其中 1980—1999 年的萌发阶段处于前范式科学阶段，2000—2009 年的勃兴阶段过渡至以国际同传研究范式为基础的常规科学阶段，2010—2019 年的成长阶段则出现技术模因文献数量激增的反常现象。对比国际同传研究，不难发现我国同传研究形成了汉外对比、译学阐释的传统，其中历史最久的原创模因是针对汉外语序差异所致的同传语序差异处理难题、基于同传实践经验总结提出的顺译技巧。但我国同传研究在量质并举、不断演进的同时，也仍存在学理建构薄弱、实证研究稀少的不足。

第 2 章为"汉英同传语序差异处理的信息—认知模型"，通过跨学科交叉的方法进行理论建构。本章先在中外类型学研究框架内，明晰汉语语序的独特性与汉英语序差异的内涵，即汉语作为向左分枝的唯一 VO 型语言，与英语这一向右分枝的 VO 型语言形成显著的语序差异。在超越例句阐述的片面性、随机性，进而形成语序差异的整体观与系统观后，阐述语序差异对汉英同传的影响，即导致源语意义不确定、短时记忆长占用两个限制前提之间的矛盾，汉英同传语序差异处理因而是对两个限制前提的动态平衡。通过向信息科学、认知科学跨学科交叉并演绎推理的方法，构建汉英同传语序差异处理的信息—认知模型。源语意义不确定抽象为信息熵，同传语序差异处理抽象为极限条件下有噪信道中快速且无误传输信息的过程。信息密度一致性是人类语言产出的计算最优解，闭合 SV(O) 信息轮廓的信息密度一致性偏差最低，故处理应以符合信息密度一致性的方式产出闭合 SV(O) 信息轮廓，从而摆脱源语复杂表层结构的束缚。结合同传概率预期模型中主客观冗余的调节作用，处理在主客观冗余较高、源语意义不确定因而降低时，也可能偏离信息密度一致性。故模型的信息维度要求产出闭合 SV(O) 信息轮廓，主客观冗余是产出的信息轮廓有所偏离而不误译的调节因素。鉴于短时记忆容量的有限性、同传多个认知负荷对其的竞争性，处理的认知维度要求在不超短时记忆正确持留阈值的中等水平时启动处理、在不超阈值时产出贮存。基于信息—认知模型，本章提出一组工作假设，以及假设检验的路径、流程和标准。借鉴心理学专长研究中的刻意训练理论，结合同传研究中特定能力发展的发现，指出语序差异处理能力研究的欠缺，以及基于译员实证的循证教学对于促进能力发展的可能性。

第 3 章为"汉英同传语序差异处理信息—认知模型的实证检验"，通过职业译员两个同传方向的受控实验，以及质性分析与量化统计，对模型进行检验。本章首先介绍职业译员与实验语料的选择标准、实验程序、译语转写与评价等，对实验的相关变量进行严格控制。继而对采集到的译员语料进行质性分析，检验其信息维度指标是否符合工作假设，即是否能识别源语语序差异、是否正确识别源语信息、是否产出闭合信息轮廓、是否产出 SV(O) 信息轮廓。随后对译员听译时滞数据进行量化统计，描述启动、贮存两类听译时滞总体的集中趋势，确定译员个体听译时滞的检验值，验证其认知维度指标是否符合假设，即启动听译时滞是否小于等于短时记忆正确持留阈值的中等水平、贮存听译时滞是否小于等于该阈值。综合处理结果与两个维度的假设检验结果，分析处理样本是否证实模型。实验结果显示，模型在两个同传方向上均被至少七成译语正确且处理符合模型的样本所证实。同时还得出听译时滞的实证发现：英译汉、汉译英同传方向启动听译时滞集中在 4 至 5 秒，贮存听译时滞则在 6 至 8 秒，汉译英、英译汉方向的两类听译时滞均存在统计学意义上的显著差异；其折射出译员短时记忆容量的中等水平和上限，以及同传记忆容量占用管理的方向特异性。

第 4 章为"汉英同传语序差异处理能力发展的实证探析"，通过对照组、实验组学生两个方向同传的对比实验与分析，探索处理能力发展实际，以及循证教学与反馈对能力发展的效果。本章沿用职业译员实验程序，控制两组学生接受同传教学前的交传水平等相关变量。继而通过质性分析与量化统计，考察两组学生的处理是否遵从信息—认知模型两个维度的工作假设，再结合处理结果与假设遵从实际，探究在顺译规范指导下训练的对照组语序差异处理能力发展的水平，对比实验组在循证教学作用下所达到的能力发展水平。实证发现揭示对照组能力发展处于低水平、两个方向上同传能力发展不平衡，实验组能力发展达到中等水平、两个方向上能力发展均等化。对比两组学生的处理正确率、两个维度的假设遵从率、两类听译时滞等指标，发现循证教学对处理能力发展的促进同时作用于信息与认知维度。对比两组学生与职业译员听译时滞指标，发现顺译规范并未显著发展对照组的听译时滞管理能力，但循证教学促进实验组学生在部分听译时滞指标上已发展至与译员并无显著差异的水平。

第 5 章为"汉译英同传的显化：超越语序差异处理的普遍特征"，对译员汉译英方向同传中主客观冗余调节率明显升高的反常现象追加个案分析，以量化统计与质性分析，对比语序差异以及无差异两类片段译语的显化指标，揭示汉译英同传中显化的特征、方式、倾向及其所折射的译员对外话语实践者的职业身份认同。显化特征在译员汉译英同传译语中普遍存在，不因是否进行语序差异处理而发生变化，但显化方式有所区别：语序差异处理同时的显化以连接词增加为主，无须进行语序差异处理的显化以语义词增添为主。显化体现出衔接、澄清、强化、改进、软化的倾向，体现出译员对外话语实践者能动、多元的职业身份认同。对外话语理论因此应融入同传教育，学生的对外话语能力也应通过循证教学这一已经证实的高效教学方法进行培养。

第 6 章为"结论"，总述研究内容，阐述研究创新与价值，同时指明未来研究方向，提出对策建议，即通过跨学科交叉进行同传理论建构，利用信息科学成就并结合技术模因研究形成我国同传研究的信息范式，开展实证研究特别是循证教学研究，重视汉译英同传方向性研究对汉语同传教育与研究中特色命题的揭示，重视对外话语能力的发展。

正文和附录的部分语言材料取自对学生的测试。因需要对其是否启动同传语序差异处理以及正误给予评价，为了呈现测试原貌，这些材料中的语法、文字错误一般不加以修改。

目　录

表目录

第 1 章　绪论

　　同声传译，简称同传，于 1945 年纽伦堡审判时正式启用，现已成为联合国及其专门机构与欧洲委员会等国际组织普遍采用的会议口译形式。国际学术界的同传研究始于 1957 年，而一般认为同传教学与交替传译（交传）等其他形式的会议口译教学一道，发端于 20 世纪五六十年代，且近年来口译教学研究中聚焦于同传的研究数量已经超越交传研究（Paneth，2002；波赫哈克，2010；Pan et al.，2017）。

　　我国的同传训练发轫于 1979 年设立在北京外国语学院（现北京外国语大学）的联合国译员训练班，当时旨在满足联合国中文同传的需求。第一篇同传研究文献于次年付梓，对同传的定义、历史、要求、训练等进行了概述（张载梁，1980）。这篇标志着我国同传研究兴起的文献首次提出了同传语序与能力培养的问题，足见我国同传研究伊始对汉英语序差异与能力发展训练的高度聚焦。我国的同传研究通过自 1980 至 2019 这 40 年的持续演进，其研究体量早已不可同日而语。然而截至目前，同传仅仅作为口译研究的一个部分来接受历史考察（王茜、刘和平，2015；任文、郭聪、黄娟，2019），未能作为独立的研究领域得以剖析。近年来，随着我国重要会议、外交会见改用同传形式（官锦台，2015；熊伟，2018），同传开始逐渐取代交传，成为国内、国际会议普遍采用的口译形式。同传实践的普及推动着专业教育的发展，进而对科学研究提出了更高的要求。然而，同传目前仍从属于口译研究的地位已经不能有效地适应这一更高要求，其最初的研究主题是否已出现转向仍待追踪。为揭示我国同传研究的嬗变、成就与不足，并探明研究主题的变迁，通过建立中国同传研究代表性成果文献库展开文献研究显得十分必要。

1.1 我国同传研究 40 年演进史回顾

1.1.1 代表性成果文献库

我国同传研究的代表性成果文献是指发表于 CSSCI 中文社会科学引文索引期刊和/或核心期刊（含学术辑刊，下同），或受国家社会科学基金或自然科学基金资助，或见刊于外语和/或翻译学术期刊及外国语大学学报的同传研究论文。由于口译博士学位论文研究起步较晚、数量不多，且已作详尽分析（仲伟合、贾兰兰，2015；穆雷、王巍巍、许艺，2016），故本研究聚焦于期刊这一刊载历史最久、成果数量最大的文献来源。

第一类期刊来源是收录于 CSSCI（2019—2020）的期刊（含扩展版）与北京大学《中文核心期刊要目总览》期刊。第二类期刊来源依据论文对资助基金项目的标注选取。第三类期刊来源旨在更全面地反映研究的新进展。鉴于该类期刊来源又可划分为综合性期刊、专业性期刊和高校学报三类，故选取外语和翻译学术期刊，以及外国语大学学报，具体期刊包括《外国语言文学》《外文研究》《江苏外语教学研究》《德语人文研究》《东北亚外语研究》《外语与翻译》《东方翻译》《翻译研究与教学》《翻译界》《翻译论坛》《民族翻译》《译苑新谭》《广东外语外贸大学学报》《天津外国语大学学报》等。

确定代表性成果的标准后，通过检索、降噪两个步骤，建立中国同传研究代表性成果文献库。首先，把"同声传译"与"同传"作为主题词，以 2019 年为截止年度，检索中国知网上收录的中文各类期刊与学术辑刊库，提取满足代表性成果条件的论文。然后，通过阅读题目与摘要，剔除同传主题词检索结果中的自然科学论文、与同声传译主题词检索结果相重复的论文、同传研究相关性低的论文，以及书评等非研究型论文。至此得到的论文数量为 246 篇，由此建成中国同传研究代表性成果文献库。

在代表性成果文献库的建立过程中有如下发现：第一，语言学与翻译学学科来源期刊是我国同传研究发表的主要阵地，次要阵地是高校学报社科版来源期刊、综合性社科来源期刊，而计算机与实验室技术来源期刊也偶见刊载。第二，国家社会科学基金是我国同传研究的主要资助方，同时另有省部级、校级等各类项目基金资助，然而国家自然科学基金资助的文献仅有一篇。可见，我国同传研究的学科基础在于语言学与翻译学，与相近社会科学领域的交叉探索已经开始，但与自然科学的结合仍十分有限。

1.1.2 科学哲学史观下的全时考察与阶段剖析

对文献库的考察以厘清我国同传研究演进史为目的，以科学哲学范式理论为依据（Kuhn, 1970）。在前范式科学、常规科学、科学革命的科学史观框架内，范式是指公认的科学成就，在一定时间内为科学共同体提供问题与解答的范例，包括共有的世界观、理论、方法等。在没有范式或类范式的前范式科学中，可能与科学发展相关的所有事实都看似同等重要，导致早期事实收集随机性强且受易获得性的局限，不同研究者面对同类现象的描述与解释不尽相同。然而，范式结束了学派间的争论及对基本问题的反复重述，并使研究者相信其正确性，从而展开更精确、深奥、耗时的解谜活动或曰研究。以范式为基础的研究，是某一科学领域，即常规科学，发展成熟的标志。常规科学并非形成之后一成不变，而是以常规科学—反常—危机—科学革命—新常规科学的模式进化。科学革命的判据是范式转换，即当反常累积、旧范式遭遇危机时，科学共同体在其后的解谜活动中追随新范式的过程（诸大建，1997；艾战胜，2008；陈方正，2014）。

在范式理论的视域中，参考前人研究可知，同传研究范式划分为释意范式、认知范式、译学范式、神经语言学范式等。同传研究模因作为已被传播和复制的思想、做法、创作和发明，分为语言转换、处理技能、交际等；而同传研究主题分为同传过程、产品、实践、译员、职业、教学、理论等。历史进程以自然年划分为 1980—1989、1990—1999、2000—2009、2010—2019 共 4 个 10 年，从而保证了时间长度与文献数量上的可比性。

纵观我国同传研究 40 年的历史，代表性文献数量呈现前期稀少、后期倍增的演进态势，可见进入 21 世纪是我国同传研究迎来数量快速攀升时期的里程碑。具体就各个 10 年而言，文献数量分别为 12 篇、12 篇、80篇、142 篇；前 20 年年均文献数量仅为 1 篇，后 20 年年均文献数量升至11 篇。鉴于前两个 10 年文献数量保持平稳且无增长，同时随机性、重复性强，呈现出前范式研究的特点，故 1980—1999 这 20 年是我国同传研究的萌发阶段；2000—2009 这第 3 个 10 年的文献数量是 20 年萌发阶段总和的 3.3 倍，并且寻求系统性、理论性，呈现出范式研究的特点，故是我国同传研究的勃兴阶段；2010—2019 这第 4 个 10 年的文献数量接近前一个10 年勃兴阶段的 1.8 倍，年均文献数量也从 8 篇的个位数上升至 14 篇的两位数，并出现范式多元化、研究精确化等更为成熟的范式研究特点，故是我国同传研究的成长阶段。在厘清研究的三阶段后，对各阶段的文献分析将有助于审视我国同传研究的嬗变过程与特征。

1.1.2.1 萌发阶段（1980—1999）

在萌发阶段，研究主题集中、顺译模因初创、认知范式与信息视角的探索萌生。这一阶段的主题高度集中于同传实践与教学，聚焦于实践技巧、教学训练、职业引介等内容。自创的顺译模因贯穿这一阶段的始终，但此阶段的理论与方法意识淡薄：前期出现"尽量跟着原文次序"等与语序相关的不同表述，后期虽被统一命名为"顺译"，但并未进一步缔造范式，仅用其指导教学。认知范式在后期对记忆研究文献的引用中初现踪迹，而信息视角则停留在思考同传信息量与信息守恒的层面。

具体而言，"避免过多变动译出语""尽量跟着原文次序"与"断句"等技巧得以提出，而后被统一命名为"顺译"，并进一步区分同传方向（张载梁，1980、1981；秦亚青，1987；庄明亮，1991；王学文，1993；刘延立，1996；方凡泉，1996；李长栓，1996、1997a、1997b、1998）；通过教学和课程设置对技巧进行巩固（罗嘉美，1983；李青原，1985；王若瑾，1985；郭宝栋，1991）。另外，同传实践先行者对国内外教学与职业机构进行介绍，并对我国早期同传实践进行记录（施晓菁、翟宏彪，1983；唐建文、唐笙，1984；王德孝，1984；王南，1987；刘丽媛，1988；陆庆邦，1992）。记忆等同传的重要因素通过引用记忆研究文献得以阐述（张幼屏，1997）；同传信息量与信息守恒的思考出现端倪（方生平，1987；黄天海，1998）。

萌发阶段的文献梳理有助于对我国同传演进史形成正确认识、避免陷入潜在误区，即中国的同传实践并不明显落后于国际社会，但教育与研究则起步较晚。我国对同传的首次使用可以追溯到 1952 年在北京召开的亚洲及太平洋区域和平会议，以及此后 20 世纪五六十年代的党代会与国庆大型纪念会等活动。但由于在当时的条件下主要通过朗读发言笔译稿完成任务，故能力与人才培养工作未及开展。改革开放以来，正是这方面的迫切需要，成为我国同传研究萌发阶段内实践与教学技巧主题集中、自创顺译技巧且形成模因持续传播的主要原因。对实践技巧，特别是语序差异处理技巧的高度关注与经验总结，也间接致使研究的理论与方法论意识淡薄，基于现场调查等实证方法的范式研究未见发表。

1.1.2.2 勃兴阶段（2000—2009）

在勃兴阶段，研究主题延续教学与实践的传统，并向多元化迈进；对顺译模因的阐述得以深化，对其他技巧的探讨陆续出现；理论主题开始兴起，范式研究在后期逐渐发力。这一阶段的教学论证更为体系化，并结出翻译专业设立的硕果。对顺译模因的阐述持续细化、深化，另外还出现了对预测、等待与省略技巧的观察、反思；同时，21世纪全球化背景下的研究主题更加多样化，对国际译学的评介促使国内学界理论自觉苏醒，认知范式研究较为蓬勃，释意范式亦有理论研讨。

首先，教学主题研究着重于论述的系统性，其中后期的论证与研究开始聚焦于翻译专业这一新兴事物。学界阐述训练模式、内容、方法，介绍欧洲口译项目课程设置、培养模式，针对我国人才培养提出意见（仲伟合，2001a；宋协毅，2002；张吉良，2004；李箭，2005；黄建凤，2005；林巍，2006；高彬、柴明颎，2007）。2006年翻译专业设立后，课程、教学等均在专业框架内得以深入分析，个案研究也同时得以开展（仲伟合，2007；柴明颎，2007；鲍川运，2007；任文、胡敏霞，2007；马霞，2007；管玉华，2009）。随后汉俄、汉日同传教学研讨也得以展开，但囿于当时并未设立多语种翻译专业，故均仅针对各校教学实际展开个案分析（郝斌；2008；杨玲，2008；铁军，2008；于日平，2008；雷慧英，2008；李莉，2009）。

其次，实践研究主题仍以技巧模因为主体，同时也受到国际研究界影响向多元化方向进发。第一，借鉴多学科理论、应用观察方法的技巧模因相关研究有所增加，显示出我国同传研究的理论与方法意识逐渐增强；同时经验归纳与描述大幅减少，研究共同体业已形成。顺译模因得到更细致的分类与论证，并通过引入国外口译理论模型、借鉴语言学与其他学科理论得以解释；此外，预测、等待、省略技巧也通过观察等方法得以论证与反思（仲伟合，2001b；杨承淑，2002；徐东风，2004；万宏瑜、杨承淑，2005；张威，2006a、2007b；张凌，2006；杜争鸣、孟祥春，2006；桑力攀、温晓龙，2006；古煜奎，2008；李春怡，2009）。而对同传实践的经验总结仅仅局限于行业志愿者（陈宁，2008），反映出勃兴阶段同传已经成为教育与研究者开展更为深奥探索的专业领域。第二，非技巧模因的实践相关研究主题多样化发展，国内研究的视野、话语与方法渐趋于与国际接轨。同传质量与评估、朗读文本特点、译员角色、职业化发展、同传过程与影响因素、母语外译方向、媒体口译、交际策略等课题受到关注；除传统的归纳法、文献法外，观察研究、问卷调查等实证方法开始得到应用，借鉴传播学视角的跨学科探索初现（张燕，2002；吴远宁，2003a、2003b；刘和平，2003；刘林军，2004；王欣红，2004；陈雪梅、陈丽莉，2004；王恩冕，2008；张威、柯飞，2008；张威，2008b；张燕，2008；胡敏霞，2008；

雷静，2008、2009；梁博男，2009；唐爱燕，2009；齐涛云，2009；潘珺、孙志祥、王红华，2009）。

最后，理论主题研究介评国际译学研究，剖析我国口译研究，后期范式研究开始发力，认知范式成果较丰。第一，我国学者评介西方口译理论与研究的历史与现状、翻译实证研究模式，回顾国内口译研究与中西同传理论研究成果，指明不足与方向，对西方同传研究新发展进行文献计量综述等（肖晓燕，2001、2002；张吉良，2003；苗菊，2006；武光军，2006；黄田、郭建红，2007；穆雷、王斌华，2009；高彬、柴明颎，2009；索朗多吉，2009；张兰、朱金平，2009）。第二，认知、释意范式自后期开始发力，认知范式中研究综述与实证探索兼备，而释意范式则着眼于理论与应用探讨。认知范式学者不仅综述口译记忆研究、同传工作记忆与双语控制心理机制研究、同传认知模型与实验研究等，还对同传认知课题进行个案分析、问卷调查与实验研究，揭示记忆能力与口译的关系、汉英同传与工作记忆的关系及其对工作记忆发展潜势的影响、工作记忆在不同方向同传中的作用、图式功能、视译记忆模式，以及同传策略使用与成绩的关系等（张威，2006b、2006c、2007a、2008a、2009a、2009b、2009c；梁君英、李鹏、沈模卫，2007；靳雪竹，2007；杨梅、蒋婷，2007；左嘉、杨桂华，2007；张威、王克非，2007；苏晓军，2007；马志刚，2007；许明，2008；杨小虎，2009；尚宏，2009；王建华，2009；刘建军，2009）。释意范式着力探讨释意学派教学模式及理论在我国的适用性与应用策略（张吉良，2008；宋佳音，2008）。

在勃兴阶段，我国同传研究呈现传统与新兴主题并存、快速进步与遗留问题同在的特征。第一，教学与实践研究传统延续：教学与顺译模因的论述呈体系化发展，并结出口译专业的硕果。第二，理论与范式研究兴起：理论不再缺位，我国同传研究的滞后问题得以被剖析与重视，并通过引介国际成果、开展范式研究予以回应。第三，研究方法论意识渐强：除归纳法、文献法外，借助跨学科实证方法的探索渐趋增多。第四，同传研究共同体形成：口译教育与研究者成为主力，研究主题多元并进。但是，我国同传研究在勃兴的同时，仍然存在学理建构薄弱、方法重论理轻实证等局限。采用实证方法论的研究仍属少数，理论意识与跨学科探索尚待转化成系统性的模型。

1.1.2.3 成长阶段（2010—2019）

在成长阶段，我国同传研究的地位、数量与质量得到明显提升。翻译工作与人才培养的高度上升至国家语言能力的水平，推动研究地位的提高与理论自觉的增强。范式研究日益显著：认知范式壮大，释意范式延续，其他范式初探。研究主题更趋多元：传统技巧模因的论述有所承继，主题分布与视野更加广阔，技术新模因研究异军突起。

第一，理论自觉增强。

理论自觉增强体现在问题剖析与英汉对比两个方面，即对我国研究现状和问题的剖析与对国际学界理论问题的引介，以及对本土译学理论与汉语语言地位及其特异性的强调。研究方法以文献法为主、实证法为辅。问题剖析围绕着中国同传研究引证、口译研究文献计量分析、科学选题与方法论意识论述、国际口译研究方法变化历程与主要学派梳理、同传理论发展路线构筑（高彬、柴明颎，2010、2013；唐芳，2010；王建国、张萍萍、吴碧宇，2011；张威，2011a、2012a；张吉良，2011；任文，2012；刘和平、许明，2012；许明，2013；邓玮，2017）；而英汉对比则聚焦于中国特色缩略语同传分析、同传变量实证考察、口译能力等级量表探讨、在肇始于中国的生态翻译学视角下的译员交际能力分析、汉语作为在华召开国际学术会议的工作语言并充分发展同传的建议，以及"一带一路"框架下汉语作为同传接力语的阐述等（李希、杨洪娟，2013；白秋梅，2013；王斌华、古煜奎，2014；王炎强，2014；王巍巍、穆雷，2019；王吟颖、张爱玲，2019）。

第二，范式研究显著。

范式研究显著反映在认知范式的壮大、释意范式的延续、神经语言学范式成果的初现三个方面。其一，认知范式研究继续增加，主题囊括多个方面，但主要针对现有研究展开述评、建模与实证探索，针对现有模型与理论进行分析、补充与实证检验。研究方法为文献法与实证法各占一半，凸显出认知范式在学理与方法上的日臻成熟。文献法研究有述评同传工作记忆机制研究与认知加工机制理论、心理学对同传研究的影响、认知加工能力研究与教学应用、非平衡双语者口译语义加工路径研究，构建工作记忆模型与认知心理模型，分析、补充认知负荷模型与同传策略（张威，2010a、2012c、2013a；汤丹、张克金，2010；肖晓燕、王继红，2011；朱义华、包通法，2011；张雯怡、傅勇林，2012；丁丽蓉、张广林，2012；姚岚，2012；胡元江、马广惠，2013；高彬，2014；卢信朝，2016、2019；高彬、柴明颎，2016；陈雪梅、柴明颎，2018；李晶，2019）。实证法研究验证意象图式对影子跟读、问题诱因对同传表现、语块认知训练对同传流畅性、记忆配对与多模态输入对认知加工路径的影响，考察工作记忆与口译技能在同传中的作用，对比专业和学生译员，以及未受训双语者同传工作记忆，跟踪学生同传元认知能力，通过信息、停顿等观察同传认知过程（左嘉、刘和平，2011；张威，2012e；李洋、王楠，2012；姚斌，2013；仲伟合、邓婕，2014；管玉华、许金迪，2015；沈明霞、梁君英，2015；康志峰，2016a、2016b；王建华，2016；梁洁、柴明颎，2017；郎玥、侯林平、何元建，2018、2019；卢信朝、王立弟，2019；刘颖呈、梅德明，2019；齐涛云，2019）。其二，释意范式的思辨与个案分析得以延续，依然未见实验研究（张吉良，2010a、2010b；许明，2010；张旭东，2011；秦勤、秦勇，2014；胡家英、庞坤，2015）。其三，神经语言学实验范式及其对同传教学的启示得以阐述（高彬、柴明颎，2015）。

第三，研究主题进一步多元化。

研究主题进一步多元化表现在对传统技巧模因的论述有所承继、主题分布领域继续拓宽、技术新模因后来居上三个方面。教学与实践技巧的论述传统仍在延续，顺译模因向汉语与非英语语言组合的同传研究迁移。研究主题多样化态势继续演进，并开始向口译史等冷门、小众领域垦拓。技术新模因研究数量激增，已超越技巧模因。研究方法以文献法为主、实证为辅，仅在新旧模因之外的多元化研究主题中，观察与实验等实证方法才与传统方法平分秋色。

其一，教学与实践技巧的论述传统仍在延续，顺译模因被其他语言组合的学者所接受、传播。教学主题分为宏观的翻译专业与微观的教学思路两个层面。就宏观层面而言，研究针对翻译专业本科与研究生层次的教学理念、教材编写、课程设置，以及全国翻译专业资格（水平）考试这一教学评价的重要形式展开思考、阐述、调研、实验（王斌华、仲伟合，2010；李军，2010；林记明，2011；李锦霞、孙斌，2011；王斌华、穆雷，2012；卢敏，2012；王鸿雁、林彬，2013；覃江华、黄海瑛，2014；徐琦璐，2014；姚斌，2017b；邓小玲，2018；王海若，2018）；就微观层面而言，研究针对包括视译在内的同传教学与教材内容等进行探讨（杨艳君，2010；杨科、吴志萌，2011；詹成，2012；赵颖、杨俊峰，2014；许庆美、刘进，2014）。而实践技巧的论述，聚焦在汉俄、汉法、汉日的非英语语言组合或特定部门口译工作上；顺译模因开始在汉法等语言组合中传播（国玉奇，2010；李军，2012；徐家驹，2014；李军、吴国华，2015；孙宁、张蕾，2019）。

其二，研究主题多样化走向深入，开拓过往被忽略的领域；研究方法随着研究主题的多元走向而出现实证转向。除继续对诸如质量与评估、译员角色、过程与方向性等勃兴阶段有所涉猎的主题进行探讨外（张威，2010b、

2011b、2013c；马一川，2012；卢信朝、王立弟，2015；何妍、李德凤、李丽青，2017；王斌华，2019），还针对实践与教学的难点、策略与行业变化展开多元、务实的探索（刘建军、肖德法，2010；高洁、堵海鹰，2010；林岚，2010；张其帆，2011；张兰，2011；曾传生，2011、2012；曾传生、苏晶，2012；刘建珠，2013；王晓露，2014；庞焱、王娉婷，2015；陈洋，2016；姚斌，2017a；林薇、庄逸抒，2017；孙杨杨，2018；刘德周，2019）。同时，以往我国同传研究成果匮乏的领域也出现积极开拓迹象，如理论研究中的口译史（姚斌，2012；胡愈，2014；宋莹、覃江华，2016；姚斌、邓小玲，2019）。除文献综述与经验归纳外，问卷调查、现场观察、实验等实证方法因同传的使用场景与积累语料增多，译员或学生受试群体扩大，以及科学方法意识提升而增加，与传统研究方法各占半壁江山。

其三，信息通信技术的应用所催生的同传研究、实践与教学的新形式和新手段获得了我国学者的高度关注，技术新模因成果数量因而超越了历史最悠久的技巧模因，推进了同传研究呈现技术转向。技术模因研究涵盖三大方面：一是语料库研究综述、语料库建设、教学应用与研究发现；二是远程同传特征、质量评估及实践策略；三是其他新技术辅助的教学方案与研究手段，以及技术本体探索。就语料库技术而言，对语料库口译研究方法展开回顾与国内外文献计量分析，论述日汉/英汉/英日同传平行语料库与视频语料库建设及教学应用，提出汉英口译学习者语料库口译策略与信息标注方法，利用语料库考察同传词汇模式及时态（李婧、李德超，2010；庞焱，2012；李德超、王克非，2012；张威，2012b、2015a、2015c、2017、2019；陈菁、符荣波，2014；冯千，2014；张吉良、高彬，2014；李洋、王少爽，2016；徐然，2018；刘剑、陈燕宇，2019）。就远程同传而言，回顾远程会议口译、调查包括电视同传和手语传译的媒体口译的质量并分析其策略（姚斌，2011；肖晓燕、李飞燕，2011；吴远宁，2015；郝苗，2015；曲强，2016；路邀、孙莹，2017；王炎强，2018；王海若，2019；董海雅，2019）。就其他新技术而言，探讨基于字幕技术、同传实验室训练系统、语音识别应用等的同传训练，思考各类技术介入对口译职业与教育的挑战与对策，介绍眼动跟踪与事件相关电位 ERP 技术在同传研究中的应用，梳理人工智能时代口译技术发展，甚至设计基于服务聚合技术的同传平台、构想移动互联网同传创业、构建计算机辅助同传系统（任开兴，2011；宋全德等，2011；门斌、宋瑞琴，2012；管佩森，2013；温建科，2015；范徽等，2016；刘和平、雷中华，2017；马星城，2017；郑宇帆，2018；马星城、李霄翔，2018；李霄垅、王梦婕，2018；李天韵，2018；王华树、杨承淑，2019）。可见在同传技术本体的研究中，超学科发展态势始现。这得益于软件工程、管理科学等学科研究者的参与，也显示出我国同传研究共同体有所扩展的趋势。研究方法以文献法综述分析技术应用为主，利用技术开展实证探索为辅。

　　成长阶段中的我国同传研究呈现科学方法加强、热点追踪敏锐、研究传统犹在、理论仍待建构的特征。首先，在范式研究得以巩固的同时，多元化的研究主题推动研究出现实证转向：认知仍为首要范式，释意范式延续，新范式、口译史等研究有所拓展；实证方法在认知范式研究与多元主题研究中增加至与文献法相当的水平。其次，技术新模因突起，成果数量超越技巧旧模因，促进研究的技术转向：语料库、远程同传与其他新技术研究从无到有、增长迅猛，在数量上占同期成果的比重超 1/4、仅次于自勃兴阶段就开始发展的范式研究，带动超学科态势的出现与同传研究共同体的扩展。再次，教学与实践技巧研究的传统得以延续：顺译模因传播至其他语言组合，研究方法仍为归纳论述。最后，研究的理论自觉增强：研究植根于我国译学传承与汉语语言特性，在继续剖析问题的同时以英汉对比视角为指导展开探究。尽管取得上述进展，然而学理建构薄弱、方法偏重论理的问题仍然存在。英汉对比视角下的学术探索虽然可喜，但主题分布较为零散，缺乏系统整合，基于汉语特异性的同传原创理论尚待建构；神经语言学等跨学科探索虽有尝试，但未见持续，探索深度也有待进一步发掘。研究方法虽现实证转向，但仍仅局限于认知范式与其他多元主题，在释意范式、技术模因、技巧模因的研究中仍非主流，尚待进一步强化。

1.1.3 与国际研究的比较

　　纵观这 40 个年头，我国同传研究取得长足发展：从萌发阶段的平均每年仅有 1 篇成果，增加至成长阶段的年均 14 篇；从单一类型的实践与教学方法归纳阐述，演变为理论自觉、范式奠定、主题多元的研究领域，可谓量质并举。贯穿始终的研究主题，则是同传实践及其应对，以及相应的教学方案，具体而言，是研究伊始即总结提出的顺译模因，以及对其的阐释与教学应用。进入 21 世纪标志着我国同传研究里程碑的树立，长达 20 年的萌发阶段结束，提质增速发展的勃兴阶段与成长阶段先后开启，其中认知范式成果最丰，技术热点增长最快。

　　然而，我国同传研究学理建构依然薄弱，实证方法仍非主流。原创同传理论至今阙如的现实，不能不谓遗憾。这一现象或是中国口译学界缺乏原创理论建构与创新在同传研究领域的反映。但是，鉴于我国口译实践、教育与研究的庞大规模，学者有责任、有义务增加研究深度，提高研究主题的系统性，促进研究方法的成熟度，为口译理论建设做出应有贡献，把自己的传统、特色与优势作为寻找理论创新的突破口，而非继续习以为常地跟跑西方口译学界（任文，2018；任文、黄聪，2019）。国际翻译学界也已认识到翻译职业的国际化、欧洲中心主义老旧研究模式的不合时宜，以及翻译研究国际化的必要性与紧迫性；而世界对中国思想、文化、文明贡献的呼唤，翻译在其中的排头兵作用及我国当前在翻译教育上取得的独特成绩，也要求我国翻译研究承担起推进译学话语体系建设，以及教学与研究经验分享的责任（Cronin，2002；Tymoczko，2009；蓝红军、许钧，2018；许钧，2019）。

为此，在中外口译研究对比的框架内（Pochhacker & Shlesinger，2002；波赫哈克，2010；张威，2011c、2015b）比较国内外同传研究、分析两者的异同，有助于清晰认知我国研究的相对短板并着力补齐。我国与国际同传研究的相同点集中表现在相似的发展历程上，而不同点突出反映在异质的研究传统上，即国际同传研究深受模式建构与实证主义传统的影响，而我国同传研究则深受汉外对比、译学阐释传统的熏陶。

就发展历程这一相同点而言，国内外研究均符合从前范式科学到常规科学的演进规律。研究伊始均以实践与教学为目的，带有鲜明的务实导向。国外研究伊始对诸如同传听译时滞（Ear-Voice-Span, EVS）等量化指标、译语偏移等质性指标进行反复测量与分类（Paneth，2002；Treisman，1966；Gerver，2002），而后形成认知范式、神经语言学范式等范式研究。我国同传研究最初提出顺译模因，并对其进行反复重述。在随后的勃兴阶段中，我国研究通过引介国际同传研究范式，特别是认知范式与认知科学相关理论，进入常规科学发展阶段。在10年的成长阶段中，技术模因研究激增，契合国际口译研究界对技术化研究趋向带来的远程口译实践、数字化教学与科研手段发展的预判（Pochhacker，2004）。

就研究传统这一不同点而言，我国同传研究的汉外对比与译学阐释传统推动其与国际研究在目标与方法上呈现出迥异特征。

第一，国际研究追求具有超越语言组合普遍意义的同传模型建构，而我国研究则植根于汉语特异性在汉外同传中的应对，理论建构阙如。国际研究初创的释意范式并不关注语言间的差异，也不以语言学为基础，而是着力构建口译的三角模型；而后国际学者构建同传过程模型，希冀主要通过欧洲语言间的同传确立普适的传译过程（Gerver，1975；Moser，1978；Gile，

2011; Setton, 1999; Chernov, 2010）。而我国同传研究自创顺译模因的出发点正是汉英语序差异。近年来，顺译在汉法等语言组合中的应用也足见汉外对比传统主题绵延持久的影响力。但至今未见提出顺译相关的理论或其他基于汉外对比的同传模型，未能提出如释意理论的汉语同传实践与教学理论；仅随机收集语序差异现象、归纳出顺译方法规范并加以应用，未能从理论高度阐述其本质。而国外研究中汉语同传理论绝迹，不仅无益于改变当前以西方，特别是以欧洲为中心的同传研究现状，还可能导致国际研究界产生汉语同传与其他语言相似、无须进行特别研究的误解。

第二，国际同传研究的实证主义传统深厚，而我国同传研究则深受翻译学科定性阐释为主流的研究方法论的影响，因此跨学科实证数据稀少。国际研究从 20 世纪 50 年代开始针对同传听译时滞进行数据采集与测量后，展开跨学科探索，形成多元学科范式。从理论到假设再到数据验证的演绎推理，以及以观察和/或实验为中心的实证方法论更是研究方法的主流，在同传实践与教学研究中均不例外（Yan et al., 2013; Latif, 2018）。诸如日语、韩语、阿拉伯语、克罗地亚语等其他亚洲与东欧语言的同传研究虽起步较晚，但已通过观察与实验研究积累了语言特异性相关的语料与数据（Uchiyama, 1992; Al-Salman & Al-Khanji, 2002; Kim, 2005; Pavlovic, 2007）。虽然近年来汉语同传研究逐渐增多（Chang & Schallert, 2007; Lü & Liang, 2019; Su, 2019），但相比之下，定量分析策略、跨学科交叉、实证研究方法在研究总体中的使用仍显不足。对同传的特殊翻译形式仅作同步性、即时性等定性阐述，未对汉英同传听译时滞进行系统性量化描述与分析。研究的学科定位主要限定在翻译学与语言学之内，跨学科研究数量稀少，跨学科性逊色，尤以文理交叉的欠缺为甚。基于经验或文献的归纳与阐发仍是研究的主体，对同传进行描写性实证研究，并以实证发现反哺教学的研究仍不多见。即使在历史最悠久的顺译相关研究中，也未见同时报告跨学科交叉理论建构、实证数据分析、工作假设验证的成果。这虽体现出我国同传研究界完全接受顺译在实践与教学上具有可行性的共识，但也折射出通过科学方法对顺译相关问题加以解答的必要性与紧迫性。顺译的理论合理性、操作排他性、时间同步性、汉英同传英译汉、汉译英两个方向实践中的普适性、同传教学中的有效性等问题，仍需实证语料与数据的检验，从而避免顺译仍停留在同传结构操作技巧，以及教学经验规范的前范式构念层面。从理论到实证的演绎推理研究在弥补汉语同传听译时滞定量数据匮乏的同时，还可以推动构建汉英同传相关理论，以及以证据为基础的循证教学模式（evidence-based teaching）。

1.2 研究问题及其意义

有鉴于文献研究所发现的我国同传研究在汉外对比上的传统，以及当前在理论建构、实证方法、定量分析、循证教学上存在的不足，依据科学界公认的波普尔证伪主义与三段论（彭玉生，2011；史宁中，2016），以及口译研究方法与同传理论演进路径（仲伟合、王斌华，2010a、2010b；张威，2012d、2013e；高彬、柴明颎，2013；穆雷、李希希，2016），本研究立足于汉英同传语序差异处理及其能力发展这一我国同传研究的特色主题，采用演绎方法构建处理理论模型、描写译员处理行为、探索学生能力发展：跨学科交叉提出处理的信息—认知模型，进行控制实验与定量分析，对照实验数据验证模型。通过跨学科交叉推理提出模型、再以实验数据检验模型工作假设的演绎逻辑，能够避免在同传研究受试样本可及性不佳、实验数据规模受限性普遍的条件下陷入经验归纳逻辑科学性不足、任意性过高的困境。

具体研究问题如下：一、汉英同传语序差异处理的理论依据是什么？二、职业译员英译汉、汉译英两个同传方向上语序差异处理的实际是什么？三、同传学生处理能力发展的过程是什么？基于译员实证数据的循证同传教学对能力发展的效果又是什么？

解答上述研究问题的具体路径如下：一、立足汉语类型学独特性，向信息科学、认知科学进行跨学科交叉，在演绎推理的基础上提出汉英同传语序差异处理的信息—认知模型及工作假设；二、通过实验采集职业译员语料，测量其处理的听译时滞，进行定性与定量分析，验证模型的工作假设；三、基于模型证实情况与译员听译时滞发现对实验组学生进行循证教学，对比其与接受顺译训练的对照组学生的同传处理表现，揭示学生能力发展的实际，评价循证教学对能力发展的效果。

本研究的意义在于扎根中国同传研究传统、回应当前研究不足。第一，深化对汉语独特类型学特征在同传中影响及其应对的理论认识：虽然归纳总结提出的顺译模因已被广泛接受，但理论建构的缺席遮蔽了其作为构念在汉英同传中可能以偏概全的局限，以及职业实践中偏离顺译的潜在处理实际。因而通过跨学科交叉建构汉英同传语序差异处理的信息—认知模型，通过职业译员的实验数据进行假设验证，将推动学界对汉语同传处理认识的深化。第二，弥补汉语同传听译时滞数据的缺失：目前汉英同传中语序差异处理的听译时滞仍未见测算，因而对这类数据的计量，将充实相关研究，改变汉语同传时间数据匮乏的现状。第三，探索汉英同传语序差异处理向信息科学跨学科交叉的可行性：我国同传研究向自然科学寻求跨学科交叉的成果微乎其微，这在一定程度上限制了研究的进一步发展；随着信息技术模因在研究中呈现井喷式增长，可能存在传统范式无法完全解释的反常现象，进而孕育新的同传研究范式。因而在此趋势下从我国同传研究传统主题出发，向信息科学进行跨学科探索，将拓展同传研究的边界，甚至可能孕育信息范式。第四，验证循证教学方法的有效性：目前我国同传研究中的实证求索仍非主体，导致可供教学参考的实证数据十分有限，不利于同传人才培养水平的提升；而顺译这一经验性教学规范的相对效果无从比较，阻滞了汉英同传教学法的进化，因而通过实施职业译员数据指导下的循证教学法并对其效果进行比较分析，将改进我国同传教学法的效力。

第 2 章　汉英同传语序
差异处理的信息—认知模型

2.1 类型学视角中汉语语序的独特性

　　开创类型学的标志性论文（Greenberg, 1963; Greenberg、陆丙甫、陆致极，1984）在对 30 种取样语言进行考察的基础上，提出了关于前后置词、陈述句主语（S）、动词（V）、宾语（O）、形容词和名词的语序普遍原则；然而，该论文所考察的语言样本中并不包含汉语，有待更大范围的研究。

　　基于全球 625 种，以及而后 1500 种取样语言的数据库所开展的类型学研究（Dryer, 1992、2008、2009），针对语序相关，即哪些语法成分与 VO 语序存在相关性的问题展开探索。在把语言样本分为亲缘组（genus）、每个组内语言间的相近性不存在争议的前提下，研究提出分枝方向理论（Branching Direction Theory），即语序相关性所反映的是语言向左或向右分枝的倾向。研究对介词位置、领属格和名词语序、关系从句和名词语序等指标与 VO 语序的一致性进行统计。数据显示，汉语亲缘组在 VO 型亲缘组中，在三项语法成分的语序上均是唯一违背 VO 型语序共性的亲缘组。

　　首先，在名词与关系从句语法成分的语序上，汉语亲缘组是 VO 型亲缘组中以"先关系从句后名词"语序存在的唯一亲缘组，即其他包括英语亲缘组在内的 VO 型亲缘组都是"先名词后关系从句"语序，只有关系从句先于其所修饰名词出现的汉语例外。然而，汉语这种在 VO 型亲缘组中独一无二的语序，虽然在 OV 型亲缘组中更为常见，但也是少数，平均占比仅为 42%。可见关系从句右置于名词，是人类语言绝对优势语序。在此前提下，汉语亲缘组中关系从句与名词的语序不仅违背 VO 型亲缘组的语序共性，也不同于 OV 型亲缘组的优势语序，成为违反人类语言绝对优势语序的特例。

其次，在动词与介词短语的语序上，汉语亲缘组是 VO 型亲缘组中以"先介词短语后动词"存在的唯一亲缘组，即其他包括英语亲缘组在内的 VO 型亲缘组都是"先动词后介词短语"语序，只有介词短语先于动词出现的汉语例外。然而汉语这种在 VO 型亲缘组中的独特语序，在 OV 型亲缘组中同样更为常见，但仍占少数。可见介词短语右置于动词是人类语言的绝对优势语序，汉语亲缘组中介词短语与动词的语序也是违反人类语言的绝对优势语序的特例。

最后，在形容词比较级的语序上，汉语亲缘组是 VO 型亲缘组中以"先比较基准后形容词"语序存在的唯一亲缘组，即其他包括英语亲缘组在内的 VO 型亲缘组都是"先形容词后比较基准"语序，只有比较基准先于形容词出现的汉语例外。这种语序在 OV 型亲缘组中不仅更为常见，而且是占到多数的优势语序。所以汉语中形容词比较级的语序违背 VO 型亲缘组的语序共性，而与 OV 型亲缘组的优势语序一致。此外，汉语与英语的语序差异还体现在语序相关比较的其他方面，如名词与领属格的语序，即汉语领属格一律左置、英语可左置但多右置等。

针对汉语违反 VO 型语序共性的上述发现，中国学者查验、证实并开展了深入研究。石毓智（2002）指出，汉语从古至今都是 SVO 语言，但是现代汉语也存在着背离典型 SVO 语言的类型学特征，这主要是近代汉语的内部发展所引起的；而古英语是 SOV 语言，从 15 世纪之后英语变成了 SVO 语言。刘丹青（2008）从语序、标记、范畴三个方面总结现代汉语名词短语的主要句法类型特征。鉴于汉语总体上状语前置但仍有部分状语性成分后置，故定语一律前置是比状语前置更突出的汉语语序特征；而关系从句前置是比其他定语前置更加独特的特点。在核心名词出现之前，动宾的直接成分关系无法确立，尚未跟核心名词组块的各项定语都得暂存于短时记忆，加重了记忆负担；还使得其他定语也只能跟关系从句一起挤在动宾之间，给短时记忆百上加斤。关系从句前置因而给汉语句法带来一系列重要后果，包括汉语在实际口语中使用的一些抑制关系从句复杂性的策略。吴福祥（2012）从对汉语特点研究这一我国汉语学界的重要目标出发，在语言类型学共性视野中阐述汉语真正的五种特色句法模式，即先关系从句后名词、先介词短语后动词、先比较基准后形容词、极性问构式、能性述补结构。

然而，也有中国学者对汉语 VO 型语序的观点提出异议。金立鑫和于秀金（2012）通过列举能产性例句从而排除孤例的方式，在普通话中考察与 OV—VO 语序类型相关的 15 对语法组配，指出普通话属于 OV 和 VO 的混合语。除了 5 类无关参项被忽略（复数词、系动词、标句词、否定助动词、时体助动词）之外，其余 10 种在普通话中的句法组配模式分为 3 类：OV 和 VO 大致均等（前后置词、附置词短语位置、方式状语位置、比较句结构）、倾向于 OV（领属格位置、关系从句、疑问标记）、倾向于 VO（冠词位置、从属连词、want 类动词位置）。以上 10 种语序组合中，4 种组合是 OV 型和 VO 型兼而有之，另外，倾向于 VO 型的有 3 种，倾向于 OV 型的也有 3 种。因此，普通话中就以上句法组配的模式倾向上看，OV 型和 VO 型大致上均等，可以证明普通话属于一种较为典型的 VO 和 OV 语序类型的混合语。

无论汉语的语序是 VO 型还是 VO 和 OV 型的混合，其所呈现出的特异于英语这一典型 VO 型语言的特征是中外学界所公认的语言事实，汉语在名词与关系从句上的语序独特性，以及汉英名词与领属格的语序差异性均无争议。此外，有学者提出汉语呈"名动包含"，即名词作为"大名词"（super-noun category）包含动词，而动词作为名词的一个次类，是动态名词，形容词作为动词的一个次类，是形名词或性状名词，进而指出汉语的"名动包含"与英语的"名动分立"是两种语言词类系统最根本的区别（沈家煊，2018）。鉴于汉语中名词的首要地位，以及其与关系从句、领属格的语序特异于典型 VO 型语言的学界共识，本研究认为，包含关系从句和/或领属格的名词短语是汉英语序显著且公认的差异之处。其中关系从句修饰的名词短语具有特异于所有其他 VO 型语言的独特性，以及区别于多数 OV 型语言的差异性，领属格修饰的名词短语具有特异于多数 VO 型语言的差异性。因此，本研究的对象范围初步确定为汉英同传中对包含关系从句和/或领属格的名词短语的处理。

2.2 汉英同传语序差异处理对象、限制前提与动态平衡

把初步确定的研究对象置于同传研究的视域内，以口语停顿时长为参照进行更加精确的划分，可以划定对汉英同传造成真正、切实影响的研究对象的范围，从而确保同传语序差异考察的科学性。汉语口语中的长时停顿为 500 毫秒以上，极少数的极长时停顿为 1600 毫秒（杨新璐、梁洁，2012）；包含英语等多语种的研究显示长时停顿为 1000 毫秒以上，而均值在 1585 毫秒的停顿仅占 0.14 的权重（Campione & Veronis, 2002）。以

汉语口语 1.6 秒的停顿极值为标准,按同传 100—120 词/分(Gerver, 1975)的理想源语语速计算,则停顿时长内最多产出 3.2 个词。据此,本研究确定汉英同传语序差异处理的源语样本是包含 4 个词/字及以上分枝成分的名词短语。

从类型学角度讲,汉英同传的本质是在满足听译同时的内在要求基础上,在语序差异的外在制约下,随时准备启动语序差异处理的过程。在语序相近语对的同传中,源语、译语在产出上可以保持相对同步,听译同时更具可操作性。然而,汉英语序差异短语的出现打破了源语、译语产出的同步性,听译同时被迫中断,语序差异处理启动。可见,处理缘起于汉英语序差异制约、听译近乎同时要求之间的矛盾,进而催生两个限制前提:源语不确定、记忆长占用。

首先,处理受限于语序差异导致的源语不确定。理论上,语序差异短语的起点被译员正确识别时,其终点仍然未知,贸然启动语序差异处理可能导致误译,而且同传中听译同时的要求致使几乎无暇更正误译,最终必然导致处理失误。其次,处理受限于语序差异对译员短时记忆容量的长占用。倘若为降低源语不确定而延长停顿时间,不仅可能违反同传听译同时的要求,而且根据记忆存储与处理容量的有限性(Baddeley, 2004),可能触及容量上限,导致回忆错误或遗忘,进而诱发处理失败。

两个限制前提的对立统一,决定了译员在处理中须寻求两者间的动态平衡。一味追求单个限制前提的绝对满足,只会导致误译;两者的平衡因语序差异短语的时长、译员个体记忆容量的占用而并非静止不变,需要根据实际进行动态调整。因此,汉英同传语序差异处理的本质是译员在源语不确定与记忆长占用的矛盾中寻求动态平衡的过程。

译员通过采取相应的处理行为,在两个限制前提的矛盾中进行动态平衡。尽管国际研究界通过同传策略的学术话语表征这种以解决问题、达成目标为导向的过程,但也承认同传策略同时包括有意识的决策过程和无意识的行为程序(Kirchhoff, 2002; Kohn & Kalina, 1996; Riccardi, 2005)。但是,国外同传策略研究存在两大问题。第一,同传策略的内涵定义并不清晰,不同类别的策略混为一谈。比如,切分、预测等操作着重结构加工,简化、增补等操作强调信息加工,理解、表达等操作注重认知加工,应急策略则着眼译语产出。上述这些各有侧重的操作均统称为同传策略,似乎表明该术语的功能在于指称同传在线(on-line)过程中的操作。但实际上,同传策略还存在知识策略、技能策略等提法,似乎又指向同传离线(off-line)过程中译前、译后等非在线的操作。不同内涵与类别的策略提法并存,导致同传策略这一术语所表征的知识范畴较为含混不清。第二，各个策略的适用条件未见明确界定，那么策略究竟是否具有严格的适用条件边界，抑或策略适用条件相同或相似，仍待进一步研究。同时，我国同传研究界的学术话语呈现"方法""原则""技巧""策略"等多术语并存的格局，也未形成一致的共识性表述。因此，本研究上升到更高一级的、具有统摄意义的行为层面，以"处理（行为）"统摄汉英同传应对语序差异过程中的相关行为，希冀更加科学地研究汉英同传语序差异处理的实际。

处理的成功实现取决于两个限制前提的动态平衡，这种平衡是否如我国同传研究界的规定所言遵循顺译规范？如是，那么顺译规范的理论依据是什么？在顺译仅规定结构处理方法的情况下，译员如何平衡记忆长占用限制前提？如否，那么处理是否有顺译规范以外的其他理论支撑？尽管顺译规范的应用已拓展至汉英之外的汉法等其他语对，但是作为基于汉英同传个例归纳得来的规范，其普遍适用性仍待进一步论证。鉴于汉语在 VO 型语言中的类型学特性，语序差异处理在两个限制前提间动态平衡的本质不仅限于汉英同传，也应普遍存在于汉语与其他典型 VO 型语言之间的同传。因此，对基于汉语特性的同传语序差异处理问题进行理论建构，具有超越汉英语对的、更为普适的学理意义。

2.3 汉英同传语序差异处理的理论推演

通过向信息科学、认知科学跨学科交叉，本研究构建了汉英同传语序差异处理的信息—认知模型并提出工作假设。

2.3.1 信息科学视野中的源语意义不确定

同传语序差异处理受限于源语不确定限制前提，但口译理论与模型则揭示了对处理的真正制约在于源语意义的不确定。释意理论（Seleskovitch, 2002; Lederer, 2002; 勒代雷，2001）由长期从事国际会议口译实践并在巴黎高级翻译学院进行教学研究工作的塞莱斯科维奇（Danica Seleskovitch）与勒代雷（Marianne Lederer）提出，从 20 世纪 60 年代开始逐步形成，可谓创立时间最早的口译理论。该理论认为，口译是从语言到意义、再从意义到语言的"脱离源语语言外壳"的三角过程，不是单纯从一种语言到另一种语言的直线过程。基于对同传译语的观察，该理论指出：译语源自意义，即已有知识与现场理解的结合，并可通过与源语完全不同的形式表达。

因此，基于释意理论视意义为口译核心的观点，同传语序差异处理的真正制约是源语意义的不确定。

概率预期模型（Chernov, 2002、2010）进一步指出，意义可以被预期或预测，根据概率对正在传递的意义进行预期或预测是同传的核心机制。在听觉感知源语时，译员生成有关意义将如何展开的概率假设，根据后续话语或证实，或摒弃假设。源语意义不确定时的同传是累积的、动态分析意义的过程，其条件是冗余的存在。冗余分为客观冗余与主观冗余两类。客观冗余是指根据语义一致法则，源语成分因重复共指与相互依赖而产生的语言冗余。重复共指的手段包括使用同义词、近义词、指示词等；相互依赖的形式包括语法与语义管辖。主观冗余是指译员掌握的、关于同传交际语境及其要素的信息，即包括讲者、听众、会议召开的内外部环境、主题、地点、时间、目的与动机等在内的语境信息。实际与实验语料验证了概率预期模型：当同传预期机制受阻时，译员听译时滞延长；特殊设计的实验发现同传不同方向中预期强弱程度存在差异，即预期在母语译入外语的外译方向上强于从外语译入母语的方向；远程实验证明，在同一任务中，仅地点要素一项的不同也会造成同传表现的差异，显示出主观冗余涉及的众多交际语境要素在同传预期中的重要影响，以及预期可能出错的局限。客观冗余或可通过语言重复共指与相互依赖做出相对客观的判断，但主观冗余由于涉及译员自身所掌握的语境信息而难以全面、客观地描述；对某一同传任务所掌握的语境要素越多，预期的频率、准确率越高，反之则越低。由此可见，源语意义不确定对同传语序差异处理的限制，可能由于主客观冗余的存在而得到缓解；但冗余牵涉的语境要素很多，导致预期的条件往往难以达到，预期最终出错或失败。因此，主客观冗余是缓解源语意义不确定限制的调节因素，而非决定要素。

2.3.1.1 信息熵与信息密度一致性

鉴于源语意义不确定是指在汉英同传过程中语序差异短语被译员识别时源语意义的不确定，对这一定义进行抽象可知其是某过程中某一时间点变量的不确定，即信息论中的熵（entropy）。熵的概念最初于 19 世纪下半叶由克劳修斯（Rudolf Clausius）提出并应用在热力学中，后于 1948 年由信息论奠基人香农（Claude Elwood Shannon）在其发表在《贝尔系统技术杂志》（*Bell System Technical Journal*）上的《通信的数学原理》（"A Mathematical Theory of Communication"）一文中第一次引入信息论中。在中文文献中，以信息熵作为术语，从而区别于热力学中的熵（苗夺谦、王珏，1998；王国胤、于洪、杨大春，2002；谢宏、程浩忠、牛东晓，2005）。信息熵代表的是一个信息，即一个随机变量在随机过程（stochastic process）中某一时间点的不确定，用 H 表示。随机过程是离散信源（discrete source of information）通过概率 p 产生连续信息的过程。实际产生的信息是从一系列可能产生的信息中选择的一个，离散信源连续选择信息的依据是其之前已经做出的选择，以及当时可供选择的信息。人类语言系统都可作为离散信源，通过随机过程产生信息。发出信息的信源、把信息转换成适于信号传送的编码器、传送信息的信道、把信号转换成适于信息接收的译码器、接收信息的信宿这五部分构成基本通信系统。从通信系统设计的角度对信息熵进行统计定义的公式（Shannon, 1948）为：

$$H = -K \sum_{i=1}^{n} p_i \log p_i$$

一个随机变量的信息熵 H 与其概率 p 呈负相关：当信息的概率 p 都相同时，信息熵 H 最大；当信息的 p 为 1，即 100% 时，H 最小，等于 0（Genzel & Charniak, 2002）。

　　根据信息论，口语产出的最优解是信息密度一致性（Uniform Information Density, UID）。因受认知与环境限制，口语交际应被视为在带宽受限的有噪信道中的信息传输。如果某个表达大量重要信息的成分由于噪声等因素在信息传递过程中丧失，那么受话者理解话语的难度就会增加。最稳妥的做法应是在各单位中传递尽可能少的信息；但这又会造成信息传递数量有限、时间过长。故降低信息传递出错率与提高效率两者兼顾的最佳方法，是保持单位信息一致且在不超出信道容量的前提下最大化。假设语句由 n 个单位组成，则其传递的信息是各单位传递信息的总和；设各单位在口语中占用时间相等，则在讲者理性的前提下，应选择避免单位信息剧烈波动的产出方式，从而最小化误传的风险。因此，解决短时内、有噪信道中、快速且无误通信问题的最优方案，是信息量分布一致，即信息密度一致性。当在语法限定范围内有多种语义编码方式时，在不超出信道容量、所有其他条件相同的前提下，讲者的偏好是选择更接近信息密度一致性的话语（Levy & Jaeger, 2007; Frank & Jaeger, 2008; Jaeger, 2010）。

　　信息密度一致性可以解释世界各语言语序分布不均的类型学现象。SOV、SVO 语序占绝大多数，VSO、VOS、OVS 占比很小，OSV 占比为零的原因，在于各语序信息密度一致性偏差（UID deviation）的高低。假设语句只包含 S、V、O 三个成分，各成分只有一个词，每句只有三个词。语句开始前，基准熵（base entropy）以 H_0 表示，其值归为一。第一个词后的信息熵 H_1 为条件熵（conditional entropy），即在已知第一词条件下的不确定，信息量 $I_1 = H_0 - H_1$；同理，第二个词后的信息熵 H_2 是已知前两词的不确定，信息量 $I_2 = H_2 - H_1$；第三个词后语句结束，信息熵为零，信息量 $I_3 = H_2$。针对任何事件，六种语序各自存在一个与众不同且单调递减的信息熵序列 $(H_0, H_1, H_2, 0)$，即信息熵轨迹（entropy trajectory）；总信息量在六种语序中的分布不同，(I_1, I_2, I_3) 的序列为信息轮廓（information profile）。假设所有词长度相等，根据 UID，理想的信息熵轨迹是从基准熵到最终熵的一条直线，理想的信息轮廓是各词传递相等的信息量，即 $I_1 = I_2 = I_3 = 1/3$。然而，许多 O 所提示的 S、V 十分有限，导致以 O 开头的语句中句首信息量过大。例如，宾语"水"开头的句子中动词只有"喝"等个别几个可能，主语限制为活物；但动词"喝"开头的句子中宾语有水、茶、咖啡、各种饮料等许多可能。可见以 O 开头的语序与理想的信息轮廓偏差最大，所以在实际语言分布中占比最小。语句的 UID 偏差公式为：

$$D(I) = \frac{3}{4} \sum_{i=1}^{3} \left| \frac{I_i}{H_0} - \frac{1}{3} \right|$$

选择英语中相对简单的儿童话语语料，提取所有涉及及物动词的话语，简化其他非 S、V、O 成分对该公式进行验证，六种语序按 UID 偏差由低至高排序依次是：VSO、SVO、VOS、SOV、OSV、OVS。再选取 SOV 语序的日语语料重复验证，得出的 UID 偏差排序依次是：SVO、VSO、SOV、VOS、OSV、OVS。故 UID 偏差由低至高的语序排序，即 UID 趋近程度由高至低的语序排序是：(SVO, VSO) > (SOV, VOS) > (OVS, OSV)（Maurits et al., 2010）。可见，SVO、VSO 是最趋近 UID 的语序。

2.3.1.2 同传译语构建的最优解

信息密度一致性既然是口语产出的理性选择与最优计算方案，那么更应是同传译语构建的最优解，原因在于同传具有更加严苛的交际要求。会议口译本身便是极限状态下的语言使用任务（Obler, 2012）；与交传等其他听、译分为两个阶段交替进行的口译形式相比，同传听译近乎同时的要求，则更是把这种极限状态提高到无以复加。这决定同传译员无法像日常话语交际的参与者或像在交传工作中那样等到某一话语片段完全结束、其意义全部确定之后再开始产出译语，无法像一般口语表达那样自由延长时间。信道中的噪声由于源语输入、译语产出同时进行而加剧，但同传译员仍然需要降低出错和更正误译的概率。可见,同传对译语构建的即时性与准确性要求更高,故同传信息传递效率应高于交传和普通口语交际。因此,同传译语的信息密度理应更加趋近一致,信息轮廓中单位时间内的信息量分布更趋均等。设译语语句中某一时间点为 n ($n \geq 1$),则其信息熵为 H_n,时间点 $n-1$ 的信息熵为 H_{n-1},译语信息量 I_n 是以 $n-1$ 为起点、n 为终点的时间内的信息量,译语信息量与信息熵的关系公式为:$I_n = H_{n-1} - H_n$ ($n \geq 1$),$(H_0, H_1, H_2, \cdots, H_{n-1}, H_n)$ 为译语语句的信息熵轨迹,$(I_1, I_2, I_3, \cdots, I_n)$ 为其信息轮廓。信息熵在熵轨迹中递减;信息密度一致性 UID 要求译语信息轮廓中的信息量相等,即 $I_1 = I_2 = I_3 = \cdots = I_n$ 等于译语语句总信息量在单位时间内的平均值。

以最趋近信息密度一致性的闭合 SVO 语序进行译语信息轮廓构建,是汉英同传语序差异处理的最优解。当同传中源语语序差异短语开始时,译员所面临的源语意义不确定性骤增。虽然语序差异短语的长度与表层结构难料,但译员仍可通过构建包含 S、V、O 基本成分的信息轮廓和依次产出的处理,超越不确定的束缚。译员识别了源语的三个基本成分,即可构建一个闭合信息轮廓;此时即便语序差异短语尚未结束,但源语信息确定,译语仍可正确产出。然而,如果选择构建超出三个基本成分的复杂信息轮廓,译语偏离信息密度一致性 UID,某个成分的信息量更大,信息轮廓内信息分布更失衡,信息丧失、处理失败的风险陡增。因此,译语理应趋近于 UID,优先产出确定信息,继而再以连续闭合信息轮廓的形式次第产出。信息轮廓中 S、V、O 的顺序有八种可能:SV、SVO、SOV、VS、VSO、VOS、OSV、OVS。如果 V 没有动作接受者,则 O 不存在。由于 SVO、VSO 已被证明是最趋近 UID 的信息轮廓且汉英均为 S 居首的语言,故 SV(O)是汉英两种语言均可行的、最趋近 UID 的信息轮廓。所以,同传译员的语序差异处理应体现出更加显著的趋近 UID 的倾向,汉英同传语序差异处理的最优解是优先构建闭合 SV(O)信息轮廓。

综合信息科学,以及同传研究释意理论与概率预期模型的上述演绎推理,可得汉英同传语序差异处理信息—认知模型的信息维度如下:在源语意义不确定限制前提下,处理遵循信息密度一致性进行信息轮廓的构建,即识别源语语序差异并依据闭合 SV(O)信息轮廓产出译语;主客观冗余是源语意义不确定限制前提的调节因素,可能致使译语产出偏离闭合 SV(O)信息轮廓。

2.3.2 认知科学视野中的短时记忆长占用

同传语序差异处理受限于短时记忆长占用限制前提，而认知科学则揭示对短时记忆长占用构成制约的深层原因在于记忆容量的有限性，以及记忆占用延长所致的协调挑战度。认知科学认为，记忆分为感觉记忆、短时记忆、长时记忆三类。人类记忆系统的运作过程始于诸如视觉、听觉、触觉等多种感觉记忆对环境中信息的接收；此后，信息进入一个公共的短时记忆存储，通过加工、控制、决策并与长时记忆交互，获得新知。短时记忆存储的时长只有几秒，若不复述则信息将会衰减，最终被遗忘；长时记忆的存储短则数分钟，长则可以囊括毕生所经历的情景。既负责短时存储，又负责长时提取的机制是工作记忆。工作记忆包含中央执行器、语音回路、视空画板、情景缓冲器四个部分，负责存储与处理两项任务，具有容量有限却高度复杂的特征（Peterson & Peterson, 1959; Baddeley, 2004; Burgess & Hitch, 2005）。

在认知科学等学科成果的观照下，心理学家与同传学者立足于认知范式，开展理论建模（如 Moser-Mercer, 2002; Setton, 1999, 2016; Seeber, 2011, 2013），以及实证检验（如 Lambert, 1988; Dillinger, 1990; Liu et al., 2004; 张威，2008a; Seeber & Kerzel, 2012; Injoque-Ricle et al., 2015）。作为国际翻译研究排名前十位、翻译教学研究排名前五位的高被引文献中唯一一部口译专著（张文鹤、文军，2017；王峰、陈文，2017），以及中国口译研究中最具影响力的西方文献（Xu, 2017），1995 年版《口笔译训练的基本概念与模型》（*Basic Concepts and Models for Interpreter and Translator Training*）提出了认知负荷模型（Effort Models），成为口译认知范式所公认的理论基础。后续的修订版专著（Gile, 2011）并未大幅修改认知负荷模型，但对相关术语与认知科学术语的关系做了说明，即认知负荷模型使用"短时记忆"这一术语来凸显同传等口译活动中记忆容量的特殊有限性，其与认知科学中"工作记忆"术语的内涵基本一致。鉴于认知负荷模型提出近 30 年所产生的持久、深远的学术影响力，本研究沿用其中"短时记忆"等术语。

认知负荷模型把同传过程解构为四项认知负荷，通过三个总公式和四个单项负荷公式明晰同传要求，通过走钢丝假说（tightrope hypothesis）和问题诱因（problem triggers）揭示同传失误。同传由听辨L（Listening Analysis）、产出 P（Production）、记忆 M（Memory）、协调 C（Coordination）四种认知负荷构成：听辨 L 是指从最初对源语声波的下意识接收、到最终对意义做

出决策整个过程中与理解相关的操作；产出 P 是指从意义心理表征的形成、
到话语规划与发声实施，以及包括自我监控与必要纠正在内的与表达相关
的操作；记忆 M 是指在短时记忆中存储信息以供之后使用的操作；协调 C
是指分配 L、P、M 三者所占用记忆容量的操作。已被实证研究证实（Gile,
1999; Koshkin et al., 2018）的走钢丝假说认为，同传时译员的认知负荷总
量往往接近于记忆容量上限，逼近过载（overload）水平，认知负荷处理
能力供需矛盾的频发是同传失误的主要原因。任何处理能力总需求的增加
与/或现有处理能力分配的不当，都可能诱发认知负荷总量过载与/或单项
负荷处理能力赤字。同传认知负荷总量公式为：SI=L+P+M+C；处理能力总
需求公式为：TR=LR+MR+PR+CR，TR≤TA，即处理能力总需求 TR（Total
Requirement）等于四项认知负荷处理能力需求之和，并小于等于处理能力
可用总量 TA（Total Availability）。同传的单项负荷公式分别为：LR≤LA；
MR≤MA；PR≤PA；CR≤CA，即各负荷的处理能力需求小于等于其可用处
理能力。认知负荷总量与各单项负荷公式的同时满足，是同传无误，特别
是在问题诱因出现时避免失误的认知条件。问题诱因分为需求性诱因
（processing capacity requirements）、脆弱性诱因（signal vulnerability）两
类。诸如语速快、语序差异等诱因会增加对记忆 M 负荷处理能力的需求，属
于需求性诱因；而诸如数字、缩写、音质不佳等诱因或短小精炼稍纵即逝，
或语音信号辨识困难，属于脆弱性诱因，会增加对听辨 L 负荷处理能力的
需求。两类问题诱因所引发的同传失误，或立即出现在译语中，或延时暴
露于后续译语。后者称为失误序列（failure sequence），前一片段认知负荷
输出给后一片段，为后者输入的额外认知负荷可能加剧处理能力供求匹配
的挑战度、导致后续译语认知负荷过载（Gile, 2008）。

　　把认知负荷模型置于认知科学的理论框架内，可知记忆 M 与协调 C 两
项负荷与短时记忆具有强相关性。虽然四项认知负荷都与短时记忆不无关
系，但听辨 L 与产出 P 两项负荷由于还包括源语声波接收与译语发声实施，
以及语言转换等非短时记忆因素，甚至是记忆干扰因素（Christoffels & De
Groot, 2004；沈明霞、梁君英，2015），所以与短时记忆仅呈弱相关性。记
忆 M 与协调 C 则涉及对信息的短时存储，以及对处理能力的分配：信息存储
的操作占用短时记忆容量，处理能力的分配涉及对短时记忆资源的调配，
所以记忆 M 与协调 C 作为对短时记忆容纳性与协调性两方面的需求，与
短时记忆呈强相关性。当语序差异这一需求性问题诱因出现时，与脆弱性
诱因相比，听辨 L 与产出 P 对短时记忆容量的需求并无明显变化，甚至可
能更低，但记忆 M 对短时记忆容量的需求却显著提升，协调 C 也随着调配

记忆 M 明显增长的需求而加重。认知负荷模型要求记忆 M 和协调 C 均满足各自的供求公式，同时增加对两者的供给能够缓解需求激增，规避过载风险；但也不可任其侵占有限的短时记忆容量，否则可能诱发听辨 L 与/或产出 P 的供给赤字，或总需求过载，导致同传失误。为此，在从源语语序差异出现到启动语序差异处理的过程中，需要优先保障记忆 M 与协调 C 两项认知负荷，两者不应超出短时记忆容量上限的中等水平，避免其逼近较高水平诱发其他负荷与/或总需求过载。

同时，记忆 M 与协调 C 两项认知负荷存在差异。由于短时记忆容量与协调性已被证实在同传、交传不同发展阶段所受影响存在差异（张威，2008a、2014），这两项认知负荷理应加以划分。然而对共享工作记忆、彼此交互作用的认知负荷进行单独验证，难度极大且信度缺乏（Gile, 2002）；在有望直接测量单项负荷的神经语言学范式研究也未取得突破的情况下（Kurz, 1995; Rinne et al., 2000；高彬、柴明颎，2015），通过间接观测对短时记忆的容量占用与协调进行区别具有可行性。鉴于短时记忆容量占用水平与记忆持留（retention）时长正相关，听译时滞通过直接表征后者而成为前者的代理指标（Goldman-Eisler, 2002）。根据认知科学中的发音抑制效应（articulatory suppression），同传译语与源语的并行会抑制短时记忆对存储信息的复述（Christoffels, 2006），缩短存储时长，影响存储效果。处理中任何存储信息、推迟其对应译语产出直至其他信息产出之后再行产出的操作，都以短时记忆复述该信息、避免其衰减导致被遗忘的容量占用任务为主，而以协调记忆资源为辅，故贮存该信息的时长，即贮存听译时滞可视作短时记忆正确持留阈值的反映。处理中任何预测过程都以短时记忆协调同长时记忆的交互为主，而以容量占用为辅；任何启动过程同样也以短时记忆协调资源分配为主，故启动处理的时长，即启动听译时滞可视作短时记忆协调的反映，不应超出短时记忆正确持留阈值的中等水平。

综合上述认知科学与同传研究认知范式成果的演绎推理，可得汉英同传语序差异处理信息—认知模型的认知维度如下：在短时记忆长占用的限制前提下，处理遵循认知负荷模型进行记忆管理，即以记忆协调为主的启动听译时滞不超出短时记忆正确持留阈值的中等水平，以容量占用为主的贮存听译时滞不超出阈值。

通过向信息科学与认知科学跨学科交叉，并结合同传研究释意范式与认知范式理论模型进行演绎推理，本研究建构了由信息维度、认知维度两部分构成的汉英同传语序差异处理信息—认知模型。在信息科学观照下的信息维度是：处理遵循信息密度一致性，构建闭合 SV(O) 信息轮廓；在认知科学观照下的认知维度是：处理遵循认知负荷模型，管理短时记忆，以其正确持留阈值为限，启动听译时滞不超该阈值的中等水平，贮存听译时滞不超阈值。处理是在信息—认知科学框架内、在信息与认知维度间的动态平衡。

2.3.3 汉英同传语序差异处理的工作假设、检验指标与标准

对汉英同传语序差异处理的信息—认知模型进行检验，需要采用职业译员控制实验与同传译语产品分析的经典路径。

首先，控制实验这一检验方法的确定，出于不同实证方法适用性和优劣势同本研究目的的契合度考量。实证研究中的观察法侧重探索，但基于实地观察数据的分析可能由于环境因素不可控、调查访谈中受试判断不客观与/或研究者施加影响的不可避免等原因而导致研究信度不足；实验法侧重检验，通过选择特定受试在控制环境中操作任务、进行定量分析，从而拒绝或接受相关假设，但可能由于控制环境与实地不同、受试行为不自然、受试与样本数量不够等因素而导致研究效度不足（Gile, 1998）。出于检验信息—认知模型的目的，本研究选择控制实验，通过在实验程序实施中最大化模拟实际同传环境，保证实验的模型检验效度。

其次，同传译语产品分析这一检验方式的确定，出于可靠实验设计对假设验证的重要性考量。20 世纪同传实验研究普遍采用产品分析与对比的方式探索同传过程。但由于学员与译员受试能力水平不同、测量技术与标准各异等原因，部分研究在同传译后回忆表现是否逊于听力理解回忆表现等问题上相互矛盾，凸显学员与译员的表现差异，以及严谨实验设计对保证研究信度的作用（Setton, 1999）。作为实验设计中的重要一环，实验技术，特别是神经成像技术进入 21 世纪以来突飞猛进，给予了研究者深入神经层面观测同传过程的可能（Tommola et al., 2001; Hervais-Adelman et al., 2014; Ren et al., 2019）。但其发现均聚焦于探究大脑相关区域在同传中的参与，而译员瞬时的处理行为则仍然未知。虽然也可采用结构化访谈等质性研究方法要求译员译后回忆其译中处理，但鉴于译员的处理已超越陈述性知识，成为程序性知识，高度自动化的专家知识难以言明（Pochhacker, 2004; Chi, 2006），该方法难度较大但效度有限。而语料库技术自应用于口译研究以来，已经取得了丰硕的成果：通过对口译产品进行描写与分析，探索、揭示口译加工过程；通过口译学习者语料库建设与研制、指导口译教学的组织与实施（Shlesinger, 1998; Setton, 2002; Dam, 2002；胡开宝、陶庆，2009、2010；张威，2012b、2019；潘峰、胡开宝，2015；王斌华、秦

洪武，2015）。因此，本研究从检验信息—认知模型的研究目的出发，采用基于语料库（corpus-based）的技术路径，选择职业译员受试同传译语产品分析的经典检验方式，从而确保模型检验的信度。

为对同传产品进行质性与量化分析，本研究设计的汉英同传语序差异处理信息—认知模型的检验指标如下：第一，信息维度中信息轮廓的构建，解构为源语识别、译语产出两个指标进行考察。其中源语识别进一步解构为两个次级指标，即语序差异识别的处理启动次级指标、正确识别的处理评价次级指标；译语产出同理，进一步解构为闭合信息轮廓产出的全局优化、SV(O)信息轮廓产出的局部优化两个次级指标。如有源语识别正确，但偏离译语产出指标者，考虑到后续信息误译风险，以及冗余这一信息维度调节因素的影响，附加译语后续句正确产出，以及主客观冗余指标的检验。第二，认知维度中短时记忆的管理，通过启动听译时滞、贮存听译时滞指标检验：启动听译时滞是短时记忆协调性的代理指标，不超出短时记忆正确持留阈值的中等水平；贮存听译时滞是短时记忆容量有限性的代理指标，不超出正确持留阈值。鉴于国际同传界的研究得出听译时滞平均值趋同，但浮动区间大、个体差异强的定性特征，以及平均值 2—3 秒、浮动区间 0.5—11 秒的定量数据（Oleron & Nanpon, 2002; Goldman-Eisler, 2002; Pochhacker, 2004），考虑到汉语同传听译时滞数据至今阙如，不排除其特异于现有发现的可能，故启动与贮存听译时滞至少其一偏离认知维度者，附加听译时滞指标特性的检验。

结合上述信息—认知模型的检验指标，本研究提出实验工作假设如下：

1）源语语序差异识别启动；
2）源语信息识别正确；
3）译语产出闭合信息轮廓；
4）译语产出 SVO 信息轮廓；
5）启动听译时滞小于等于短时记忆正确持留阈值的中等水平；
6）贮存听译时滞（如有）小于等于短时记忆正确持留阈值；
7）译语后续句正确；
8）主客观冗余具备；
9）启动听译时滞、贮存听译时滞（如有）存在特性。

检验流程分为常规检验与附加检验两种。前者验证实验中采集的职业译员处理样本是否符合假设 1）—6），后者则针对前者检验中的反常样本进行假设 7）—9）的额外验证。检验可能产生四种结果：倘若样本无误且处理符合假设，则该样本证实假设，进而证实其所表征的模型的信息或认知维度；若处理不符合假设，则该样本提示扩充假设，进而提示其所表征的模型相应维度的扩充。但若样本有误且处理符合假设，则该样本证伪假设，进而证伪其所表征的相应维度；若处理不符合假设，则该样本未证实或证伪假设，亦未证实或证伪模型。检验流程见图1.1。

注：EVS=听译时滞。

图1.1 汉英同传语序差异处理信息—认知模型工作假设的检验流程（郭靓靓，2024：118）

流程始于假设 1），先检验语序差异处理是否启动：若识别语序差异，启动处理，则产生译语和启动听译时滞可继续检验假设 2）；若未识别语序差异，未启动处理，则译语和听译时滞或缺失，或错误地按照一般同传处理，译语并非语序差异处理的产品，无法继续检验，故检验终止，信息—认知模型未被该样本证实或证伪。

假设 2）检验启动的处理是否正确：若正确识别源语信息并产出对应译语，则检验假设 3）、4）；若识别错误，导致误译，则继续检验并无意义，模型的信息维度未被证实或证伪；但仍产生启动听译时滞，并可能产生贮存听译时滞，故继续检验假设 5）、6）。

假设 3）检验处理对译语信息密度一致性是否进行全局优化，即是否优先产出闭合信息轮廓：如是，则检验假设 4）、5）、6）；如否，则检验假设 7）译语后续句是否正确产出。如是，则检验假设 8）主客观冗余是否具备；如具备，则该样本证实主客观冗余的积极调节；如不具备，则该样本是信息维度孤例。若假设 7）的译语后续句并未正确产出，则违背假设 3）虽未致使当前处理错误，但却无法排除偏离信息密度一致性最优解对后续信息误译的影响，模型的信息维度未被证实或证伪，继续检验假设 5）、6）。

假设 4）检验处理对译语信息密度一致性是否进行局部优化，即是否产出 SVO 信息轮廓：如是，则检验假设 5）、6）；如否，则检验假设 7）。若译语后续句正确，则检验假设 8）；若错误，则违背假设 4）可能诱发后续信息误译，模型的信息维度未被证实或证伪，继续检验假设 5）、6）。

假设 5）检验启动听译时滞是否超出短时记忆正确持留阈值的中等水平：如未超出，则继续检验假设 6）；如超出，则对于未通过假设 2）检验的样本，检验流程结束，结果为该样本违背信息—认知模型的信息与认知维度，处理错误，未证实或证伪模型；而对于通过假设 2）检验的样本，则检验假设 7）：若译语后续句正确，则检验假设 9）该样本的启动听译时滞、贮存听译时滞（如有）是否具备特性；若错误，则违背假设 5）诱发失误序列，模型的认知维度未被证实或证伪，检验假设 6）。

假设 6）检验贮存听译时滞（如有）是否超出短时记忆正确持留阈值，但若未产生贮存听译时滞则无须检验，检验流程结束，以假设 1）—5）的检验结果为准。若贮存听译时滞未超出阈值，则检验流程以假设 1）—6）的检验结果结束；若超出，则对于未通过假设 2）检验的样本，检验流程以该样本未证实或证伪信息—认知模型的结果结束，而对于通过假设 2）检验的样本，则检验假设 7）：若译语后续句错误，检验流程以假设 1）—7）

的检验结果结束，即违背假设 6）诱发失误序列，模型的认知维度未被证实或证伪；若译语后续句正确，则检验假设 9）。若通过检验，则检验流程以假设 1）—9）的检验结果结束，即该样本提示扩充认知维度；若未通过，则检验流程结束，该样本是认知维度孤例。

在明确检验指标与流程的基础上，各指标的检验标准依据同传译语产品与源语对等与否、译语规范与语用原则，以及听译时滞特征进行定性与定量设定。

第一，译语与源语对等与否的检验标准依据对等翻译理论，以及译员与用户的调查发现（Nida & Taber, 1969; Kurz, 2002; Hatim & Mason, 2002; Chiaro & Nocella, 2004; Pochhacker, 2007; Downie, 2015）进行制定，用以检验假设 1）、3）、4）；鉴于语序差异短语由中心词与分枝成分两部分组成，故译语与源语的对等与否也按这两部分进行考察。如译语包含两个部分的对等产出，则视为启动处理；如只包含一个部分或不含任何的对应，则视为未启动处理。信息密度一致性全局优化的标准是启动处理时优先产出闭合轮廓，局部优化的标准是产出轮廓为 SVO。

第二，译语正确与否评价标准的设计参照简化（simplification）、近似（approximation）、补偿（compensation）、低风险省略（low-risk omission）等同传译语特征、口译用户对术语准确性的较高期待（Schjoldager, 2002; Moser, 1996; Setton, 2002; Pym, 2008）、汉英会议口译显化与增译的共性、口译概念信息作为核心信息的地位（胡开宝、陶庆，2009、2010；张其帆，2011；张威，2019）等前人研究成果，这一评价标准用以检验假设 2）、7）、8）。除正确对等外，译语评价标准允许删减与增译、上位词与下位词的使用，以及译员对口误的更正，视其为可接受译语；但违背用户期待的术语失准、偏离概念信息的错误对应、增译或高风险省略，则为误译。主客观冗余依据语法与语义管辖、源语信息可及性等译语产出表现进行考察。至此，模型信息维度相关的检验全部完成。

第三，假设 5）、6）、9）中模型认知维度相关的检验标准，依据听译时滞特征进行数据统计后得出。对所采集的启动与贮存听译时滞全部数据分别进行集中趋势统计，得出职业译员受试总体的短时记忆正确持留阈值及其中等水平时长；再分别统计各个译员的启动与贮存听译时滞，结合受试总体的数值，确定译员个体的短时记忆正确持留相关指标的时长；最后比较各个译员单个样本数据是否超出其自身时长的数值。倘若某译员单个样本出现听译时滞离群值，则统计其样本中以该离群值处理且译语正确的样本是否更多：如是，则不接受该离群值为该译员的听译时滞特性，而接受其为共性特征，否则接受其为听译时滞个性特征。

2.4 作为专长的汉英同传语序差异处理能力

汉英同传语序差异处理的信息—认知模型是针对单次处理的演绎推理，而多次处理的成功则要求译员具备处理能力。汉英同传语序差异处理能力是汉语语序独特性，以及同传听译同步翻译形式特殊性对译员的必然要求，因而该处理能力在汉英同传中不可或缺。同时，语序差异处理能力是汉英同传中的特定能力，而且已经掌握汉英交传能力的非同传译员因交传形式要求与此不同而并不具备，因而处理能力具有特定性。领域特定性表现（domain-specific performance）是专长（expertise）的普遍特征，专家在特定领域训练中所习得的专长使其产生区别于非专家的优异表现。专长已被证实是对领域特定任务限制前提的最大化适应，不仅可针对当前表现发挥中介作用，还能通过响应信息性反馈实现持续改进。对领域特定典型任务中的专家表现在控制实验的标准化环境中进行测量并对比非专家表现，是探究专长发展的可行手段。不同领域的实证研究充分证明，专家与新手表现不同的原因并非出于天赋差异，专家表现也不是靠微调或推断过往表现获得、亦不是在某项活动上积累经验后自动产生的结果；专长的发展源自刻意训练（deliberate practice）。刻意训练的要素是：参与任务并努力提升表现的动机、考虑学习者已有能力的任务设计、对表现结果即时且有益的反馈、相同或相近任务的重复训练。全部要素都具备时，刻意训练能够提升任务表现的准确度与速度；但如果缺少合适的反馈，则方法欠妥，高动机的实验对象重复训练也无法提升表现。专长研究因而成为评价教学干预效果、增进对学习过程认识的系统框架（Ericsson et al., 1993, 2006; Ericsson & Lehmann, 1996; Charness & Tuffiash, 2008; Williams et al., 2017）。

专长研究在口译研究中应用的设想自提出以来（Ericsson, 2001），同传研究通过对比专家新手的表现，探索包括工作记忆能力与元认知能力在内的同传能力的构成，以及同传训练对诸如阅读理解等一般能力的影响等课题（Liu et al., 2004; De Groot & Christoffels, 2006; Moser-Mercer, 2008; 张威，2009c; Yudes et al., 2013；梁洁、柴明颎，2017），结论证实职业译员与口译学员在特定能力上的差异，以及同传训练在非特定能力上的效用。相关成果证实了专长研究对同传领域的价值，即为本领域的研讨提供有益启示、指明研究路径、促进口译教育研究的深化（Sawyer, 2011）。然而，在揭示译员与学员能力差异的具体维度后，研究并未继续考察专家能力的习得或学员能力的发展；汉英同传语序差异处理这一特定能力尚未出现系统探索。

为此，本研究聚焦于处理能力在学员中的发展，探索有效推进能力发展的训练方法。在意识形态与话语分析研究（Van Dijk, 2006）开始受到翻译学界关注的背景下，研究者开展的问卷调查发现口译员形成成功交际促进者的自我角色与身份认识，以及汉英口笔译从业者重视训练质量的职业态度（Setton & Guo, 2011; Zwischenberger, 2011）。在实践者职业形象与发展需求的双重前提下，汉英同传教学质量的提高对于促进学生能力的高效发展具有重要现实意义。在专家优于新手的表现得益于刻意训练的专长研究框架内，本研究的学生实验着重于揭示刻意训练，特别是反馈要素对促进能力发展的影响。

在刻意训练的动机、任务设计、反馈、重复训练这四项要素中，动机和重复训练与学员自身关系密切，任务设计可通过系统性的教材建设得以保证（陶友兰，2010、2017），而反馈则高度依赖于教师，即能否依据学生表现进行具有针对性与价值性的知识传播。依据国内教学实际中师资被认为是翻译专业建设瓶颈的共识（何刚强，2007；柴明颎，2010；仲伟合，2014），本研究控制其他三项要素，重点探究反馈目标与内容的变化是否能够促进学员处理能力的发展，以期为改进同传师资队伍建设与教学方式方法提供参考。

具体而言，研究选取翻译专业硕士（MTI）英语口译方向同传第一阶段必修课学生作为受试，控制其学习动机、训练时长、课堂任务、交传水平等其他变量，实施反馈差异化教学。对第一批学生，即控制组的反馈，以顺译规范为目标与内容：教师先为学生设定课下 100 小时的同传训练量；同时在每周课上选用语序差异典型语篇进行训练，并且针对学生同传表现中顺译规范的使用给予反馈、以便其到期末时实现掌握顺译规范的目标。对第二批学生，即实验组，则进行基于职业译员实证发现的循证教学与反馈。以汉英同传语序差异处理的信息—认知模型与专家语料听译时滞数据为反馈内容，以发展相应处理能力为反馈目标，保持课下训练量、课上训练语篇、教学时长等变量与对照组一致。参照职业译员实验的路径、指标与标准，通过学生实验考察并对比期末两组受试处理能力的表现，揭示基于专家实证的反馈是否比基于经验规范的反馈产生更加积极的能力发展效果。

2.5 小结

本章先确立汉语语序独特性的类型学基础，厘清汉英同传语序差异处理的理论缘起，排除经验描述与概括的潜在偏颇。在明确处理对象、限制前提的基础上，提出处理的本质是源语信息不确定、短时记忆长占用两个限制前提间的动态平衡。通过向信息科学、认知科学跨学科借鉴，推导得出由信息维度与认知维度构成的汉英同传语序差异处理的信息—认知模型。从信息科学信息论与信息密度一致性这一人类口语产出最优解的大前提，以及同传作为极限条件下的人类语言使用、主客观冗余作为源语信息不确定调节因素的小前提，演绎推理得出信息密度一致性对处理具有约束力、处理以此为遵循构建信息轮廓、主客观冗余发挥调节功能的模型信息维度。从认知科学记忆相关理论中的人类短时记忆有限性与复杂性的大前提，以及同传中多项认知负荷对短时记忆的累加性与竞争性的小前提，演绎推理得出认知负荷的供求匹配对处理具有约束力、处理以此为遵循管理短时记忆资源的模型认知维度。通过对控制实验中采集的职业译员同传产品进行分析的路径，检验模型两个维度的工作假设：信息维度假设由结构指标检验，即处理是否正确识别源语语序差异、是否优先产出闭合 SVO 信息轮廓；认知维度假设由时间指标检验，即启动听译时滞不超出短时记忆正确持留阈值的中等水平、贮存听译时滞不超出短时记忆正确持留阈值。检验流程与标准基于翻译理论与同传特点设计，也应用于学生受试控制实验与产品分析，从而对处理能力进行探索。处理能力作为专长的一种，鲜有实证描写性研究，本研究认为能力发展应符合专长发展的一般规律，即受刻意训练的积极影响；其中教师教学相关的反馈要素应发挥重要作用。研究设计学生对照控制实验，探索循证教学与反馈在促进处理能力发展上的效用。

第 3 章　汉英同传语序差异

处理信息—认知模型的实证检验

在搭建理论框架、提出汉英同传语序差异处理信息—认知模型的基础上，本控制实验力图证实模型，即译员的处理是在信息与认知两个维度之间、按照信息密度一致性与短时记忆有限性进行的动态平衡。为此，本实验以职业译员作为受试，以语序差异显著的真实、典型讲话作为实验材料，采集语料与数据进行定性与定量分析，按照构想的检验指标、标准与流程对模型进行实证检验。同时，实验的相关发现也可增进对汉英同传技巧模因的认识，收集译员在英译汉、汉译英两个同传方向上的听译时滞数据，通过数据客观描写探索其潜在规律。

3.1　实验设计

3.1.1　实验对象与程序

本实验职业译员受试的选择，综合考虑现有研究发现与自身研究目的，从而最大化保障实验结论的信度。首先，职业译员的标准，依据同传经验需达 150 天的发现（梁洁、柴明颎，2017）而定。尽管译员受试本就存在样本数量小等局限，对同传经验再做如此要求无疑会导致拥有参与实验意愿的受试更加难觅，但本实验坚持这一职业受试标准，旨在避免因受试群体未达职业标准而导致的研究发现信度受损。其次，对可能影响翻译行为的变量，包括译员的教育背景、性别、年龄等（肖开荣、文旭，2012）也进行控制。虽然这在一定程度上会进一步缩减潜在受试的范围，但有利于避免受试间差异过大而导致假设检验的信度有限。在本实验邀请的共计15 名符合上述条件的译员中，7 名接受邀请；然而在实验过程中有 1 名译员中途退出，未能完成英译汉或汉译英同传中任何一项任务；最终完成全部实验任务的译员共 6 名。其平均年龄为 28 岁，男女性别比例为 1 : 1。母语均为汉语，外语均为英语，英语的学习始于学校，初始年龄在 10 岁左右；从业之前均完成研究生级别同传教育，并通过同传结业考试。在其职业生涯中，英译汉与汉译英两个方向的同传均进行经常性实践。从个人信息的角度讲，该组受试与我国职业口译员调查所得出的年龄更年轻、性别比例更平衡的基本概况相符（Setton & Guo, 2011）；从教育与职业背景的角度讲，受试在外语学习年龄、同传教育与职业经验上都处在相似水平。

实验程序的实施，控制了工作环境与工作条件变量，最大化模拟真实同传场景，保证实验的生态效度。首先，对可能影响译员表现的工作环境变量进行控制。实验在达到国际标准化组织（International Organization for Standardization，简称 ISO）水准的模拟会议室中进行，同传工作间及其设备均满足良好工作环境的要求。实验前进行同传、录音、视频、投影等设备的调试，实验期间技术人员在场支持，以便译员能够全程观察到讲者。其次，控制工作条件变量，力求模拟真实同传任务的条件。译员承诺在实验中如在实际会议同传中一样，对源语讲话内容保密。在其无法集中于同一时间完成实验的条件下，按其时间安排分为四批分别进行实验并且在 3天内完成。实验前为其提供同传任务相关信息供其浏览 5 分钟，内容包括发言人、发言时间、地点、听众、主题等源语讲话基本信息，尽可能还原真实同传中译员能够进行一定程度译前准备的现实，以及现场短暂译前准备仍可显著提升译员表现的实证发现（Diaz-Galaz et al., 2015）。之后组织其对源语音量进行测试与热身 1 分钟，以便其把音量调整至适合个人发挥的水平；测试热身片段为讲话开场白，此类片段存在约定俗成的译法，故其译语不做考察。实验时任务的顺序为先英译汉同传、再简短休息 5 分钟、最后汉译英同传，以避免译员疲劳对其表现的潜在影响；其译语由主试通过同步双轨专业录音设备记录。实验后主试询问受试是否熟悉源语主题，给予其一定的实物形式酬谢。每名受试的实验流程约为 30 分钟。

3.1.2 实验材料

本实验源语的遴选，在明确汉英同传语序差异短语选择标准的基础上，遵循口译测试材料真实性特点，同时突出典型性、凸显语序差异，并兼顾其他变量的控制。首先，综合考虑研究对象特征与模型检验标准，确定分枝成分达到 4 个词/字及以上、其与中心词在译语中均不可完全省略的名词短语，作为考察的源语样本。其次，鉴于材料应选真实口译场合中使用的演讲稿等，而非过于正式的书面语文本，可以加以变动，突出口译特点（陈菁，2002；陶友兰，2010），加之源语语速、字词难度、译员疲劳与知识等其他变量的潜在影响，故考虑选择语序差异显著的、在受试译员执业城市以外地区召开的会议上、非技术性主题的讲话。通过文本加工、音视频制作控制生僻字词、源语语速，并缩短源语时长至不超过单人连续工作时长 15 至 20 分钟的实践准则（卢信朝、王立弟，2015），准备实验源语。

在周全源语讲话的真实性、典型性、主题难度、字词难度、语速等变量的基础上，本实验制作了一篇依据真实会议英语讲话稿所录制演讲的音频、剪辑了一篇会议现场汉语演讲的视频作为实验源语语料，并在职业译员预实验后确定采用。

首先，英语源语讲话的制作过程如下：第一，登录国际社会汉语同传最大使用机构——联合国的网站，检索中国相关的英语讲话讲稿、音频、视频，控制主题难度变量。第二，比较检索结果的汉英语序差异，发现时任联合国秘书长在北京召开的大会上的讲话稿所体现出的语序差异较为显著。该讲话稿真实、典型、未在译员受试的执业城市发布，契合源语讲话的遴选标准。第三，鉴于原讲话的音像资料无从可考，故可对讲话稿进行微调，从而进一步突出汉英语序差异，因而实验源语比实际讲话的汉英语序差异更为显著，提升源语语料的典型性。第四，利用文本可读性研究中经典的、已应用于口译研究的 Flesch-Kincaid 公式（He, et al., 2017），评估微调后文本的难度。计算得出英语源语的可读性级别为 13.77，约等于 14，即英语为母语的读者理解该文本需要满足完成 14 年学业的要求，相当于大学三年级在读。鉴于译员受试均已大学毕业，英语源语讲话的难度适中。第五，控制语速、口音、工作时长等变量，邀请一名英语母语讲者以同传理想语速进行带稿演讲并录制音频作为实验语料。最终制成的英译汉同传实验音频语速为 112 词/分，长度为 7 分 20 秒，以实际讲者的演讲照片作为视觉辅助。

其次，汉语源语讲话的制作过程类似，在中文互联网转播的真实会议讲话视频中，选择时任云南省领导在昆明召开会议上的讲话，其具备会议讲话的典型性、语序差异的显著性特征。以此视频为基础，在不影响讲话整体性的基础上，对视频进行剪切与合并，保留含有语序差异的视频片段，以及牵涉逻辑连贯的片段，剔除其他片段。经剪辑得到的汉译英同传实验视频语速为 120 个字/分，长度为 9 分 13 秒。鉴于汉语文本可读性研究，特别是面向广泛母语人群的研究仍处于起步阶段，影响或预测可读性的指标还有待扩充和验证（吴思远等，2018），故以汉语讲话的实际受众，即商学院教师与学员为依据，判定理解该讲话需要满足完成大学学业的要求，相当于大学毕业。汉语源语可读性与理解英语源语所需受教育水平并不存在显著差异，难度适中。

最后，在完成实验源语材料的制作后，邀请两名职业译员进行预实验。其同传表现、译后访谈中的表述，都表明实验材料在体现显著汉英语序差异的同时，讲者的语速适中、口音标准，讲话难度适中且较具代表性，据此确定采用上述源语开展实验。

对源语中的语序差异短语进行统计、编码、时间标记。第一，对英语源语中语序差异短语进行编码，并用 CoolEdit 软件对其时间进行标注：英语源语中语序差异短语用 YX 编码，数量共计 20 个，$X \in \{1, \cdots, 20\}$；出现在后续句中的短语以*标示；标注的时间点为中心词出现时间、向右分枝成分起始时间，以及分枝成分不同组成部分的起始时间，精确到秒。为保证上述时间标注的精确性，借鉴日本名古屋大学的 "CIAIR 同传语料库" 在语料片段的开头和结尾处标注时间的方法（刘剑、胡开宝，2015），增加句首时间的标注。英语源语中语序差异短语、短语时长、两个短语之间的时间间隔按时间先后顺序排列如表 3.1 所示。行表示 Y1—Y20，列表示编码、语料、时长，以及其与前一短语的间隔秒数。由于 Y1 前并无其他语序差异短语，所以其并无间隔秒数的相关数据。第二，对汉语源语中语序差异短语进行编码，用同一软件、同样方式对其时间点进行标注：汉语源语中语序差异短语用 ZX 编码，数量共计 8 个，$X \in \{1, \cdots, 8\}$；用同样的方式标注后续句中的短语；标注的时间点为向左分枝成分出现时间、其不同组成部分起始时间、中心词起始时间，以及其他语句起始时间。汉语源语中语序差异短语、短语时长、短语间隔如表 3.2 所示，其中行表示 Z1—Z8，列与表 3.1 相同。

表 3.1 英语源语语序差异短语 Y1—Y20

编码	源语	时长（秒）	间隔（秒）
Y1	The 0:14 relationship 0:15 between the business community and the issues on the United Nations agenda 0:20 …	6	无
*Y2	… 0:29 ways in which the 0:31 business community can help advance important global objectives 0:35.	6	9

编码	源语	时长（秒）	间隔（秒）
*Y3	… the 0:46 way 0:46 the world economy moves ahead 0:47 and we manage the effects of globalization 0:51.	5	11
*Y4	… the 0:55 key to 0:56 effectively alleviating poverty in China 0:58 and to 1:00 achieving our goal of halving poverty in the world by 2015 1:05.	10	4
Y5	… 1:58 challenges, 1:59 both social and environmental 2:01.	3	53
*Y6	… the 2:03 prosperity 2:03 enjoyed by the Chinese business sector 2:06 …	3	2
Y7	… the 2:21 uneven development 2:23 between China's increasingly affluent urban centres and poorer rural areas, 2:28 as well as 2:30 between the east and west of the country? 2:33	12	15
*Y8	… 2:39 migrant workers 2:41 looking for economic opportunities and a better life? 2:45	6	6
Y9	… 2:55 challenges such as 2:56 environmental protection, the 2:58 fight against corruption and 3:00 halting the spread of HIV/AIDS, 3:02 …	7	10
*Y10	3:03 challenges that are 3:04 acute in China today? 3:06	3	1
*Y11	… 3:07 questions, 3:08 prompted by the impact of globalization, 3:11 …	4	1
Y12	… 3:47 principles in the areas of 3:49 human rights, 3:50 labour conditions and the environment, 3:53 …	6	36
*Y13	… 4:06 companies 4:08 operating in more than 70 countries, including China, 4:11 …	5	13
Y14	… 4:41 reputations 4:42 with stakeholders around the world, including investors and consumers 4:48.	7	30
Y15	… 5:39 a platform that 5:40 helps China pursue economic growth and global competitiveness 5:45 while advancing environmental and social responsibility 5:50.	11	51
Y16	… 6:02 the Millennium Development Goals 6:06 agreed by all the world's Governments as a blueprint for building a better world in the twenty-first century 6:13.	11	12
*Y17	… a 6:18 Global Compact network 6:20 of the type that has already been launched in 40 other countries 6:26.	8	5
Y18	… the 6:40 bridges 6:40 you have built through trade and investment with people and nations around the world 6:45.	5	14
*Y19	… the 6:49 suggestion that 6:50 China might host a major international Global Compact event within the next year, 6:56 …	7	4
*Y20	… 7:00 demonstration of 7:01 how the Compact can connect Chinese business leaders with the world economy 7:05.	5	4

表 3.2 汉语源语语序差异短语 Z1—Z8

编码	源语	时长（秒）	间隔（秒）
Z1	……在 0:04 国际金融危机逐步消退，0:10 国际经济形势变得越来越复杂、越来越多变，是在 0:22 新一轮西部大开发战略启动实施的 0:27 关键时刻……	23	无
*Z2	……0:40 抓住机遇、加快发展的 0:44 新视野、0:46 新前景、0:48 新对策……	8	13
Z3	……既是 2:57 中央的领导、关心、支持，既是 3:05 全省各族人民团结一致、顽强拼搏的 3:12 结果……	15	129
Z4	……4:14 所有关心支持云南的抗旱救灾、4:21 帮助我们渡过难关的 4:28 朋友和同志们……	15	61
Z5	……6:50 面向西南开放的 6:52 桥头堡 6:53。	3	142
*Z6	……既是 6:59 中央深刻地分析了全国改革、发展、稳定大局的形势、7:11 根据国家战略对我们云南提出的 7:17 要求……	18	6
Z7	8:09 由发改委牵头、8:11 60 多个部委参加、8:15 有近 200 人的 8:16 调研组……	7	52
Z8	……8:59 中国西部 9:01 最具潜力、9:04 最有希望、9:07 最富商机的 9:10 发展高地 9:11。	12	43

3.1.3 译语语料的转写与评价

在既往研究的基础上（Setton, 1999；胡开宝、陶庆，2009、2010；张威，2013d；王斌华、秦洪武，2015），译员受试语料的转写结合研究实际、紧扣实验目的，主要体现在转写程序精确化、转写方法复合化、转写单位针对化、标注标准统一化。首先，完善译语语料转写的技术与程序，提升转写精确度。译语语料制成 MP3 格式，便于借助播放软件、声音处理软件进行转写。在统一源语音频时间后，对全部受试的译语音频时间进行校准，保证不同时间完成实验任务的受试之间译语与源语时间上同步对齐。转写工作在技术辅助下由人工完成，并经过两次校验程序。其次，采用线性时间对齐与信息对齐相结合的复合转写方法，并对研究范围之外的语料转写与标注进行节略。转写以译语信息为要，同时保留口误、更正、重复、停顿、填充等副语言特征。标注以时间为要，省略与译语评价、统计分析无甚关系的词性标注等基本语言标注。转写形式采用源语在上、译语在下的竖体，省去汉译英同传方向直译（gloss），避免造成过多不必要的人力损耗。再次，针对检验汉英同传语序差异处理信息—认知模型的研究目的，以语序差异短语作为转写单位。转写只涉及短语所在句与后续句的译语，节略其他与处理无关的语料，如并非后续句且无语序差异短语的译语。最后，统一源语、译语标注标准。省略号表示 2—3 秒的短时停顿，省略号加时间标注表示无声长时停顿，汉语的"嗯""啊"与英语的"er""um"等填充词表示有声停顿，逗号表示不完整语句。

译员受试按照参与实验的先后顺序编码为 I1—I6，汉语与英语译语分别用 y 和 z 编码。理论上 6 名受试每人处理并产出 20 个 y 译语、8 个 z 译语，实验应采集到 120 个 y 样本、48 个 z 样本。译语时间标注方法与源语语料相同，包括语序差异处理启动时间（即语序差异短语的译语产出起始时间）、译语中心词与分枝成分及其组成部分的起始时间，以及语句的起始时间。译语产出的起始时间以必须在译语中译出的部分为准，省去诸如填充之类的赘余部分。如果译语产出的起始部分出现口误，但之后得到更正，那么由于在被更正前译员已经开始处理的相关尝试，所以译语起始时间从处理启动时开始算起，即包含口误的部分。如果译语产出重复了中心词等，那么由于第一次产出已经释放短时记忆容量占用，第二次产出只是对译语的重复，所以相关译语产出时间以第一次产出时间为准。

译语语料转写稿准备完毕后，采用双模态、双评审的方式进行译语评价。首先，为增强评价客观性、降低如译员语调是否生动等非信息因素干扰质量感知的可能性（Ais, 2002; Kalina, 2005），邀请评审同时参考转写稿与译语音频进行评价。其次，参照全国翻译专业资格（水平）考试二级口译英语同传考试（以下简称二口同传考试）的评分过程，即一个考生由至少两个评审评分（王燕，2009：V），由两名具备口译考试评分经验的资深评审依据评价标准进行共识评价。两名评审独立评价后，如对同一译语产生不同评价结果，则商议后形成评价共识，从而降低定性评价中标准执行可能不一致所引发的负面影响，确保标准执行的统一。

译语评价标准承袭现有研究成果，综合考量同传译语特征、用户期待、汉英会议口译共性，以及概念信息的核心地位，评定高风险省略、术语失准，以及错误对等与增译等信息相关错误为误译。语法错误、流畅性不佳等表达相关的错误，由于与本实验检验汉英同传语序差异处理信息—认知模型的目的关系不大，故不在评价标准考虑范围之内。标准由评审具体执行，评价对象不仅包括语序差异短语的译语，还包括其后续句的译语。依据同传译语错误类型研究（Barik, 2002），结合实验源语汉英语序差异短语的实际，细化高风险省略，以及其他误译的评价标准如下：高风险省略的标准为对中心词和/或分枝成分的省略超过一半，例如源语的中心词和/或分枝成分若由三个部分组成且其中两个在译语中省略，则为高风险省略；但若省略其中一个，则为低风险省略。误译的标准以译语经对应、增译等操作后偏离源语概念信息，达到听众误解源语甚至无法理解的程度为准。误译可进一步分为术语错误者、中心词和/或分枝成分不符合源语概念信息且其后未经更正者、译语增添不符合源语概念信息者。误译与可接受译语的区别在于，后者在概念信息上虽非直接对等，但通过使用上位词与下位词等进行与其具有关联的对应，或进行符合概念信息的显化，进而避免误译导致的译语与源语信息相左。鉴于误译与可接受译语的评价不似高风险、低风险省略那样具备量化标准，有必要结合译语实际案例，简述评价结果背后的评审考量。

使用上下位词、评价为可接受的正确译语案例如下。

例1：源语 Y2 … 0:29 ways in which the 0:31 business community can help advance important global objectives 0:35.

译员 I1 …… y2 0:33 方式，0:35 商业界都可以帮我们解决全球的一些问题 0:38。

译员 I5 …… y2 0:34 机会，0:35 能够让商界帮助我们实现重要的全球目标 0:39。

由于译员 I1 的译语"解决全球的一些问题"是源语"推进重要全球目标"的内涵之一，评审认为并未造成听众误解，故把其使用下位词产出的译语评价为可接受。I5 的译语"机会"是源语"方式"的必要条件，评审评价其使用上位词的译语为可接受。

符合源语概念信息的显化或偏离、评价为可接受的正确译语案例如下：

例2：源语 Y3 … the 0:46 way 0:46 the world economy moves ahead 0:47 and we manage the effects of globalization 0:51.

译员 I3 …… y3 0:49 积极帮助 0:50 全球经济发展，并且呢 0:51 良[很]好地管理全球化所带来的影响。

译员 I3 的译语"积极帮助""良[很]好地管理"是对源语"方式"的显化，评审的评价为可接受。

例3：源语 Z5 ……要求云南建成 6:50 面向西南开放的 6:52 桥头堡 6:53。

译员 I1 … and required that Yunnan should be constructed and developed to be 6:55 a gateway of 6:57 West China 6:59.

译语"中国西部的桥头堡"比源语"西南"涵盖的意义更广，似乎偏离源语概念信息。然而，鉴于讲者后续源语也提到云南是"中国西部"的发展高地，所以译语仍符合源语信息并且未导致听众误解。因此，商议后评审达成译语可接受的共识评价。

但是通过替换所产出的译语，在涉及术语错误时的评价则为不可接受的误译。

例 4：源语 Y12 … 3:47 principles in the areas of 3:49 human rights, 3:50 labour conditions and the environment, 3:53 …

译员 I3 …… y12 3:52 目标，尤其是在 3:54 人道，3:55 劳工，3:55 环境、劳动环境以及生态环境方面的共同的责任……

源语中的"原则"是讲者讲话主体"全球契约"组织的专业话语，具有比译语中的"目标"更加丰富的内涵。评审均认为此例中对该术语的译语违背听众对术语准确性的期待，评价均为误译。

不符合源语概念信息、评价为错误的误译案例如下。

例 5：源语 Z4 4:13 对于 4:14 所有关心支持云南的抗旱救灾、4:21 帮助我们渡过难关的 4:28 朋友和同志们，在此我表示衷心的感谢！4:38

译员 I3 4:18 And here, I want to … thank z4 4:25 you 4:26 who have made your own efforts in helping us 4:30.

源语中的"朋友和同志们"指代所有在抗旱救灾上给予帮助的人士，比译语中的"你们"所指的在场听众广泛得多；同时源语中"抗旱救灾"的内涵也比译语"做出你们的努力帮助我们"更加精确。评审均认为，此例中的译语遗漏过多，可能误导听众认为讲者感谢的是在座各位的帮助，而非所有提供帮助的人，所以评价均为误译。

例 6：源语 Z6 6:55 我想这既是 6:59 中央深刻地分析了 7:04 全国改革、发展、稳定大局的形势，7:11 根据国家战略对我们云南提出的 7:17 要求……

译员 I4 7:00 I think z6 7:04 great wisdom has been demonstrated on the part of the central party at the top because they have analyzed the big picture of China's strategic development 7:16. And based on the requirement of the strategic development at the national level, they have put forward special 7:22 requirement for us at the local level 7:25.

关于译语中对中央的评价，评审均认为是译员对讲者信息的过度增添，把这部分去掉才是正确的译语，属于源语理解与识别有误，进而偏离源语信息，对其的评价均为误译。

3.2 信息—认知模型的检验结果

3.2.1 英译汉同传方向

根据 2.3.3 中所提出的信息—认知模型验证的工作假设、检验指标、流程、标准，通过对信息维度的质性分析、对认知维度的量化统计，在语料中确定译员的处理实际，从而检验工作假设，进而证实或证伪模型。

首先，信息维度工作假设的检验，结合评审的译语评价与主试的信息轮廓判定来进行。假设 1）、2）、7）中的是否识别、是否正确识别源语语序差异，以及后续句译语是否正确，由评审共识评价决定。假设 3）、4）、8）中的是否优先产出闭合信息轮廓、是否产出 SV(O)信息轮廓，以及是否具备主客观冗余，由主试判定。对信息轮廓的分析在信息密度一致性全局优化、局部优化两个层面上进行。全局优化以启动处理时是否产出闭合信息轮廓作为依据：如果产出的是 SVO 信息轮廓，则判定为产出闭合信息轮廓；如果产出的是 SVXO 信息轮廓、X 为其他诸如 Adj（形容词）、Adv（副词）等成分，则判定为未产出闭合信息轮廓。局部优化以产出的信息轮廓是否为 SV(O)作为依据；如果产出的是 VS(O)等其他信息轮廓，则判定为未遵循 SV(O)信息轮廓。主客观冗余的判定以源语语法语义管辖、被试自述等作为依据。

其次，认知维度工作假设 5）、6）、9）的检验，由量化分析结果确定。对听译时滞的统计旨在全面描写语序差异处理中的各种可能性。纳入统计的听译时滞样本包括所有启动处理的样本，无论其处理结果即产出译语是否正确。不排除错误样本的原因在于，正确样本的听译时滞可能超出假设 5）、6）中所规定的短时记忆正确持留阈值，但却付出后续句误译的代价；如果仅统计正确样本的听译时滞可能放大译员实际的短时记忆正确持留阈值、拔高其容量占用水平，而错误样本的听译时滞可能是短时记忆持留时长过短、源语信息不确定过高所导致的，把其排除在外也并非对译员处理中听译时滞实际的全面描写。故统计并不排除启动处理但译语错误的样本。语序差异处理可能产生的三类听译时滞中，启动听译时滞是译语启动处理时落后于源语语序差异短语起点时的时差，贮存听译时滞是中心词或分枝成分译语被推迟至其他成分之后产出时、落后于相应源语起点的时差，预测听译时滞是中心词或分枝成分译语被提前至其他成分之前产出时，超前于相应源语起点的时差。鉴于译员落后于讲者是同传的普遍特征，故启动听译时滞、贮存听译时滞的值均为正数。但这并不意味着听译时滞只有正值，如果译员预测并领先于讲者产出某些译语，则其值为负。本实验期待通过听译时滞的测量，揭示译员的短时记忆持留阈值，故仅对启动听译时滞、贮存听译时滞两项相关指标进行统计分析；但鉴于汉英同传听译时滞相关数据稀少，故对预测听译时滞也进行测量，以供未来汉英同传研究，以及其他语序差异显著语言组合之间的同传研究参考。

启动听译时滞相关的假设 5）分为三步检验：第一，对全部启动听译时滞的集中趋势进行统计，得出译员受试总体的短时记忆正确持留阈值的中等水平；第二，分别统计各个译员的启动听译时滞集中趋势，并与总体数值进行比较，确定译员个体的启动听译时滞及其短时记忆正确持留阈值的中等水平；第三，比较译员单个样本启动听译时滞是否超出其个体启动听译时滞。倘若某译员某样本出现离群值，则检验假设 9）听译时滞特性：统计其样本中以该离群值处理且译语正确的样本是否更多：如是，则接受该离群值为该译员的听译时滞特性，否则判定其仅为孤例。贮存听译时滞相关的假设 6）的检验方法与假设 5）一致，其数值代表译员短时记忆正确持留阈值。按照启动听译时滞小于等于短时记忆正确持留阈值的中等水平、贮存听译时滞小于等于该阈值的假设，前者应约等于后者的 1/2。

3.2.1.1 信息维度检验

译员受试样本的信息维度假设检验结果如表 3.3—表 3.11 所示，每个表格所包含的语序差异短语为连续短语。行表示各个短语 Y 及其所在句源语，以及译员 I1—I6 的短语译语，列表示样本编码、译语、译语评价、工作假设 1）语序差异是否识别、假设 2）信息是否正确识别、假设 3）译语是否产出闭合信息轮廓、假设 4）译语产出信息轮廓是否遵循 SV(O)。样本编码为 yXIX，译语评价以"对""错"标记，识别以"是""否"标记，识别正确以"是"标记，错误则以错误类型标记，因识别错误而无法进入译语信息轮廓检验者以"无"标记。质性分析与附加假设检验附后，分析假设 7）译语后续句是否正确、假设 8）主客观冗余是否具备。

表 3.3 职业译员英译汉同传语序差异处理模型信息维度检验 Y1—Y4

Y1 The 0:14 relationship 0:15 between the business community and the issues on the United Nations agenda 0:20 is becoming increasingly well understood.

样本编码	译语	译语评价	是否识别	是否识别正确	是否产出闭合轮廓	是否产出SV(O)轮廓
y1I1	y1 0:17 在商业界和联合国议程之间的这种 0:22 关系，其实我们越来越了解这种关系。	对	是	是	是	是
y1I2	y1 0:17 商界以及商界的 0:22 关系和联合国的一些日程，大家也是越来越了解了。	错	是	分枝成分错误	无	无
y1I3	y1 0:17 商业，商业界以及联合国的议程之间，啊，之间的 0:22 联系，为越多人所理解。	对	是	是	是	是
y1I4	y1 0:18 商界之间的 0:20 关系，商界和联合国大事之间的关系呢，其实我们是越来越理解了。	对	是	是	是	是
y1I5	y1 0:20 商界呢，之间的，我们和商界的 0:24 关系以及联合国关心的问题呢，大家已经越来越理解。	错	是	分枝成分错误	无	无
y1I6	0:16 在商界和联合国议程上的问题呢 0:21，大家都非常了解。	错	否	未识别	无	无

*Y2 Indeed, we at the United Nations are seeing more and more 0:29 ways in which the 0:31 business community can help advance important global objectives 0:35.

样本编码	译语	译语评价	是否识别	是否识别正确	是否产出闭合轮廓	是否产出SV(O)轮廓
y2I1	在联合，我们发现有越来越多的 y2 0:33 方式，0:35 商业界都可以帮我们解决全球的一些问题。	对	是	是	是	是
y2I2	其实我们在联合国呢，我们也看到有越来越多的，y2 0:33 商界呢，可以有越来越多的 0:35 方式来推动全球的各项项目。	对	是	是	否	是
y2I3	其实我们在联合国现在呢，会看到这个，0:34 企业界呀其实是可以帮助我们实现全球的议程、全球的目标。	错	否	未识别	无	无
y2I4	我们联合国的员工呢，其实看到了一个 y2 0:33 趋向，也就是 0:34 企业界呢，它能够完成，帮助我们完成全球的目标。	对	是	是	是	是

续表

样本编码	译语	译语评价	是否识别	是否识别正确	是否产出闭合轮廓	是否产出SV(O)轮廓
y2I5	我们在联合国看到了越来越多的 y2 0:34 机会, 0:35 能够让商界帮助我们实现重要的全球目标。	对	是	是	是	是
y2I6	作为联合国,我们看到了越来越多的 y2 0:32 方法,也就是 0:34 商界能够帮助我们实现重要的全球目标。	对	是	是	是	是

*Y3 As Chinese business leaders, you contribute to society in a decisive manner, not only to the future of your country, but also to the 0:46 way 0:46 the world economy moves ahead and we manage the effects of globalization 0:51.

样本编码	译语	译语评价	是否识别	是否识别正确	是否产出闭合轮廓	是否产出SV(O)轮廓
y3I1	0:40 作为商业界,你们的一些贡献是非常关键的,不只是对一个国家,而且是对 0:49 经济的发展以及全球化的发展。	错	否	未识别	无	无
y3I2	0:40 作为商界领袖,你们对于社会的贡献也是非常明确的,不仅仅是对本国作贡献,而且也能够推动 0:49 全球经济以及全球化的发展。	错	否	未识别	无	无
y3I3	0:40 作为中国的企业领袖,你们对于社会的贡献可以说是非常重要的,并不仅仅对于中国的未来能够起到重大的作用,同时呢你们也可以 y3 0:49 积极帮助 0:50 全球经济发展,并且呢良好地管理全球化所带来的影响。	对	是	是	是	是
y3I4	0:40 你们作为中国的企业家,你们对社会的贡献呢是具有至关决定、至关重要的意义的,不仅对你们国家来说,而且对于 y3 0:49 全球经济今后 0:53 如何走来说呢也非常重要,也事关我们如何管理全球化。	对	是	是	是	是
y3I5	0:40 那作为中国的企业领袖,你们对于社会的贡献非常重要,不仅对于中国重要,也能够决定 y3 0:50 世界经济 0:51 如何前进,和我们如何能够管理全球化。	对	是	是	是	是

续表

样本编码	译语	译语评价	是否识别	是否识别正确	是否产出闭合轮廓	是否产出SV(O)轮廓
y3I6	0:40 作为中国的领导人呢，你们对于社会的贡献是很大的，不仅仅是对你们国家的未来，0:47 也是对于全球经济向前迈进的贡献。	错	否	未识别	无	无

*Y4 Enhanced public-private partnership is the 0:55 key to 0:56 effectively alleviating poverty in China and to achieving our goal of halving poverty in the world by 2015 1:05.

样本编码	译语	译语评价	是否识别	是否识别正确	是否产出闭合轮廓	是否产出SV(O)轮廓
y4I1	其实公私这种合作，y4 0:59 能 0:59 逐渐加大在中国的减贫，而且能帮助我们能够在 2015 年让全球的贫困人数减半。	对	是	是	是	是
y4I2	更好的公私联盟 y4 0:59 能够促进 1:01 中国减贫的工作，以及能够帮助实现全球 2015 年贫困人口减半的目标。	对	是	是	是	是
y4I3	公共部门和私营部门的增强合作是 y4 0:58 有效减贫的 0:59 重要方法，尤其是在中国，另外呢也对于实现我们这个在 2015 年将全球贫困人口减半的目标也是具有重大的作用的。	对	是	是	否	是
y4I4	我们要加强公私之间的，嗯，政府和公司之间的合作，这样的话呢 y4 1:03 对中国来说呢是 1:04 非常重要的，也会使我们能够在 2015 年实现全球减贫人口达到 50% 这样的目标。	错	是	分枝成分高风险省略	无	无
y4I5	增进公私部门的合作 y4 1:00 有利于 1:02 中国减贫，并且呢能够保证我们到 2015 年将世界贫困人数减半。	对	是	是	是	是
y4I6	公共和私营业务的合作 y4 0:58 对中国减贫来说 1:00 很重要，对于我们在全球到 2015 年能够将全球的贫困减半也是很重要。	对	是	是	否	是

　　Y1 位于句首，在其之前的源语信息轮廓已闭合；而其自身的信息轮廓 VS₁S₂（"relationship between the business community and the issues"）较

为特殊，S_2 本身也是一个语序差异短语（"the issues on the United Nations agenda"），Y1 意义的完全确定需要等到 S_2 结束。未通过假设 1）识别检验的样本 y1I6 未证实或证伪假设 1），进而未证实或证伪汉英同传语序差异处理的信息—认知模型。通过假设 1）检验的样本共 5 个。未通过假设 2）正确识别检验的样本 y1I2、y1I5 未证实或证伪信息维度，但其产生的 EVS 数据进入认知维度检验。通过假设 2）检验的样本共 3 个，优先在译语中构建 SV 信息轮廓，先贮存中心词作为表达动作的 V、产出执行动作的 S_1，源语信息轮廓闭合后再产出 S_2 以及被贮存的 V，完成闭合 S_1S_2V 信息轮廓（"商业界和联合国议程之间的关系/联系"）的产出。只有 y1I1 译语较为流畅；y1I3 产出过程中出现重复，提示其识别与产出遭遇困难，但还是成功克服，只是译语流畅性受到影响。y1I4 先是产出 S_1V、之后产出 S_1S_2V 信息轮廓，期间更正译语，提示初始识别与产出有误，经过再次识别才正确产出。但是三者均通过假设 3）、4）译语信息轮廓产出检验，证实信息维度假设，进而证实模型的信息维度。

Y2 是 Y1 的连续短语，中心词与之前源语形成闭合 $S_1V_1O_1$ 信息轮廓（"we … are seeing … ways"），其为该信息轮廓中的 O_1；短语自身信息轮廓是 $AdvS_2V_2O_2$（"ways in which the business community can help advance … objectives"），Adv 表达信息轮廓中主体 S_2 执行动作 V_2 的方式。未通过假设 1）检验的样本 y2I3 未证实或证伪信息—认知模型。通过假设 2）检验的样本共 5 个，其中 4 个样本 y2I1、y2I4、y2I5、y2I6 优先产出中心词、形成 $S_1V_1O_1$ 闭合信息轮廓（"我们看到……方式/方法"），再依据源语分枝成分产出下一闭合 $S_2V_2O_2$ 信息轮廓（"商界能够帮助我们实现……目标"），通过假设 3）、4）的检验，证实信息维度假设与模型的信息维度。然而，y2I2 并未优先产出闭合信息轮廓，而是终止译语中正在进行的信息轮廓产出（"我们也看到有越来越多的"），转而贮存中心词、补充动作 V、产出新的 SVO 信息轮廓（"商界可以有……方式"）。这一不符合假设 3），但符合假设 4）的样本流畅性欠佳，但并未导致听众误解，提示附加假设 7）后续句的检验，即 y3I2 及其前续译语是否正确。

Y3 是 Y2 的连续短语，之前源语信息轮廓已闭合，短语自身信息轮廓是 Adv S_1V_1&S_2V_2O（"way the world economy moves ahead and we manage the effects"），Adv 表达主体 S_1 与 S_2 分别执行动作 V_1 与 V_2 的方式。未通过假设 1）检验的样本 y3I1、y3I2、y3I6 未证实或证伪模型，可见 y2I2 未通过假设 7）后续句译语正确的检验，并未证实或证伪模型的信息维度，但是其产生的听译时滞数据进入认知维度假设检验。通过假设 1）、2）检验的 3 个样本依据源语确定信息，在各自译语中补充信息，产出闭合信息轮廓。其中 y3I3 的译语信息轮廓为 AdvV'O'(O'=S_1V_1) & AdvV$_2$O（"积极帮助全球经济发展""良好地管理全球化所带来的影响"），以不同的下位词产出中心词、补充 V'、省略指代宽泛的 S_2；y3I4、y3I5 的译语信息轮廓为 S_1AdvV$_1$ &S_2AdvV$_2$O（"世界经济如何前进""我们如何管理全球化"），重复中心词的译语从而完成产出。但三者均保持 SVO 的基本信息轮廓，通过假设 3）、4）的检验，证实模型的信息维度。

Y4 是 Y3 的连续短语，中心词与之前源语形成已经闭合的 $S_1V_1O_1$ 信息轮廓（"… partnership is the key"），分枝成分信息轮廓为 V$_2$O$_2$&V$_3$O$_3$（"to … alleviating poverty and to achieving our goal …"）；然而中心词传达的信息与 determine 相似，可以构建为动作 V。全部 6 个通过假设 1）检验的样本中，通过假设 2）检验的样本共 5 个，其中 3 个样本 y4I1、y4I2、y4I5 优先产出闭合 SV(O)信息轮廓（"能够/有利于中国减贫"），因而通过了假设 3）、4）检验，证实模型的信息维度。但另 2 个样本则先贮存中心词、产出分枝成分中的部分信息，与短语前的源语形成更为复杂的闭合信息轮廓，再产出下一信息轮廓。其中 y4I3 构建的闭合信息轮廓为 SVModifier（=V$_2$O$_2$）O&Adv（=V$_2$O$_2$）VO（"合作是有效减贫的重要方法""对于实现我们……的目标也是具有重大的作用的"），y4I6 构建的闭合信息轮廓为 SAdv$_1$（=V$_1$O$_1$）V&Adv$_2$(=V$_2$O$_2$)V（"合作对中国减贫来说很重要""对于我们在全球到 2015 年能够将全球的贫困减半也是很重要"）。未通过假设 3），但通过假设 4）检验的两者提示附加假设 7）检验。后续句为 1:06 Few countries epitomize both the benefits and challenges of globalization as China does. 1:14，译员 I3 的译语为"1:09 那么有几个国家呀，它可以说是既有全球化的挑战，又有全球化的这个机会，中国呢是最为显著的一个国家 1:17"，译语正确，提示附加假设 8）主客观冗余的检验。但 I6 的译语为"1:13 我们都面临着来自全球化的挑战,中国也是如此 1:18",译语错误,未通过假设 7）检验，故 y4I6 未证实或证伪模型的信息维度。译员 I3 自述在学期间接受过联合国讲话的同传训练，故其掌握联合国全球减贫主题的信息。可见 y4I3 的正确处理，并非依靠语法、语义管辖等客观冗余，而是得益于译员关于 Y4 源语信息中全球减贫的主观冗余和先在知识。故假设 8）中主观冗余作为源语信息不确定调节因素的积极影响得以证实。

表 3.4 职业译员英译汉同传语序差异处理模型信息维度检验 Y5—Y6

Y5 But the rapid changes also pose severe 1:58 challenges, 1:59 both social and environmental 2:01.

样本编码	译语	译语评价	是否识别	是否识别正确	是否产出闭合轮廓	是否产出SV(O)轮廓
y5I1	当然机遇和 y5 2:00 挑战是并存的，包括 2:01 社会和环境的挑战。	对	是	是	是	是
y5I2	但是也还有很多的 y5 2:00 挑战，包括 2:01 环境以及社会方面的挑战。	对	是	是	是	是
y5I3	但是快速的发展呢，也是带来了严峻的 y5 2:00 挑战，这个挑战呢既包括 2:02 社会的、也包括环境的。	对	是	是	是	是
y5I4	但是呢，这个快速发展的同时呢，也带来了巨大的 y5 2:02 挑战，不仅是 2:03 在社会还有在环境方面呢都带来了巨大的挑战。	对	是	是	是	是
y5I5	但是迅速的变化呢，会带来很多的 y5 2:02 挑战，包括 2:03 社会呀和环境的挑战。	对	是	是	是	是
y5I6	当然这一些很快的变化也带来了非常严峻的 y5 2:01 挑战，对于 2:02 社会和环境都是如此。	对	是	是	是	是

*Y6 And with the 2:03 prosperity 2:03 enjoyed by the Chinese business sector 2:06 also come responsibilities.

样本编码	译语	译语评价	是否识别	是否识别正确	是否产出闭合轮廓	是否产出SV(O)轮廓
y6I1	y6 2:06 中国企业界得到了这种 2:10 繁荣带来的好处，同时也赋予了他们责任。	对	是	是	是	是
y6I2	y6 2:05 中国人民，中国商界呢，现在虽然有很多的，享受很多的 2:10 机会，但是也需要承担很多的责任。	对	是	是	是	是
y6I3	同时随着 y6 2:06 中国企业界带来的，啊，一方面他们有着这样巨大的 2:10 利益，同时呢它们也应该承担巨大的责任。	对	是	是	是	是

续表

样本编码	译语	译语评价	是否识别	是否识别正确	是否产出闭合轮廓	是否产出SV(O)轮廓
y6I4	y6 2:08 中国企业界现在是 2:10 蓬勃发展，那么随之而来的呢是他们必须负起责任。	对	是	是	是	是
y6I5	由于 y6 2:08 中国商业的 2:09 繁荣啊，我们也会要承担一些责任。	对	是	是	是	是
y6I6	y6 2:06 中国人民，商界，已经在享受这样的 2:08 繁荣，与此同时他们也必须肩负责任。	对	是	是	是	是

Y5 的中心词与之前的源语形成闭合信息轮廓 $S_1V_1O_1$（"… changes … pose … challenges"），其在该信息轮廓中为 O_1；短语自身信息轮廓是 S_2V_2（"challenges, both social and environmental"），其在该信息轮廓中为 S_2。6 个样本均通过假设 1）、2）检验，而且均产出闭合 SVO 信息轮廓，通过对中心词的重复完成分枝成分的产出（"变化带来挑战，包括社会和环境的挑战"），证实模型的信息维度。

Y6 是 Y5 的连续短语，位于句首、之前的源语信息轮廓已闭合；其自身信息轮廓是 OVS（"prosperity enjoyed by the Chinese business sector"）。6 个样本均通过假设 1）、2）检验，贮存中心词、先行产出分枝成分中的 S，从而在译语中保持 SVO 的信息轮廓（"中国商界在享受繁荣"）：其中 y6I4、y6I5 的信息轮廓简化为 SV（"中国企业界蓬勃发展"），但并未造成误译，证实模型的信息维度。

表 3.5 职业译员英译汉同传语序差异处理模型信息维度检验 Y7—Y8

Y7 For instance: How to address the 2:21 uneven development 2:23 between China's increasingly affluent urban centres and poorer rural areas, as well as between the east and west of the country? 2:33						
样本编码	译语	译语评价	是否识别	是否识别正确	是否产出闭合轮廓	是否产出SV(O)轮廓
y7I1	比如说，y7 2:28 在中国城市和农村地区的这种 2:32 差异，而且还有西部和东部之间的差异问题。	对	是	是	否	是

续表

样本编码	译语	译语评价	是否识别	是否识别正确	是否产出闭合轮廓	是否产出SV(O)轮廓
y7I2	比如说怎么样才能够解决 y7 2:23 中国现在城市富裕人口以及农村贫困人口之间的一个 2:31 矛盾？另外东西方，东西部的矛盾如何解决？不平衡如何解决？	对	是	是	否	是
y7I3	比方说吧，我们怎么样来消除 y7 2:24 中国这个不断富裕的城里人和越来越贫穷的乡镇之间的 2:29 差距？同时我们怎么样消除中国的东西部的差距？	对	是	是	否	是
y7I4	比如说什么样的一些问题呢？就是说，我们怎么能够解决 y7 2:25 中国城市中心越来越富裕，而农村越来越贫穷之间的这个巨大的 2:31 差距？那么还有一个问题呢，就是东西部之间的差距如何去弥补？	对	是	是	否	是
y7I5	比如说，如何应对 y7 2:25 中国日益富裕的城市人口和乡村地区之间的这个 2:30 不平衡？还有呢，如何应对东西部的发展不平衡？	对	是	是	否	是
y7I6	比如，如何解决 y7 2:24 发展的不平衡问题？一方面，2:26 中国城市的发展很快，另一方面，中国农村非常落后。还有东部和西部的这些不平衡。	对	是	是	是	是

*Y8 How can cities and their social systems cope, in a fair way, with the influx of 2:39 migrant workers 2:41 looking for economic opportunities and a better life? 2:45

样本编码	译语	译语评价	是否识别	是否识别正确	是否产出闭合轮廓	是否产出SV(O)轮廓
y8I1	那么中国的社会体制如何能够以一个比较公平的方式，让这种机遇能够使得 y8 2:48 所有人们 2:48 都能获益，过上更好的生活？	错	是	中心词错误	无	无
y8I2	那另外呢，就是城市呢怎么样能够去应对 2:46 农民工的涌入？	错	否	未识别	无	无

续表

样本编码	译语	译语评价	是否识别	是否识别正确	是否产出闭合轮廓	是否产出SV(O)轮廓
y8I3	城市和它的社会体系如何来应对现在越来越多的 y8 2:42 农民工进城的现象？因为这些农民工 2:45 希望有更好的经济回报和更好的生活。	对	是	是	是	是
y8I4	那么其他的问题呢，就是城市的社保系统怎么样能够公平地运行呢？因为我们知道有 y8 2:44 很多来城市打工的、寻找机会的这些 2:47 农民工。	对	是	是	否	是
y8I5	如果这个城市啊和它们的社保体系如何能够去更好地保护 y8 2:44 那些民工，帮助他们获得 2:47 更好的生活？	对	是	是	是	是
y8I6	城市[，]它们的社会制度如何能够更好地发展？因为 y8 2:44 它们 2:45 希望能够推进经济的发展，与此同时还要提高人民的生活质量。	错	是	中心词错误	无	无

Y7 中心词与之前的源语形成闭合信息轮廓$(S_1)V_1O_1$（"how to address the uneven development"），其为该信息轮廓中的 O_1；短语自身信息轮廓为 $V_2S_2S_3$ &$(V_2)S_4S_5$（"uneven development between … affluent urban centres and poorer rural areas, as well as between the east and west of the country"），中心词为该信息轮廓中的 V_2。通过假设 1)、2) 检验的全部 6 个样本中，y7I6 优先产出四个闭合信息轮廓 V_1O_1（"如何解决发展的不平衡问题"）、S'（S'=S_2V_2）V'（"中国城市的发展很快"）、S_3V''（"中国农村非常落后"）、V''O'(O'=$S_4S_5V_2$)（"还有东部和西部的这些不平衡"），通过假设 3)、4) 的检验，证实模型的信息维度。然而，另 5 个样本 y7I1、y7I2、y7I3、y7I4、y7I5 并未优先产出闭合信息轮廓，而是贮存中心词，先行产出部分分枝成分，再产出中心词，最终形成复杂的 S_1V_1Modifier$(S_2V'S_3V'')O_1$ 信息轮廓（如"我们怎么能够解决中国城市中心越来越富裕，而农村越来越贫穷之间的这个巨大的差距"），再产出一个包含剩余分枝成分的 SVO 信息轮廓（如"如何应对东西部的发展不平衡"）。不符合假设 3)，但符合假设 4) 的 5 个样本提示假设 7) 的检验，其信息维度检验结果取决于 y8I1、y8I2、y8I3、y8I4、y8I5 是否正确。

Y8 是 Y7 的连续短语，中心词与之前的源语形成闭合信息轮廓

$S_1S_2V_1O_1$（"How can cities and their social systems cope, in a fair way, with the influx of migrant workers"），其为该信息轮廓中的 O_1；短语信息轮廓为 $S_2V_2O_2O_3$（"migrant workers looking for economic opportunities and a better life"），其为该信息轮廓中的 S_2。通过假设 1）检验的样本共 5 个，未通过的 y8I2 未证实或证伪模型。同时回溯至 y7I2 可知其未通过假设 7）译语后续句正确的检验，也未证实或证伪模型的信息维度。通过假设 2）检验的样本共 3 个，未通过的 y8I1、y8I6 未证实或证伪模型的信息维度。回溯至 y7I1 未通过假设 7）的检验、未证实或证伪模型的信息维度。通过假设 1）、2）检验的 3 个样本 y8I3、y8I4、y8I5，也证实 y7I3、y7I4、y7I5 通过假设 7）的检验，提示对三者附加假设 8）主客观冗余的检验。由于 Y7 信息围绕我国城乡与东西发展不均的国情，判定 3 名译员掌握先在知识，故假设 8）中主观冗余的积极调节得以证实。同时，y8I3、y8I5 优先产出闭合信息轮廓 $S_1V_1O_1$（"城市和它的社会体系如何来应对……农民工进城的现象"），通过假设 3）、4）的检验，证实模型的信息维度。而 y8I4 产出复杂的 S'(S'=S_1S_2)V'（"城市的社保系统怎么样能够公平地运行"）&S''V''Modifier(=V_2O_2)O'(O'=S_2) 信息轮廓（"因为我们知道有很多来城市打工的、寻找机会的这些农民工"），提示假设 7）的检验。后续句为 2:46 How can economic growth be balanced with the protection of the environment? 2:52，译语为"2:49 那么还有一个问题呢，就是我们怎么能够平衡经济发展和环境保护之间的关系呢？2:55"，译语正确，提示附加假设 8）检验。由于 Y8 源语信息聚焦于我国农民工，判定译员 I4 同样掌握先在知识，故假设 8）主观冗余的积极调节再次证实。

表 3.6 职业译员英译汉同传语序差异处理模型信息维度检验 Y9—Y11

Y9 How can business most effectively help tackle 2:55 challenges such as 2:56 environmental protection, the fight against corruption and halting the spread of HIV/AIDS, 3:02 …

样本编码	译语	译语评价	是否识别	是否识别正确	是否产出闭合轮廓	是否产出SV(O)轮廓
y9I1	如何让公司来解决这些 y9 2:59 挑战，比如说 3:00 环境保护、防止腐败、打击艾滋病等等。	对	是	是	是	是
y9I2	那如何才能够应对 y9 2:58 环保，以及反腐败，以及防止艾滋病传播等等 3:07 问题？	对	是	是	否	是

续表

样本编码	译语	译语评价	是否识别	是否识别正确	是否产出闭合轮廓	是否产出SV(O)轮廓
y9I3	还有呢就是企业如何有效地应对 y9 2:58 环保啊，这个打击腐败啊、防止艾滋病传播等等的 3:03 挑战？	对	是	是	否	是
y9I4	那么各个企业怎么样用最有效的方法去解决 y9 2:59 环境保护，还有打击腐败，还有防止 HIV 的传播这样的一些 3:05 挑战呢？	对	是	是	否	是
y9I5	公司呢，如何能够帮助我们更好地解决 y9 3:00 腐败啊，环保啊，和艾滋病的 3:04 问题？	对	是	是	否	是
y9I6	企业如何能够更有效地迎接 y9 2:58 挑战，比如说 2:59 环境保护，反腐败，还有 HIV/AIDS？	对	是	是	是	是

*Y10 3:03 challenges that are 3:04 acute in China today? 3:06

样本编码	译语	译语评价	是否识别	是否识别正确	是否产出闭合轮廓	是否产出SV(O)轮廓
y10I1	这都是 y10 3:07 中国面临的严峻的 3:08 问题。	对	是	是	否	是
y10I2	无	错	否	未识别	无	无
y10I3	y10 3:04 这些挑战 3:05 在中国是非常严峻的。	对	是	是	是	是
y10I4	y10 3:07 这些挑战呢 3:08 对于中国来说都是非常严重的。	对	是	是	是	是
y10I5	y10 3:06 这些问题呢其实都是 3:07 在中国越来越严峻的问题。	对	是	是	是	是
y10I6	y10 3:06 这些挑战 3:07 在中国都非常的尖锐。	对	是	是	是	是

*Y11 Those kinds of 3:07 questions, 3:08 prompted by the impact of globalization, 3:11 are being asked not only in China but throughout the world 3:16.

续表

样本编码	译语	译语评价	是否识别	是否识别正确	是否产出闭合轮廓	是否产出SV(O)轮廓
y11I1	而这些 y11 3:09 问题，3:12 因为全球化变得更加严重。	对	是	是	是	是
y11I2	那么这些 y11 3:09 问题呢，3:12 也受到全球化的影响。	对	是	是	是	是
y11I3	这些 y11 3:09 问题啊，都是 3:12 由全球化所带来的。	对	是	是	是	是
y11I4	其实大多数的这些 y11 3:11 问题呢，3:12 都是由于全球化引发的。	对	是	是	是	是
y11I5	这些 y11 3:12 在全球化推动下的 3:14 问题呢，不仅是在中国有，而且在全世界其他国家都有。	对	是	是	否	是
y11I6	这一系列的 y11 3:10 问题，3:12 是由全球化带来的。	对	是	是	是	是

Y9 中心词与之前的源语形成 $S_1V_1O_1$ 闭合信息轮廓（"How can business most effectively help tackle challenges"），其为该信息轮廓中的 O_1；短语自身信息轮廓为 $S_2(V_2)O_2O_3O_4$（"challenges such as environmental protection, the fight against corruption and halting the spread of HIV/AIDS"），其为信息轮廓中的 S_2。通过假设 1）、2）检验的全部 6 个样本中，2 个样本 y9I1、y9I6 优先产出闭合 $S_1V_1O_1$ 信息轮廓（"企业如何能够……迎接挑战"），通过假设 3）、4）的检验，证实模型信息维度。然而，4 个样本 y9I2、y9I3、y9I4、y9I5 贮存中心词，并先行产出分枝成分中的三项列举信息，构建复杂的 $S_1V_1Modifier$（$=O_2O_3O_4$）O_1 信息轮廓（"企业怎么样用最有效的方法去解决环境保护，还有打击腐败，还有防止 HIV 的传播这样的一些挑战"），提示附加假设 7）的检验，其模型信息维度检验结果取决于 y10I2、y10I3、y10I4、y10I5 是否正确。

Y10 是 Y9 的连续短语，中心词不变，之前的源语信息轮廓已闭合，短语信息轮廓为 SV（"challenges that are acute in China today"）。通过假设 1）检验的样本共 5 个，未通过的 y10I2 未证实或证伪模型，故 y9I2 未通过假设 7）的检验，未证实或证伪模型信息维度。通过假设 2）的 5 个样本中，4 个样本 y10I3、y10I4、y10I5、y10I6 均优先产出闭合 SV 信息轮廓（"这些挑战在中国是非常严峻的"），通过假设 3）、4）的检验，证实模型信息维度。可见，y9I3、y9I4、y9I5 通过假设 7）的检验，提示附加假设 8）的检验。由于 Y9 信息围绕我国的挑战，判定 3 名译员掌握先在知识，故假设 8）中主观冗余的积极调节得以证实。而 y10I1 贮存中心词、补充 S'V'，产出复杂 S'V'Modifier(=V)O(O=S)轮廓（"这都是中国面临的严峻的问题"），提示附加假设 7）的检验，即 y11I1 是否正确。

　　Y11 是 Y10 的连续短语，位于句首，之前的源语信息轮廓已闭合，短语信息轮廓为 OVS（"questions, prompted by the impact of globalization"）。通过假设 1）、2）检验的全部 6 个样本中，5 个样本 y11I1、y11I2、y11I3、y11I4、y11I6 均优先产出闭合 SV 信息轮廓（"问题，是由全球化带来/引发的"），通过假设 3）、4）的检验，证实模型信息维度；同时证实 y10I1 通过假设 7）检验，提示假设 8）的检验。由于 Y10 信息围绕我国挑战，判定译员 I1 掌握先在知识，故假设 8）中主观冗余的积极调节得以证实。而 y11I5 产出 Adj(Adj=SV)O 的开放信息轮廓（"在全球化推动下的问题"），未通过假设 3）的检验，提示假设 7）检验。Y11 所在句的其余部分译语正确，对其后续句 "It was such questions that led me to propose the Global Compact five years ago" 进行检验，译语为 "正是这些问题呢，让我去提出了全球契约，五年前呢正式提出"，译语正确，通过假设 7）的检验，提示假设 8）的检验。Y11 信息已不再聚焦于中国、转而关注全球，译员 I5 自述在学期间接受过联合国讲话的同传训练，而且译前准备中获取到讲话主题聚焦于"全球契约"这一信息，证实了假设 8）中主观冗余的积极调节。

表 3.7 职业译员英译汉同传语序差异处理模型信息维度检验 Y12—Y13

样本编码	译语	译语评价	是否识别	是否识别正确	是否产出闭合轮廓	是否产出SV(O)轮廓
	Y12 I called on business leaders to join the Global Compact to advance nine universal 3:47 principles in the areas of 3:49 human rights, labour conditions and the environment, 3:53 so that we could help achieve a more stable and inclusive world economy.					
y12I1	对企业来说，在 y12 3:53 人权方面，有 9 个 3:56 议题，还有环境议题。	错	是	中心词错误	无	无
y12I2	那我想倡导 9 个 y12 3:51 原则，3:52 在人权、劳工条件、环境方面要去推行这些原则。	对	是	是	是	是

续表

样本编码	译语	译语评价	是否识别	是否识别正确	是否产出闭合轮廓	是否产出SV(O)轮廓
y12I3	我希望全球的领袖、商界领袖能够共同的支持九大全球共同的 y12 3:52 目标，尤其是在 3:54 人道，劳工，环境、劳动环境以及生态环境方面的共同的责任。	错	是	中心词错误	无	无
y12I4	所以我吁请，这个企业的领导人呢，加入我们的全球契约，关注 9 个 y12 3:54 方面，3:55 人权啊，还有劳工条件，还有环境的问题。	错	是	中心词错误	无	无
y12I5	我要要号召全球的商业领袖加入我们的全球契约，其中包括 9 个 y12 3:51 原则，包括 3:52 人权、环境和其他的内容。	对	是	是	是	是
y12I6	我呼吁所有的企业领导能够加入全球契约……共同应对这九项 y12 3:56 问题，比如 3:58 人权。	错	是	中心词错误	无	无

*Y13 I am happy to report that today the Global Compact includes more than 1,500 4:06 companies 4:08 operating in more than 70 countries, including China, 4:11 and has added a crucial tenth principle; a fight against corruption.

样本编码	译语	译语评价	是否识别	是否识别正确	是否产出闭合轮廓	是否产出SV(O)轮廓
y13I1	现在全球契约已经超过了，已经包含了超过 1500 家 y13 4:11 企业了，而且都是 4:13 来自 70 个国家，包括中国。	对	是	是	是	是
y13I2	我也非常高兴，有 1000 多 y13 4:10 公司 4:11 来自许多国家参与进来。	对	是	是	是	是
y13I3	今天呢我很高兴地告诉大家，我们这样一个全球契约已经包括 1500 多家 y13 4:09 公司了，它们 4:11 在 70 个国家运作,其中也包括中国。	对	是	是	是	是
y13I4	我非常高兴地告诉大家啊，现在的全球契约呢，它包括超过 1500 个 y13 4:10 公司，4:10 它们在 70 多个国家进行营业，包括中国。	对	是	是	是	是

续表

样本编码	译语	译语评价	是否识别	是否识别正确	是否产出闭合轮廓	是否产出SV(O)轮廓
y13I5	我很高兴地告诉大家，如今全球契约包括了超过 1500 家 y13 4:10 公司，4:11 它们在 70 多个国家有业务，包括中国。	对	是	是	是	是
y13I6	我非常高兴地向大家汇报，全球契约已经有了 1500 家的 y13 4:10 公司，4:10 它们遍布在超过 70 个国家，当中呢也有中国。	对	是	是	是	是

Y12 的中心词与之前的源语形成闭合 $S_1V_1O_1$ 信息轮廓（"… business leaders … to advance nine universal principles"），其为信息轮廓中的 O_1；短语自身信息轮廓为 $S_2(V_2)Adv$（"principles in the areas of human rights, labour conditions and the environment"），中心词为信息轮廓中的 S_2。通过假设 1）检验的全部 6 个样本中，通过假设 2）检验的样本共 2 个，未通过的 y12I1、y12I3、y12I4、y12I6 未证实或证伪模型信息维度，产生的听译时滞数据进入认知维度检验。y12I2、y12I5 优先产出闭合 S'V'O_1 信息轮廓（如 "……全球契约，其中包括 9 个原则"），而后又各自产出 V'O'(O'=Adv) 或 AdvV_1O_1（如 "在人权、劳工条件、环境方面要去推行这些原则"）信息轮廓，通过假设 3）、4）的检验，证实模型信息维度。

Y13 是 Y12 的连续短语，中心词与之前的源语形成闭合 $S_1V_1O_1$ 信息轮廓（"Global Compact includes more than 1,500 companies"），其为信息轮廓中的 O_1；短语信息轮廓为 S_2V_2Adv（"companies operating in more than 70 countries, including China"），中心词为信息轮廓中的 S_2。全部 6 个样本通过假设 1）—4）的检验，证实模型信息维度。

Y14 的中心词与之前的源语形成闭合 $S_1V_1O_1$ 信息轮廓（"Joining the Compact can enhance corporate and brand reputations"），其为信息轮廓中的 O_1；短语自身信息轮廓为 $S_2V_2O_2O_3$（"reputations with stakeholders around the world, including investors and consumers"），其为信息轮廓中的 S_2。通过假设 1）、2）检验的全部 6 个样本中，5 个样本 y14I1 至 y14I5 均优先产出闭合 $S_1V_1O_1$ 信息轮廓（"加入全球契约，也可以让公司的品牌更加有名/增长实力/提高认知度"），而后各自产出 S'V'O' 信息轮廓完成对短语信息的传译，通过假设 3）、4）的检验，证实模型信息维度。然而，y14I6 贮存中心词、产出 $S_1V_1Modifier(=S_2)O_2$ 信息轮廓（"加入全球契约呢也能够在全球范围内提高你品牌的知名度"），短语译语较源语信息有所简化，但并未造成听众误解，提示附加假设 7）的检验。后续句为 4:50 It can also complement China's existing business and industrial associations. 4:55，译语为"4:51 也能够帮助中国现有的行业和企业协会进一步的发展 4:57"，译语错误，未通过假设 7）检验，故 y14I6 未证实或证伪模型信息维度。

表 3.8 职业译员英译汉同传语序差异处理模型信息维度检验 Y14

Y14 Joining the Compact can enhance corporate and brand 4:41 reputations 4:42 with stakeholders around the world, including investors and consumers 4:48.

样本编码	译语	译语评价	是否识别	是否识别正确	是否产出闭合轮廓	是否产出SV(O)轮廓
y14I1	加入全球契约能够帮助一个企业增长自己的品牌 y14 4:46 实力，4:47 使利益相关者获利，也包括投资者和股东。	对	是	是	是	是
y14I2	加入这样一个全球契约呢能够提高他们的品牌以及品牌 y14 4:45 认知度，4:48 在全球范围内能够提高这样一个认知度。	对	是	是	是	是
y14I3	加入全球契约，也可以让公司的品牌更加 y14 4:44 有名，4:46 投资者啊，消费者啊都会对公司的品牌有更好的热情。	对	是	是	是	是
y14I4	加入这样的一个契约呢，能够加强企业的这个 y14 4:45 名声，4:46 因为它们的这个利益攸关者呢是全世界的，包括消费者啊，还有投资者、股东。	对	是	是	是	是
y14I5	加入全球契约能够改善它们的品牌和公司 y14 4:46 形象，4:48 让它们在投资者和消费者之类的利益相关者面前呢看起来更好。	对	是	是	是	是
y14I6	加入全球契约呢也能够 y14 4:45 在全球范围内提高你品牌的 4:48 知名度。	对	是	是	否	是

Y15 的中心词与之前的源语形成闭合 $S_1V_1O_1$ 信息轮廓（"Compact can serve as a platform"），其为信息轮廓中的 O_1；短语自身信息轮廓为 $S_2V_2O_2$

（"platform that helps China pursue economic growth …"），中心词为信息轮廓中的 S_2。全部 6 个样本通过假设 1）—4）的检验，证实模型信息维度。

表 3.9 职业译员英译汉同传语序差异处理模型信息维度检验 Y15

Y15 … I am confident that the Compact can serve as 5:39 a platform 5:40 that helps China pursue economic growth and global competitiveness while advancing environmental and social responsibility 5:50.

样本编码	译语	译语评价	是否识别	是否识别正确	是否产出闭合轮廓	是否产出 SV(O) 轮廓
y15I1	……我非常地有信心，全球契约可以是一个很好的 y15 5:43 平台，5:44 帮助中国来取得、追求持续的经济增长，同时也做到环境和社会方面的责任。	对	是	是	是	是
y15I2	……我相信我们的全球契约能够成为一个 y15 5:42 平台，5:43 帮助中国发挥更大的、在经济领域发挥更大的作用，而且同时能够推动环保、社会发展。	对	是	是	是	是
y15I3	……我相信全球契约可以作为一个良好的 y15 5:42 平台，5:43 帮助中国实现经济增长和全球竞争力，而与此同时呢也可以进一步改善中国的环境和社会责任。	对	是	是	是	是
y15I4	……就是说这样的一个契约能够成为一个 y15 5:44 平台，5:45 能够帮助中国进行经济发展，提高国际的竞争力，同时呢也能够完成社会方面的企业社会责任和加强环保。	对	是	是	是	是
y15I5	……我相信全球契约啊，肯定会是一个很好的 y15 5:44 平台，5:45 帮助中国更好地推动经济增长和全球竞争力的上升，同时呢能够更好地担起社会和环境的责任。	对	是	是	是	是
y15I6	……我也坚信全球契约能够成为一个 y15 5:43 平台，5:43 帮助中国真正实现经济发展，成为全球很具有竞争力和社会责任的一个国家。	对	是	是	是	是

表 3.10 职业译员英译汉同传语序差异处理模型信息维度检验 Y16—Y17

Y16 It can help ensure that business plays its full part in the work to reach 6:02 the Millennium Development Goals 6:06 agreed by all the world's governments as a blueprint for building a better world in the twenty-first century 6:13.

样本编码	译语	译语评价	是否识别	是否识别正确	是否产出闭合轮廓	是否产出SV(O)轮廓
y16I1	保证企业在世界上能够继续起到自己的作用,达到 y16 6:11 千年发展目标,6:13 这也是为了 21 世纪的一个、画出很好的一步。	错	是	分枝成分高风险省略	无	无
y16I2	也能够确保,各个企业能够帮助实现全球 y16 6:09 千年发展目标,6:13 能够让 21 世纪成为一个更好的世纪。	错	是	分枝成分高风险省略	无	无
y16I3	同时呢也可以保证到企业在实现 y16 6:04 千年发展目标中能够充分发挥其作用, 6:07 千年发展目标是各国政府都认可的,它是在 21 世纪建立更好世界的一个蓝图。	对	是	是	是	是
y16I4	而且它同时能够帮助我们确保呢,在完成 y16 6:07 千年发展目标当中呢,企业能够起到主导作用。千年发展目标呢,6:13 全国、全球各国的政府都同意是 21 世纪最好的一个蓝图。	对	是	是	是	是
y16I5	还能够保证公司,能够推进 y16 6:07 全球政府都通过的 6:09 千年发展目标,帮助我们在 21 世纪打造一个更好的世界。	对	是	是	否	是
y16I6	确保企业能够在实现 y16 6:06 千年发展目标方面承担它们应有的责任,这是 6:11 各国政府在 21 世纪打造一个更美好的未来的蓝图的基石。	对	是	是	是	是

*Y17 I hope all of you here today will join our efforts by organizing a 6:18 Global Compact network 6:20 of the type that has already been launched in 40 other countries 6:26.

续表

样本编码	译语	译语评价	是否识别	是否识别正确	是否产出闭合轮廓	是否产出SV(O)轮廓
y17I1	今天大家都在这边,希望大家能够加入我们的行动,来组织一个很好的 y17 6:23 全球契约的网络,6:27 其他 40 多个国家已推出这个网络。	对	是	是	是	是
y17I2	我也希望所有的人能够加入我们,组织这个 y17 6:22 全球契约网络。这个 6:27 在很多国家呢已经得到了实施。	对	是	是	是	是
y17I3	我希望今天在座的各位都能够和我们一道,来很好地组织 y17 6:21 全球契约网络,这样一个网络呀 6:25 在其他 40 个国家已经推动了。	对	是	是	是	是
y17I4	我希望所有今天与会者都能够和我们齐手、齐心协力,能够去加强我们 y17 6:23 这个契约的网络,我们知道 6:27 在 40 个国家呢已经开启了。	对	是	是	是	是
y17I5	我希望在座的诸位啊,都能够加入我们,共同地建立 y17 6:23 一个全球契约网络,这个其实我们 6:27 在 40 个其他国家已经建立起来了。	对	是	是	是	是
y17I6	我希望大家能够建立一个 y17 6:22 全球契约的网络,6:26 在其他的 40 个国家已经有了这样的网络建立。	对	是	是	是	是

Y16 的中心词与之前的源语形成闭合 $S_1V_1O_1$ 信息轮廓（"business plays its full part in the work to reach the Millennium Development Goals"），其为信息轮廓中的 O_1；短语自身由两个闭合信息轮廓 $(O_1)V_2S_2O_2$、$(S_2)V_3O_3$ 构成（"Millennium Development Goals agreed by all the world's governments as a blueprint for building a better world in the twenty-first century"），中心词为信息轮廓中的 O_1。通过假设 1）检验的 6 个样本中，通过假设 2）检验的样本共 4 个，未通过的 y16I1、y16I2 未证实或证伪模型信息维度，产生的听译时滞数据进入认知维度检验。通过检验的 4 个样本中，y16I3 优先产出闭合信息轮廓 $S_1V_1O_1$（"企业在实现千年发展目标中"），再产出

S'(=O$_1$)V'Adj(=S$_2$V$_2$)、S''V'Modifier (=V$_3$O$_3$) O$_2$("千年发展目标是各国政府都认可的,它是在 21 世纪建立更好世界的一个蓝图")信息轮廓,通过假设 3)、4)检验,证实模型信息维度。y16I4、y16I6 的处理同 y16I3 相似,同样证实信息维度。然而 y16I5 则通过贮存 O$_1$ 并简化 O$_2$ 的方式,产出 S$_1$V$_1$Modifier (=S$_2$V$_2$) O$_1$、(S$_2$)V$_3$O$_3$ 信息轮廓("公司能够推进全球政府都通过的千年发展目标,帮助我们在 21 世纪打造一个更好的世界"),虽与源语存在一定出入,但并未造成听众误解,提示附加假设 7)的检验,即 y17I5 是否正确。

Y17 是 Y16 的连续短语,中心词与之前的源语形成闭合 S$_1$V$_1$O$_1$ 信息轮廓("… all of you here today will join our efforts by organizing a Global Compact network"),其为信息轮廓中的 O$_1$;短语信息轮廓为 S$_2$V$_2$("Global Compact network of the type that has already been launched in 40 other countries"),中心词为该信息轮廓中的 S$_2$。全部 6 个样本通过假设 1)—4)的检验,证实模型信息维度。鉴于 y17I5 正确,证明 y16I5 通过假设 7)的检验,提示附加假设 8)的检验。Y16 涉及千年发展目标,正如 y4I3 中提到的全球贫困人口减半目标属于千年发展目标之一、译员 I3 具备该信息的主观冗余,译员 I5 也表示在学期间接受过联合国讲话的同传训练,故 y16I5 证实主观冗余在模型信息维度上的调节作用。

表 3.11 职业译员英译汉同传语序差异处理模型信息维度检验 Y18—Y20

Y18 And you will develop further the 6:40 bridges 6:40 you have built through trade and investment with people and nations around the world 6:45.

样本编码	译语	译语评价	是否识别	是否识别正确	是否产出闭合轮廓	是否产出SV(O)轮廓
y18I1	比如说通过你们发展的一些,额,y18 6:49 工程 6:49 能够促进贸易和经济。	错	是	中心词错误	无	无
y18I2	……能够带来 y18 6:45 贸易以及相关方面的 6:48 框架协议。	错	是	中心词、分枝成分错误	无	无
y18I3	6:40 同时呢你也可以通过贸易啊、投资啊,通过各国之间的、人民之间的贸易和投资共同发展 6:49。	错	否	未识别	无	无

续表

样本编码	译语	译语评价	是否识别	是否识别正确	是否产出闭合轮廓	是否产出SV(O)轮廓
y18I4	大家能够加强 y18 6:46 和全世界各地的投资和贸易之间的 6:49 联系。	对	是	是	否	是
y18I5	并且呢，可以 y18 6:45 通过投资和贸易，与世界其他国家建立起沟通的 6:49 桥梁。	对	是	是	否	是
y18I6	你们也能够进一步发展 y18 6:44 你们所建立的 6:45 联系，通过贸易使得全国和全球的人们获利。	错	是	分枝成分错误	无	无

*Y19 I also warmly encourage the 6:49 suggestion that 6:50 China might host a major international Global Compact event within the next year, 6:56 …

样本编码	译语	译语评价	是否识别	是否识别正确	是否产出闭合轮廓	是否产出SV(O)轮廓
y19I1	我也欢迎 y19 6:54 建议，6:55 中国明年能够举行一项比较重要的全球契约的相关的事务。	对	是	是	是	是
y19I2	我也鼓励 y19 6:53 建议 6:54 中国在明年能够举办一个全球契约方面的活动。	对	是	是	是	是
y19I3	同时我也非常高兴地看到你们 y19 6:52 提议啊，6:53 中国即将召开一个，啊，明年将召开全球契约的大会。	对	是	是	是	是
y19I4	同时呢，我也非常高兴地说，6:53 那么中国也许呢会举行，未来两年呢在未来两年就会举行一个全球契约的大型的活动 7:02。	错	否	未识别	无	无
y19I5	我也，6:55 希望中国可以考虑呢举办，在未来一年就是明年举办一个全球契约的大会。	错	否	未识别	无	无
y19I6	我也非常鼓励 y19 6:53 提议，6:53 中国可能在明年之内呢举行一个很大的全球契约的国际化会议。	对	是	是	是	是

*Y20 which would serve as a practical 7:00 demonstration of 7:01 how the Compact can connect Chinese business leaders with the world economy 7:05.

样本编码	译语	译语评价	是否识别	是否识别正确	是否产出闭合轮廓	是否产出 SV(O) 轮廓
y20I1	那么这样的项目能够 y20 7:05 展示 7:05 全球契约让中国和全球经济相连。	对	是	是	是	是
y20I2	那这样就能够 y20 7:02 展示，能够告诉大家这样一个 7:07 全球契约能够怎样帮助中国的企业领袖连接世界。	对	是	是	是	是
y20I3	这就明确地 y20 7:02 表明这样一个 7:04 全球契约如何能够把中国的企业领袖和全球经济联系在一起。	对	是	是	是	是
y20I4	这样的话呢从实际的角度去 y20 7:04 展示，7:06 中国企业领导人怎么样能够和全球化经济进行融合。	对	是	是	是	是
y20I5	这个就是能够 y20 7:04 显示 7:05 全球契约如何能够让中国的商业界呢和世界联系结合起来。	对	是	是	是	是
y20I6	这能够 y20 7:03 展示，7:04 如何全球契约能够将中国和其他国家的商业领导联系在一起。	对	是	是	是	是

Y18 的中心词与之前的源语形成闭合 SV_1O 信息轮廓（"you will develop further the bridges"），其为信息轮廓中的 O；短语自身信息轮廓为 OSV_2Adv（"bridges 6:40 you have built through trade and investment with people and nations around the world"），其为信息轮廓中的 O。通过假设 1）检验的样本共 5 个，未通过的 y18I3 未证实或证伪模型的信息维度。通过假设 2）检验的样本共 2 个，未通过的 y18I1、y18I2、y18I6 未证实或证伪信息维度。通过检验的 y18I4、y18I5 均未优先产出闭合信息轮廓，而是产出 SV_1AdvO 的信息轮廓（"大家能够加强和全世界各地的投资和贸易之间的联系"），未通过假设 3）检验，提示附加假设 7）的检验，即 y19I4、y19I5 是否正确。

Y19 是 Y18 的连续短语，中心词与之前的源语形成闭合 $S_1V_1O_1$ 信息轮廓（"I also warmly encourage the suggestion"），其为信息轮廓中的 O_1；分枝成分是中心词的同位语，其信息轮廓为 $S_2V_2O_2$（"that China might host a major international Global Compact event within the next year"）。通过假设

1）检验的样本共 4 个，未通过者 y19I4、y19I5 未证实或证伪模型，证实 y18I4、y18I5 未通过假设 7）检验、未证实或证伪结构模型的信息维度。通过假设 2）检验的样本 y19I1、y19I2、y19I3、y19I6 均优先产出闭合 SVO 信息轮廓，通过假设 3）、4）检验，证实模型信息维度。

Y20 是 Y19 的连续短语，中心词本身传达动作信息，与之前的源语形成 SV_1O_1 信息轮廓（"which would serve as a practical demonstration of"），其为该信息轮廓中的 O_1；而分枝成分是中心词的同位语，其信息轮廓为 $S_2V_2O_2O_3$（"how the Compact can connect Chinese business leaders with the world economy"）。全部 6 个样本通过假设 1）—4）的检验，证实模型信息维度。

综合上述对译语样本的质性分析，模型信息维度的假设检验结果量化描述如下：第一，译员英译汉同传语序差异处理中未识别率约为 8.3%。在应采集的 120 个样本中，源语信息未识别的样本共 10 个，分布在译员 I1—I6 中，每名译员 1 至 3 个不等。这些未证实或证伪模型信息维度的样本，也未产生处理相关的听译时滞数据可供认知维度检验，故终止检验，模型未被证实或证伪。第二，语序差异识别率，即处理启动率约为 91.7%，识别错误率约为 11.7%。在识别语序差异并启动处理的 110 个样本中，源语信息识别错误的样本共 14 个，同样分布在每名译员的样本中。其未证实或证伪模型信息维度，但产生的听译时滞数据计入统计范围，用于检验认知维度。据此可知，因不符合源语识别指标、未证实或证伪模型信息维度的样本共 24 个，占应采集样本总数的 20%。第三，语序差异正确识别率为 80%。96 个样本正确识别源语信息，其中不符合闭合、SV(O)信息轮廓译语产出指标的样本共 18 个。其中 10 个样本证实主观冗余因素的积极调节，8 个样本未通过后续句或短语正确产出的检验。可见，因不符合译语信息密度一致性轮廓产出指标、未证实或证伪模型信息维度的样本共 8 个，约占应采集样本总数的 6.7%。综上，88 个样本证实模型信息维度，约占应采集样本总数的 73.3%，其中主客观冗余调节率约为 8.3%；未证实或证伪模型信息维度的样本 32 个，约占应采集样本总数的 26.7%。

3.2.1.2 认知维度检验

进入认知维度假设检验的 110 组样本中，包含启动听译时滞、贮存听译时滞两类数据，预测听译时滞在译员受试英译汉方向同传实验中并未出现。样本在每名译员的分布为 17—19 组不等。译员听译时滞数据分布与处理结果汇总如表 3.12 所示。行表示各个样本，列表示译员 I1—I6 的处理结果与听译时滞数据。处理结果以"对""错"标记；启动听译时滞数据在前，如果还产生贮存听译时滞数据则位于其后并以逗号隔开；未启动处理、未产生听译时滞数据的样本，用"无"标记。

表 3.12 职业译员英译汉同传语序差异处理 EVS 分布汇总

译语	译员 I1		译员 I2		译员 I3		译员 I4		译员 I5		译员 I6	
	处理结果	听译时滞	处理结果	听译时滞	处理结果	听译时滞	处理结果	听译时滞	处理结果	听译时滞	处理结果	听译时滞
y1	对	3, 8	错	3, 8	对	3, 8	对	4, 6	错	6, 10	错	无
y2	对	4	对	4, 6	错	无	对	4	对	5	对	3
y3	错	无	错	无	对	3	对	3, 7	对	4, 5	错	无
y4	对	4	对	4	对	3, 4	错	8, 9	对	5	对	3, 5
y5	对	2	对	2	对	2	对	4	对	4	对	3
y6	对	3, 7	对	2, 7	对	3, 7	对	5, 7	对	5, 6	对	3, 5
y7	对	7, 11	对	2, 10	对	3, 8	对	4, 10	对	4, 9	对	4
y8	错	9	错	无	对	3	对	5, 8	对	5	错	5
y9	对	4	对	3, 12	对	3, 8	对	4, 10	对	5, 9	对	3
y10	对	4, 5	错	无	对	1	对	4	对	3	对	3
y11	对	2	对	2	对	2	对	4	对	5, 7	对	4
y12	错	6, 9	对	4	错	5	错	7	对	4	错	9
y13	对	5	对	4	对	3	对	4	对	4	对	4
y14	对	4	对	3	对	3	对	5	对	5	对	4, 7
y15	对	4	对	3	对	3	对	5	对	5	对	4
y16	错	9	错	7	对	3	对	5	对	5, 7	对	4
y17	对	5	对	4	对	3	对	5	对	5	对	4
y18	错	9	错	5, 8	错	无	对	6, 9	对	5, 9	错	4, 5
y19	对	5	对	4	对	3	错	无	错	无	对	4
y20	对	5	对	2	对	2	对	4	对	4	对	3

译员受试英译汉同传语序差异处理中共产生 110 个启动听译时滞、36 个贮存听译时滞，后者在前者中占比约为 32.7%，即在启动处理的样本中，超过三成进行贮存信息、推迟产出的操作。通过 SPSS17.0 软件统计最小值、最大值、平均数、中位数、众数、标准差六项指标检验假设 5）、6）。第一，最小值、最大值对处理中听译时滞的浮动区间进行描写，用 EVS_{min}、EVS_{max} 表示。第二，平均数、中位数、众数对处理中听译时滞的集中趋势进行描写：其中平均数通过总体样本求和、除以相应处理的数量得出，用

EVS表示；中位数由于与平均数相比不易受极值影响，所以对其的统计有助于排除极值对集中趋势的影响，把样本由小至大排序、确定正中的数或正中两数的平均值，用$EVS_{0.5}$表示；众数与中位数有着相似的描写集中趋势、规避极值影响的作用，是样本中频次最高的数，用EVS_M表示；集中趋势的统计结果四舍五入至秒。第三，标准差对离散趋势进行描写，用σEVS表示，得出结果四舍五入至小数点后一位。

对假设5）相关启动听译时滞指标的110个样本进行统计，得出职业译员英译汉同传语序差异处理的启动译时滞发现如下：第一，最小值为1秒，最大值为9秒，译员启动听译时滞的浮动区间位于1—9秒。第二，平均数、中位数、众数三者一致，译员启动听译时滞集中于4秒，集中趋势明显：平均数为4.1秒，约等于4秒；中位数即排在第55位与第56位的样本的平均数，为4秒；众数为样本数最多，共有36个的4秒。第三，译员启动听译时滞的标准差约为1.5秒。上述发现符合译员听译时滞浮动区间大、平均值趋同的一般论述，然而是否同样符合个体差异强的论述，需要对译员启动听译时滞的差异显著性进行检验。

为确定6组启动听译时滞数据的差异显著性检验方法，进行正态性检验与方差齐性检验。如果数据正态分布且方差齐，则满足参数检验条件，使用参数检验方法；如果数据非正态分布和/或方差不齐，则不满足参数检验条件，使用非参数检验方法。正态性检验原假设为总体服从正态分布，方差齐性检验原假设为各组方差相等。通过统计求得显著性结果：当显著性大于0.05时，差异无统计学意义；当显著性小于0.05时，差异显著；当显著性小于0.01时，差异极显著。SPSS报告的结果如表3.13、3.14所示。

表 3.13 职业译员英译汉同传语序差异处理启动 EVS 正态性检验

译员	Kolmogorov-Smirnov[a]			Shapiro-Wilk		
	统计量	df	显著性	统计量	df	显著性
1.00	0.237	19	0.006	0.886	19	0.027
2.00	0.227	17	0.020	0.849	17	0.010
3.00	0.336	18	0	0.755	18	0
4.00	0.294	19	0	0.789	19	0.001
5.00	0.337	19	0	0.810	19	0.002
6.00	0.381	18	0	0.518	18	0

a. Lilliefors 显著水平修正

表 3.14 职业译员英译汉同传语序差异处理启动 EVS 方差齐性检验

Levene 统计量	*df1*	*df2*	显著性
3.237	5	104	0.009

正态性检验、方差齐性检验结果的显著性均小于 0.05。因此，6 组数据非正态分布、方差不齐，故对启动听译时滞的差异显著性检验采用非参数检验 Kruskal-Wallis 方法。SPSS 报告的检验结果如表 3.15 所示。

表 3.15 职业译员英译汉同传语序差异处理启动 EVS Kruskal-Wallis 检验

译员	*N*	秩均值
1.00	19	70.00
2.00	17	42.12
3.00	18	24.17
4.00	19	71.71
5.00	19	76.13
6.00	18	45.28
总数	110	

检验统计量 [a, b]

卡方	41.554
df	5
渐近显著性	0

a. Kruskal-Wallis 检验

b. 分组变量：译员

Kruskal-Wallis 检验的渐进显著性为 0，小于 0.01，差异极显著。因此，译员启动听译时滞的 6 组数据存在极显著差异，说明译员语序差异处理启动听译时滞的个体差异尤其显著，可见汉英同传语序差异处理中启动听译时滞同样遵循既往研究基于西方语言对所揭示的同传听译时滞的普遍规律。为此，有必要针对各名译员启动听译时滞的浮动区间、集中与离散趋势进行描写，通过比较译员个体数据与总体数据的相对关系，厘清各译员个体启动听译时滞。

对各名译员启动听译时滞的最小值、最大值、平均数、中位数、众数、标准差进行统计,结果如表 3.16 所示。行表示译员 I1—I6,列表示各译员启动听译时滞样本数量,以及六项统计指标。括号内为四舍五入前的计算结果,单位为秒。

表 3.16 各职业译员英译汉同传语序差异处理启动 EVS 分布

译员	样本数量	最小值 EVS_{min}	最大值 EVS_{max}	平均数 $\overline{EVS}$	中位数 $EVS_{0.5}$	众数 EVS_M	标准差 σEVS
I1	19	2	9	5	5	4	2.1
I2	17	2	7	4(3.5)	4	4	1.3
I3	18	1	5	3(2.8)	3	3	0.8
I4	19	3	8	5(4.7)	4	4	1.2
I5	19	3	6	5(4.6)	5	5	0.7
I6	18	3	9	4(3.8)	4(3.5)	3	1.4

统计得出译员英译汉同传语序差异处理启动听译时滞的发现如下:第一,各译员启动听译时滞的浮动区间较大。译员 I1 的区间是 2—9 秒,为 6 名译员中浮动区间最大者;I2 是 2—7 秒;I3 是 1—5 秒;I4 是 3—8 秒;I5 是 3—6 秒,为浮动区间最小者;I6 是 3—9 秒。第二,各译员启动听译时滞的集中趋势较为明显。半数译员 I2、I3、I5 启动听译时滞的平均数、中位数、众数一致,另外半数译员 I1、I4、I6 虽然三项指标并不完全一致,但也有两项一致。第三,各译员启动听译时滞的离散程度各不相同。启动听译时滞的标准差,作为离散指标,反映各译员语序差异处理启动时间的稳定性。按照标准差由小到大的顺序把译员启动听译时滞排序为 I5<I3<I4<I2<I6<I1,可见 I5 启动处理的时间最稳定,而 I1 最不稳定,甚至高于总体的标准差,与各译员启动听译时滞浮动区间的发现一致。综合启动听译时滞的个体发现,以及总体约为 4±1.5 秒的发现,考虑到其作为短时记忆正确持留阈值中等水平的代理指标存在上浮空间,故接受在 2.5—5.5 秒区间内的启动听译时滞个体数值,而 I1、I4、I6 三项集中指标中最大的一项均在该区间之内。因此译员 I1—I6 英译汉同传语序差异处理

的启动听译时滞检验值分别是 5 秒、4 秒、3 秒、5 秒、5 秒、4 秒。

在完成启动听译时滞数据统计并且得出相应发现后，按照相同的方法对假设 6）贮存听译时滞指标的 36 个样本进行统计，得出职业译员英译汉同传语序差异处理的贮存听译时滞发现如下：第一，最小值为 4 秒，最大值为 12 秒，译员贮存听译时滞的浮动区间位于 4—12 秒。第二，平均数、中位数、众数三者一致，译员语序差异处理贮存听译时滞集中于 8 秒，集中趋势明显：平均数为 7.7 秒，约等于 8 秒；中位数即排在第 18 位与第 19 位的样本的平均数，为 8 秒；众数为样本数最多，共有 7 个的 8 秒。第三、译员贮存听译时滞的标准差约为 2.0 秒。上述发现符合现有国外研究对译员启动听译时滞浮动区间大、平均值趋同的一般论述，提示贮存听译时滞可能与启动听译时滞具有相似特征。

对 6 组贮存听译时滞数据进行正态性检验与方差齐性检验，SPSS 报告的结果如表 3.17、表 3.18 所示。鉴于 Kolmogorov-Smirnov 方法适用于大样本检验而 Shapiro-Wilk 方法适用于小样本检验，故样本数量较小的贮存听译时滞以后者为准。两组数据检验结果的显著性小于 0.05，无法接受正态分布的原假设，数据非正态分布。方差齐性检验结果的显著性大于 0.05，接受方差齐性的原假设。

表 3.17 职业译员英译汉同传语序差异处理贮存 EVS 正态性检验

译员	Kolmogorov-Smirnov[a]			Shapiro-Wilk		
	统计量	df	显著性	统计量	df	显著性
1.00	0.127	5	0.200*	0.999	5	1.000
2.00	0.258	6	0.200*	0.940	6	0.659
3.00	0.318	5	0.109	0.701	5	0.010
4.00	0.272	8	0.082	0.822	8	0.358
5.00	0.262	8	0.112	0.916	8	0.397
6.00	0.441	4	0	0.630	4	0.001

由于参数检验的正态性假设与方差齐性假设并未同时满足，故对贮存听译时滞的差异显著性检验采用非参数 Kruskal-Wallis 检验方法。SPSS

表 3.18 职业译员英译汉同传语序差异处理贮存 EVS 方差齐性检验

Levene 统计量	*df1*	*df2*	显著性
0.567	5	30	0.724

报告的结果如表 3.19 所示。Kruskal-Wallis 检验的渐进显著性为 0.266，大于 0.05，差异不显著。可见，6 组译员贮存听译时滞并不存在显著差异。与启动听译时滞不同，贮存听译时滞并不显著的个体差异证实不同译员间的短时记忆正确持留阈值趋同。这一发现表明同传听译时滞个体差异强的普遍规律仅适用于启动听译时滞，不适用于贮存听译时滞，也证实短时记忆正确持留阈值对语序差异处理的限制，以及该阈值在职业译员间的趋同性，即由贮存听译时滞集中趋势所反映的 8 秒。

表 3.19 职业译员英译汉同传语序差异处理贮存 EVS Kruskal-Wallis 检验

译员	*N*	秩均值
1.00	5	20.50
2.00	6	22.25
3.00	5	15.70
4.00	8	20.69
5.00	8	19.63
6.00	4	7.25
总数	36	

检验统计量 [a, b]	
卡方	6.441
df	5
渐近显著性	0.266

a. Kruskal-Wallis 检验

b. 分组变量：译员

结合启动听译时滞集中趋势为 4 秒的发现，贮存听译时滞为其 2 倍。由此可以推断译员听译时滞数据总体证实假设 5）、6），即译员总体集中在短时记忆正确持留阈值到达中等水平时启动处理、到达阈值时产出贮存信息。值得注意的是，译员总体的启动听译时滞在英译汉同传的语序差异处理中，并未提前而是尽可能延后至短时记忆正确持留阈值的中等水平，可以推断语序差异为译员带来的挑战，以及译员在认知维度范围内对自身短时记忆正确持留阈值进行最大化利用后再启动处理的行为趋势。对各名译员贮存听译时滞的最小值、最大值、平均数、中位数、众数、标准差进行统计，结果如表 3.20 所示。

表 3.20 各职业译员英译汉同传语序差异处理贮存 EVS 分布

译员	样本数量	最小值 EVS_{min}	最大值 EVS_{max}	平均数 $\overline{EVS}$	中位数 $EVS_{0.5}$	众数 EVS_M	标准差 σEVS
I1	5	5	11	8	8	无	2.0
I2	6	6	12	9（8.5）	8	8	2.0
I3	5	4	8	7	8	8	1.5
I4	8	4	10	8（7.9）	9（8.5）	9	2.0
I5	8	5	10	8（7.8）	8	9	1.4
I6	4	5	7	6（5.5）	5	5	0.9

统计得出译员英译汉同传语序差异处理贮存听译时滞的发现如下：第一，各译员贮存听译时滞的浮动区间较大。译员 I1 的区间是 5—11 秒；I2 是 6—12 秒；I3 是 4—8 秒；I4 是 4—10 秒；I5 是 5—10 秒；I6 是 5—7 秒，为 6 名译员中浮动区间最小者；而 I1、I2、I4 的浮动区间并列最大。第二，各译员贮存听译时滞的集中趋势不明显。三项集中指标中，译员 I1 的众数不存在，平均数和中位数一致。其他 5 名译员各有两项指标一致。第三，各译员贮存听译时滞的离散程度相差不大，其中半数译员数据的离散程度相同。译员 I1、I2、I4 数据的标准差均为 2.0 秒，与译员总体标准差一致。按照标准差由小到大的顺序把译员贮存听译时滞排序为 I6<I5<I3<I1=I2=I4，可见译员 I6 在处理中产出贮存信息的时间最稳定，I1、I2、I4 则最不稳定，与各译员贮存听译时滞浮动区间的发现一致。考虑到各译员贮存听译时滞样本数量小，总体样本中的个体差异并不显著，同时作为短时记忆正确持留阈值估算值的贮存听译时滞上浮可能性不大，因此确定其总体样本的集中趋势 8 秒为译员个体贮存听译时滞检验值。除译员

I3、I6 外，I1、I2、I4、I5 的贮存听译时滞最大值达到过 10 秒、11 秒、12 秒。考虑到贮存听译时滞总体约为 8±2.0 秒的发现，提示接受 10 秒作为其特性的可能，有待进一步分析。

在分别确定译员个体启动听译时滞、贮存听译时滞两个指标检验值的基础上，通过比较各个译员单个样本数据是否超出检验值并且结合处理结果的校验，验证认知维度假设 5）、6）。如果听译时滞数据未超出该译员检验值且译语正确，则该样本证实认知维度假设。如果数据未超出检验值但译语错误，则该样本证实认知维度假设，但是否证实模型则需结合信息维度假设检验的结果再行确定。如果超出检验值且译语错误，则既未证实也未证伪认知维度假设。如果超出检验值但译语正确，则检验假设 7）译语后续句是否正确：如正确，则检验假设 9）该样本的听译时滞是否具备特性；如错误，则违背假设 5）、6）诱发失误序列，认知维度假设未被证实或证伪。

鉴于认知维度检验与信息维度检验存在一定关联，故可汇总两个维度的检验结果，从而考察信息—认知模型是否被译员处理所证实。各名译员两维度检验结果汇总如表 3.21—表 3.26 所示。行表示各译员启动与贮存听译时滞的检验值以及各个样本；列表示处理结果、信息维度检验结果、样本启动听译时滞、贮存听译时滞、认知维度检验结果，未产生听译时滞者以"无"标注。

以译员 I1 启动听译时滞、贮存听译时滞检验值 5 秒、8 秒对 19 个样本进行检验，发现 1 个样本 y7I1 译语正确但两类听译时滞均超出检验值：经假设 7）检验发现，其连续样本 y8I1 误译，故未通过假设 7）检验，y7I1 未证实或证伪认知维度；同时其也未通过信息维度关于译语信息轮廓的检验，因而未证实或证伪模型。另有 4 个样本 y8I1、y12I1、y16I1、y18I1 的处理结果错误且听译时滞超过检验值，未证实或证伪认知维度；同时也未通过信息维度源语正确识别的检验，同样未证实或证伪模型。余下 14 个样本均证实认知维度且已证实信息维度，故证实模型。

以 I2 启动听译时滞、贮存听译时滞的检验值 4 秒、8 秒对 17 个样本进行检验，发现 2 个样本 y7I2、y9I2 译语正确，但贮存听译时滞超出检验值：经假设 7）检验发现其连续样本 y8I2、y10I2 误译，故未通过检验，y7I2、y9I2 未证实或证伪认知维度；同时其也未通过信息维度关于译语信息轮廓的检验，因而未证实或证伪模型。另有 2 个样本 y16I2、y18I2 的处理结果错误且启动听译时滞超过检验值，未证实或证伪认知维度；同时也未通过信息维度源语识别正确的检验，同样未证实或证伪模型。余下 13

个样本均证实认知维度，而其中 2 个样本未证实或证伪信息维度：y1I2 未通过信息维度源语正确识别的检验，y2I2 未通过译语信息轮廓的检验，因而未证实或证伪模型。故 11 个样本证实信息、认知维度，进而证实模型。

表 3.21 译员 I1 英译汉同传语序差异处理认知与信息维度检验结果汇总

样本	处理结果	信息维度检验结果	启动 EVS≤5	贮存 EVS≤8	认知维度检验结果
y1I1	对	证实	3	8	证实
*y2I1	对	证实	4	无	证实
*y3I1	错	未证实或证伪	无	无	未证实或证伪
*y4I1	对	证实	4	无	证实
y5I1	对	证实	2	无	证实
*y6I1	对	证实	3	7	证实
y7I1	对	未证实或证伪	7	11	未证实或证伪
*y8I1	错	未证实或证伪	9	无	未证实或证伪
y9I1	对	证实	4	无	证实
*y10I1	对	证实主观冗余调节	4	5	证实
*y11I1	对	证实	2	无	证实
y12I1	错	未证实或证伪	6	9	未证实或证伪
*y13I1	对	证实	5	无	证实
y14I1	对	证实	5	无	证实
y15I1	对	证实	4	无	证实
y16I1	错	未证实或证伪	9	无	未证实或证伪
*y17I1	对	证实	5	无	证实
y18I1	错	未证实或证伪	9	无	未证实或证伪
*y19I1	对	证实	5	无	证实
*y20I1	对	证实	5	无	证实

表 3.22 译员 I2 英译汉同传语序差异处理认知与信息维度检验结果汇总

样本	处理结果	信息维度检验结果	启动 EVS≤4	贮存 EVS≤8	认知维度检验结果
y1I2	错	未证实或证伪	3	8	证实
*y2I2	对	未证实或证伪	4	6	证实
*y3I2	错	未证实或证伪	无	无	未证实或证伪
*y4I2	对	证实	4	无	证实
y5I2	对	证实	2	无	证实
*y6I2	对	证实	2	7	证实
y7I2	对	未证实或证伪	2	10	未证实或证伪
*y8I2	错	未证实或证伪	无	无	未证实或证伪
y9I2	对	未证实或证伪	3	12	未证实或证伪
*y10I2	错	未证实或证伪	无	无	未证实或证伪
*y11I2	对	证实	2	无	证实
y12I2	对	证实	4	无	证实
*y13I2	对	证实	4	无	证实
y14I2	对	证实	4	无	证实
y15I2	对	证实	3	无	证实
y16I2	错	未证实或证伪	7	无	未证实或证伪
*y17I2	对	证实	4	无	证实
y18I2	错	未证实或证伪	5	8	未证实或证伪
*y19I2	对	证实	4	无	证实
*y20I2	对	证实	2	无	证实

以 I3 启动听译时滞、贮存听译时滞的检验值 3 秒、8 秒对 18 个样本进行检验，发现 1 个样本 y12I3 译语错误且启动听译时滞超出检验值，故未证实或证伪认知维度；同时也未通过信息维度源语正确识别的检验，因而未证实或证伪模型。余下 17 个样本均证实认知维度且已证实信息维度，故证实模型。

表 3.23 译员 I3 英译汉同传语序差异处理认知与信息维度检验结果汇总

样本	处理结果	信息维度检验结果	启动 EVS≤3	贮存 EVS≤8	认知维度检验结果
y1I3	对	证实	3	8	证实
*y2I3	错	未证实或证伪	无	无	未证实或证伪
*y3I3	对	证实	3	无	证实
*y4I3	对	证实主观冗余调节	3	4	证实
y5I3	对	证实	2	无	证实
*y6I3	对	证实	3	7	证实
y7I3	对	证实主观冗余调节	3	8	证实
*y8I3	对	证实	3	无	证实
y9I3	对	证实主观冗余调节	3	8	证实
*y10I3	对	证实	1	无	证实
*y11I3	对	证实	2	无	证实
y12I3	错	未证实或证伪	5	无	未证实或证伪
*y13I3	对	证实	3	无	证实
y14I3	对	证实	3	无	证实
y15I3	对	证实	3	无	证实
y16I3	对	证实	2	无	证实
*y17I3	对	证实	3	无	证实
y18I3	错	未证实或证伪	无	无	未证实或证伪
*y19I3	对	证实	3	无	证实
*y20I3	对	证实	2	无	证实

以 I4 启动听译时滞、贮存听译时滞的检验值 5 秒、8 秒对 19 个样本进行检验，发现 2 个样本 y4I4、y12I4 译语错误且听译时滞超出检验值，故未证实或证伪认知维度；同时也未通过信息维度源语正确识别的检验，故未证实或证伪模型。1 个样本 y18I4 译语正确，但两类听译时滞均超出检验值：经假设 7）检验发现其连续样本 y19I4 误译，故未通过检验，y18I4 未证实或证伪认知维度；同时其也未通过信息维度关于译语信息轮廓的检

验，因而未证实或证伪模型。然而 2 个样本 y7I4、y9I4 译语正确且连续样本 y8I4、y10I4 也通过假设 7）检验，在已证实信息维度主观冗余调节的同时，提示附加假设 9）贮存听译时滞是否具备特性的检验。然而这两个样本是译员 I4 样本总体中仅有的贮存听译时滞达到 10 秒的样本，并无其他相同译员样本可以证伪。但是贮存听译时滞达到 9 秒的 2 个样本 y4I4、y18I4 出现误译或后续句误译，说明译员贮存的信息一旦超过 8 秒的短时记忆正确持留阈值，并不能保证多数情况下处理正确。因此 10 秒是译员 I4 贮存听译时滞的特例。余下 14 个样本均证实认知维度，并已证实信息维度，故证实模型。

表 3.24 译员 I4 英译汉同传语序差异处理认知与信息维度检验结果汇总

样本	处理结果	信息维度检验结果	启动 EVS≤5	贮存 EVS≤8	认知维度检验结果
y1I4	对	证实	4	6	证实
*y2I4	对	证实	4	无	证实
*y3I4	对	证实	3	4	证实
*y4I4	错	未证实或证伪	8	9	未证实或证伪
y5I4	对	证实	4	无	证实
*y6I4	对	证实	5	7	证实
y7I4	对	证实主观冗余调节	4	10	贮存 EVS 特性
*y8I4	对	证实主观冗余调节	5	8	证实
y9I4	对	证实主观冗余调节	4	10	贮存 EVS 特性
*y10I4	对	证实	4	无	证实
*y11I4	对	证实	4	无	证实
y12I4	错	未证实或证伪	7	无	未证实或证伪
*y13I4	对	证实	4	无	证实
y14I4	对	证实	4	无	证实
y15I4	对	证实	5	无	证实
y16I4	对	证实	5	无	证实
*y17I4	对	证实	5	无	证实
y18I4	对	未证实或证伪	6	9	未证实或证伪
*y19I4	错	未证实或证伪	无	无	未证实或证伪
*y20I4	对	证实	4	无	证实

表 3.25 译员 I5 英译汉同传语序差异处理认知与信息维度检验结果汇总

样本	处理结果	信息维度检验结果	启动 EVS≤5	贮存 EVS≤8	认知维度检验结果
y1I5	错	未证实或证伪	6	10	未证实或证伪
*y2I5	对	证实	5	无	证实
*y3I5	对	证实	4	5	证实
*y4I5	对	证实	5	无	证实
y5I5	对	证实	4	无	证实
*y6I5	对	证实	5	6	证实
y7I5	对	证实主观冗余调节	4	9	贮存 EVS 特性
*y8I5	对	证实	5	无	证实
y9I5	对	证实主观冗余调节	5	9	贮存 EVS 特性
*y10I5	对	证实	3	无	证实
*y11I5	对	证实主观冗余调节	5	7	证实
y12I5	对	证实	4	无	证实
*y13I5	对	证实	4	无	证实
y14I5	对	证实	5	无	证实
y15I5	对	证实	5	无	证实
y16I5	对	证实主观冗余调节	5	7	证实
*y17I5	对	证实	5	无	证实
y18I5	对	未证实或证伪	5	9	未证实或证伪
*y19I5	错	未证实或证伪	无	无	未证实或证伪
*y20I5	对	证实	4	无	证实

以 I5 启动听译时滞、贮存听译时滞的检验值 5 秒、8 秒对 19 个样本进行检验，发现 1 个样本 y1I5 译语错误且听译时滞超出检验值，故未证实或证伪认知维度；同时也未通过信息维度源语识别正确的检验，故未证实或证伪模型。1 个样本 y18I5 译语正确但贮存听译时滞超出检验值：经假设 7）检验发现其连续样本 y19I5 误译，故未通过检验，y18I5 未证实或证伪认知维度；同时其也未通过信息维度关于译语信息轮廓的检验，因而未证实或证伪模型。然而 2 个样本 y7I5、y9I5 译语正确且连续样本 y8I5、y10I5 也通过假设 7）检验，在已证实信息维度主观冗余调节的同时，提示附加假设 9）贮存听译时滞特性的检验。虽然正确产出的两个样本在数量上超

出误译的 y18I5，然而主观冗余的积极调节已在两个样本中证实，故无法排除其为译语正确主因的可能。因此无法接受 9 秒为译员 I5 的短时记忆正确持留阈值，其只是 I5 贮存听译时滞的特例。余下 15 个样本均证实认知维度且已证实信息维度，故证实模型。

表3.26 译员 I6 英译汉同传语序差异处理认知与信息维度检验结果汇总

样本	处理结果	信息维度检验结果	启动 EVS≤4	贮存 EVS≤8	认知维度检验结果
y1I6	错	未证实或证伪	无	无	未证实或证伪
*y2I6	对	证实	3	无	证实
*y3I6	错	未证实或证伪	无	无	未证实或证伪
*y4I6	对	未证实或证伪	3	5	证实
y5I6	对	证实	3	无	证实
*y6I6	对	证实	3	5	证实
y7I6	对	证实	3	无	证实
*y8I6	错	未证实或证伪	5	无	未证实或证伪
y9I6	对	证实	3	无	证实
*y10I6	对	证实	3	无	证实
*y11I6	对	证实	3	无	证实
y12I6	错	未证实或证伪	9	无	未证实或证伪
*y13I6	对	证实	4	无	证实
y14I6	对	未证实或证伪	4	7	证实
y15I6	对	证实	4	无	证实
y16I6	对	证实	4	无	证实
*y17I6	对	证实	4	无	证实
y18I6	错	未证实或证伪	4	5	证实
*y19I6	对	证实	4	无	证实
*y20I6	对	证实	3	无	证实

以 I6 启动听译时滞、贮存听译时滞的检验值 4 秒、8 秒对 18 个样本进行检验，发现 2 个样本 y8I6、y12I6 译语错误，同时启动听译时滞超过检验值，故未证实或证伪认知维度；同时也未通过信息维度源语正确识别

的检验，未证实或证伪模型。余下 16 个样本均证实认知维度，其中 3 个样本未证实或证伪信息维度：y4I6、y14I6 未通过信息维度关于译语信息轮廓的检验，y18I6 未通过信息维度源语识别正确的检验，因而未证实或证伪模型。13 个样本已证实两个维度，进而证实模型。

对各名译员单个样本的逐一认知维度检验，显示 4 个样本提示贮存听译时滞特性。其既未证实、也未证伪认知维度，而是主观冗余调节下短时记忆推迟正确持留阈值、推高容量占用水平的个例。

综合上述对译语样本的统计分析，得出职业译员英译汉同传语序差异处理听译时滞的量化特征如下：第一，译员总体的启动听译时滞浮动区间位于 1—9 秒，集中于 4 秒，集中趋势明显，个体差异在集中趋势基础上 ±1 秒，差异显著。第二，译员总体的贮存听译时滞浮动区间位于 4—12 秒，集中于 8 秒，集中趋势明显，个体差异不显著，仅在个别具备主观冗余调节的条件下可延至 9—10 秒。第三，译员总体短时记忆正确持留阈值趋同，同时其掌握自身阈值为 8 秒，应在达到阈值中等水平 4 秒左右时启动处理的专家知识，并形成 3 秒、5 秒略低、略高的阈值中等水平浮动偏好。第四，译员总体遵循短时记忆正确持留阈值达到中等水平时启动处理，达到上限时产出贮存的认知维度，启动听译时滞是贮存听译时滞的 1/2。

认知维度检验结果如下：在进入认知维度检验的 110 个样本中，未证实或证伪认知维度的样本共 17 个，同时也均未证实或证伪信息维度；提示扩充认知维度的样本共 4 个，即贮存听译时滞可超过 8 秒，延长至 9—10 秒。然而贮存听译时滞样本总体中所观察到 11 秒、12 秒的最大值则均被证伪，提示短时记忆持留存在 10 秒及以内可提取贮存的极限，一旦超限则贮存信息必然错误。证实认知维度的样本共 89 个，约占 120 个应采集样本总数的 74.2%。提示英译汉同传方向听译时滞特性的样本 4 个，约占应采集样本总数的 3.3%。

3.2.1.3 检验结果

经过质性与量化检验与分析，结合信息维度、认知维度检验结果，汉英同传语序差异处理信息—认知模型在职业译员英译汉同传方向上检验的结论如下：第一，七成样本证实模型：证实样本数量共 84 个，占比 70%；全部通过源语正确识别、译语信息密度一致性优化、听译时滞不超限、后续句不误译、具备主客观冗余的工作假设检验。第二，个别样本是认知维度的孤例，提示职业译员的短时记忆正确持留阈值从 8 秒延长到 9 至 10 秒的可能性：贮存听译时滞突破阈值且译语正确的样本共 4 个，占比约为

3.3%。第三，近三成样本未证实或证伪模型：鉴于未证实或证伪信息维度的 32 个样本同时包含未证实或证伪认知维度的 17 个样本，可知此类样本数量共 32 个，占比约为 26.7%。

信息—认知模型在职业译员英译汉同传方向语序差异处理中，已为七成的样本所证实；译员短时记忆正确持留阈值相关数据也得以揭示。译员的短时记忆正确持留阈值趋同、为 8 秒，其中等水平集中于 4 秒，个体差异为 ±1 秒。个别样本提示短时记忆正确持留阈值可达 10 秒。

在近三成未证实或证伪处理假设的样本中，译员处理失误可归因于三大要素：第一，英语源语中语序差异短语识别错误：此类样本共 14 个，其中 12 个同时出现启动与/或贮存听译时滞超限，反映出语序差异这一问题诱因对同传过程中外语识别正确率造成的挑战，以及短时记忆持留时长管理不善的高度相关性。第二，源语语序差异未识别：此类样本共 10 个，语序差异短语被错误识别为一般短语，体现出汉英同传中对语序差异的敏感度仍需提高。第三，译语信息轮廓未优化：此类样本共 8 个，其中 5 个与听译时滞超限共现，表明语序差异处理确是动态平衡过程，当前不符合模型的处理虽然无误，但无法避免后续句的误译，并且译语信息轮廓未优化与听译时滞管理不善高度相关。鉴于信息维度相关失误包含认知维度相关失误，故模型的信息维度较之认知维度对处理的约束力更强，为强约束；即使遵循认知维度、处理仍然可能失误，故认知维度为弱约束、其与信息维度具有高度相关性。

3.2.2 汉译英同传方向

3.2.2.1 信息维度检验

汉译英同传方向上译员受试样本的信息维度检验，采用与英译汉同传相同的检验方法，其结果如表 3.27—表 3.32 所示。

Z1 位于整篇讲话的第一句，整句话的信息轮廓为 SAdvV，而 Adv 正是长达 23 秒的语序差异短语，故 Z1 之前的源语信息轮廓尚未闭合；而短语自身的信息轮廓中，向左分枝成分的信息轮廓为 S_1V_1（"国际金融危机逐步消退"）、$S_2V_2V_3$（"国际经济形势变得越来越复杂、越来越多变"）、S_3V_4（"新一轮西部大开发战略启动实施"），中心词"关键时刻"是对分枝成分的总结。全部 6 个样本通过假设 1）、2）源语正确识别的检验，在源语

表 3.27 职业译员汉译英同传语序差异处理模型信息维度检验 Z1—Z2

Z1 这次论坛是在 0:04 在国际金融危机逐步消退，国际经济形势变得越来越复杂、越来越多变，是在新一轮西部大开发战略启动实施的 0:27 关键时刻召开的。

样本编码	译语	译语评价	是否识别	是否识别正确	是否产出闭合轮廓	是否产出SV(O)轮廓
z1I1	This forum is held under z1 0:10 the background that 0:12 the financial crisis is fading, and the international economy is getting more and more complex, and the new round of the western development is launched.	对	是	是	是	是
z1I2	Now this forum is held under z1 0:11 the background of a, well, 0:14 an improving financial crisis, and also increasingly complex picture across the globe, and also is held when the new round of strategy to develop the western China is being launched.	对	是	是	是	否
z1I3	This forum is being held z1 0:08 when 0:09 the global financial crisis is receding, when the global economic situation is becoming more and more complicated, more and more uncertain, and this conference is being held when a new round of the great development of China's west is being launched.	对	是	是	是	是
z1I4	This forum is held against the z1 0:08 backdrop of 0:10 the declining trend of the global financial crisis. It is against the backdrop of increasing complexity of the global financial picture. It's also against the backdrop of a new wave of the fast development drive of the western part of China.	对	是	是	是	否
z1I5	This forum is held in the z1 0:06 context of 0:07 the recovering economy after the financial crisis, and now the economic situation globally is more and more complicated, and is changing rapidly. Also we're now in a period of time to promote the development of western China.	对	是	是	是	否

续表

样本编码	译语	译语评价	是否识别	是否识别正确	是否产出闭合轮廓	是否产出SV(O)轮廓
z1I6	This forum is held under z1 0:09 a background that 0:11 the financial crisis is fading away, and the international economy is becoming more and more complex, and at the new round of the western development.	对	是	是	是	是

Z2 这次论坛将以深刻而富有前瞻性的主题，致力于探讨 0:40 抓住机遇、加快发展的 0:44 新视野、新前景、新对策，更加展示了这一交流、合作机制的巨大潜力和光明前景，必将对云南的发展、进步产生积极的影响。

样本编码	译语	译语评价	是否识别	是否识别正确	是否产出闭合轮廓	是否产出SV(O)轮廓
z2I1	This forum, with an insightful theme, discusses z2 0:42 seizing opportunities, accelerating development, and 0:50 new solutions of the two.	对	是	是	是	是
z2I2	Now this is forward looking. We are here to discuss z2 0:42 how we can 0:43 seize upon the opportunities and accelerate our development.	对	是	是	是	是
z2I3	So I believe this forum will discuss insightful and significant issues so that we can z2 0:46 seize all the opportunities and we can come up with 0:49 new strategies and tactics in order to seize these opportunities.	对	是	是	是	是
z2I4	So this forum will cover many unprecedented issues and themes, so we will focus on talking about z2 0:44 seizing opportunities and accepting, accelerating growth, and we will come up with 0:52 the right strategies in order to utilize opportunities and new prospects.	对	是	是	是	是
z2I5	This forum actually will, thanks to its profound and visionary theme, focus on z2 0:42 how we could 0:43 grasp opportunities to promote further development, I believe we will have 0:48 a new vision, we will have a new strategy.	对	是	是	是	是
z2I6	This forum, with a visionary theme, is committed to z2 0:44 seizing opportunities, accelerating development, and forming 0:51 new strategies of the two.	对	是	是	是	是

信息轮廓尚未闭合的情况下，均使用预测整句谓语的方式、在译语中产出 SV 轮廓（"This forum is held"）；再使用预测短语中心词的方式（"when/in the context of/against the backdrop of/under the background"），启动语序差异处理、产出分枝成分的信息轮廓，通过假设 3）闭合信息轮廓产出的检验。其中半数样本 z1I1、z1I3、z1I6 连续产出 SV 信息轮廓，通过假设 4）SV(O) 信息轮廓产出的检验，证实模型信息维度。另外半数样本 z1I2、z1I4、z1I5 则产出 VS 信息轮廓，不符合假设 4），提示附加假设 7）译语后续句正确的检验，即 z2I2、z2I4、z2I5 及其前续译语是否正确。在对 Z1 后、Z2 前源语的传译中，译员 I2 的译语因完全省略"这次论坛将以深刻而富有前瞻性的主题"这一概念信息而属于高风险省略；I4、I5 的译语正确。故 z1I2 未通过假设 7）的检验，并未证实或证伪信息维度；但 z1I4、z1I5 则通过检验，提示附加假设 8）主客观冗余的检验。鉴于全部样本都正确预测短语前的谓语与短语中心词，只有 1 个样本的后续句出现高风险省略，可见大多数译员依据 Z1 的语法、语义管辖等客观冗余，以及对会议同传现场的经验等主观冗余进行译语产出，故假设 8）中主客观冗余作为源语信息不确定调节因素的积极影响得以证实。因此，全部样本进入认知维度检验的同时，除未通过后续句检验的 z1I2，其余 5 个样本均证实信息维度。

Z2 是 Z1 的连续短语，与之前源语形成的信息轮廓为(S)VAdjO，向左分枝成分 Adj（"抓住机遇、加快发展"）把中心词 O（"新视野、新前景、新对策"）与其动作 V（"探讨"）分隔开来，中心词是对分枝成分的复指。全部 6 个样本通过假设 1）、2）的检验，其中 3 个样本 z2I1、z2I4、z2I6 均把分枝成分作为 O 优先产出（"discusses seizing opportunities and accelerating development"），从而完成闭合 SVO 信息轮廓的产出，之后再补充分枝成分与中心词的复指关系。2 个样本 z2I2、z2I5 预测并优先产出中心词、完成闭合 SVO 信息轮廓（"This forum actually will, …, focus on how"），再产出分枝成分的 SVO 信息轮廓（"how we could grasp opportunities to promote further development"）。1 个样本 z2I3 则补充主语、简化信息，把分枝成分构建为 VO 完成闭合信息轮廓产出（"we can seize all the opportunities"），在其后产出包含中心词的 SVO 信息轮廓并补充其与分枝成分的关系（"we can come up with new strategies and tactics in order to seize these opportunities"）。3 种处理均通过假设 3）、4）的检验，其不同之处在于信息轮廓构建的方式。倘若按照传统同传策略类别对上述 6 种处理进行划分，则除 2 个样本进行预测外，其余 4 个样本均用顺译，两种不同策略在同一语序差异短语的处理中同样适用，所反映出的似乎更多是译员自身的偏好，而非策略本身不同的适用条件，导致策略适用条件边界模糊，沦为或可随意做出的无意识反应。但是在信息密度一致性框架内，上述 6 个样本的处理仅是行为表象有所不同，但都符合深层次制约处理的、基于信息密度一致性的信息维度，均证实模型的信息维度并且进入认知维度的验证。

表 3.28 职业译员汉译英同传语序差异处理模型信息维度检验 Z3

Z3 这些成绩的取得，既是 2:57 中央的领导、关心、支持，既是全省各族人民团结一致、顽强拼搏的 3:12 结果，也和社会各界的关注、支持、帮助有很大的关系 3:23。						
样本编码	译语	译语评价	是否识别	是否识别正确	是否产出闭合轮廓	是否产出SV(O)轮廓
z3I1	All these achievements are, are z3 3:02 the results of 3:03 central government's help and support, but also are the fruits of the whole Yunnan people's unification and efforts. Of course, it has, it was greatly related to the strong support and help from all parts in China 3:33.	对	是	是	是	是
z3I2	Now these achievements were z3 2:59 a result of 3:00 the leadership from the central government and also their support, is also a result of the joint effort of all people in Yunnan province, and also were a result of the support from all walks of life in Yunnan province 3:25.	对	是	是	是	否
z3I3	So we've made great achievements, and of course, we should z3 3:03 acknowledge 3:04 the support from the central government. We should also acknowledge the great effort made by people in Yunnan province. And our achievements and our success are also because of the great support from various sectors 3:28.	对	是	是	是	否

样本编码	译语	译语评价	是否识别	是否识别正确	是否产出闭合轮廓	是否产出SV(O)轮廓
z3I4	I think all of these great achievements are both z3 2:59 a result of 3:00 the good leadership of the central government, their care and support of local-level governments, but also a result of the solidarity, and perseverance, and hard work of all people in our province. I think we should also give credit to the support, attention and care given from all quarters of society 3:23.	对	是	是	是	否
z3I5	All these achievements z3 2:58 cannot be made without 2:59 the great support from the central government and the joint efforts of all the people across the province. And we also thank the public for your support, without which we can't achieve so rapid growth 3:27.	对	是	是	是	否
z3I6	These achievements are z3 3:01 attributed to 3:02 the leadership of the central government and the support provided by central government; also it is attributed to the people of Yunnan province. It is also closely related to the care and support provided by the social community 3:23.	对	是	是	是	否

Z3 中心词与之前的源语形成 S_1VO 信息轮廓（"这些成绩的取得，既是……结果"），其为该信息轮廓中的 O；短语自身的信息轮廓是 $S_2\&S_3(V)O$（"中央的领导、关心、支持""全省各族人民团结一致、顽强拼搏的结果"），中心词在该信息轮廓中为 O。全部 6 个样本通过假设 1)、2) 的检验，以预测短语中心词的方式，启动语序差异处理，优先产出闭合 SVO 信息轮廓（"the achievements are the results of/attributed to/cannot be made without/we should acknowledge"），证实假设 3)。然而在分枝成分的处理中，只有 z3I1 遵循假设 4)、产出 SV 信息轮廓（"central government's help and support"），其余 5 个样本 z3I2、z3I3、z3I4、z3I5、z3I6 产出的是 VS 信息

轮廓，提示附加假设 7）后续句的检验。考察 Z3 所在句后续部分的译语，发现译员 I2 的译语把"社会各界"的范畴缩小在云南省内，并未表达出中央、全云南省，以及社会各界所指涉的全国其他省份这三者之间的区别，因而属于误译，未通过假设 7）检验，故 z3I2 未证实或证伪模型信息维度。译员 I3、I4、I6 的译语均正确；译员 I5 的译语存在一定简化的同时，还存在一定增译，不过仍可接受。继而考察 z3I3、z3I4、z3I5、z3I6 的后续句译语。后续句为"干旱灾害发生以后，社会各族各界伸出了援助的手，支持云南资金、物资"。译员 I3 译语为 After the drought, we received a lot of relief, a lot of help and support from other provinces，译语正确；译员 I4 译语为 After the drought, people of all ethnic nationalities, from all quarters of society came to our rescue in the forms of financing as well as in kind，译语正确；译员 I5 译语为 After the drought occurred, the public rapidly mobilized to provide support and assistance in terms of financial support and in-kind support，译语正确；译员 I6 译语为 Once the drought happened, social community provided help, assistance, and support to us to support the relief of Yunnan province，译语正确。通过译语后续句正确检验后，4 个样本提示附加假设 8）主客观冗余的检验。4 名译员均表示在译前准备过程中阅读汉语源语讲话主题信息时，已知晓其将围绕抗旱救灾主题展开，故已预判提及各界支援话题的可能。因此译员依据对中华文化体验的主观冗余进行译语产出，假设 8）得以证实。故 z3I2 因未通过假设 7）检验、未证实或证伪信息维度，另外 5 个样本证实信息维度，全部 6 个样本均进入认知维度验证。

表 3.29 职业译员汉译英同传语序差异处理模型信息维度检验 Z4

样本编码	译语	译语评价	是否识别	是否识别正确	是否产出闭合轮廓	是否产出 SV(O) 轮廓
	Z4 对于 4:14 所有关心支持云南的抗旱救灾、帮助我们渡过难关的 4:28 朋友和同志们，在此我表示衷心的感谢！					
z4I1	To z4 4:20 all the people 4:21 who helped and supported the disaster relief efforts in Yunnan, taking this occasion, I'd like to express my sincere gratitude to you all.	对	是	是	是	是

续表

样本编码	译语	译语评价	是否识别	是否识别正确	是否产出闭合轮廓	是否产出SV(O)轮廓
z4I2	And you see, I would like to express my gratitude to z4 4:22 all those 4:24 who helped us, assisted us, and all those who are concerned, who sent their concern to us.	错	是	分枝成分高风险省略	无	无
z4I3	And here, I want to, thank z4 4:25 you 4:26 who have made your own efforts in helping us.	错	是	分枝成分高风险省略	无	无
z4I4	I think I should say thank you to z4 4:21 all the people 4:22 who have given your support and care in helping us rebuild Yunnan after the disaster. I would also like to say thank you to all friends and concerned personalities who have given us a helping hand.	对	是	是	否	是
z4I5	For, I would like to extend my most sincere thanks to z4 4:25 all the people 4:26 who have supported our fight against the drought, who helped us go through our most difficult period.	对	是	是	否	是
z4I6	For z4 4:18 all the people 4:19 who care and support Yunnan province and help us to tide over difficulties, I'd like to extend the warmest appreciation to them.	对	是	是	是	是

Z4 位于句首，之前信息轮廓已闭合；其自身信息轮廓为 $V_1O_1\&V_2O_2S$（"所有关心支持云南的抗旱救灾""帮助我们渡过难关的朋友和同志们"）。全部 6 个样本通过假设 1) 的检验，其中通过假设 2) 检验的样本共 4 个，未通过的 z4I2、z4I3 未证实或证伪模型信息维度，产生的听译时滞数据进入认知维度检验。这 4 个样本中，z4I1、z4I6 预测语序差异短语中心词，并优先产出闭合 SVO 信息轮廓（"To all the people who helped and supported the disaster relief efforts in Yunnan"），通过假设 3)、4) 的检验。然而 z4I4、z4I5 并未优先产出闭合信息轮廓，而是超越对短语中心词的预测、优先对其后续

半句信息进行预测并产出 SVO 信息轮廓（"I think I should say thank you to all the people"），通过假设 4），但未通过假设 3）检验，提示附加假设 7）后续句的检验。考察 Z4 所在句后续部分的译语，译员 I4、I5 的译语均正确。继而考察 z4I4、z4I5 的后续句译语。后续句为"我们在遇到困难的时候，遇到危机的时候，遇到灾难的时候，资金的支持、物质的支持是重要的"，译员 I4 的处理为 When we are in the midst of the crisis and difficulties, when the disaster strikes, capital and assistance in the forms of cash and resources are very very important，译员 I5 的处理为 When we are encountering crisis or disaster, financial support and in-kind support are both important。译语评价均为正确，通过假设 7）检验，提示假设 8）主客观冗余的检验。由于 Z4 中的抗旱救灾、各界帮助的信息在之前讲话中已经提及，译员现场获取到该信息、形成客观冗余并成功进行译语产出，故假设 8）客观冗余的积极调节得以证实。4 个样本证实模型信息维度，2 个样本因高风险省略而未证实或证伪信息维度，但所有 6 个样本均进入认知维度验证。

表 3.30 职业译员汉译英同传语序差异处理模型信息维度检验 Z5—Z6

样本编码	译语	译语评价	是否识别	是否识别正确	是否产出闭合轮廓	是否产出 SV(O) 轮廓
Z5 ……要求云南建成 6:50 面向西南开放的 6:52 桥头堡。						
z5I1	… and required that Yunnan should be constructed and developed to be z5 6:55 a gateway of 6:57 West China.	对	是	是	是	是
z5I2	… want Yunnan to become z5 6:55 a gateway 6:56 in the bid to develop western China.	对	是	是	是	是
z5I3	… instructed that Yunnan should become z5 6:55 a gateway to 6:56 China's Southwest.	对	是	是	是	是
z5I4	… wanted us to become z5 6:55 the bridge 6:56 connecting the south western part of China with the rest of areas.	对	是	是	是	是
z5I5	… said that Yunnan should be built into z5 6:54 a beachhead of 6:55 opening to the western and southern part of China.	对	是	是	是	是
z5I6	… required Yunnan to be z5 6:55 the gateway of 6:56 western development.	对	是	是	是	是

*Z6 我想这既是 6:59 中央深刻地分析了全国改革、发展、稳定大局的形势，根据国家战略对我们云南提出的 7:17 要求，我觉得也是我们云南难得的发展机遇 7:28。

样本编码	译语	译语评价	是否识别	是否识别正确	是否产出闭合轮廓	是否产出SV(O)轮廓
z6I1	I think z6 7:03 the central government has made deep analysis about the country's development project, and according to our country's strategy, they raised 7:20 this requirement to us.	对	是	是	是	是
z6I2	I believe it is not only a, um, z6 7:04 result of 7:05 analysis from the central government on the development of the entire country, and this is, of course, their, also 7:22 their requirement on Yunnan province, and also a unique opportunity for Yunnan.	对	是	是	是	否
z6I3	And their z6 7:02 instructions are 7:05 a result of careful analysis of the overarching situation in China in its development and reform. So, the development of Yunnan province is actually a part of national strategy, and this has also provided us a golden opportunity.	对	是	是	是	是
z6I4	I think z6 7:04 great wisdom has been demonstrated on the part of the central party at the top because they have analyzed the big picture of China's strategic development. And based on the 7:18 requirement of the strategic development at the national level, they have put forward special requirement for us at the local level.	错	是	分枝成分误译	无	无
z6I5	I believe that that is the z6 7:03 decision 7:04 made by the central government based on an analysis of the reality of reform and development of the country, and it is also part of the national strategy. What's more, that policy gives us an unprecedented opportunity for development.	对	是	是	是	否

续表

样本编码	译语	译语评价	是否识别	是否识别正确	是否产出闭合轮廓	是否产出SV(O)轮廓
z6I6	I think that … z6 7:04 the central government has analyzed the development and reform of the whole nation. Based on the national strategy, they raised this kind of 7:21 requirement to us.	对	是	是	是	是

Z5 的中心词与之前的源语形成闭合信息轮廓 (S)VModifierO（"要求云南建成……桥头堡"），其在该信息轮廓中为 O；Z5 自身的信息轮廓为 VS（"面向西南开放的桥头堡"），中心词在该信息轮廓中为 S、向左分枝成分为 V。全部 6 个样本正确识别短语信息，连续产出闭合 (S)VO 信息轮廓（"Yunnan become/be developed a gateway/beachhead/bridge""a bridge connecting the southwestern part of China"），均通过假设 1）—4）的检验，证实模型的信息维度，进入认知维度检验。

Z6 是 Z5 的连续短语，中心词与其前源语形成闭合 $S_1V_1ModifierO_1$ 信息轮廓（"这既是……要求"），其在该信息轮廓中为 O_1；短语自身信息轮廓是 $S_2V_2O_2$（"中央深刻地分析了全国改革、发展、稳定大局的形势"）&$AdvV_3O_3$（"根据国家战略对我们云南提出的要求"），中心词在该信息轮廓中为 O_3。通过假设 1）检验的全部 6 个样本中，通过假设 2）检验的样本共 5 个，未通过的 z6I4 并未证实或证伪模型信息维度，但其产生的听译时滞数据进入认知维度检验。这 5 个样本中的 3 个样本 z6I1、z6I3、z6I6 通过假设 3）、4）检验，证实信息维度：其中 z6I1、z6I6 省略了指代较为宽泛的 S_1V_1（"the central government has analyzed the development and reform of the whole nation. Based on the national strategy, they raised this kind of requirement to us"），z6I3 预测中心词和部分分枝成分（"their instructions are a result of careful analysis of the overarching situation"），均产出闭合 SVO 信息轮廓。另外 2 个样本 z6I2、z6I5 则预测中心词，产出闭合 $S_1V_1O_1$ 信息轮廓（"that is the decision"），预测的译语与源语存在一定出入，但并未导致听众误解，译语可接受；再构建分枝成分的 VS 信息轮廓（"made by the central government"），故通过假设 3）而未通过假设 4）检验，提示附加假设 7）检验。考察 Z6 所在句后续部分的译语，译员 I2、I5 译语均正确。继而考察 z6I2、z6I5 的后续句译语。后续句为"我们要紧紧地抓住这一次机遇"，译员 I2 译语为 We need to seize upon this opportunity，有所简化但可接受；译员 I5 译语为 That's why we will do everything we can to grasp this opportunity，译语正确。通过译语后续句正确检验后，两样本提示附加假设 8）主客观冗余的检验。由于 Z6 的中心词在之前讲话中已经提及，译员现场获取到该信息，形成客观冗余从而成功进行译语产出，假设 8）客观冗余的积极调节进而得以证实。故 5 个样本证实模型信息维度，1 个样本因分枝成分误译未证实或证伪信息维度，但所有 6 个样本均进入认知维度验证。

表 3.31 职业译员汉译英同传语序差异处理模型信息维度检验 Z7

样本编码	译语	译语评价	是否识别	是否识别正确	是否产出闭合轮廓	是否产出 SV(O) 轮廓
z7I1	The, z7 8:14 led by NDRC, more than 60 ministries participated, and almost 200 men in 8:20 a research group are in Yunnan doing related research work together with us. They gave us guidelines and instructions to set up the project of western development, also the project of constructing gateway, and the 12th Five Year Plan.	对	是	是	是	否
z7I2	z7 8:14 NDRC has led the way, has led 8:17 a delegation of 200 people currently in Yunnan to do research and investigation, a field study in fact.	对	是	是	是	是
z7I3	z7 8:16 The NDRC held a 8:17 meeting with the participation of more than 60 government agencies. Well, I mean, actually, under the leadership of the Development and Reform Committee, 8:30 200 people from 12 government agencies in Yunnan are doing their work on how to build Yunnan into a great gateway to China's Southwest.	错	是	中心词错误	无	无

续表

样本编码	译语	译语评价	是否识别	是否识别正确	是否产出闭合轮廓	是否产出SV(O)轮廓
z7I4	z7 8:14 More than 60 ministries in China involving 200 research experts are dispatched in 8:24 a team to Yunnan to help us do some analysis.	对	是	是	是	是
z7I5	In fact, there is z7 8:17 an investigation team of 8:19 200 people coming from different ministries of central government in Yunnan. They are divided into 12 sub-teams now, analyzing the reality on the ground so that they could help us to work out a plan to build Yunnan into a beachhead of Southwest China. And they're also helping us to make our 12th Five Year Plan.	对	是	是	否	是
z7I6	And z7 8:11 the NDRC led more than 60 ministries of China, and more than 200 people are in 8:21 a research team divided into 12 groups studying the work.	对	是	是	是	是

Z7 位于句首，之前源语信息轮廓已闭合，其自身信息轮廓为 $S_1V_1(O_1)$（"由发改委牵头"）、$S_2V_2(O_1)$（"60 多个部委参加"）、$V_3O_2S_3$（"有近 200 人的调研组"），中心词"调研组"为前两个信息轮廓中被省略的 O 与第三个信息轮廓中的 S_3。全部 6 个样本通过假设 1）的检验，其中通过假设 2）检验的样本共 5 个，未通过的 z7I3 并未证实或证伪模型信息维度，但其产生的听译时滞数据进入认知维度检验。5 个样本中的 3 个 z7I2、z7I4、z7I6 分别产出 $S_1V_1O_1$ & $S_3(V_3)O_2$、$S_2V_3O_2$ & V'Adv$(=S_3)$、$S_1V_1O'(=S_2)$ & S'$(=O_2)$V'O''$(=S_3)$ 的闭合 SVO 信息轮廓，通过假设 3）、4）检验，证实信息维度。另外 2 个样本 z7I1、z7I5 则分别因先产出 V_1S_1 信息轮廓（"led by NDRC"），以及未优先产出 S_1V_1 闭合信息轮廓而是建构 V'O'$(=S_3)$ 信息轮廓（"there is an investigation team"），未通过假设 3）、假设 4）的检验，提示附加假设 7）译语后续句检验。考察 Z7 所在句后续部分的译语，发现译员 I1、I5 译语均存在低风险省略，但可以接受。继而考察 z7I1、z7I5 的后续句译语。后续句为"当前，云岭大地新一轮西部大开发已经拉开了序幕"。译员 I1 译语为 Currently a new round of western development project in Yunnan has started，译语正确；译员 I5 译语为 Now we are seeing a new wave of development of western part of China，简化了"云岭大地"，但考虑到讲话宏观语境聚焦于云南，故该简化并不会导致听众误解，仍属可接受译语。故两样本提示附加假设 8）主客观冗余的检验。理论上讲，Z7 所包含的信息对于译员而言并非全部都是已知信息，其中"12 个小组""'十二五'发展"是新概念信息，而"西部大开发""桥头堡建设"则是讲话开篇与不久前的语序差异短语中已经出现的信息。z7I1 译语未产出 SV 信息轮廓，流畅性受到影响；其后续半句的低风险省略提示译员产出时遭遇困难，但还是成功克服；被省略的概念信息是"12 个小组"，但"'十二五'发展"得以产出，说明译员 I1 调动其自身关于我国发展规划的主观冗余，避免译语产出的高风险省略，故 z7I1 证实主客观冗余的积极调节。然而 z7I5 未优先产出闭合信息轮廓，导致译语省略新信息"发改委牵头"、简化与近似等在译语中明显增多，但鉴于其并未产生误导听众的效果，故处理结果属于可接受的低风险省略。其后续半句以及后续句被省略的是客观冗余"西部大开发""云岭大地"，反映出译员 I5 并未调动客观冗余，而是对信息进行策略性选择，在译语中舍弃旧信息、正确产出新信息。不符合译语信息密度一致性的处理以低风险省略、简化与近似的代价，保证核心概念信息的无误传达，故 z7I5 是提示不符合模型信息维度、仍可能以低水平信息损耗的代价成功处理的个例。故 4 个样本证实信息维度，1 个样本因源语信息识别错误未证实或证伪信息维度，1 个样本是信息维度特例，但所有 6 个样本均进入认知维度验证。

表 3.32 职业译员汉译英同传语序差异处理模型信息维度检验 Z8

Z8 七彩云南将成为 8:59 中国西部最具潜力、最有希望、最富商机的 9:10 发展高地。

样本编码	译语	译语评价	是否识别	是否识别正确	是否产出闭合轮廓	是否产出 SV(O) 轮廓
z8I1	Yunnan will become, z8 9:10 the most potential, the most hopeful opportunity development 9:13 place in West China.	错	是	分枝成分误译	无	无
z8I2	So Yunnan province will become z8 9:04 the most promising, and most hopeful, and most vibrant 9:11 place in western China.	对	是	是	否	是

续表

样本编码	译语	译语评价	是否识别	是否识别正确	是否产出闭合轮廓	是否产出SV(O)轮廓
z8I3	During the process, I believe Yunnan province will be z8 9:05 a province with 9:07 great potential, with great hope, and with great business opportunities.	对	是	是	是	是
z8I4	I think Yunnan province is poised to become z8 9:04 the most dynamic, prosperous, and promising 9:11 place attracting business investment in the western part of China.	对	是	是	否	是
z8I5	Yunnan, the beautiful province, is going to be z8 9:01 the province 9:04 with the highest potential, and the most number of business opportunities.	对	是	是	是	是
z8I6	Colorful Yunnan, will be, z8 9:06 the biggest potential, 9:12 opportunity for Yunnan to develop.	错	是	中心词错误	无	无

Z8 的中心词与之前源语形成 $S_1V_1ModifierO_1$ 信息轮廓（"七彩云南将成为……发展高地"），其在该信息轮廓中为 O_1；短语自身信息轮廓为 $AdvV_2O_2V_2O_3V_2O_4S_2$（"中国西部最具潜力、最有希望、最富商机的发展高地"），中心词为该信息轮廓中的 S_2。全部 6 个样本通过假设 1）的检验，其中通过假设 2）检验的样本共 4 个，未通过的 z8I1、z8I6 并未证实或证伪信息维度，但其产生的听译时滞数据进入认知维度检验。在通过假设 2)检验的 4 个样本中，2 个样本 z8I2、z8I4 依据源语产出 $S_1V_1ModifierO_1$ 信息轮廓（"Yunnan province will become the most promising, and most hopeful, and most vibrant place in western China"），译语正确，未通过假设 3）、4）的检验，提示附加假设 7）后续句检验。然而，由于源语讲话至此结束，并无后续句可供检验，故 2 个样本视作信息维度特例。另外 2 个样本 z8I3、z8I5 预测中心词、产出闭合信息轮廓 $S_1V_1O_1$（"Yunnan province will be a province"）；这种预测更多是对源语已知信息的重复、对闭合信息轮廓的构建，通过假设 3）、4）的检验，证实信息维度。故 2 个样本证实信息维度，2 个样本因源语识别错误并未证实或证伪信息维度，2 个样本是信息维度特例，但 6 个样本均进入认知维度验证。

综合上述对译语样本的质性分析，模型信息维度检验结果量化描述如下：第一，译员汉译英同传语序差异处理中未识别率为零。在应采集的 48 个样本中，并无源语信息未识别的样本。第二，语序差异识别率，即处理启动率为 100%，识别错误率为 12.5%。源语信息错误识别的样本共 6 个，分布在除 I5 之外的 5 名译员的样本中；其未证实或证伪信息维度，但产生的听译时滞数据计入统计范围，用于检验认知维度。据此可知，因不符合源语识别指标、未证实或证伪信息维度的 6 个样本，占应采集样本总数的 12.5%。第三，语序差异正确识别率为 87.5%。42 个样本正确识别源语信息，其中不符合闭合、SV(O) 信息轮廓译语产出指标的样本共 16 个。其中 11 个样本证实主客观冗余因素的积极调节，3 个样本是信息维度特例，2 个样本未通过译语后续句正确产出的检验。可见，因不符合译语信息密度一致性轮廓产出指标、未证实或证伪信息维度（含信息维度特例）的样本共 5 个，约占应采集样本总数的 10.4%。综上，37 个样本证实信息维度，约占应采集样本总数的 77.1%，其中主客观冗余调节率约为 22.9%；未证实或证伪信息维度的样本 11 个，约占应采集样本总数的 22.9%。

对比英译汉同传方向信息维度假设检验的量化发现，可知方向性对职业译员的影响如下：第一，职业译员的母语识别正确率优于外语，两者的差异在于母语的语序差异片段可以全部识别并启动处理，但存在高风险省略和识别错误的不足，但外语的语序差异片段则无法全部识别或启动处理。具体而言，在源语识别率，即处理启动率指标上，职业译员汉译英方向的表现更优，比英译汉方向的 91.7% 高出 8.3 个百分点；在源语信息识别错误率上，汉译英方向同传表现则比英译汉方向的 11.7% 稍高 0.8 个百分点。在综合两者的源语识别正确率指标上，汉译英方向的表现更优，比英译汉方向的 80% 高出 7.5 个百分点。第二，译员的汉译英方向信息密度一致性轮廓偏离率高于英译汉方向。具体而言，汉译英方向的译语信息密度一致性轮廓偏离率比英译汉方向的 6.7% 高出 3.7 个百分点。第三，译员汉译英方向的主客观冗余调节率高于英译汉。前者比后者的 8.3% 高出 14.6 个百分点，可能与汉语识别正确率更高、母语信息掌握更充分，以及译员能动性的对外话语实践者职业身份认同相关，后者的深入分析详见第 5 章。

3.2.2.2 认知维度检验

进入认知维度检验的 48 组样本中，包含启动听译时滞、贮存听译时滞、预测听译时滞三类数据，分布在每名译员的处理中。译员各类听译时滞数据分布与处理结果汇总如表 3.33 所示。预测听译时滞数据，置于最后并以逗号与启动、贮存听译时滞数据隔开，其值为负。汉译英同传方向语序差异处理中共产生 48 个启动听译时滞、32 个贮存听译时滞与 25 个预测听译时滞的样本。产生贮存听译时滞的样本约占启动处理样本数量的 66.7%，产生预测听译时滞的样本占比约为 52.1%。可见，接近七成的启动处理样本进行了贮存信息、推迟产出的操作，超过半数的样本进行预测信息、超前产出的操作。启动与贮存听译时滞的统计指标与方法参照英译汉同传方向；预测听译时滞与工作假设 5)、6) 的检验无关，故对其仅作观察记录、不进行统计。

表 3.33 职业译员汉译英同传语序差异处理 EVS 分布汇总

译语	译员 I1		译员 I2		译员 I3		译员 I4		译员 I5		译员 I6	
	处理结果	EVS	处理结果	EVS	处理结果	EVS	处理结果	EVS	处理结果	EVS	处理结果	EVS
z1	对	6,8,-17	对	7,10,-16	对	4,5,-19	对	4,6,-19	对	2,3,-21	对	5,7,-18
z2	对	2	对	2,3,-2	对	6	对	4	对	2,3,-2	对	4
z3	对	5,6,-10	对	2,3,-13	对	6,7,-9	对	2,3,-13	对	1,2,-14	对	4,5,-11
z4	对	6,7,-8	错	8,10,-6	错	11,12,-3	对	7,8,-7	对	11,12,-3	对	4,5,-10
z5	对	5,7	对	5,6	对	5,6	对	5,6	对	4,5	对	5,6
z6	对	4	对	5,6,-13	对	3,6,-15	错	5	对	4,5,-14	对	5
z7	对	5	对	5	错	7	对	5	对	8,10	对	2
z8	错	11	对	5	对	6,8,-5	对	5	对	2,5,-9	错	7

对启动听译时滞的 48 个样本进行统计，得出职业译员汉译英同传语序差异处理的启动听译时滞发现如下：第一，最小值为 1 秒，最大值为 11

秒，译员启动听译时滞的浮动区间位于 1—11 秒。第二，平均数、中位数、众数三者一致，译员启动听译时滞集中于 5 秒，集中趋势明显：其中平均数为 5.0 秒；中位数即排在第 24 位与第 25 位的样本的平均数，为 5 秒；众数为样本数最多，共有 15 个的 5 秒。第三，译员启动听译时滞的标准差约为 2.3 秒。上述发现符合译员听译时滞浮动区间大、平均值趋同的一般论述，然而，其差异显著性检验显示，汉译英同传启动听译时滞个体差异不强。SPSS 报告的正态性检验与方差齐性检验结果如表 3.34、表 3.35 所示。

表 3.34 职业译员汉译英同传语序差异处理启动 EVS 正态性检验

译员	Kolmogorov-Smirnov[a]			Shapiro-Wilk		
	统计量	df	显著性	统计量	df	显著性
1.00	0.298	8	0.035	0.850	8	0.095
2.00	0.274	8	0.079	0.880	8	0.187
3.00	0.250	8	0.150	0.889	8	0.231
4.00	0.270	8	0.089	0.891	8	0.241
5.00	0.279	8	0.068	0.828	8	0.056
6.00	0.237	8	0.200*	0.912	8	0.368

a. Lilliefors 显著水平修正

* 这是真实显著水平的下限。

表 3.35 职业译员汉译英同传语序差异处理启动 EVS 方差齐性检验

Levene 统计量	df1	df2	显著性
1.172	5	42	0.339

鉴于汉译英同传语序差异处理启动听译时滞的样本数量较小，故以 Shapiro-Wilk 方法得出的结果为准，即各组数据的显著性均大于 0.05，接受数据正态分布的原假设。方差齐性检验结果的显著性等于 0.339、大于 0.05，接受方差齐性的原假设。由于参数检验的正态性假设与方差齐性假设同时满足，故对差异显著性检验采用单因素方差分析 ANOVA 的参数检验方法。SPSS 报告的检验结果如表 3.36 所示。显著性为 0.667、大于 0.05，差异不显著；接受各组数据不存在显著差异的原假设。

表 3.36 职业译员汉译英同传语序差异处理启动 EVS ANOVA 检验

变异性来源	平方和	df	均方	F	显著性
组间	17.667	5	3.533	0.645	0.667
组内	230.250	42	5.482		
总数	247.917	47			

译员的汉译英同传语序差异处理启动听译时滞的个体差异呈现出与英译汉同传方向，以及听译时滞普遍规律均截然不同的相近结果，说明译员在由母语译入外语的同传方向中，启动听译时滞趋同，短时记忆持留时长倾向于达到近似水平时再启动处理。但在浮动区间大、平均值趋同方面，同样遵循一般同传听译时滞的普遍规律；但与英译汉同传方向相比，汉译英同传方向启动听译时滞的数值普遍增大。其浮动区间由 1—9 秒进一步扩大至 1—11 秒，集中指标由 4 秒推迟至 5 秒，说明译员总体在母语外译同传方向上一致倾向于延长短时记忆持留时长后再启动处理。同时，启动听译时滞离散指标由 1.5 秒延至 2.3 秒，显示译员总体在该方向上启动时间更不稳定，或更灵活多变。

对各译员启动听译时滞的浮动区间、集中与离散趋势进行描写，结果如表 3.37 所示。统计得出译员汉译英同传语序差异处理启动听译时滞的发现如下：第一，各译员启动听译时滞的浮动区间较大。译员 I1 的区间是 2—11 秒；I2 是 2—8 秒；I3 是 3—11 秒；I4 是 2—7 秒；I5 是 1—11 秒，为 6 名译员中浮动区间最大者；I6 是 2—7 秒。译员 I4 与 I6 并列浮动区间最小者。第二，各译员启动听译时滞的集中趋势较为明显。超过半数译员 I2、I3、I4、I6 启动听译时滞的平均数、中位数、众数一致，另外 2 名译员 I1、I5 三项指标并不完全一致，其中 I1 有两项指标一致。第三，各译员启动听译时滞的离散程度相近。译员 I4、I6 的标准差相等均为 1.4 秒，说明两组数据离散程度相同；标准差 2.1 秒的 I2、2.4 秒的 I3、2.6 秒的 I1 离散程度较为接近；仅有 I5 的标准差高达 3.5 秒，明显高于样本总体。按照标准差由小到大的顺序把译员启动听译时滞排序为 I4=I6<I2<I3<I1<I5，可见译员 I4 与 I6 启动处理的时间最稳定，而 I5 则最不稳定，与启动听译时滞浮动区间的发现一致。然而，结合译员总体启动听译时滞集中于 5 秒、个体数据不具有显著差异的发现，确定译员 I1—I6 汉译英同传语序差异处理的启动听译时滞检验值统一为 5 秒。

表 3.37 各职业译员汉译英同传语序差异处理启动 EVS 分布

译员	样本数量	最小值 EVS_{min}	最大值 EVS_{max}	平均数 $\overline{EVS}$	中位数 $EVS_{0.5}$	众数 EVS_M	标准差 σEVS
I1	8	2	11	6（5.5）	5	5	2.6
I2	8	2	8	5（4.9）	5	5	2.1
I3	8	3	11	6	6	6	2.4
I4	8	2	7	5（4.6）	5	5	1.4
I5	8	1	11	4（4.3）	3	2	3.5
I6	8	2	7	5（4.5）	5（4.5）	5	1.4

按照相同方法统计贮存听译时滞的 32 个样本，得出译员汉译英同传语序差异处理贮存听译时滞的发现如下：第一，最小值 2 秒，最大值 12 秒，贮存听译时滞浮动区间为 2—12 秒。第二，平均数、中位数、众数三者一致，贮存听译时滞集中于 6 秒，集中趋势明显：平均数为 6.3 秒，约等于 6 秒；中位数即排在第 16 位与第 17 位的样本的平均数，为 6 秒；众数为样本数最多，共有 8 个的 6 秒。第三，贮存听译时滞的标准差约为 2.5 秒。SPSS 报告的正态性与方差齐性检验结果如表 3.38、表 3.39 所示。

表 3.38 职业译员汉译英同传语序差异处理贮存 EVS 正态性检验

译员	Kolmogorov-Smirnov[a]			Shapiro-Wilk		
	统计量	df	显著性	统计量	df	显著性
1.00	0.250	4	0	0.945	4	0.683
2.00	0.212	6	0.200*	0.847	6	0.150
3.00	0.228	6	0.200*	0.847	6	0.148
4.00	0.298	4	0	0.926	4	0.572
5.00	0.320	8	0.016	0.845	8	0.084
6.00	0.283	4	0	0.863	4	0.272

a. Lilliefors 显著水平修正

* 这是真实显著水平的下限。

表 3.39 职业译员汉译英同传语序差异处理贮存 EVS 方差齐性检验

Levene 统计量	$df1$	$df2$	显著性
1.717	5	26	0.166

鉴于汉译英同传方向上贮存听译时滞的样本数量较小，故以 Shapiro-Wilk 检验方法得出的结果为准，即各组数据结果的显著性均大于 0.05，故接受数据正态分布的原假设。方差齐性检验结果的显著性大于 0.05，故接受方差齐性的原假设。正态性与方差齐性假设同时满足，故对汉译英同传处理中贮存听译时滞的差异显著性检验采用 ANOVA 参数检验方法，由 SPSS 报告的检验结果如表 3.40 所示。

表 3.40 职业译员汉译英同传语序差异处理贮存 EVS ANOVA 检验

变异性来源	平方和	df	均方	F	显著性
组间	14.427	5	2.885	0.403	0.842
组内	186.042	26	7.155		
总数	200.469	31			

ANOVA 检验的显著性为 0.842、大于 0.05，差异不显著；接受译员贮存听译时滞数据不存在显著差异的原假设。汉译英同传方向的贮存听译时滞个体差异呈现出与英译汉同传一致的趋同性。然而，结合英译汉同传贮存听译时滞，即译员短时记忆正确持留阈值为 8 秒的发现，汉译英同传贮存听译时滞普遍集中于 6 秒，提示该方向的语序差异处理中短时记忆对贮存信息持留的时长更短。

汉译英方向贮存听译时滞与英译汉方向相比，同样符合译员听译时滞浮动区间大、平均值趋同的质性特征，同时个体差异不强、呈现出短时记忆持留时长达到或接近正确持留阈值的同质性。但是，汉译英方向的贮存听译时滞呈现出以下方向特异性：第一，占比更高：接近七成的占比显著高于英译汉同传方向的超过三成，反映出职业译员母语外译同传方向语序差异处理中贮存信息、推迟产出的操作明显更为频繁。第二，浮动区间更大：2—12 秒的区间比英译汉方向的 4—12 秒更大，反映出在母语外译同传中译员有能力在更短时间内产出贮存的译语信息。第三，平均值更小：6 秒的平均值比英译汉方向的 8 秒更短，反映出译员母语外译同传的贮存在短时记忆中持留的时长短于外译母语同传方向，未达到 8 秒的正确持留阈值即产出贮存。第四，标准差更大：2.5 秒的标准差比英译汉方向的 2.0 秒更长，反映出译员母语外译同传的贮存时长更不稳定，更加多变。综上，译员汉译英同传方向上语序差异处理中贮存延迟产出的频率更高，但时长更短，而英译汉同传方向上的处理中贮存延迟产出的频率更低，但一旦贮存则时间更长。

对各译员贮存听译时滞的浮动区间、集中与离散趋势进行统计，结果如表 3.41 所示。通过统计得出译员汉译英同传语序差异处理贮存听译时滞的发现如下：第一，各译员贮存听译时滞的浮动区间较大。译员 I1 的区间是 6—8 秒；I2 是 3—10 秒；I3 是 5—12 秒；I4 是 3—8 秒；I5 是 2—12 秒，为 6 名译员中浮动区间最大者；I6 是 5—7 秒。I1、I6 的浮动区间并列最小。第二，各译员贮存听译时滞的集中趋势不明显。译员 I1、I4 的三项集中指标完全一致，但其余译员的指标则并不集中：译员 I2 的数据中众数有三个，其中一个与平均数和中位数一致；I3、I5、I6 的三项指标有两项一致。第三，各译员贮存听译时滞离散程度相差较大。译员 I5 数据的标准差为 3.5 秒，I2 为 3.1 秒，均高于样本总体的标准差 2.5 秒；I3 的标准差等于样本总体标准差，I4 的标准差为 2.1 秒，而 I6 和 I1 的标准差则仅为 1.0 秒和 0.8 秒。按照标准差由小到大的顺序把译员的贮存听译时滞排序为 I1<I6<I4<I3<I2<I5，可见译员 I1 处理时产出贮存的时间最稳定，而 I5 则最不稳定，与各译员贮存听译时滞浮动区间的发现大体一致。然而结合译员总体听译时滞集中于 6 秒、个体数据不具有显著差异的发现，确定译员 I1—I6 汉译英同传语序差异处理的贮存听译时滞检验值统一为 6 秒。

表 3.41 各职业译员汉译英同传语序差异处理贮存 EVS 分布

译员	样本数量	最小值 EVS_{min}	最大值 EVS_{max}	平均数 $\overline{EVS}$	中位数 $EVS_{0.5}$	众数 EVS_M	标准差 σEVS
I1	4	6	8	7	7	7	0.8
I2	6	3	10	6 (6.3)	6	3, 6, 10	3.1
I3	6	5	12	7 (7.3)	7 (6.5)	6	2.5
I4	4	3	8	6 (5.8)	6	6	2.1
I5	8	2	12	6 (5.6)	5	5	3.5
I6	4	5	7	6 (5.8)	6 (5.5)	5	1.0

两个同传方向上听译时滞的差异，已经在认知维度检验过程中得到一定揭示，即英译汉同传方向启动更快、贮存更久，汉译英同传方向启动更慢、贮存更短。在得出描述性差异的基础上，对启动、贮存听译时滞两类听译时滞方向性差异进行更进一步的统计分析。

第一，启动听译时滞在汉译英同传语序差异处理中体现出与一般听译时滞个体差异强这一普遍规律不同的发现，其在英译汉同传的语序差异处理中则与规律描述一致，所以本研究认为职业译员汉译英同传启动听译时滞呈现出特殊性的原因，并不在于语序差异处理，而在于同传方向。因此可以做出进一步假设，即启动听译时滞在汉译英这一非传统方向同传上与英译汉传统方向同传存在显著差异。通过独立样本 t 检验对英译汉 110 个、汉译英 48 个启动听译时滞样本进行检验，零假设为两样本均值不存在显著差异。SPSS 报告的检验结果如表 3.42 所示。

表 3.42 职业译员英译汉、汉译英同传语序差异处理启动 EVS 独立样本检验

方差方程的 Levene 检验		均值方程的 t 检验					差分的 95% 置信区间	
F	显著性	t	df	显著性（双侧）	均值差值	标准误差值	下限	上限
5.387	0.022	−2.813	156.000	0.006	−0.877	0.312	−1.492	−0.261
		−2.418	66.135	0.018	−0.877	0.363	−1.600	−0.153

方差方程的 Levene 检验得出方差不相等的结果（Sig=0.022<0.05），拒绝两样本不存在显著差异的零假设（t=−2.418，Sig=0.018<0.05）。因此，汉译英和英译汉同传语序差异处理启动听译时滞两个样本之间存在显著差异。

第二，贮存听译时滞在两个同传方向上的浮动区间与集中趋势数值存在差异，汉译英方向的区间更大、集中数值更低。为检验两个同传方向上的数据差异是否显著，对英译汉 36 个、汉译英 32 个贮存听译时滞样本进行独立样本 t 检验，零假设为两样本均值不存在显著差异。SPSS 报告的检验结果如表 3.43 所示。

方差方程的 Levene 检验得出方差相等的结果（Sig=0.345>0.05），拒绝两样本不存在显著差异的零假设（t =2.526，Sig=0.014<0.05）。因此，汉译英和英译汉同传语序差异处理贮存听译时滞两个样本之间存在显著差异。

表 3.43 职业译员英译汉、汉译英同传语序差异处理贮存 EVS 独立样本检验

方差方程的 Levene 检验		均值方程的 t 检验						
F	显著性	t	df	显著性（双侧）	均值差值	标准误差值	差分的 95% 置信区间	
							下限	上限
0.903	0.345	2.526	66.000	0.014	1.385	0.549	0.290	2.481
		2.488	58.242	0.016	1.385	0.557	0.271	2.500

　　独立样本 t 检验证实，英译汉同传方向启动更快、贮存更久的听译时滞与汉译英方向启动更慢、贮存更短的听译时滞相比，存在统计学意义上的显著差异。这一发现提示英译汉同传方向的认知负荷低于汉译英方向，与最新俄英同传职业译员 ERP 研究结果（Koshikin et al., 2018）相一致，也为国际同传界长期以来视外语译入母语为正统同传方向的实践传统提供了数据支持。同时，这一发现还为全面认识同传两个方向的听译时滞特征奠定基础。目前听译时滞个体差异强等规律是基于对国际同传界实证研究的综述而得出的结论，难以避免以单一方向过度概括双方向同传听译时滞特征的片面性。本研究汉译英同传方向两类听译时滞数据与英译汉方向数据均存在显著差异的发现，显示该特征并不适用于母语外译的同传方向。汉译英同传方向的听译时滞特异性，除启动更慢、贮存更短外，还在于个体差异并不显著、反而更为趋同，体现出译员在母语外译同传方向上处理的趋同性。该发现为未来研究提出了可供进一步检验的初始假设。其是否具备足够的普遍性，有待汉译英同传方向上进行更多研究、积累更丰厚实证数据后再下定论。此外，汉语译入其他外语乃至不包含汉语的其他语言对在母语外译同传方向上开展研究，均有助于改变目前母语外译同传方向实践日益增加，但实证研究却落后于实际、未能形成规模并揭示规律的现状，深化同传认识。

　　在分别确定汉译英同传语序差异处理译员个体启动听译时滞、贮存听译时滞两个检验值后，在发现听译时滞方向特异性的基础上，对认知维度进行检验并对信息维度检验结果进行汇总如表 3.44—表 3.49 所示。

表3.44 译员 I1 汉译英同传语序差异处理认知与信息维度检验结果汇总

样本	处理结果	信息维度检验结果	启动 EVS≤5+1	贮存 EVS≤6+2	认知维度检验结果
z1I1	对	证实	6	8	证实（启动、贮存 EVS 特性）
*z2I1	对	证实	2	无	证实
z3I1	对	证实	5	6	证实
z4I1	对	证实	6	7	证实（启动、贮存 EVS 特性）
z5I1	对	证实	5	7	证实（贮存 EVS 特性）
*z6I1	对	证实	4	无	证实
z7I1	对	证实主客观冗余调节	5	无	证实
z8I1	错	未证实或证伪	11	无	未证实或证伪

　　用译员 I1 启动听译时滞、贮存听译时滞的初始检验值 5 秒、6 秒对 8 个样本进行检验,发现 1 个样本 z8I1 译语错误且启动听译时滞远超检验值,故未证实或证伪认知维度;同时也未通过信息维度译语信息密度一致性轮廓产出的检验,故未证实或证伪处理的信息—认知模型。3 个样本 z1I1、z4I1、z5I1 译语正确,但听译时滞超出初始检验值。启动听译时滞超出初始检验值 1 秒达到 6 秒,贮存听译时滞超出初始检验值 1—2 秒达到 7—8 秒,提示附加工作假设 7）后续句的检验。z1I1 的连续短语 z2I1 正确;z4I1 所在句后续部分的译语正确（见表 3.29）,在传译表达遇到灾难时物质支持重要性语义的后续句中,译员 I1 的处理为 When we faced difficulties and crisis, and disasters, those financial and material support are very important,译语评价为正确;z5I1 的连续短语 z6I1 正确。上述 3 个样本均提示附加假设 9）启动、贮存听译时滞是否具备特性的检验。观察发现,6 秒的启动听译时滞不仅在译员 I1 的样本中并未证伪,其在各译员汉译英同传语序差异处理全部样本中所产出的译语也均无误（见表 3.33）,故接受 6 秒为汉译英同传方向启动听译时滞的特性与最终检验值。这一发现提示模型认知维度在汉译英方向上扩充的可能,即如果短时记忆正确持留阈值为 8 秒的前提不变,汉译英同传方向启动处理的时长可能超出该阈值的中等水平、达到 75%的较高水平。7 秒、8 秒的贮存听译时滞在汉译英方向全部样本中也未证伪,结合英译汉方向中译员总体 8 秒的贮存听译时滞检验值,可知汉译

英同传中译员短时记忆正确持留阈值不因同传方向变化而改变，接受汉译英同传贮存听译时滞为 8 秒的特性与最终检验值。因此，3 个样本 z1I1、z4I1、z5I1 作为特性样本证实模型的认知维度、同时证实信息维度，故证实模型，另外 4 个样本均证实认知、信息维度，1 个样本未证实或证伪两个维度。

表 3.45 译员 I2 汉译英同传语序差异处理认知与信息维度检验结果汇总

样本	处理结果	信息维度检验结果	启动 EVS≤5	贮存 EVS≤6	认知维度检验结果
z1I2	对	未证实或证伪	7	10	未证实或证伪
*z2I2	对	证实	2	3	证实
z3I2	对	未证实或证伪	2	3	证实
z4I2	错	未证实或证伪	8	10	未证实或证伪
z5I2	对	证实	5	6	证实
*z6I2	对	证实主客观冗余调节	5	6	证实
z7I2	对	证实	5	无	证实
z8I2	对	信息维度假设特例	5	无	证实

　　用 I2 启动听译时滞、贮存听译时滞的检验值 5 秒、6 秒对 8 个样本进行检验，发现 2 个样本 z1I2、z4I2 译语或后续句译语错误，两类听译时滞均远远超出各自检验值，故未证实或证伪认知维度；同时也未通过信息维度源语正确识别的检验，故未证实或证伪处理的信息—认知模型。其余 6 个样本均证实认知维度，然而其中 z3I2 因后续句误译未证实或证伪信息维度，z8I2 是信息维度特例。故证实模型的样本数量为 4 个，未证实或证伪模型的样本 3 个，模型特例 1 个。

　　用 I3 启动听译时滞、贮存听译时滞的初始检验值 5 秒、6 秒对 8 个样本进行检验，发现 2 个样本 z4I3、z7I3 译语错误且听译时滞超出检验值，故未证实或证伪认知维度；同时也未通过信息维度源语正确识别的检验，故未证实或证伪信息—认知模型。3 个样本 z2I3、z3I3、z8I3 译语正确，但启动、贮存听译时滞均超出初始检验值，提示附加工作假设 7）后续句的检验。其中 z2I3 后续源语为"更加展示了这一交流、合作机制的巨大潜力和光明前景，必将对云南的发展、进步产生积极的影响。过去的这一年，是非常不平凡的一年。"译语为"And this forum will also demonstrate the great potential for this cooperative platform, and I believe this forum or this

表 3.46 译员 I3 汉译英同传语序差异处理认知与信息维度检验结果汇总

样本	处理结果	信息维度检验结果	启动 EVS≤5+1	贮存 EVS≤6+2	认知维度检验结果
z1I3	对	证实	4	5	证实
*z2I3	对	证实	6	无	证实（启动 EVS 特性）
z3I3	对	证实主客观冗余调节	6	7	证实（启动、贮存 EVS 特性）
z4I3	错	未证实或证伪	11	12	未证实或证伪
z5I3	对	证实	5	6	证实
*z6I3	对	证实	3	6	证实
z7I3	错	未证实或证伪	7	无	未证实或证伪
z8I3	对	证实	6	8	证实（启动、贮存 EVS 特性）

conference will be of great importance to the development and advance of Yunnan province. The past year was quite eventful." 译语评价为可接受。z3I3 后续源语在模型信息维度检验时已通过检验（见表 3.28），z8I3 样本之后讲话结束，并无后续句可供检验。附加工作假设 9）启动、贮存听译时滞是否具备特性的检验，接受汉译英同传语序差异处理启动、贮存听译时滞为 6 秒、8 秒的特性与最终检验值。故 3 个样本 z2I3、z3I3、z8I3 作为特性样本证实认知维度，同时证实信息维度，故证实模型。其余 3 个样本均证实认知维度且已证实信息维度，也证实模型。故证实模型的样本数量为 6 个，未证实或证伪模型的样本 2 个。

表 3.47 译员 I4 汉译英同传语序差异处理认知与信息维度检验结果汇总

样本	处理结果	信息维度检验结果	启动 EVS≤5	贮存 EVS≤6+2	认知维度检验结果
z1I4	对	证实	4	6	证实
*z2I4	对	证实	4	无	证实
z3I4	对	证实主客观冗余调节	2	3	证实
z4I4	对	证实主客观冗余调节	7	8	启动 EVS 孤例
z5I4	对	证实	5	6	证实
*z6I4	错	未证实或证伪	5	无	证实
z7I4	对	证实	5	无	证实
z8I4	对	信息维度特例	5	无	证实

用 I4 启动听译时滞、贮存听译时滞的初始检验值 5 秒、6 秒对 8 个样本进行检验，发现 1 个样本 z4I4 启动、贮存听译时滞超出检验值，但其译语及其后续句译语正确，证实信息维度主观冗余调节的同时，提示附加假设 9）启动、贮存听译时滞特性的检验。接受 8 秒为汉译英同传语序差异处理贮存听译时滞特性与最终检验值的同时，综观启动听译时滞达到 7 秒的各译员样本，发现其正确样本数量并未超过误译样本，故无法接受其为启动 EVS 特性，其仅为孤例。其余 7 个样本均证实认知维度，然而其中 z6I4 未证实或证伪信息维度，z8I4 是信息维度特例。故证实模型的样本数量为 5 个，未证实或证伪的样本 1 个，模型特例 1 个，孤例样本 1 个。

表 3.48 译员 I5 汉译英同传语序差异处理认知与信息维度检验结果汇总

样本	处理结果	信息维度检验结果	启动 EVS≤5	贮存 EVS≤6	认知维度检验结果
z1I5	对	证实主客观冗余调节	2	3	证实
*z2I5	对	证实	2	3	证实
z3I5	对	证实主客观冗余调节	1	2	证实
z4I5	对	证实主客观冗余调节	11	12	启动、贮存 EVS 孤例
z5I5	对	证实	4	5	证实
*z6I5	对	证实主客观冗余调节	4	5	证实
z7I5	对	信息维度特例	8	10	启动、贮存 EVS 孤例
z8I5	对	证实	2	5	证实

用 I5 启动听译时滞、贮存听译时滞的检验值 5 秒、6 秒对 8 个样本进行检验，发现 2 个样本 z4I5、z7I5 译语及其后续句译语正确，但启动、贮存听译时滞均远远超出检验值，提示附加假设 9）启动、贮存听译时滞是否具备特性的检验。然而，综观样本总体中启动听译时滞达 8 秒和 11 秒、贮存听译时滞达 10 秒和 12 秒的样本，发现正确样本数量均未超过误译样本，故无法接受上述数值为两类听译时滞特性，其仅为认知维度孤例。其余 6 个样本均证实认知维度且已证实信息维度，故证实模型的样本数量为 6 个，模型特例 2 个。

用译员 I6 启动听译时滞、贮存听译时滞的初始检验值 5 秒、6 秒对 8 个样本进行检验，发现 1 个样本 z8I6 译语错误且启动听译时滞超出检验值，故未证实或证伪认知维度；同时也未通过信息维度源语正确识别的检验，故未证实或证伪信息—认知模型。1 个样本 z1I6 译语正确，但贮存听译时滞超出检验值达到 7 秒，提示附加假设 7）后续句的检验。后续半句为"0:30

这次论坛将以深刻而富有前瞻性的主题",译语为 0:35 This forum, … with a visionary theme,译语评价为可接受,提示附加假设 9)贮存听译时滞是否具备特性的检验,接受汉译英同传语序差异处理贮存听译时滞为 7 秒的特性与最终检验值,该样本作为贮存听译时滞特性样本证实认知维度,同时其已证实信息维度,故证实模型。余下 6 个样本均证实认知维度,同时已证实信息维度,故证实模型。综上,证实模型的样本数量为 7 个,未证实或证伪的样本 1 个。

表 3.49 译员 I6 汉译英同传语序差异处理认知与信息维度检验结果汇总

样本	处理结果	信息维度检验结果	启动 EVS≤5	贮存 EVS≤6+1	认知维度检验结果
z1I6	对	证实	5	7	证实(贮存 EVS 特性)
*z2I6	对	证实	4	无	证实
z3I6	对	证实主客观冗余调节	4	5	证实
z4I6	对	证实	4	5	证实
z5I6	对	证实	5	6	证实
*z6I6	对	证实	5	无	证实
z7I6	对	证实	2	无	证实
z8I6	错	未证实或证伪	7	无	未证实或证伪

对各译员单个样本的逐一认知维度检验,显示汉译英同传方向语序差异处理并未观察到的特异情况。第一,出现启动、贮存听译时滞特性样本,尤其以启动听译时滞特性样本为特殊。不同于英译汉同传语序差异处理并无听译时滞特性样本的发现,汉译英同传语序差异处理 6 秒的启动听译时滞、7—8 秒的贮存听译时滞特性样本达到 7 个,占比约为 14.6%。这些样本提示认知维度的扩充,但由于仅局限在单一方向上,故其更多反映的是汉英同传语序差异处理在汉译英方向上的特异性。如果 8 秒尚且为两方向上均适用的贮存听译时滞,那么 6 秒的汉译英方向启动听译时滞特性则更为突出,说明该方向上语序差异处理启动前短时记忆能够正确持留的时间更长、短时记忆容量占用水平可以更高。第二,出现信息、认知两个维度上均有特性的样本。1 个样本 z7I5 在两个维度上均为模型特例,提示汉译英方向语序差异处理中译员在偏离模型的情况下,仍有较小概率以低水平信息损耗为代价产出可接受译语。上述特异性体现出汉译英同传方向语序差异处理具有进一步研究的价值,未来研究可以更大规模的实证研究发

现继续推进探索。

把英译汉、汉译英两个方向的启动听译时滞、贮存听译时滞数据进行汇总比较，寻求语序差异处理的听译时滞共性，如表 3.50、表 3.51 所示。两个方向上启动听译时滞的共性在于处理至少需要短时记忆持留信息时长达到 1—3 秒方可启动，贮存听译时滞的共性在于处理中的短时记忆持留信息时长极值为 12 秒。第一，从各译员启动听译时滞数据的最小值来看，两方向上译员表现相似，均于短则 1 秒、长则 3 秒内启动语序差异处理，并无方向性差异。第二，从各译员贮存听译时滞数据的最大值来看，两方向的极值相同，均为最长 12 秒产出贮存信息。可见译员在同传中短时记忆持留时长一旦超出 12 秒，贮存信息就被遗忘，短时记忆无法提取。尽管该极值并无方向性差异，但结合定性分析可知英译汉方向在主观冗余调节下所观察到的正确产出贮存的最大值为 10 秒，比汉译英方向短 2 秒。

表 3.50 职业译员同传语序差异处理启动 EVS 两方向比较

译员	样本数		最小值 EVS_{min}		最大值 EVS_{max}		平均数 $\overline{EVS}$		中位数 $EVS_{0.5}$		众数 EVS_M		标准差 σEVS	
	英译汉	汉译英	英译汉	汉译英	英译汉	汉译英	英译汉	汉译英	英译汉	汉译英	英译汉	汉译英	英译汉	汉译英
I1	19	8	2	2	9	11	5	6	5	5	4	5	2.1	2.6
I2	17	8	2	2	7	8	5	4	5	4	5	4	1.3	2.1
I3	18	8	1	3	5	11	3	6	3	6	3	6	0.8	2.4
I4	19	8	3	2	8	7	5	5	5	5	5	5	1.2	1.4
I5	19	8	3	1	6	11	5	4	5	3	5	2	0.7	3.5
I6	18	8	3	2	9	8	5	5	5	5	5	5	1.4	1.4

因此，汉英同传序差异处理的听译时滞共性特征如下：第一，启动至少需要短时记忆持留达到 1—3 秒的时长，集中在 4—5 秒。第二，短时记忆对贮存信息的持留时长集中在 6—8 秒，超出 8 秒的贮存信息只在主客观冗余因素调节下，即源语信息不确定不高、长时记忆具备相关信息存储的条件下，才有可能正确提取。第三，具备主客观冗余调节时，短时记忆持留时长极值在 10—12 秒：在英译汉方向上，贮存信息持留时长在 10 秒内（含 10 秒）有可能正确提取；在汉译英方向上，则是在 12 秒内（含 12

秒）可能正确提取；倘若英译汉同传语序差异处理中贮存持留时长超出 10 秒、汉译英同传超出 12 秒的极值，则无正确提取的可能。

表 3.51 职业译员同传语序差异处理贮存 EVS 两方向比较

译员	样本数		最小值 EVS_{min}		最大值 EVS_{max}		平均值 $\overline{EVS}$		中位数 $EVS_{0.5}$		众数 EVS_M		标准差 σEVS	
	英译汉	汉译英	英译汉	汉译英	英译汉	汉译英	英译汉	汉译英	英译汉	汉译英	英译汉	汉译英	英译汉	汉译英
I1	5	4	5	6	11	8	8	7	8	7	无	7	2.0	0.8
I2	6	6	6	3	12	10	9	6	8	6	8	3, 6, 10	2.0	3.1
I3	5	5	4	5	8	12	7	7	8	7	8	6	1.5	2.5
I4	8	8	4	3	10	8	8	6	9	6	8	6	2.0	2.1
I5	8	8	5	5	10	12	8	6	8	5	9	5	1.4	3.5
I6	4	4	5	5	7	7	6	6	5	6	5	5	0.9	1.0

综合上述对译语样本的统计分析，得出职业译员汉译英同传语序差异处理听译时滞的量化特征如下：第一，译员总体的启动听译时滞浮动区间位于 1—11 秒，集中于 5 秒，集中趋势明显，个体差异并不显著。第二，译员总体的贮存听译时滞浮动区间位于 2—12 秒，集中于 6 秒，集中趋势明显，个体差异不显著。第三，由于英译汉同传方向译员总体 8 秒的短时记忆正确持留阈值在汉译英方向上只被证实、未被证伪，故汉译英方向该阈值也为 8 秒。多数样本在该阈值达到前或达到时产出贮存信息，个别样本在具备主客观冗余调节的条件下，贮存听译时滞可延长至 10 秒、12 秒。第四，就听译时滞所反映的短时记忆容量占用水平而言，译员总体启动语序差异处理时对短时记忆容量的占用达到 62.5% 的水平，产出贮存时对其的占用达到 75%，汉译英方向上语序差异处理的启动呈现出比英译汉方向更高水平的短时记忆容量占用，而贮存则呈更低水平的占用。

认知维度的检验结果如下：在进入认知维度检验的 48 个样本中，未证实或证伪认知维度的样本共 6 个、占比 12.5%，同时也均未证实或证伪信息维度。认知维度特例 3 个，占比约为 6.3%。不同于英译汉方向 12 秒的贮存听译时滞最大值均被错误的译语所证伪，汉译英方向的成功个例提示职业译员提取母语贮存信息的极限为 12 秒。证实认知维度的样本共 39 个，约占 48 个应采集样本总数的 81.3%。

3.2.2.3 检验结果

经过质性分析与量化统计，结合信息、认知维度检验结果，职业译员汉译英同传语序差异处理信息—认知模型检验的结果如下：第一，逾七成样本证实模型：证实样本数量共 35 个，占比约为 72.9%；全部通过源语正确识别、译语信息密度一致性优化、两类听译时滞不超限、后续句不误译、具备主客观冗余的工作假设检验。第二，一成左右的样本为模型信息维度和/或认知维度特例：此类样本数量共 5 个，占比约为 10.4%。第三，逾一成样本未证实或证伪处理假设：此类样本数量共 8 个，占比约为 16.7%。

信息—认知模型在职业译员汉译英同传语序差异处理中，已为七成样本所证实；译员汉译英同传方向听译时滞数据与英译汉方向数据存在统计学意义上的显著差异。译员在汉译英同传语序差异处理启动时对短时记忆容量占用的水平更高、集中于 5 秒，贮存产出的时间更短、普遍提前至 6 秒。然而听译时滞特性样本较多的发现显示译员的短时记忆正确持留阈值在两方向上趋同、均为 8 秒。个别样本提示短时记忆持留阈值可长达 12 秒，但无法保证成功处理。这一比英译汉方向的 10 秒更长的持留阈值，与母语词汇在双语者中记忆表现更佳的研究发现，以及译员对母语外译翻译方向感知难度更低的主观报告相一致（Thorn & Gathercole, 2001; Pavlovic, 2007）。此外，汉译英同传语序差异处理产生预测听译时滞的样本占比约为 52.1%。这一发现与俄语等母语外译同传方向上的预测发现相一致（Chernov, 2010）的同时，也提示汉译英同传方向上译员具备更大的能动性。

在占比逾一成的未证实或证伪信息—认知模型的样本中，译员处理失误可归因于两大原因：首先，汉语源语语序差异短语识别错误：此类样本共 6 个，其中 5 个与听译时滞超限共现，反映出语序差异对同传中母语识别正确率同样造成挑战，以及识别错误与听译时滞管理不善的高度相关性。其次，译语信息轮廓未优化：此类样本共 2 个，其中 1 个与听译时滞超限共现，表明语序差异处理确实是动态平衡过程，译语信息轮廓未优化较易导致后续句误译，其与听译时滞管理不善存在一定相关性。与英译汉方向模型检验结果一致，汉译英方向的检验结果也显示信息维度为强假设、认知维度为弱假设。

3.3 信息—认知模型的证实与听译时滞的发现

本实验控制受试经验、环境条件等变量，施加汉英语序差异的自变量，采集职业译员两个方向上同传处理行为的因变量，通过语料转写、质性分析与量化统计，证实或证伪工作假设，从而检验经由跨学科交叉演绎推理得出的信息—认知模型，揭示译员处理行为规律。

检验结果显示，信息—认知模型在两个同传方向上均被至少七成样本所证实。具体而言，这些样本全部符合源语正确识别、译语信息密度一致性优化、短时记忆容量占用不超限、后续句不误译的工作假设，证实汉英同传语序差异处理是动态平衡源语意义不确定信息限制前提、短时记忆长占用认知限制前提的过程。最优解是同时满足信息密度一致性的信息维度，以及短时记忆正确持留阈值的认知维度假设。主客观冗余被证实是信息不确定的调节因素。然而仍有三成的样本并未证实或证伪模型，原因在于源语识别错误或未识别、译语信息密度未优化，以及短时记忆持留时长超出阈值，反映出同传中语序差异处理所造成的挑战。由于认知维度的偏离与信息维度的偏离呈高共现性，所以信息维度是强假设、认知维度是弱假设。

信息—认知模型所证实的汉英同传语序差异处理过程如下：译员识别语序差异后主动持留至其短时记忆正确持留阈值的中等水平，对源语信息进行正确识别，产出闭合 SV(O) 译语信息轮廓；如果贮存信息，则贮存时长不超过 8 秒的短时记忆正确持留阈值；如果主客观冗余发挥调节作用，则可能进行更为自主的译语轮廓产出。可见，通过跨学科交叉提出的信息—认知模型，相比于顺译等静态技巧性规范，能够完整描述译员处理中动态平衡源语信息不确定、短时记忆长占用限制前提的实际。

同时，听译时滞定量统计分析所得出的汉英语对同传的实证发现，不仅承继前人研究所指出的听译时滞测量的后续研究方向（张威，2012e），还明确译员在汉英同传中的短时记忆持留阈值。第一，无论同传方向，译员短时记忆正确持留阈值均为 8 秒。译员的短时记忆能够正确持留贮存信息达 8 秒之久。第二，译员短时记忆的持留阈值为 10—12 秒，存在英译汉持留阈值短于汉译英的方向特异性。超过 8 秒的贮存仍可能持留至 10—12 秒，12 秒之后未见贮存信息的产出。8—12 秒之间仍得以持留并且未严重失真的信息仅是个例，得益于译员的个体差异，但并不能保证持留和产出的正确。其中英译汉方向观察到的短时记忆正确持留信息的极值是 10 秒，汉译英方向则是 12 秒，母语外译方向的持留时长更久。第三，语序差异处理启动窗口为 1—3 秒，并无方向特异性。无论同传方向，译员的语序差异处理至少需要落后于源语语序差异起点 1—3 秒,这种水平的滞后是处理决策所必需的认知维度条件。第四,译员集中在对短时记忆正确持留阈值中等水平占用的 4—5 秒启动处理,集中在阈值达到前或达到时的 6—8 秒产出贮存信息。第五,译员两个方向同传的两类听译时滞存在统计学意义上的显著差异,即听译时滞具有方向特异性。

　　本实验对汉英同传语序差异处理信息—认知模型的证实,以及听译时滞的实证发现,完整描写职业译员的处理实际,以及深层限制前提,为同传教育、人才培养提供可资开展循证教学的第一手数据。汉英同传语序差异处理能力是集信息层面的信息密度一致性优化能力、认知层面的短时记忆容量占用管理能力的综合能力。基于实证发现开展教学,理论上应可促进该能力在我国同传学员中的发展。此外,本实验亦为汉语与其他 SVO 型语言之间的同传研究提供理论框架与方法论参考,希冀更多包含汉语的同传研究发现为本研究结论提供佐证,从而检验研究发现是否普适,揭示汉语作为独特 SVO 型语言对同传的影响及其处理,深化汉语作为同传语言具有其特异性的认识,通过贡献更多实证洞察为包含汉语的更多语对同传译员培养探索更优方案。

第4章 汉英同传语序差异
处理能力发展的实证探析

鉴于汉英同传语序差异处理的信息—认知模型已为职业译员的处理数据所证实，本对照控制实验希冀把信息—认知模型，以及译员听译时滞的实证发现作为教学反馈的目标与内容，探索汉英同传语序差异处理能力的发展，特别是循证教学对能力发展的效果。为此，本实验实施循证教学后，比较接受该教学方法教育的学生译员实验组和仅接受顺译规范教学的对照组之间期末同传语序处理的表现，探索在实证研究指导下的同传循证教育对处理能力发展的影响。

4.1 实验设计

学生受试实验的研究问题是探析汉英同传语序差异处理能力的发展。这一研究问题，以明确顺译规范教学对能力发展的效果，并以此为基准比较循证教学所产生的能力发展效果的对照实验路径来探明。具体而言，该研究问题可分解为以下两个子问题：第一，对照组学生在经过一学期以顺译规范为内容的反馈与训练后，是否发展出语序差异处理能力？如是则发展至什么水平？第二，实验组学生在经过一学期基于译员实证发现的循证教学后，与对照组学生相比是否发展出更优的语序差异处理能力？

实验对象是 18 名某翻译专业硕士项目英语口译专业学生，其中 10 名为对照组，接受围绕顺译进行反馈的汉英同传训练；8 名为实验组，接受基于译员实证发现进行反馈的循证教学。接受训练时学生平均年龄为 23 岁，男女性别比例为 1∶17，尚无同传实践经验。母语均为汉语，外语均为英语，英语的学习始于学校，初始年龄在 10 岁左右。全部学生都是自主选择，并通过研究生笔试与面试选拔，进入口译专业学习。接受同传训练前，均完成一学期、包含两个方向、以商务等内容为主题的交传训练。对照组学生交传课程期末成绩平均分约为 83 分，实验组约为 85 分，两组学生的交传期末成绩并无显著差异（p=0.095>0.05），说明学生受试在交传相关的听辨、记忆、产出等能力上，所达到的水平并无显著差别。可见，从外语教育背景与交传水平等可能影响同传学习的变量来讲，对照组与实验组并无显著差异。

实验程序包括教学实施与期末检验两大部分。教学实施包括变量控制与循证教学实施两部分。通过教师制定训练量与部分训练任务的方式，控制学习动力、重复训练与任务设计三项与刻意训练相关的要素，考察循证教学中基于译员实证发现的反馈对学生能力发展的效果。全部学生自主做出口译专业选择，自述学习同传的意愿强烈，故学习动力这一影响要素（Timarova & Salaets, 2011）在两组受试之间控制于相似水平。重复训练要素虽然与学员自身关系密切，但教师通过设定课下 100 小时的同传训练量对该要素进行控制。这一训练量依据《翻译硕士专业学位研究生教育指导性培养方案》（全国翻译专业学位研究生教育指导委员会，2011）对学生在学期间不少于 400 磁带时的口译实践要求计算得出，学生需在一学期16 周中完成。任务设计则采用教师确定课上任务、带动学生自选课下任务的形式，在课上每周选用语序差异典型语篇进行训练，全部学生训练语篇相同。

在控制三项要素变量的基础上，本实验对两组学生受试实施差异化反馈。教师针对对照组学生的反馈内容聚焦于顺译的讲解，反馈目标在于推动学生发展顺译能力；然而针对实验组学生则实施循证教学，反馈内容调整为语序差异处理的信息—认知模型，以及职业译员听译时滞的实证发现，反馈目标是促进学生信息密度一致性优化能力、短时记忆容量占用管理能力的综合发展。具体而言，对照组学生在课上完成教师指定的同传任务，接受教师对其表现中顺译规范使用方面的反馈；而实验组学生在完成相同课上任务后，听取教师关于语序差异处理研究发现内容的讲授，以及对学生表现中处理合适与否的反馈。教师阐述汉英语序差异的理据，以及处理中源语信息不确定和短时记忆长占用两个限制前提的动态平衡；解释译员遵从信息维度，产出闭合 SV(O)信息轮廓，从而优化译语的信息密度一致性同传译语最优解，说明主客观冗余在信息维度上的调节；传授译员遵从认知维度，听译时滞不超短时记忆正确持留阈值的中等水平与阈值，从而优化管理认知资源，介绍英译汉与汉译英方向听译时滞的特异性，以及分别为 4 秒与 5 秒的启动听译时滞、不长于 8 秒的贮存听译时滞的听译时滞发现。在接受上述关于译员实证研究发现讲解的基础上,实验组学生接受教师针对其处理所进行的基于假设遵从的反馈。

在教学结束后的第 17 周中,主试向学生发出邀请,学生自愿参与实验。全部 18 名学生同意参与英译汉同传方向的实验,分为英译汉对照组 10 名学生、实验组 8 名学生;汉译英实验的参与人数由于未获得 2 名对照组学生的口头同意而减少至 16 名,分为汉译英对照组 8 名、实验组 8 名。全部 8 名实验组学生参与了两个方向的同传实验。

学生译员的实验程序与职业译员实验相似,在实施实验程序的过程中,同样确保生态效度,控制工作环境与工作条件变量。实验在课堂训练所在场地同传训练中心进行,学生承诺对源语讲话内容保密,每个同传方向的实验把两组学生分为 3 批、共 12 批完成。实验前学生浏览源语讲话基本信息、对源语音量进行测试,学生实验沿用职业译员实验中的两个源语讲话作为同传任务源语语料。但是鉴于学生并无同传实战经验,故把两个方向的同传任务分为两次分别进行,尽可能避免疲劳对学生处理的潜在干扰。实验后进行语料转写与译语评价。学生的语料转写参照译员受试进行,两组学生的译语按对照组学生 s、实验组学生 S 的方式进行编码。译语评价的方式与标准均参照译员实验,以双评审的共识评价为准。

对本实验研究问题的探究,分为处理结果与模型遵从两方面。如果译语正确,则该数据可用于探索两组学生各自的处理能力发展水平,比较两组学生语序差异处理译语的正确率,从而验证实验组的处理结果是否优于对照组;如是,则证实循证教学对发展汉英同传语序差异处理能力的有效性;如否,则分析讨论可能的原因。译语错误的样本由于与循证教学效果探析的实验目的相左而不作统计分析。样本所产生的信息和认知维度数据可用于分析两组学生在两个维度上的能力发展水平,比较其在两个维度上的表现,进而探索实验组的表现是否优于对照组,检验流程与标准参照译员受试。第一,通过两组样本源语信息识别、译语信息密度一致性优化产出指标的统计,揭示学生信息维度遵从能力、检验信息维度遵从上实验组是否优于对照组;第二,对两组学生样本启动、贮存听译时滞的统计揭示各组学生听译时滞的发展水平,检验认知/时间表现上实验组是否优于对照组。如在两个维度上,实验组的模型遵从均优于对照组,则证实循证教学发展处理能力的路径同时作用于信息与认知维度;如实验组的模型遵从仅在一个维度上优于对照组,则反映循证教学只作用于该维度并且分析原因;如实验组的模型遵从在两个维度上都不优于对照组,则反映循证教学与顺译规范教学相比并未更加有效地促进能力发展，并进一步探讨可能的原因。

4.2 实验结果

4.2.1 对照组学生英译汉同传实验结果

4.2.1.1 模型信息维度遵从

完成英译汉同传任务的对照组学生共 10 人，以 s1—s10 编码，其英译汉同传语序差异处理译语及其评价汇总列表，见附录 1。信息维度遵从的检验流程参照译员实验，由于已作详尽分析，故此处从略。其检验结果如表 4.1 所示。行表示各个译语样本编码，列表示样本编码、译语评价、信息维度的四个指标以及是否遵从的检验结果。

表 4.1 对照组学生英译汉同传语序差异处理模型信息维度遵从检验

样本	译语评价	是否识别	是否识别正确	是否产出闭合轮廓	是否产出 SV(O) 轮廓	信息维度遵从结果
y1s1	错	否	否	无	无	未遵从：源语未识别
y1s2	错	是	否	无	无	未遵从：源语识别错误
y1s3	错	否	否	无	无	未遵从：源语未识别
y1s4	错	否	否	无	无	未遵从：源语未识别
y1s5	错	否	否	无	无	未遵从：源语未识别
y1s6	错	是	否	无	无	未遵从：源语识别错误
y1s7	错	是	否	无	无	未遵从：源语识别错误
y1s8	错	否	否	无	无	未遵从：源语未识别
y1s9	错	否	否	无	无	未遵从：源语未识别
y1s10	错	否	否	无	无	未遵从：源语未识别
*y2s1	错	是	否	无	无	未遵从：源语识别错误
*y2s2	错	是	否	无	无	未遵从：源语识别错误
*y2s3	错	否	否	无	无	未遵从：源语未识别
*y2s4	错	否	否	无	无	未遵从：源语未识别
*y2s5	错	否	否	无	无	未遵从：源语未识别

样本	译语评价	是否识别	是否识别正确	是否产出闭合轮廓	是否产出SV(O)轮廓	信息维度遵从结果
*y2s6	错	是	否	无	无	未遵从：源语识别错误
*y2s7	错	是	否	无	无	未遵从：源语识别错误
*y2s8	错	否	否	无	无	未遵从：源语未识别
*y2s9	错	是	否	无	无	未遵从：源语识别错误
*y2s10	错	否	否	无	无	未遵从：源语未识别
*y3s1	错	否	否	无	无	未遵从：源语未识别
*y3s2	错	否	否	无	无	未遵从：源语未识别
*y3s3	错	否	否	无	无	未遵从：源语未识别
*y3s4	错	否	否	无	无	未遵从：源语未识别
*y3s5	错	否	否	无	无	未遵从：源语未识别
*y3s6	错	否	否	无	无	未遵从：源语未识别
*y3s7	错	否	否	无	无	未遵从：源语未识别
*y3s8	错	否	否	无	无	未遵从：源语未识别
*y3s9	错	否	否	无	无	未遵从：源语未识别
*y3s10	错	否	否	无	无	未遵从：源语未识别
*y4s1	错	是	否	无	无	未遵从：源语识别错误
*y4s2	错	是	否	无	无	未遵从：源语识别错误
*y4s3	错	否	否	无	无	未遵从：源语未识别
*y4s4	错	否	否	无	无	未遵从：源语未识别
*y4s5	错	否	否	无	无	未遵从：源语未识别
*y4s6	错	是	否	无	无	未遵从：源语识别错误
*y4s7	错	是	否	无	无	未遵从：源语识别错误
*y4s8	错	是	否	无	无	未遵从：源语识别错误
*y4s9	错	是	否	无	无	未遵从：源语识别错误
*y4s10	错	否	否	无	无	未遵从：源语未识别
y5s1	对	是	是	是	是	遵从
y5s2	错	是	否	无	无	未遵从：源语识别错误
y5s3	对	是	是	是	是	遵从
y5s4	对	是	是	是	是	遵从

续表

样本	译语评价	是否识别	是否识别正确	是否产出闭合轮廓	是否产出SV(O)轮廓	信息维度遵从结果
y5s5	对	是	是	是	是	遵从
y5s6	对	是	是	是	是	遵从
y5s7	对	是	是	是	是	遵从
y5s8	对	是	是	是	是	遵从
y5s9	对	是	是	是	是	遵从
y5s10	错	是	否	无	无	未遵从：源语识别错误
*y6s1	错	否	否	无	无	未遵从：源语未识别
*y6s2	错	否	否	无	无	未遵从：源语未识别
*y6s3	错	否	否	无	无	未遵从：源语未识别
*y6s4	错	否	否	无	无	未遵从：源语未识别
*y6s5	错	否	否	无	无	未遵从：源语未识别
*y6s6	错	否	否	无	无	未遵从：源语未识别
*y6s7	错	否	否	无	无	未遵从：源语未识别
*y6s8	错	否	否	无	无	未遵从：源语未识别
*y6s9	错	否	否	无	无	未遵从：源语未识别
*y6s10	错	否	否	无	无	未遵从：源语未识别
y7s1	错	是	否	无	无	未遵从：源语识别错误
y7s2	错	是	否	无	无	未遵从：源语识别错误
y7s3	错	是	否	无	无	未遵从：源语识别错误
y7s4	错	是	否	无	无	未遵从：源语识别错误
y7s5	对	是	是	是	是	遵从
y7s6	错	是	否	无	无	未遵从：源语识别错误
y7s7	错	是	否	无	无	未遵从：源语识别错误
y7s8	错	否	否	无	无	未遵从：源语未识别
y7s9	错	是	否	无	无	未遵从：源语识别错误
y7s10	对	是	是	是	是	遵从
*y8s1	对	是	是	否	是	遵从：主观冗余因素调节
*y8s2	错	否	否	无	无	未遵从：源语未识别
*y8s3	对	是	是	是	是	遵从
*y8s4	错	否	否	无	无	未遵从：源语未识别

样本	译语评价	是否识别	是否识别正确	是否产出闭合轮廓	是否产出SV(O)轮廓	信息维度遵从结果
*y8s5	错	是	否	无	无	未遵从：源语识别错误
*y8s6	错	否	否	无	无	未遵从：源语未识别
*y8s7	错	是	否	无	无	未遵从：源语识别错误
*y8s8	错	否	否	无	无	未遵从：源语未识别
*y8s9	错	否	否	无	无	未遵从：源语未识别
*y8s10	错	否	否	无	无	未遵从：源语未识别
y9s1	对	是	是	否	是	未遵从：后续译语错误
y9s2	错	是	否	无	无	未遵从：源语识别错误
y9s3	对	是	是	是	是	遵从
y9s4	错	否	否	无	无	未遵从：源语未识别
y9s5	错	否	否	无	无	未遵从：源语未识别
y9s6	对	是	是	否	是	未遵从：后续句未处理
y9s7	错	否	否	无	无	未遵从：源语未识别
y9s8	错	否	否	无	无	未遵从：源语未识别
y9s9	错	是	否	无	无	未遵从：源语识别错误
y9s10	错	是	否	无	无	未遵从：源语识别错误
*y10s1	错	是	否	无	无	未遵从：源语识别错误
*y10s2	错	否	否	无	无	未遵从：源语未识别
*y10s3	错	否	否	无	无	未遵从：源语未识别
*y10s4	错	否	否	无	无	未遵从：源语未识别
*y10s5	错	否	否	无	无	未遵从：源语未识别
*y10s6	错	否	否	无	无	未遵从：源语未识别
*y10s7	错	是	否	无	无	未遵从：源语识别错误
*y10s8	错	是	否	无	无	未遵从：源语识别错误
*y10s9	错	否	否	无	无	未遵从：源语未识别
*y10s10	错	是	否	无	无	未遵从：源语识别错误
*y11s1	对	是	是	否	是	遵从：主观冗余因素调节
*y11s2	对	是	是	是	是	遵从
*y11s3	对	是	是	是	是	遵从

续表

样本	译语评价	是否识别	是否识别正确	是否产出闭合轮廓	是否产出SV(O)轮廓	信息维度遵从结果
*y11s4	对	是	是	是	是	遵从
*y11s5	对	是	是	是	是	遵从
*y11s6	对	是	是	是	是	遵从
*y11s7	错	否	否	无	无	未遵从：源语未识别
*y11s8	错	否	否	无	无	未遵从：源语未识别
*y11s9	对	是	是	是	是	遵从
*y11s10	错	否	否	无	无	未遵从：源语未识别
y12s1	错	是	否	无	无	未遵从：源语识别错误
y12s2	错	是	否	无	无	未遵从：源语识别错误
y12s3	错	是	否	无	无	未遵从：源语识别错误
y12s4	错	否	否	无	无	未遵从：源语未识别
y12s5	错	是	否	无	无	未遵从：源语识别错误
y12s6	错	否	否	无	无	未遵从：源语未识别
y12s7	错	否	否	无	无	未遵从：源语未识别
y12s8	错	是	否	无	无	未遵从：源语识别错误
y12s9	错	是	否	无	无	未遵从：源语识别错误
y12s10	错	否	否	无	无	未遵从：源语未识别
*y13s1	对	是	是	是	是	遵从
*y13s2	错	是	否	无	无	未遵从：源语识别错误
*y13s3	错	是	否	无	无	未遵从：源语识别错误
*y13s4	对	是	是	是	是	遵从
*y13s5	错	是	否	无	无	未遵从：源语识别错误
*y13s6	错	是	否	无	无	未遵从：源语识别错误
*y13s7	错	否	否	无	无	未遵从：源语未识别
*y13s8	错	否	否	无	无	未遵从：源语未识别
*y13s9	对	是	是	是	是	遵从
*y13s10	对	是	是	是	是	遵从
y14s1	错	是	否	无	无	未遵从：源语识别错误
y14s2	错	是	否	无	无	未遵从：源语识别错误
y14s3	对	是	是	是	是	遵从

续表

样本	译语评价	是否识别	是否识别正确	是否产出闭合轮廓	是否产出SV(O)轮廓	信息维度遵从结果
y14s4	错	否	否	无	无	未遵从：源语未识别
y14s5	错	是	否	无	无	未遵从：源语识别错误
y14s6	对	是	是	是	是	遵从
y14s7	错	是	否	无	无	未遵从：源语识别错误
y14s8	错	是	否	无	无	未遵从：源语识别错误
y14s9	错	否	否	无	无	未遵从：源语未识别
y14s10	错	否	否	无	无	未遵从：源语未识别
y15s1	错	否	否	无	无	未遵从：源语未识别
y15s2	对	是	是	是	是	遵从
y15s3	错	是	否	无	无	未遵从：源语识别错误
y15s4	错	否	否	无	无	未遵从：源语未识别
y15s5	错	是	否	无	无	未遵从：源语识别错误
y15s6	错	是	否	无	无	未遵从：源语识别错误
y15s7	错	否	否	无	无	未遵从：源语未识别
y15s8	错	是	否	无	无	未遵从：源语识别错误
y15s9	错	是	否	无	无	未遵从：源语识别错误
y15s10	错	是	否	无	无	未遵从：源语识别错误
y16s1	错	否	否	无	无	未遵从：源语未识别
y16s2	错	否	否	无	无	未遵从：源语未识别
y16s3	错	否	否	无	无	未遵从：源语未识别
y16s4	错	否	否	无	无	未遵从：源语未识别
y16s5	错	否	否	无	无	未遵从：源语未识别
y16s6	错	否	否	无	无	未遵从：源语未识别
y16s7	错	否	否	无	无	未遵从：源语未识别
y16s8	错	否	否	无	无	未遵从：源语未识别
y16s9	错	否	否	无	无	未遵从：源语未识别
y16s10	错	否	否	无	无	未遵从：源语未识别
*y17s1	对	是	是	是	是	遵从
*y17s2	错	否	否	无	无	未遵从：源语未识别

续表

样本	译语评价	是否识别	是否识别正确	是否产出闭合轮廓	是否产出SV(O)轮廓	信息维度遵从结果
*y17s3	错	是	否	无	无	未遵从：源语识别错误
*y17s4	错	是	否	无	无	未遵从：源语识别错误
*y17s5	错	是	否	无	无	未遵从：源语识别错误
*y17s6	对	是	是	是	是	遵从
*y17s7	错	是	否	无	无	未遵从：源语识别错误
*y17s8	错	否	否	无	无	未遵从：源语未识别
*y17s9	错	否	否	无	无	未遵从：源语未识别
*y17s10	错	否	否	无	无	未遵从：源语未识别
y18s1	错	否	否	无	无	未遵从：源语未识别
y18s2	错	是	否	无	无	未遵从：源语识别错误
y18s3	错	否	否	无	无	未遵从：源语未识别
y18s4	错	否	否	无	无	未遵从：源语未识别
y18s5	错	否	否	无	无	未遵从：源语未识别
y18s6	错	否	否	无	无	未遵从：源语未识别
y18s7	错	否	否	无	无	未遵从：源语未识别
y18s8	错	否	否	无	无	未遵从：源语未识别
y18s9	错	否	否	无	无	未遵从：源语未识别
y18s10	错	否	否	无	无	未遵从：源语未识别
*y19s1	错	否	否	无	无	未遵从：源语未识别
*y19s2	错	否	否	无	无	未遵从：源语未识别
*y19s3	错	否	否	无	无	未遵从：源语未识别
*y19s4	错	是	否	无	无	未遵从：源语识别错误
*y19s5	错	否	否	无	无	未遵从：源语未识别
*y19s6	错	否	否	无	无	未遵从：源语未识别
*y19s7	错	否	否	无	无	未遵从：源语未识别
*y19s8	错	否	否	无	无	未遵从：源语未识别
*y19s9	错	否	否	无	无	未遵从：源语未识别
*y19s10	错	否	否	无	无	未遵从：源语未识别
*y20s1	对	是	是	是	是	遵从
*y20s2	错	否	否	无	无	未遵从：源语未识别

样本	译语评价	是否识别	是否识别正确	是否产出闭合轮廓	是否产出SV(O)轮廓	信息维度遵从结果
*y20s3	错	否	否	无	无	未遵从：源语未识别
*y20s4	错	是	否	无	无	未遵从：源语识别错误
*y20s5	错	否	否	无	无	未遵从：源语未识别
*y20s6	错	否	否	无	无	未遵从：源语未识别
*y20s7	错	否	否	无	无	未遵从：源语未识别
*y20s8	错	否	否	无	无	未遵从：源语未识别
*y20s9	错	否	否	无	无	未遵从：源语未识别
*y20s10	错	否	否	无	无	未遵从：源语未识别

对照组学生信息维度遵从的检验结果量化描述如下：第一，对照组学生英译汉同传语序差异未识别率为54%。在应采集的200个样本中，语序差异未识别的样本共108个，分布在每名受试中，各7至14个样本不等。第二，语序差异识别率，即处理启动率为46%，识别错误率为30%。在识别语序差异并启动处理的92个样本中，源语信息识别错误的样本共60个，产生的听译时滞数据共92组，用于检验认知维度。据此可知，因不符合源语识别指标、未遵从信息维度而误译的样本共168个，占应采集样本总数的84%。第三，语序差异正确识别率为16%，译语轮廓信息密度一致性背离率为1%。32个样本正确识别源语信息，其中未遵从产出闭合SV(O)轮廓指标的样本共4个。其中2个样本得益于主观冗余因素的积极调节从而产出正确译语，另2个样本未通过后续句正确产出的检验。综上，30个样本遵从信息维度、处理结果正确，占应采集样本总数的15%，其中主观冗余调节率为1%；未遵从信息维度、处理结果或当即或后续出现错误的样本170个，占应采集样本总数的85%。

4.2.1.2 模型认知维度遵从

进入认知维度遵从检验的样本共92组，每名对照组学生样本6至13组不等。各受试各短语的听译时滞数据统计以及译语评价汇总如表4.2所示。

表 4.2 对照组学生英译汉同传语序差异处理 EVS 分布汇总

译语	对照组s1		对照组s2		对照组s3		对照组s4		对照组s5		对照组s6		对照组s7		对照组s8		对照组s9		对照组s10	
	评价	EVS	评价	EVS	评价	EVS	评价	EVS	评价	EVS	评价	EVS	评价	EVS	评价	EVS	评价	EVS	评价	EVS
y1	错	无	错	4,14	错	无	错	无	错	无	错	4,10	错	5,6	错	无	错	无	错	无
*y2	错	4	错	2	错	无	错	无	错	无	错	7	错	4	错	无	错	2	错	无
*y3	错	无	错	无	错	无	错	无	错	无	错	无	错	无	错	无	错	无	错	无
*y4	错	3,6	错	5,7	错	无	错	无	错	无	错	6	错	7	错	5,8	错	6	错	无
y5	对	6	错	6	对	5	对	5	对	5	对	6	对	5	对	6	对	5	错	5,10
*y6	错	无	错	无	错	无	错	无	错	无	错	无	错	无	错	无	错	无	错	无
y7	错	7,9	错	5,10	对	4	错	4	对	4	错	5	错	9	错	无	错	6	对	5
*y8	对	9,10	错	无	对	5	错	8	错	无	错	11	错	无	错	无	错	无	错	无
y9	对	9,11	错	8	对	8	错	无	错	无	对	7,8	错	无	错	无	错	6,15	错	9,14
*y10	错	6	错	无	错	无	错	无	错	无	错	无	错	7,9	错	7,9	错	无	错	7,8
*y11	对	10,13	对	4	对	5	对	4	对	5	错	5	错	无	错	无	对	5	错	无
y12	错	6,12	错	8	错	8,11	错	无	错	4	错	无	错	无	错	8	错	8	错	无
*y13	对	8	错	7	错	9	对	6	错	9	错	8	错	无	错	无	对	8	对	9
y14	错	4,7	错	3,6	对	5	错	无	错	6,14	对	5	错	5	错	6	错	无	错	无
y15	错	无	对	5	错	7	错	无	错	5	错	8	错	无	错	8	错	6	错	9
y16	错	无	错	无	错	无	错	无	错	无	错	无	错	无	错	无	错	无	错	无
*y17	对	8	错	无	错	7	错	8	错	6	对	7	错	14	错	无	错	无	错	无
y18	错	无	错	2,12	错	无	错	无	错	无	错	无	错	无	错	无	错	无	错	无
*y19	错	无	错	无	错	无	错	4	错	无	错	无	错	无	错	无	错	无	错	无
*y20	对	5	错	无	错	无	错	2	错	无	错	无	错	无	错	无	错	无	错	无

对 92 个启动听译时滞样本进行统计，得出对照组学生英译汉同传方向上语序差异处理的启动听译时滞发现如下：第一，最小值为 2 秒，最大值为 14 秒，启动听译时滞的浮动区间位于 2—14 秒。第二，平均数、中位数、众数三者中有两项一致，启动听译时滞集中于 5—6 秒区间，集中趋势不明显。平均数为 6.1 秒，约等于 6 秒；中位数即排在第 46 位与第 47 位的样本的平均数，为 6 秒；众数为样本数最多，共有 23 个的 5 秒。第三，启动译时滞的标准差约为 2.1 秒。上述发现显示，对照组学生在英译汉同传方向上启动听译时滞浮动区间大，集中趋势不明显。对数据的差异显著性进行检验，SPSS 报告的结果如表 4.3、表 4.4 所示。

表 4.3 对照组学生英译汉同传语序差异处理启动 EVS 正态性检验

对照组学生	Kolmogorov-Smirnov[a]			Shapiro-Wilk		
	统计量	*df*	显著性	统计量	*df*	显著性
1	0.136	13	0.200*	0.958	13	0.725
2	0.151	12	0.200*	0.936	12	0.454
3	0.277	10	0.028	0.892	10	0.177
4	0.219	7	0.200*	0.939	7	0.630
5	0.230	9	0.185	0.873	9	0.131
6	0.186	11	0.200*	0.927	11	0.379
7	0.220	9	0.200*	0.881	9	0.160
8	0.209	6	0.200*	0.907	6	0.415
9	0.228	9	0.194	0.865	9	0.110
10	0.302	6	0.094	0.775	6	0.035

a. Lilliefors 显著水平修正

* 这是真实显著水平的下限。

表 4.4 对照组学生英译汉同传语序差异处理启动 EVS 方差齐性检验

Levene 统计量	*df1*	*df2*	显著性
1.527	9	82	0.152

正态性检验的两种方法均不支持数据正态分布的原假设：Kolmogorov-Smirnov 检验中 s3 显著性为 0.028、小于 0.05；Shapiro-Wilk 检验中 s10 显著性为 0.035、小于 0.05。故 10 组数据非正态分布。方差齐性检验支持接

受数据正态分布的原假设：显著性为 0.152，大于 0.05，方差齐。考虑到参数检验的数据正态分布且方差齐的条件并未同时满足，故对照组学生启动听译时滞的差异显著性检验采用非参数 Kruskal-Wallis 检验方法。SPSS报告的结果如表 4.5 所示。

表 4.5 对照组学生英译汉同传语序差异处理启动 EVS Kruskal-Wallis 检验

对照组学生	N	秩均值
1	13	52.27
2	12	32.13
3	10	49.10
4	7	27.64
5	9	41.44
6	11	48.68
7	9	55.00
8	6	56.50
9	9	45.28
10	6	63.08
总数	92	
检验统计量 [a, b]		
卡方	12.504	
df	9	
渐近显著性	0.186	

a. Kruskal-Wallis 检验

b. 分组变量：对照组学生

Kruskal-Wallis 检验的渐进显著性为 0.186、大于 0.05，差异不显著。因此，10 组数据并不存在显著差异，说明对照组学生语序差异处理启动听译时滞的个体差异并不显著。与职业译员同传听译时滞的普遍规律相比，对照组语序差异处理启动听译时滞仅呈现出浮动区间大一项相似性。相较于译员启动听译时滞达 9 秒的最大值，对照组再落后 5 秒达 14 秒之久。然而，其集中趋势不明显，个体差异不显著。相较于译员 4 秒的启动听译时滞集中趋势，对照组落后 1—2 秒，集中在 5—6 秒。个体差异不强，反映出对照组在一学期的同传训练中并未发展出各自的启动听译时滞管理能力。可见，同传训练和经验积累可能与发展听译时滞个体差异、收窄启动听译时滞浮动区间、提前其集中趋势相关。学生在训练初始阶段启动听译时滞个体差异并不显著、普遍存在浮动区间过大、集中趋势落后于译员1—2 秒的特征，但随着训练延长、经验积累达到职业水准后，听译时滞个体差异突出、浮动区间收窄、集中趋势提前。

针对对照组学生启动听译时滞的相关指标进行统计，厘清各学生各样本的处理与信息—认知模型的关系，进而检验其处理是否遵从模型，即其是否发展出语序差异处理能力。结果如表 4.6 所示。

表 4.6 各对照组学生英译汉同传语序差异处理启动 EVS 分布

对照组学生	样本数量	最小值 EVS_{min}	最大值 EVS_{max}	平均数 $\overline{EVS}$	中位数 $EVS_{0.5}$	众数 EVS_M	标准差 σEVS
s1	13	3	10	7 (6.5)	6	6	2.2
s2	12	2	8	5 (4.9)	5	5	2.1
s3	10	4	9	6 (6.3)	6	5	1.7
s4	7	2	8	5 (4.7)	4	4	1.9
s5	9	4	8	6 (5.7)	5	5	1.7
s6	11	4	8	6 (6.2)	6	7	1.3
s7	9	4	14	7 (7.4)	7	5	3.3
s8	6	5	8	7 (6.7)	7 (6.5)	6	1.2
s9	9	2	8	6 (5.8)	6	6	1.8
s10	6	5	9	7 (7.3)	8	9	2.0

对照组学生英译汉同传语序差异处理启动听译时滞的发现如下：第一，各名学生启动听译时滞的浮动区间较大。学生 s1 的浮动区间是 3—10 秒；s2 是 2—8 秒；s3 是 4—9 秒；s4 是 2—8 秒；s5 是 4—9 秒；s6 是 4—8 秒；s7 是 4—14 秒，是浮动区间最大者；s8 是 5—8 秒，是浮动区间最小者；s9 是 2—8 秒；s10 是 5—9 秒。第二，启动听译时滞的集中趋势不明显。仅有 2 名学生 s2、s9 启动听译时滞的平均数、中位数、众数一致，7 名学生 s1、s3、s4、s5、s6、s7、s8 有两项一致，另有 1 名学生 s10 三项指标均不一致。第三，启动听译时滞的离散程度差别较大。10 名学生的标准差分布在 1.2—3.3 秒的区间，可见学生启动语序差异处理的时间不稳定。综上，对于启动听译时滞集中趋势不明显的对照组学生，根据个体三项集中指标的数值确定其各自检验值：个体集中指标偏高者，确定其启动听译时

滞检验值为样本总体集中数值中较高的 6 秒；个体集中指标偏低者，确定其检验值为总体集中数值较低的 5 秒。得出对照组学生启动听译时滞检验值分别是 6 秒、5 秒、6 秒、5 秒、5 秒、6 秒、6 秒、6 秒、6 秒、6 秒。

继而对 24 个贮存听译时滞样本进行统计，得出对照组学生英译汉同传语序差异处理的贮存听译时滞发现如下：第一，最小值为 6 秒，最大值为 15 秒，对照组贮存听译时滞的浮动区间位于 6—15 秒。第二，平均数、中位数、众数三者一致，贮存听译时滞集中于 10 秒，集中趋势明显：平均数约为 10 秒（9.96 秒）；中位数即排在第 12 位与第 13 位的样本的平均数，为 10 秒；众数为样本数最多，共有 4 个的 10 秒。第三，贮存听译时滞的标准差约为 2.7 秒。在个体差异显著性检验中，1 名学生 s4 并未产生贮存听译时滞数据，故参与检验的样本共 9 组，SPSS 报告的检验结果如表 4.7、表 4.8 所示。

表 4.7 对照组学生英译汉同传语序差异处理贮存 EVS 正态性检验 [b, c, d]

对照组学生	Kolmogorov-Smirnov[a]			Shapiro-Wilk		
	统计量	df	显著性	统计量	df	显著性
1	0.141	7	0.200*	0.962	7	0.837
2	0.199	5	0.200*	0.950	5	0.737
6	0.260	2				
7	0.260	2				
8	0.260	2				
10	0.253	3		0.964	3	0.637

a. Lilliefors 显著水平修正

b. 当对照组学生=3 时，贮存 EVS 是常量。它已被忽略。

c. 当对照组学生=5 时，贮存 EVS 是常量。它已被忽略。

d. 当对照组学生=9 时，贮存 EVS 是常量。它已被忽略。

* 这是真实显著水平的下限。

表 4.8 对照组学生英译汉同传语序差异处理贮存 EVS 方差齐性检验

Levene 统计量	df1	df2	显著性
1.127	5	15	0.388

根据正态性检验的 Shapiro-Wilk 方法，学生 s3、s5、s9 的贮存听译时滞数据只有一个、已被忽略；s6、s7、s8 的数据显著性检验无结果，无法

接受正态分布的原假设，数据非正态分布。方差齐性检验结果的显著性为
0.388、大于 0.05，接受方差齐性的原假设。因数据非正态分布但方差齐，
故对贮存听译时滞的差异显著性检验采用非参数 Kruskal-Wallis 检验方法。
SPSS 报告的结果如表 4.9 所示。

表 4.9 对照组学生英译汉同传语序差异处理贮存 EVS Kruskal-Wallis 检验

对照组学生	N	秩均值
1	7	12.14
2	5	12.10
3	1	16.50
5	1	22.00
6	2	10.25
7	2	6.00
8	2	8.50
9	1	24.00
10	3	14.17
总数	24	
检验统计量 [a, b]		
卡方	7.599	
df	8	
渐近显著性	0.474	

a. Kruskal-Wallis 检验

b. 分组变量：对照组学生

Kruskal-Wallis 检验的渐进显著性为 0.474、大于 0.05，差异不显著。可
见，对照组学生贮存听译时滞并无显著差异，反映出其短时记忆持留阈值
趋同。对照组学生英译汉同传语序差异处理贮存听译时滞呈现出浮动区间
大、集中趋势强、个体差异弱的特征，与职业译员贮存听译时滞的质性描
述特征相似，主要差别在于数值的不同。第一，相较于译员贮存听译时滞
达 12 秒的最大值，对照组学生再落后 3 秒，达 15 秒之久。第二，相较于
译员 8 秒的集中趋势，对照组学生落后 2 秒，集中在 10 秒。可见，同传
训练和经验积累可能与提早贮存信息的产出时间相关，而训练时长短、实
战经验少的对照组学生产出贮存信息的时间较为落后。

统计对照组学生英译汉同传语序差异处理中各自的贮存听译时滞相

关指标，忽略没有产生数据的 s4 与只有一个数据的 s3、s5、s9，其余 6
名学生相关指标结果如表 4.10 所示。

表 4.10 各对照组学生英译汉同传语序差异处理贮存 EVS 分布

对照组学生	样本数量	最小值 EVS_{min}	最大值 EVS_{max}	平均数 $\overline{EVS}$	中位数 $EVS_{0.5}$	众数 EVS_M	标准差 σEVS
s1	7	6	13	10 (9.7)	10	无	2.6
s2	5	6	14	10 (9.8)	10	无	3.3
s6	2	8	10	9	9	无	1.4
s7	2	6	9	8 (7.5)	8 (7.5)	无	2.1
s8	2	8	9	9 (8.5)	9 (8.5)	无	0.7
s10	3	8	14	11 (10.7)	10	无	3.1

通过统计得出对照组学生英译汉同传语序差异处理贮存听译时滞的
发现如下：第一，各学生贮存听译时滞的浮动区间较大。学生 s1 的区间
是 6—13 秒；s2 是 6—14 秒，为浮动区间最大者；s6 是 8—10 秒；s7 是 6
—9 秒；s8 是 8—9 秒，为浮动区间最小者；s10 是 8—14 秒。第二，各学
生贮存听译时滞的集中趋势不明显。三项集中指标中，全部 6 组数据都不
存在众数；在平均数与中位数中，学生 s10 两项指标不一致，其余 5 名学
生两项指标一致。第三，各学生贮存听译时滞离散程度相差较大，6 名学
生标准差的区间达到 0.7—3.3 秒。考虑到对照组学生各自贮存听译时滞样
本数量小、集中趋势弱、离散趋势强，因此确定贮存听译时滞总体样本的
集中趋势 10 秒为各学生个体贮存听译时滞的检验值。

结合职业译员听译时滞的实证发现，为揭示对照组学生英译汉同传语
序差异处理的听译时滞与译员的差异是否具有统计学意义上的显著性，对
两组受试的启动听译时滞、贮存听译时滞进行独立样本 t 检验。首先检验
译员 110 个、对照组 92 个启动听译时滞数据，再检验译员 36 个、对照组
24 个贮存听译时滞数据，零假设均是两样本之间不存在显著差异。SPSS
报告的检验结果如表 4.11、表 4.12 所示。

表 4.11 译员、对照组学生英译汉同传语序差异处理启动 EVS 独立样本检验

方差方程的 Levene 检验		均值方程的 t 检验						
F	显著性	t	df	显著性（双侧）	均值差值	标准误差值	差分的 95% 置信区间	
							下限	上限
11.693	0.001	−7.976	200.000	0	−2.038	0.255	−2.542	−1.534
		−7.769	164.348	0	−2.038	0.262	−2.556	−1.520

表 4.12 译员、对照组学生英译汉同传语序差异处理贮存 EVS 独立样本检验

方差方程的 Levene 检验		均值方程的 t 检验						
F	显著性	t	df	显著性（双侧）	均值差值	标准误差值	差分的 95% 置信区间	
							下限	上限
3.195	0.079	−3.768	58.000	0	−2.292	0.608	−3.509	−1.074
		−3.531	38.568	0.001	−2.292	0.649	−3.605	−0.978

对照组学生的启动听译时滞、贮存听译时滞均与译员存在显著差异。启动听译时滞数据的方差方程 Levene 检验得出方差不相等的结果（Sig=0.001<0.05），拒绝两样本不存在显著差异的零假设（$t=-7.769$, Sig=0< 0.05）；贮存听译时滞数据的方差方程 Levene 检验得出方差相等的结果（Sig=0.079>0.05），拒绝两样本不存在显著差异的零假设（$t=-3.768$, Sig=0<0.05）。

可见，对照组学生在完成第一学期基于顺译规范的同传训练之后，在英译汉同传方向上启动语序差异处理的时长，以及产出贮存信息的时长，仍显著落后于职业译员。语序差异处理作为汉英同传中的特定操作，对听译时滞管理提出更高的要求；更长的训练时间与更多的经验积累有助于相应听译时滞管理能力的发展。仅接受一学期顺译同传训练的对照组尚未发展出该能力，佐证同传课程在翻译专业口译方向硕士学制中两个学期安排的合理性。但同时，这一显著差异也反映出顺译规范在发展听译时滞管理能力上的效果有限，凸显探索促进学生能力发展更有效训练方法的必要性。

在分别确定对照组学生个体启动听译时滞检验值、10 秒的贮存听译时滞检验值后，把其与进入认知维度检验的 92 个英译汉同传语序差异处理样本逐一进行比较，得出认知维度遵从检验结果如表 4.13 所示。把未遵从的原因、提示听译时滞特性的详情一并标出，对后者做进一步分析探讨。

表 4.13 对照组学生英译汉同传语序差异处理模型认知维度遵从结果

学生 s1、s3、s6— s10 样本	译语评价	启动 EVS≤6	贮存 EVS≤10	认知维度遵从结果
*y2s1	错	4	无	遵从
*y4s1	错	3	6	遵从
y5s1	对	6	无	遵从
y7s1	错	7	9	未遵从：启动 EVS 过大
*y8s1	对	9	10	启动 EVS 孤例：后续处理正确，但对照组学生总体中 9 秒的正确样本数量低于误译样本
y9s1	对	9	11	未遵从：后续短语 y10 错误，启动、贮存 EVS 过大
*y10s1	错	6	无	遵从
*y11s1	对	10	13	启动、贮存 EVS 孤例：后续处理正确，样本在对照组学生总体中仅为孤例
y12s1	错	6	12	未遵从：贮存 EVS 过大
*y13s1	对	8	无	未遵从：后续处理错误，启动 EVS 过大
y14s1	错	4	7	遵从
*y17s1	对	8	无	未遵从：后续处理错误，启动 EVS 过大
*y20s1	对	5	无	遵从
y5s3	对	5	无	遵从
y7s3	错	4	无	遵从
*y8s3	对	5	无	遵从
y9s3	对	8	无	未遵从：后续短语 y10 未处理，启动 EVS 过大
*y11s3	对	5	无	遵从
y12s3	错	8	11	未遵从：启动、贮存 EVS 过大
*y13s3	错	9	无	未遵从：启动 EVS 过大
y14s3	对	5	无	遵从

续表

学生 s1、s3、s6—s10 样本	译语评价	启动 EVS≤6	贮存 EVS≤10	认知维度遵从结果
y15s3	错	7	无	未遵从：启动 EVS 过大
*y17s3	错	7	无	未遵从：启动 EVS 过大
y1s6	错	4	10	遵从
*y2s6	错	7	无	未遵从：启动 EVS 过大
*y4s6	错	6	无	遵从
y5s6	对	6	无	遵从
y7s6	错	5	无	遵从
y9s6	对	7	8	未遵从：启动 EVS 过大
*y11s6	对	5	无	遵从
*y13s6	错	8	无	未遵从：启动 EVS 过大
y14s6	对	5	无	遵从
y15s6	错	8	无	未遵从：启动 EVS 过大
*y17s6	对	7	无	未遵从：后续处理错误，启动 EVS 过大
y1s7	错	5	6	遵从
*y2s7	错	4	无	遵从
*y4s7	错	7	无	未遵从：启动 EVS 过大
y5s7	对	5	无	遵从
y7s7	错	9	无	未遵从：启动 EVS 过大
*y8s7	错	11	无	未遵从：启动 EVS 过大
*y10s7	错	7	9	未遵从：启动 EVS 过大
y14s7	错	5	无	遵从
*y17s7	错	14	无	未遵从：启动 EVS 过大
*y4s8	错	5	8	遵从
y5s8	对	6	无	遵从
*y10s8	错	7	9	未遵从：启动 EVS 过大
y12s8	错	8	无	未遵从：启动 EVS 过大

续表

学生 s1、s3、s6—s10 样本	译语评价	启动 EVS≤6	贮存 EVS≤10	认知维度遵从结果
y14s8	错	6	无	遵从
y15s8	错	8	无	未遵从：启动 EVS 过大
*y2s9	错	2	无	遵从
*y4s9	错	6	无	遵从
y5s9	对	5	无	遵从
y7s9	错	6	无	遵从
y9s9	错	6	15	未遵从：贮存 EVS 过大
*y11s9	对	5	无	遵从
y12s9	错	8	无	未遵从：启动 EVS 过大
*y13s9	对	8	无	未遵从：后续处理错误，启动 EVS 过大
y15s9	错	6	无	遵从
y5s10	错	5	10	遵从
y7s10	对	5	无	遵从
y9s10	错	9	14	未遵从：启动、贮存 EVS 过大
*y10s10	错	7	8	未遵从：启动 EVS 过大
*y13s10	对	9	无	未遵从：后续处理错误，启动 EVS 过大
y15s10	错	9	无	未遵从：启动 EVS 过大

学生 s2、s4—s5 样本	译语评价	启动 EVS≤5	贮存 EVS≤10	认知维度遵从结果
y1s2	错	4	14	未遵从：贮存 EVS 过大
*y2s2	错	2	无	遵从
*y4s2	错	5	7	遵从
y5s2	错	6	无	未遵从：启动 EVS 过大
y7s2	错	5	10	遵从
y9s2	错	8	无	未遵从：启动 EVS 过大
*y11s2	对	4	无	遵从
y12s2	错	8	无	未遵从：启动 EVS 过大

学生 s2、s4—s5 样本	译语评价	启动 EVS≤5	贮存 EVS≤10	认知维度遵从结果
*y13s2	错	7	无	未遵从：启动 EVS 过大
y14s2	错	3	6	遵从
y15s2	对	5	无	遵从
y18s2	错	2	12	未遵从：贮存 EVS 过大
y5s4	对	5	无	遵从
y7s4	错	4	无	遵从
*y11s4	对	4	无	遵从
*y13s4	对	6	无	未遵从：后续处理错误，启动 EVS 过大
*y17s4	错	8	无	未遵从：启动 EVS 过大
*y19s4	错	4	无	遵从
*y20s4	错	2	无	遵从
y5s5	对	5	无	遵从
y7s5	对	4	无	遵从
*y8s5	错	8	无	未遵从：启动 EVS 过大
*y11s5	对	5	无	遵从
y12s5	错	4	无	遵从
*y13s5	错	9	无	未遵从：启动 EVS 过大
y14s5	错	6	14	未遵从：启动、贮存 EVS 过大
y15s5	错	5	无	遵从
*y17s5	错	6	无	未遵从：启动 EVS 过大

对照组学生样本中的大部分样本均遵从认知维度假设，个别样本为孤例。具体而言，对照组遵从认知维度假设的样本共 48 个、孤例样本共 2 个、未遵从的样本共 42 个，认知维度遵从率约为 52.2%。就启动听译时滞遵从而言，样本 y8s1 通过译语后续句正确的工作假设检验，但因对照组学生样本总体中启动听译时滞 9 秒的正确样本数量低于误译样本，故不能接受其为特性，仅为孤例。样本 y9s1 因连续短语 y10s1 误译而证伪 9 秒的启动听译时滞。样本 y11s1 提示的 10 秒启动听译时滞也是对照组学生样本总体中的特例。就贮存听译时滞遵从而言，样本 y11s1 提示的 13 秒也是个例。

4.2.1.3 信息—认知模型遵从

综合上述信息、认知维度的质性、量化分析，得出对照组学生英译汉同传语序差异处理的信息—认知模型遵从结果如表 4.14 所示。信息和认知维度同时遵从的样本，遵从模型；一个或两个维度未遵从的样本，如果译语错误或后续译语错误，则未遵从模型；如果译语和后续译语均正确，则是模型遵从孤例。结果发现，在 200 个应采集样本总数中，遵从模型的样本为 21 个，模型遵从率为 10.5%，占比一成左右；认知维度孤例 2 个，占比 1%；未遵从模型、处理失误的样本为 177 个，模型背离率为 88.5%，接近九成。

表 4.14 对照组学生英译汉同传语序差异处理模型遵从结果

样本	处理结果	信息维度遵从结果	认知维度遵从结果	模型遵从结果
y1s1	错	未遵从	无	未遵从信息维度
y1s2	错	未遵从	未遵从	未遵从信息、认知维度
y1s3	错	未遵从	无	未遵从信息维度
y1s4	错	未遵从	无	未遵从信息维度
y1s5	错	未遵从	无	未遵从信息维度
y1s6	错	未遵从	遵从	遵从认知维度、未遵从信息维度
y1s7	错	未遵从	遵从	遵从认知维度、未遵从信息维度
y1s8	错	未遵从	无	未遵从信息维度
y1s9	错	未遵从	无	未遵从信息维度
y1s10	错	未遵从	无	未遵从信息维度
*y2s1	错	未遵从	遵从	遵从认知维度、未遵从信息维度
*y2s2	错	未遵从	遵从	遵从认知维度、未遵从信息维度
*y2s3	错	未遵从	无	未遵从信息维度
*y2s4	错	未遵从	无	未遵从信息维度
*y2s5	错	未遵从	无	未遵从信息维度
*y2s6	错	未遵从	未遵从	未遵从信息、认知维度
*y2s7	错	未遵从	遵从	遵从认知维度、未遵从信息维度
*y2s8	错	未遵从	无	遵从认知维度、未遵从信息维度
*y2s9	错	未遵从	遵从	遵从认知维度、未遵从信息维度
*y2s10	错	未遵从	无	未遵从信息维度
*y3s1	错	未遵从	无	未遵从信息维度

续表

样本	处理结果	信息维度遵从结果	认知维度遵从结果	模型遵从结果
*y3s2	错	未遵从	无	未遵从信息维度
*y3s3	错	未遵从	无	未遵从信息维度
*y3s4	错	未遵从	无	未遵从信息维度
*y3s5	错	未遵从	无	未遵从信息维度
*y3s6	错	未遵从	无	未遵从信息维度
*y3s7	错	未遵从	无	未遵从信息维度
*y3s8	错	未遵从	无	未遵从信息维度
*y3s9	错	未遵从	无	未遵从信息维度
*y3s10	错	未遵从	无	未遵从信息维度
*y4s1	错	未遵从	遵从	遵从认知维度、未遵从信息维度
*y4s2	错	未遵从	遵从	遵从认知维度、未遵从信息维度
*y4s3	错	未遵从	无	未遵从信息维度
*y4s4	错	未遵从	无	未遵从信息维度
*y4s5	错	未遵从	无	未遵从信息维度
*y4s6	错	未遵从	遵从	遵从认知维度、未遵从信息维度
*y4s7	错	未遵从	未遵从	未遵从信息、认知维度
*y4s8	错	未遵从	遵从	遵从认知维度、未遵从信息维度
*y4s9	错	未遵从	遵从	遵从认知维度、未遵从信息维度
*y4s10	错	未遵从	无	未遵从信息维度
y5s1	对	遵从	遵从	遵从信息、认知维度
y5s2	错	未遵从	未遵从	未遵从信息、认知维度
y5s3	对	遵从	遵从	遵从信息、认知维度
y5s4	对	遵从	遵从	遵从信息、认知维度
y5s5	对	遵从	遵从	遵从信息、认知维度
y5s6	对	遵从	遵从	遵从信息、认知维度
y5s7	对	遵从	遵从	遵从信息、认知维度
y5s8	对	遵从	遵从	遵从信息、认知维度
y5s9	对	遵从	遵从	遵从信息、认知维度
y5s10	错	未遵从	遵从	遵从认知维度、未遵从信息维度
*y6s1	错	未遵从	无	未遵从信息维度
*y6s2	错	未遵从	无	未遵从信息维度
*y6s3	错	未遵从	无	未遵从信息维度

续表

样本	处理结果	信息维度遵从结果	认知维度遵从结果	模型遵从结果
*y6s4	错	未遵从	无	未遵从信息维度
*y6s5	错	未遵从	无	未遵从信息维度
*y6s6	错	未遵从	无	未遵从信息维度
*y6s7	错	未遵从	无	未遵从信息维度
*y6s8	错	未遵从	无	未遵从信息维度
*y6s9	错	未遵从	无	未遵从信息维度
*y6s10	错	未遵从	无	未遵从信息维度
y7s1	错	未遵从	未遵从	未遵从信息、认知维度
y7s2	错	未遵从	遵从	遵从认知维度、未遵从信息维度
y7s3	错	未遵从	遵从	遵从认知维度、未遵从信息维度
y7s4	错	未遵从	遵从	遵从认知维度、未遵从信息维度
y7s5	对	遵从	遵从	遵从信息、认知维度
y7s6	错	未遵从	遵从	遵从认知维度、未遵从信息维度
y7s7	错	未遵从	未遵从	未遵从信息、认知维度
y7s8	错	未遵从	无	未遵从信息维度
y7s9	错	未遵从	遵从	遵从认知维度、未遵从信息维度
y7s10	对	遵从	遵从	遵从信息、认知维度
*y8s1	对	遵从	孤例	遵从信息维度、仅为认知维度孤例
*y8s2	错	未遵从	无	未遵从信息维度
*y8s3	对	遵从	遵从	遵从信息、认知维度
*y8s4	错	未遵从	无	未遵从信息维度
*y8s5	错	未遵从	未遵从	未遵从信息、认知维度
*y8s6	错	未遵从	无	未遵从信息维度
*y8s7	错	未遵从	未遵从	未遵从信息、认知维度
*y8s8	错	未遵从	无	未遵从信息维度
*y8s9	错	未遵从	无	未遵从信息维度
*y8s10	错	未遵从	无	未遵从信息维度
y9s1	对	未遵从	未遵从	未遵从信息、认知维度
y9s2	错	未遵从	未遵从	未遵从信息、认知维度
y9s3	对	遵从	未遵从	遵从信息维度、未遵从认知维度
y9s4	错	未遵从	无	未遵从信息维度
y9s5	错	未遵从	无	未遵从信息维度

样本	处理结果	信息维度遵从结果	认知维度遵从结果	模型遵从结果
y9s6	对	未遵从	未遵从	未遵从信息、认知维度
y9s7	错	未遵从	无	未遵从信息维度
y9s8	错	未遵从	无	未遵从信息维度
y9s9	错	未遵从	未遵从	未遵从信息、认知维度
y9s10	错	未遵从	未遵从	未遵从信息、认知维度
*y10s1	错	未遵从	遵从	遵从认知维度、未遵从信息维度
*y10s2	错	未遵从	无	未遵从信息维度
*y10s3	错	未遵从	无	未遵从信息维度
*y10s4	错	未遵从	无	未遵从信息维度
*y10s5	错	未遵从	无	未遵从信息维度
*y10s6	错	未遵从	无	未遵从信息维度
*y10s7	错	未遵从	未遵从	未遵从信息、认知维度
*y10s8	错	未遵从	未遵从	未遵从信息、认知维度
*y10s9	错	未遵从	无	未遵从信息维度
*y10s10	错	未遵从	未遵从	未遵从信息、认知维度
*y11s1	对	遵从	孤例	遵从信息维度、仅为认知维度孤例
*y11s2	对	遵从	遵从	遵从信息、认知维度
*y11s3	对	遵从	遵从	遵从信息、认知维度
*y11s4	对	遵从	遵从	遵从信息、认知维度
*y11s5	对	遵从	遵从	遵从信息、认知维度
*y11s6	对	遵从	遵从	遵从信息、认知维度
*y11s7	错	未遵从	无	未遵从信息维度
*y11s8	错	未遵从	无	未遵从信息维度
*y11s9	对	遵从	遵从	遵从信息、认知维度
*y11s10	错	未遵从	无	未遵从信息维度
y12s1	错	未遵从	未遵从	未遵从信息、认知维度
y12s2	错	未遵从	未遵从	未遵从信息、认知维度
y12s3	错	未遵从	未遵从	未遵从信息、认知维度
y12s4	错	未遵从	无	未遵从信息维度
y12s5	错	未遵从	遵从	遵从认知维度、未遵从信息维度
y12s6	错	未遵从	无	未遵从信息维度
y12s7	错	未遵从	无	未遵从信息维度

续表

样本	处理结果	信息维度遵从结果	认知维度遵从结果	模型遵从结果
y12s8	错	未遵从	未遵从	未遵从信息、认知维度
y12s9	错	未遵从	未遵从	未遵从信息、认知维度
y12s10	错	未遵从	无	未遵从信息维度
*y13s1	对	遵从	未遵从	遵从信息维度、未遵从认知维度
*y13s2	错	未遵从	未遵从	未遵从信息、认知维度
*y13s3	错	未遵从	未遵从	未遵从信息、认知维度
*y13s4	对	遵从	未遵从	遵从信息维度、未遵从认知维度
*y13s5	错	未遵从	未遵从	未遵从信息、认知维度
*y13s6	错	未遵从	未遵从	未遵从信息、认知维度
*y13s7	错	未遵从	无	未遵从信息维度
*y13s8	错	未遵从	无	未遵从信息维度
*y13s9	对	遵从	未遵从	遵从信息维度、未遵从认知维度
*y13s10	对	遵从	未遵从	遵从信息维度、未遵从认知维度
y14s1	错	未遵从	遵从	遵从认知维度、未遵从信息维度
y14s2	错	未遵从	遵从	遵从认知维度、未遵从信息维度
y14s3	对	遵从	遵从	遵从信息、认知维度
y14s4	错	未遵从	无	未遵从信息维度
y14s5	错	未遵从	未遵从	未遵从信息、认知维度
y14s6	对	遵从	遵从	遵从信息、认知维度
y14s7	错	未遵从	遵从	遵从认知维度、未遵从信息维度
y14s8	错	未遵从	遵从	遵从认知维度、未遵从信息维度
y14s9	错	未遵从	无	未遵从信息维度
y14s10	错	未遵从	无	未遵从信息维度
y15s1	错	未遵从	无	未遵从信息维度
y15s2	对	遵从	遵从	遵从信息、认知维度
y15s3	错	未遵从	未遵从	未遵从信息、认知维度
y15s4	错	未遵从	无	未遵从信息维度
y15s5	错	未遵从	遵从	遵从认知维度、未遵从信息维度
y15s6	错	未遵从	未遵从	未遵从信息、认知维度
y15s7	错	未遵从	无	未遵从信息维度
y15s8	错	未遵从	未遵从	未遵从信息、认知维度
y15s9	错	未遵从	遵从	遵从认知维度、未遵从信息维度

续表

样本	处理结果	信息维度遵从结果	认知维度遵从结果	模型遵从结果
y15s10	错	未遵从	未遵从	未遵从信息、认知维度
y16s1	错	未遵从	无	未遵从信息维度
y16s2	错	未遵从	无	未遵从信息维度
y16s3	错	未遵从	无	未遵从信息维度
y16s4	错	未遵从	无	未遵从信息维度
y16s5	错	未遵从	无	未遵从信息维度
y16s6	错	未遵从	无	未遵从信息维度
y16s7	错	未遵从	无	未遵从信息维度
y16s8	错	未遵从	无	未遵从信息维度
y16s9	错	未遵从	无	未遵从信息维度
y16s10	错	未遵从	无	未遵从信息维度
*y17s1	对	遵从	未遵从	遵从信息维度、未遵从认知维度
*y17s2	错	未遵从	无	未遵从信息维度
*y17s3	错	未遵从	未遵从	未遵从信息、认知维度
*y17s4	错	未遵从	未遵从	未遵从信息、认知维度
*y17s5	错	未遵从	未遵从	未遵从信息、认知维度
*y17s6	对	遵从	未遵从	遵从信息维度、未遵从认知维度
*y17s7	错	未遵从	未遵从	未遵从信息、认知维度
*y17s8	错	未遵从	无	未遵从信息维度
*y17s9	错	未遵从	无	未遵从信息维度
*y17s10	错	未遵从	无	未遵从信息维度
y18s1	错	未遵从	无	未遵从信息维度
y18s2	错	未遵从	未遵从	未遵从信息、认知维度
y18s3	错	未遵从	无	未遵从信息维度
y18s4	错	未遵从	无	未遵从信息维度
y18s5	错	未遵从	无	未遵从信息维度
y18s6	错	未遵从	无	未遵从信息维度
y18s7	错	未遵从	无	未遵从信息维度
y18s8	错	未遵从	无	未遵从信息维度
y18s9	错	未遵从	无	未遵从信息维度
y18s10	错	未遵从	无	未遵从信息维度
*y19s1	错	未遵从	无	未遵从信息维度

续表

样本	处理结果	信息维度遵从结果	认知维度遵从结果	模型遵从结果
*y19s2	错	未遵从	无	未遵从信息维度
*y19s3	错	未遵从	无	未遵从信息维度
*y19s4	错	未遵从	遵从	遵从认知维度、未遵从信息维度
*y19s5	错	未遵从	无	未遵从信息维度
*y19s6	错	未遵从	无	未遵从信息维度
*y19s7	错	未遵从	无	未遵从信息维度
*y19s8	错	未遵从	无	未遵从信息维度
*y19s9	错	未遵从	无	未遵从信息维度
*y19s10	错	未遵从	无	未遵从信息维度
*y20s1	对	遵从	遵从	遵从信息、认知维度
*y20s2	错	未遵从	无	未遵从信息维度
*y20s3	错	未遵从	无	未遵从信息维度
*y20s4	错	未遵从	遵从	遵从认知维度、未遵从信息维度
*y20s5	错	未遵从	无	未遵从信息维度
*y20s6	错	未遵从	无	未遵从信息维度
*y20s7	错	未遵从	无	未遵从信息维度
*y20s8	错	未遵从	无	未遵从信息维度
*y20s9	错	未遵从	无	未遵从信息维度
*y20s10	错	未遵从	无	未遵从信息维度

　　基于顺译规范进行反馈的同传训练，在对照组学生英译汉同传中所取得的效果如下：第一，除占比 1%的信息—认知模型遵从孤例外，模型一成左右的遵从率反映出对照组语序差异处理能力发展达到可以成功进行一成左右处理的水平。第二，未遵从模型、处理失误的样本接近九成，说明学生处理能力发展水平仍然低下、模型背离率很高。对照组误译的首要诱因是模型信息维度背离，170 个样本占比 85%，信息维度背离率超过八成。其中语序差异未识别为最突出问题，108 个样本占比 54%，可见未识别率为 54%；源语信息识别错误为次突出问题，60 个样本占比 30%，识别错误率为 30%；译语背离信息密度一致性问题并不突出，2 个样本占比1%，信息密度未优化率为 1%。这体现出源语正确识别能力对对照组的极强约束力，其识别能力的发展水平显著弱于职业译员。对照组误译的次要诱因是认知维度背离，42 个样本占比 21%，认知维度背离率超过两成。其

中 35 个样本同时也背离源语正确识别的信息维度，可见信息、认知维度背离的高共现性。

基于对照组语序差异能力得到发展但水平低下的发现及对其错误类型的分析，可以推断出两个潜在原因：第一，一学期的顺译规范训练时长过短，学生能力可能在第二学期才开始迅速发展；第二，顺译规范反馈在指导教学上存在效果有限的不足。源语语序差异未识别或信息识别错误的突出问题，反映出顺译规范可能被学生视作同传的普遍操作，进而忽视对语序差异的精准识别、对语序差异所可能导致的误译等问题很不敏感。认知维度遵从率低的问题，体现出顺译本身缺乏认知/时间维度规范所造成的能力发展弊端。学生在接受顺译反馈后未能获得听译时滞管理的有益建议，听译时滞管理能力发展水平仍与译员存在显著差距。具体原因的确定有待对实验组学生实施循证教学实验研究并获得发现后，比较对照组发现分析得出。

4.2.2 实验组学生英译汉同传实验结果

4.2.2.1 模型信息维度遵从

完成英译汉同传任务的实验组学生共 8 人，以 S1—S8 编码，其英译汉同传语序差异处理译语及其评价汇总列表，见附录 2。检验结果如表 4.15所示。

表 4.15 实验组学生英译汉同传语序差异处理模型信息维度遵从检验

样本	译语评价	是否识别	是否识别正确	是否产出闭合轮廓	是否产出SV(O)轮廓	信息维度遵从结果
y1S1	对	是	是	是	是	遵从
y1S2	错	是	否	无	无	未遵从：源语识别错误
y1S3	错	是	否	无	无	未遵从：源语识别错误
y1S4	错	是	否	无	无	未遵从：源语识别错误
y1S5	对	是	是	是	是	遵从
y1S6	错	是	否	无	无	未遵从：源语识别错误
y1S7	错	是	否	无	无	未遵从：源语识别错误
y1S8	错	是	否	无	无	未遵从：源语识别错误

续表

样本	译语评价	是否识别	是否识别正确	是否产出闭合轮廓	是否产出SV(O)轮廓	信息维度遵从结果
*y2S1	对	是	是	是	是	遵从
*y2S2	对	是	是	是	是	遵从
*y2S3	对	是	是	是	是	遵从
*y2S4	对	是	是	是	是	遵从
*y2S5	错	否	否	无	无	未遵从：源语未识别
*y2S6	对	是	是	是	是	遵从
*y2S7	对	是	是	是	是	遵从
*y2S8	错	否	否	无	无	未遵从：源语未识别
*y3S1	错	否	否	无	无	未遵从：源语未识别
*y3S2	错	否	否	无	无	未遵从：源语未识别
*y3S3	错	否	否	无	无	未遵从：源语未识别
*y3S4	错	否	否	无	无	未遵从：源语未识别
*y3S5	错	否	否	无	无	未遵从：源语未识别
*y3S6	错	否	否	无	无	未遵从：源语未识别
*y3S7	对	是	是	是	是	遵从
*y3S8	错	否	否	无	无	未遵从：源语未识别
*y4S1	对	是	是	是	是	遵从
*y4S2	错	是	否	无	无	未遵从：源语识别错误
*y4S3	错	是	否	无	无	未遵从：源语识别错误
*y4S4	错	是	否	无	无	未遵从：源语识别错误
*y4S5	错	是	否	无	无	未遵从：源语识别错误
*y4S6	错	是	否	无	无	未遵从：源语识别错误
*y4S7	错	是	否	无	无	未遵从：源语识别错误
*y4S8	错	是	否	无	无	未遵从：源语识别错误
y5S1	对	是	是	否	是	遵从：主观冗余调节
y5S2	对	是	是	是	是	遵从
y5S3	对	是	是	是	是	遵从
y5S4	对	是	是	是	是	遵从
y5S5	对	是	是	是	是	遵从
y5S6	对	是	是	是	是	遵从
y5S7	对	是	是	是	是	遵从

样本	译语评价	是否识别	是否识别正确	是否产出闭合轮廓	是否产出SV(O)轮廓	信息维度遵从结果
y5S8	对	是	是	是	是	遵从
*y6S1	对	是	是	是	是	遵从
*y6S2	错	否	否	无	无	未遵从：源语未识别
*y6S3	错	否	否	无	无	未遵从：源语未识别
*y6S4	错	否	否	无	无	未遵从：源语未识别
*y6S5	错	否	否	无	无	未遵从：源语未识别
*y6S6	对	是	是	是	是	遵从
*y6S7	错	否	否	无	无	未遵从：源语未识别
*y6S8	对	是	是	是	是	遵从
y7S1	错	是	否	无	无	未遵从：源语识别错误
y7S2	对	是	是	是	是	遵从
y7S3	对	是	是	否	是	遵从：主观冗余调节
y7S4	对	是	是	是	是	遵从
y7S5	错	是	否	无	无	未遵从：源语识别错误
y7S6	错	是	否	无	无	未遵从：源语识别错误
y7S7	对	是	是	否	是	未遵从：后续译语错误
y7S8	对	是	是	是	是	遵从
*y8S1	错	否	否	无	无	未遵从：源语未识别
*y8S2	对	是	是	是	是	遵从
*y8S3	对	是	是	是	是	遵从
*y8S4	对	是	是	是	是	遵从
*y8S5	错	否	否	无	无	未遵从：源语未识别
*y8S6	错	否	否	无	无	未遵从：源语未识别
*y8S7	错	否	否	无	无	未遵从：源语未识别
*y8S8	对	是	是	是	是	遵从
y9S1	对	是	是	否	是	未遵从：后续译语错误
y9S2	对	是	是	是	是	遵从
y9S3	对	是	是	是	是	遵从
y9S4	对	是	是	是	是	遵从
y9S5	对	是	是	是	是	遵从
y9S6	对	是	是	是	是	遵从

续表

样本	译语评价	是否识别	是否识别正确	是否产出闭合轮廓	是否产出SV(O)轮廓	信息维度遵从结果
y9S7	对	是	是	否	是	未遵从：后续译语错误
y9S8	对	是	是	是	是	遵从
*y10S1	错	是	否	无	无	未遵从：源语识别错误
*y10S2	对	是	是	否	是	遵从：主观冗余调节
*y10S3	对	是	是	否	是	遵从：主观冗余调节
*y10S4	错	是	否	无	无	未遵从：源语识别错误
*y10S5	对	是	是	是	是	遵从
*y10S6	对	是	是	是	是	遵从
*y10S7	错	否	否	无	无	未遵从：源语未识别
*y10S8	错	是	否	无	无	未遵从：源语识别错误
*y11S1	对	是	是	否	是	遵从：主观冗余调节
*y11S2	对	是	是	是	是	遵从
*y11S3	对	是	是	是	是	遵从
*y11S4	对	是	是	是	是	遵从
*y11S5	对	是	是	是	是	遵从
*y11S6	错	是	否	无	无	未遵从：源语识别错误
*y11S7	对	是	是	否	是	未遵从：后续译语错误
*y11S8	错	是	否	无	无	未遵从：源语识别错误
y12S1	错	否	否	无	无	未遵从：源语未识别
y12S2	错	是	否	无	无	未遵从：源语识别错误
y12S3	错	否	否	无	无	未遵从：源语未识别
y12S4	错	否	否	无	无	未遵从：源语未识别
y12S5	错	是	否	无	无	未遵从：源语识别错误
y12S6	错	否	否	无	无	未遵从：源语未识别
y12S7	对	是	是	是	是	遵从
y12S8	错	是	否	无	无	未遵从：源语识别错误
*y13S1	对	是	是	是	是	遵从
*y13S2	对	是	是	是	是	遵从
*y13S3	对	是	是	是	是	遵从
*y13S4	对	是	是	是	是	遵从
*y13S5	对	是	是	是	是	遵从

样本	译语评价	是否识别	是否识别正确	是否产出闭合轮廓	是否产出SV(O)轮廓	信息维度遵从结果
*y13S6	对	是	是	否	是	未遵从：后续译语错误
*y13S7	错	是	否	无	无	未遵从：源语识别错误
*y13S8	对	是	是	是	是	遵从
y14S1	对	是	是	是	是	遵从
y14S2	对	是	是	否	是	未遵从：后续译语错误
y14S3	错	是	否	无	无	未遵从：源语识别错误
y14S4	错	是	否	无	无	未遵从：源语识别错误
y14S5	对	是	是	是	是	遵从
y14S6	对	是	是	是	是	遵从
y14S7	对	是	是	是	是	遵从
y14S8	对	是	是	是	是	遵从
y15S1	对	是	是	否	是	遵从：主观冗余调节
y15S2	对	是	是	否	是	遵从：主观冗余调节
y15S3	对	是	是	是	是	遵从
y15S4	对	是	是	是	是	遵从
y15S5	对	是	是	是	是	遵从
y15S6	对	是	是	是	是	遵从
y15S7	对	是	是	是	是	遵从
y15S8	对	是	是	是	是	遵从
y16S1	错	否	否	无	无	未遵从：源语未识别
y16S2	错	是	否	无	无	未遵从：源语识别错误
y16S3	对	是	是	是	是	遵从
y16S4	对	是	是	是	是	遵从
y16S5	对	是	是	是	是	遵从
y16S6	错	是	否	无	无	未遵从：源语识别错误
y16S7	对	是	是	是	是	遵从
y16S8	对	是	是	是	是	遵从
*y17S1	对	是	是	是	是	遵从
*y17S2	错	是	否	无	无	未遵从：源语识别错误
*y17S3	错	否	否	无	无	未遵从：源语未识别

续表

样本	译语评价	是否识别	是否识别正确	是否产出闭合轮廓	是否产出SV(O)轮廓	信息维度遵从结果
*y17S4	错	是	否	无	无	未遵从：源语识别错误
*y17S5	对	是	是	是	是	遵从
*y17S6	对	是	是	是	是	遵从
*y17S7	错	否	否	无	无	未遵从：源语未识别
*y17S8	错	是	否	无	无	未遵从：源语识别错误
y18S1	错	是	否	无	无	未遵从：源语识别错误
y18S2	错	是	否	无	无	未遵从：源语识别错误
y18S3	错	否	否	无	无	未遵从：源语未识别
y18S4	错	是	否	无	无	未遵从：源语识别错误
y18S5	错	否	否	无	无	未遵从：源语未识别
y18S6	错	否	否	无	无	未遵从：源语未识别
y18S7	错	否	否	无	无	未遵从：源语未识别
y18S8	错	否	否	无	无	未遵从：源语未识别
*y19S1	错	是	否	无	无	未遵从：源语识别错误
*y19S2	错	是	否	无	无	未遵从：源语识别错误
*y19S3	错	是	否	无	无	未遵从：源语识别错误
*y19S4	对	是	是	是	是	遵从
*y19S5	错	否	否	无	无	未遵从：源语未识别
*y19S6	对	是	是	是	是	遵从
*y19S7	错	否	否	无	无	未遵从：源语未识别
*y19S8	对	是	是	是	是	遵从
*y20S1	对	是	是	是	是	遵从
*y20S2	对	是	是	是	是	遵从
*y20S3	错	是	否	无	无	未遵从：源语识别错误
*y20S4	错	是	否	无	无	未遵从：源语识别错误
*y20S5	对	是	是	是	是	遵从
*y20S6	对	是	是	是	是	遵从
*y20S7	错	否	否	无	无	未遵从：源语未识别
*y20S8	对	是	是	是	是	遵从

实验组学生信息维度遵从的检验结果量化描述如下：第一，实验组学生英译汉同传语序差异未识别率约为21.3%。在应采集的160个样本中，语

序差异未识别的样本共 34 个，分布在每名受试中，各 2 至 7 个样本不等。第二，语序差异识别率，即处理启动率约为 78.8%，识别错误率为 25%。在识别语序差异并启动处理的 126 个样本中，源语信息识别错误的样本共 40 个。据此可知，因不符合源语识别指标、未遵从模型的信息维度而误译的样本共 74 个，约占应采集样本总数的 46.3%。第三，语序差异正确识别率约为 53.8%，译语信息密度一致性轮廓背离率约为 3.8%。86 个样本正确识别源语信息，其中未遵从译语产出闭合 SV(O) 轮廓指标的样本共 13 个。其中 7 个样本的后续译语正确，分布在 3 名学生 5 个短语 Y5、Y7、Y10、Y11、Y15 的处理中。鉴于 Y7、Y10、Y11 均在译员受试的检验中证实主观冗余因素对源语信息不确定的调节作用，故实验组学生的 4 个样本 y7S3、y10S2、y10S3、y11S1 也证明 S1、S2、S3 在主观冗余的调节下译语轮廓构建更大的能动性。然而，Y5、Y15 则尚未被发现存在主观冗余的影响，其中 Y5 涉及中国快速发展所带来的挑战、Y15 围绕全球契约对中国的作用。2 名学生 S1、S2 自述他们在日常同传练习中发觉联合国讲话的关注焦点在于社会与环境议题，因而做出了相关预期并被源语讲话证实，可见主观冗余在 3 个样本 y5S1、y15S1、y15S2 译语产出中的调节。另外 6 个样本未遵从信息密度一致性进行信息轮廓建构，未通过后续句正确产出的检验，背离信息密度一致性，出现误译。

综上，实验组学生英译汉同传中，共 80 个样本遵从信息维度、处理结果正确，占应采集样本总数的 50%，其中主观冗余作用率约为 6.3%；未遵从信息维度、处理结果或当即或后续出现错误的样本 80 个，占应采集样本总数的 50%。可见，遵从与未遵从信息维度的样本，在实验组学生样本总体中各占一半。

4.2.2.2 模型认知维度遵从

进入认知维度遵从检验的样本共 126 组，每名实验组学生样本 13 至 18 组不等。各受试各个短语的听译时滞数据统计以及译语评价汇总如表 4.16 所示。

对 126 个启动听译时滞样本进行统计，得出实验组学生英译汉同传方向语序差异处理的启动听译时滞发现如下：第一，最小值为 2 秒，最大值为 10 秒，启动听译时滞的浮动区间位于 2—10 秒。第二，平均数、中位数、众数三者中有两项一致，启动听译时滞集中于 4—5 秒区间，集中趋势不明显。平均数为 5.4 秒，约等于 5 秒；中位数即排在第 63 位与第 64 位的样本的平均数，为 5 秒；众数为样本数最多，共有 27 个的 4 秒。第

表 4.16 实验组学生英译汉同传语序差异处理 EVS 分布汇总

译语	实验组 S1		实验组 S2		实验组 S3		实验组 S4		实验组 S5		实验组 S6		实验组 S7		实验组 S8	
	评价	EVS	评价	EVS	评价	EVS	评价	EVS	评价	EVS	评价	EVS	评价	EVS	评价	EVS
y1	对	3,10	错	4,6	错	4,10	错	4,6	对	4,8	错	3,4	错	5,7	错	4,5
*y2	对	5	对	3	对	3	对	2	错	无	对	2	对	4	错	无
*y3	错	无	错	无	错	无	错	无	错	无	错	无	对	3,5	错	无
*y4	对	6	错	6,7	错	4,8	错	6,9	错	5,6	错	6,7	错	6,7	错	5
y5	对	4,5	对	5	对	5	对	3	对	3	对	4	对	4	对	3
*y6	对	4,8	错	无	错	无	错	无	错	无	对	4,6	错	无	对	4,7
y7	错	8,10	对	5	对	5,7	对	4	错	3	错	4,5	对	4,15	对	4
*y8	错	无	对	9	对	10	对	8	错	无	错	无	错	无	对	8
y9	对	7,14	对	6	对	7	对	5	对	6	对	5	对	8,16	对	4
*y10	错	8,10	对	7,9	对	7,8	错	5,7	对	5	对	6	错	无	错	6,8
*y11	对	8,10	对	6	对	5	对	5	对	4	错	5	对	8,10	错	6
y12	错	无	错	7	错	无	错	无	错	7,8	错	无	对	8	错	3
*y13	对	9	对	5	对	9	对	6	对	8	对	9,12	错	8,12	对	6
y14	对	6	对	7,8	错	4,8	错	6,10	对	5	对	4	对	5	对	2
y15	对	6,13	对	6,11	对	6	对	5	对	4	对	4	对	4	对	4
y16	错	无	错	10	对	8	对	8	对	7	错	8	对	9	对	6
*y17	对	6	错	8	错	无	错	7	对	7	对	6	错	无	错	5
y18	错	4,12	错	7,9	错	无	错	6,11	错	无	错	无	错	无	错	无
*y19	错	4	错	7	错	6	对	5	错	无	对	5	错	无	对	7
*y20	对	5	对	6	错	5	错	5	对	2	对	5	错	无	对	5

三，启动听译时滞的标准差约为 1.8 秒。上述发现显示，实验组英译汉同传语序差异处理中的启动听译时滞浮动区间大、集中趋势不明显。对数据的差异显著性进行检验，SPSS 报告的结果如表 4.17、表 4.18 所示。

表 4.17 实验组学生英译汉同传语序差异处理启动 EVS 正态性检验

实验组学生	Kolmogorov-Smirnov[a]			Shapiro-Wilk		
	统计量	df	显著性	统计量	df	显著性
1	0.156	16	0.200*	0.934	16	0.285
2	0.179	18	0.131	0.960	18	0.604
3	0.201	15	0.104	0.936	15	0.331
4	0.190	17	0.102	0.945	17	0.386
5	0.153	14	0.200*	0.952	14	0.589
6	0.185	16	0.148	0.929	16	0.234
7	0.235	13	0.048	0.865	13	0.045
8	0.173	17	0.188	0.962	17	0.677

a. Lilliefors 显著水平修正

* 这是真实显著水平的下限。

表 4.18 实验组学生英译汉同传语序差异处理启动 EVS 方差齐性检验

Levene 统计量	df1	df2	显著性
0.662	7	118	0.704

正态性检验的两种方法均不支持数据正态分布的原假设：S7 的显著性在 Kolmogorov-Smirnov 检验中为 0.048、在 Shapiro-Wilk 检验中为 0.045，均小于 0.05。方差齐性检验支持数据正态分布的原假设：显著性为 0.704，大于 0.05。10 组数据非正态分布、方差齐，无法满足参数检验条件，故差异显著性检验采用非参数 Kruskal-Wallis 检验方法。SPSS 报告的结果如表 4.19 所示。

Kruskal-Wallis 检验的渐进显著性为 0.163、大于 0.05，差异不显著。因此，8 组数据并不存在显著差异，说明实验组学生语序差异处理启动听译时滞的个体差异并不显著。与职业译员同传听译时滞的普遍规律相比，实验组启动听译时滞仅呈现出浮动区间大一项相似性。相较于译员启动听译时滞达 9 秒的最大值，实验组再落后 1 秒达 10 秒。然而，其集中趋势不

表 4.19 实验组学生英译汉同传语序差异处理启动 EVS Kruskal-Wallis 检验

实验组学生	N	秩均值
1	16	69.84
2	18	81.28
3	15	69.20
4	17	61.74
5	14	54.71
6	16	50.63
7	13	68.42
8	17	51.03
总数	126	
检验统计量 [a, b]		
卡方	10.473	
df	7	
渐近显著性	0.163	

a. Kruskal-Wallis 检验

b. 分组变量：实验组学生

明显，个体差异不显著。相较于译员 4 秒的启动听译时滞集中趋势，实验组落后 1 秒，集中在 4—5 秒。个体差异不强，反映出实验组在一学期的同传训练中并未发展出各自的启动听译时滞管理能力。个体差异不显著是实验组与对照组启动听译时滞的共同特征，可见，学生在完成一个学期的同传训练后，尚未发展出各自的启动听译时滞；而译员显著的启动听译时滞个体差异，可能是长期同传训练与经验积累的结果。然而，与对照组最长可达 14 秒的启动听译时滞、5—6 秒的集中趋势相比，实验组均有所提前，更接近译员的浮动区间与集中趋势。可见，实验组所接受的基于译员实证发现的循证教学反馈，在启动听译时滞训练效果上超越对照组所受的基于顺译规范的反馈。

循证教学在发展学生启动听译时滞管理能力上的有效性，体现在收窄其启动听译时滞的浮动区间、提前其集中趋势两个方面；而在发展个体差异上收效甚微。教师在教学中分享职业译员英译汉同传语序差异处理启动听译时滞集中在 4 秒的发现，为学生提供听译时滞管理规范，有助于改变其启动听译时滞浮动区间过大并向 6 秒集中的趋势，在一学期内使其收窄并提前至更接近译员水平的 4—5 秒。然而与译员三项集中指标均为 4 秒的集中趋势，以及显著个体差异相比，实验组学生仍然落后，同时也反映出一学期循证教学的时长有限。延长训练时间可能促进其启动听译时滞管理能力继续发展、使其集中趋势巩固在 4 秒，并可能发展出个体差异。

统计实验组学生启动听译时滞的相关指标，厘清各学生各样本的处理与信息—认知模型的关系，进而检验其处理是否发展出对模型的遵从。结果如表 4.20 所示。

表 4.20 各实验组学生英译汉同传语序差异处理启动 EVS 分布

实验组学生	样本数量	最小值 EVS_{min}	最大值 EVS_{max}	平均数 $\overline{EVS}$	中位数 $EVS_{0.5}$	众数 EVS_M	标准差 σEVS
S1	16	3	9	6（5.8）	6	6	1.8
S2	18	3	10	6（6.3）	6	6	1.7
S3	15	3	10	6（5.9）	5	5	2.0
S4	17	2	8	6（5.3）	5	5	1.6
S5	14	2	8	5	5	4, 5	1.8
S6	16	2	9	5（4.9）	5（4.5）	4	1.8
S7	13	3	9	6（5.8）	5	4	2.1
S8	17	2	8	5（4.8）	5	4	1.6

统计得出实验组学生英译汉同传语序差异处理启动听译时滞的发现如下：第一，各学生启动听译时滞的浮动区间更接近。学生 S1 的浮动区间是 3—9 秒；S2 是 3—10 秒；S3 是 3—10 秒；S4 是 2—8 秒；S5 是 2—8 秒；S6 是 2—9 秒；S7 是 3—9 秒；S8 是 2—8 秒。第二，启动听译时滞的集中趋势更明显。3 名学生 S1、S2、S4 启动听译时滞的平均数、中位数、众数三项指标一致，4 名学生 S3、S5、S6、S8 有两项一致，只有 1 名学生 S7 三项指标均不一致。就听译时滞集中指标的数值而言，除 S1、S2 外，其余 6 名学生均出现从 6 秒向 5 秒，甚至 4 秒集中的趋势。第三，启动听译时滞的离散程度更趋同。8 名学生的离散指标分布在 1.6—2.1 秒的区间，可见实验组启动语序差异处理的时间比较稳定。根据个体三项集中指标中最高的一项，确定实验组个体各自检验值，得出实验组启动听译时滞检验值分别是 6 秒、6 秒、6 秒、5 秒、5 秒、5 秒、6 秒、5 秒。

继而统计贮存听译时滞指标的 43 个样本，得出实验组学生英译汉同传语序差异处理的贮存听译时滞发现：第一，最小值为 4 秒，最大值为 16 秒，贮存听译时滞的浮动区间位于 4—16 秒。第二，平均数、中位数、众数三者中有两者一致，贮存听译时滞集中于 8—9 秒，集中趋势不明显。平均数为 8.7 秒，约等于 9 秒；中位数即排在第 22 位的样本，为 8 秒；众数为样本数最多，共有 8 个的 8 秒。第三，贮存听译时滞的标准差约为 2.8 秒。SPSS 报告的差异显著性检验结果如表 4.21、表 4.22 所示。

表 4.21 实验组学生英译汉同传语序差异处理贮存 EVS 正态性检验

实验组学生	Kolmogorov-Smirnov[a]			Shapiro-Wilk		
	统计量	df	显著性	统计量	df	显著性
1	0.245	9	0.128	0.930	9	0.480
2	0.185	6	0.200*	0.974	6	0.918
3	0.372	5	0.022	0.828	5	0.135
4	0.180	5	0.200*	0.952	5	0.754
5	0.385	3	0	0.750	3	0
6	0.274	5	0.200*	0.867	5	0.254
7	0.210	7	0.200*	0.928	7	0.533
8	0.253	3	0	0.964	3	0.637

a. Lilliefors 显著水平修正

* 这是真实显著水平的下限。

表 4.22 实验组学生英译汉同传语序差异处理贮存 EVS 方差齐性检验

Levene 统计量	df1	df2	显著性
2.044	7	35	0.077

根据正态性检验的 Shapiro-Wilk 方法，S5 的显著性达到 0、小于 0.01，差异极显著、无法接受正态分布的原假设，数据非正态分布。方差齐性检验结果的显著性为 0.077、大于 0.05，故接受方差齐性的原假设。由于数据非正态分布，但方差齐，故对贮存听译时滞的差异显著性检验采用非参数 Kruskal-Wallis 检验方法。SPSS 报告的结果如表 4.23 所示。

Kruskal-Wallis 检验的渐进显著性为 0.213、大于 0.05，差异不显著。可见，实验组学生贮存听译时滞并无显著差异，反映出其短时记忆正确持留阈值趋同。实验组语序差异处理贮存听译时滞呈现出浮动区间大、集中趋势不明显、个体差异不强的特征，与职业译员贮存听译时滞的质性描述特征存在差异，主要表现在集中趋势与数值差距上。第一，相较于译员贮存听译时滞 8 秒的集中趋势，实验组集中度更低、落后 1 秒，集中在 8—9 秒。第二，相较于译员 12 秒的最大值，实验组最多可再落后 4 秒达 16 秒之久。然而与对照组学生 10 秒的贮存听译时滞集中趋势以及 15 秒的最大值相比，实验组的集中值则提前 1—2 秒，更接近译员的集中趋势；但是同时其更弱的集中度与更长的最大值也提示其贮存听译时滞仍处在发展过程中。

表 4.23 实验组学生英译汉同传语序差异处理贮存 EVS Kruskal-Wallis 检验

实验组学生	N	秩均值
1	9	29.67
2	6	21.42
3	5	21.10
4	5	22.60
5	3	16.17
6	5	12.60
7	7	26.21
8	3	12.33
总数	43	
检验统计量 [a, b]		
卡方	9.584	
df	7	
渐近显著性	0.213	

a. Kruskal-Wallis 检验

b. 分组变量：实验组学生

　　循证教学在发展学生贮存听译时滞管理能力上的有效性，也被证实；但其仅提前集中趋势、未能如同启动听译时滞一样收窄浮动区间。教师在教学中强调职业译员英译汉同传语序差异处理贮存听译时滞集中在 8 秒的发现，为学生提供听译时滞管理规范，助其改变贮存听译时滞向 10 秒集中的趋势，在一学期内使其提前至更接近译员水平的 8—9 秒。然而其浮动区间仍然比译员更大，集中趋势尚不显著且仍然落后，反映出一学期循证教学的时长有限性，提示延长训练时间可能促进其贮存听译时滞管理能力继续发展，使其集中趋势巩固在 8 秒。

    对实验组学生各自贮存听译时滞的相关指标进行统计，结果如表 4.24 所示，得出实验组英译汉同传语序差异处理贮存听译时滞的发现。第一，各学生贮存听译时滞的浮动区间较大。学生 S1 的区间是 5—14 秒；S2 是 6—11 秒；S3 是 7—10 秒；S4 是 6—11 秒；S5 是 6—8 秒，为浮动区间最小者；S6 是 4—12 秒；S7 是 5—16 秒，为浮动区间最大者；S8 是 5—8 秒。第二，贮存听译时滞的集中趋势不明显。仅有 2 名学生 S1、S3 三项集中指标完全一致，5 名学生 S2、S4、S5、S7、S8 有两项一致，1 名学生 S6 的数据没有众数、平均数与中位数也不一致。第三，贮存听译时滞离散程度相差很大，标准差的区间达到 1.1—4.2 秒。鉴于实验组各受试贮存听译时滞样本数量不大、样本总体的个体差异也不显著，因此依据每名学生个体集中指标的大小，确定样本总体的中位数 8 秒作为个体贮存听译时滞的检验值。

表 4.24 各实验组学生英译汉同传语序差异处理贮存 EVS 分布

实验组学生	样本数量	最小值 EVS_{min}	最大值 EVS_{max}	平均数 $\overline{EVS}$	中位数 $EVS_{0.5}$	众数 EVS_M	标准差 σEVS
S1	9	5	14	10（10.2）	10	10	2.7
S2	6	6	11	8（8.3）	9（8.5）	9	1.8
S3	5	7	10	8（8.2）	8	8	1.1
S4	5	6	11	9（8.6）	9	无	2.1
S5	3	6	8	7（7.3）	8	8	1.2
S6	5	4	12	7（6.8）	6	无	3.1
S7	7	5	16	10（10.3）	10	7	4.2
S8	3	5	8	7（6.7）	7	无	1.5

    为揭示实验组学生英译汉同传语序差异处理的听译时滞与职业译员的差异是否具有统计学意义上的显著性，对实验组与译员的启动、贮存听译时滞进行独立样本 t 检验。首先检验译员 110 个与实验组学生 126 个启动听译时滞数据，再检验译员 36 个与实验组学生 43 个贮存听译时滞数据，零假设均是两样本之间不存在显著差异。SPSS 报告的检验结果如表 4.25、表 4.26 所示，发现实验组学生与译员既存在、又不存在显著差异。

表 4.25 实验组学生、译员英译汉同传语序差异处理启动 EVS 独立样本检验

方差方程的 Levene 检验		均值方程的 t 检验						
F	显著性	t	df	显著性（双侧）	均值差值	标准误差值	差分的95%置信区间	
							下限	上限
9.058	0.003	-6.362	234.000	0	-1.402	0.220	-1.837	-0.968
		-6.432	233.848	0	-1.402	0.218	-1.832	-0.973

表 4.26 实验组学生、译员英译汉同传语序差异处理贮存 EVS 独立样本检验

方差方程的 Levene 检验		均值方程的 t 检验						
F	显著性	t	df	显著性（双侧）	均值差值	标准误差值	差分的95%置信区间	
							下限	上限
3.774	0.056	-1.865	77.000	0.066	-1.031	0.553	-2.132	0.070
		-1.921	75.078	0.058	-1.031	0.537	-2.100	0.038

　　实验组学生的启动听译时滞与译员存在显著差异，但其贮存听译时滞与译员的差异已无统计学显著意义。启动听译时滞数据的方差方程 Levene 检验得出方差不相等的结果（Sig=0.003<0.05），拒绝两样本不存在显著差异的零假设（t=-6.432，Sig=0<0.05）；贮存听译时滞数据的方差方程 Levene 检验得出方差相等的结果（Sig=0.056>0.05），接受两样本不存在显著差异的零假设（t=-1.865，Sig=0.066>0.05）。

　　可见实验组学生在完成第一学期基于循证教学与反馈的同传训练之后，在英译汉同传方向上启动语序差异处理的时长仍显著落后于职业译员，但产出贮存信息的时长并不显著落后于译员。与对照组显著落后于译员的发现不同，实验组的贮存听译时滞已缩短至与译员并无显著差异的水平，印证基于译员的实证发现进行反馈的循证教学对学生缩短贮存信息产出时间的有效性，揭示循证教学率先对短时记忆正确持留阈值的管理能力产生显著作用。然而，实验组的启动听译时滞虽较对照组有所缩短，但仍显著落后于译员，显示循证教学对启动处理时间的作用效果尚未达到职业水

准，提示其显著作用的收效晚于贮存听译时滞，有待延长教学与训练的时长再做考察。

在分别确定实验组学生个体启动听译时滞、贮存听译时滞的检验值后，对进入认知维度检验的 126 个英译汉同传语序差异处理样本，与检验值逐一进行比较，得出认知维度遵从检验结果如表 4.27 所示。把未遵从的原因、提示听译时滞特性的详情一并标出，对后者做进一步分析探讨。

表 4.27 实验组学生英译汉同传语序差异处理模型认知维度遵从结果

学生 S1—S3、S7 样本	译语评价	启动 EVS≤6	贮存 EVS≤8	认知维度遵从结果
y1S1	对	3	10	贮存 EVS 孤例：后续短语 y2S1 译语正确，但实验组学生样本总体中 10 秒的正确样本数量低于误译样本
*y2S1	对	5	无	遵从
*y4S1	对	6	无	遵从
y5S1	对	4	5	遵从
*y6S1	对	4	8	遵从
y7S1	错	8	10	未遵从：启动、贮存 EVS 过大
y9S1	对	7	14	未遵从：后续短语 y10 误译，启动、贮存 EVS 过大
*y10S1	错	8	10	未遵从：启动、贮存 EVS 过大
*y11S1	对	8	10	启动、贮存 EVS 孤例：后续译语正确，但实验组学生样本总体中 8 秒、10 秒的正确样本数量低于误译样本
*y13S1	对	9	无	未遵从：后续译语错误，启动 EVS 过大
y14S1	对	6	无	遵从
y15S1	对	6	13	贮存 EVS 孤例：后续译语正确，但实验组学生样本总体中 13 秒的正确样本仅此一例
*y17S1	对	6	无	遵从
y18S1	错	4	12	未遵从：贮存 EVS 过大
*y19S1	错	4	无	遵从
*y20S1	对	5	无	遵从
y1S2	错	4	6	遵从

学生 S1—S3、 S7 样本	译语 评价	启动 EVS≤6	贮存 EVS≤8	认知维度遵从结果
*y2S2	对	3	无	遵从
*y4S2	错	6	7	遵从
y5S2	对	5	无	遵从
y7S2	对	5	无	遵从
*y8S2	对	9	无	启动 EVS 孤例：后续译语正确，但实验组学生样本总体中 9 秒的正确样本仅此一例
y9S2	对	6	无	遵从
*y10S2	对	7	9	启动、贮存 EVS 孤例：后续短语 y11 译语正确，但实验组学生样本总体中 7 秒、9 秒的正确样本数量低于误译样本
*y11S2	对	6	无	遵从
y12S2	错	7	无	未遵从：启动 EVS 过大
*y13S2	对	5	无	遵从
y14S2	对	7	8	未遵从：后续译语错误，启动 EVS 过大
y15S2	对	6	11	贮存 EVS 孤例：后续译语正确但实验组学生样本总体中 11 秒的正确样本仅此一例
y16S2	错	10	无	未遵从：启动 EVS 过大
*y17S2	错	8	无	未遵从：启动 EVS 过大
y18S2	错	7	9	未遵从：启动、贮存 EVS 过大
*y19S2	错	7	无	未遵从：启动 EVS 过大
*y20S2	对	6	无	遵从
y1S3	错	4	10	未遵从：贮存 EVS 过大
*y2S3	对	3	无	遵从
*y4S3	错	4	8	遵从
y5S3	对	5	无	遵从
y7S3	对	5	7	遵从

续表

学生 S1—S3、 S7 样本	译语 评价	启动 EVS≤6	贮存 EVS≤8	认知维度遵从结果
*y8S3	对	10	无	启动 EVS 孤例：后续译语正确，但实验组学生样本总体中 10 秒的正确样本数量低于误译样本
y9S3	对	7	无	启动 EVS 孤例：后续短语 y10 译语正确，但实验组学生样本总体中 7 秒的正确样本数量低于误译样本
*y10S3	对	7	8	启动 EVS 孤例：后续短语 y11 译语正确，但实验组学生样本总体中 7 秒的正确样本数量低于误译样本
*y11S3	对	5	无	遵从
*y13S3	对	9	无	未遵从：后续译语错误，启动 EVS 过大
y14S3	错	4	8	遵从
y15S3	对	6	无	遵从
y16S3	对	8	无	未遵从：后续短语 y17 未处理，启动 EVS 过大
*y19S3	错	6	无	遵从
*y20S3	错	5	无	遵从
y1S7	错	5	7	遵从
*y2S7	对	4	无	遵从
*y3S7	对	3	5	遵从
*y4S7	错	6	7	遵从
y5S7	对	4	无	遵从
y7S7	对	4	15	未遵从：后续短语 y8 未处理，贮存 EVS 过大
y9S7	对	8	16	未遵从：后续短语 y10 未处理，启动、贮存 EVS 过大
*y11S7	对	8	10	未遵从：后续译语错误，启动、贮存 EVS 过大
y12S7	对	8	无	未遵从：后续短语 y13 误译，启动 EVS 过大

学生 S1—S3、S7 样本	译语评价	启动 EVS≤6	贮存 EVS≤8	认知维度遵从结果
*y13S7	错	8	12	未遵从：启动、贮存 EVS 过大
y14S7	对	5	无	遵从
y15S7	对	4	无	遵从
y16S7	对	9	无	未遵从：后续短语 y17 未处理，启动 EVS 过大

学生 S4、S6、S8 样本	译语评价	启动 EVS≤5	贮存 EVS≤8	认知维度遵从结果
y1S4	错	4	6	遵从
*y2S4	对	2	无	遵从
*y4S4	错	6	9	未遵从：启动、贮存 EVS 过大
y5S4	对	3	无	遵从
y7S4	对	4	无	遵从
*y8S4	对	8	无	启动 EVS 孤例：后续译语正确，但实验组学生样本总体中 8 秒的正确样本数量低于误译样本
y9S4	对	5	无	遵从
*y10S4	错	5	7	遵从
*y11S4	对	5	无	遵从
*y13S4	对	6	无	未遵从：后续译语错误，启动 EVS 过大
y14S4	错	6	10	未遵从：启动、贮存 EVS 过大
y15S4	对	5	无	遵从
y16S4	对	8	无	未遵从：后续短语 y17 误译，启动 EVS 过大
*y17S4	错	7	无	未遵从：启动 EVS 过大
y18S4	错	6	11	未遵从：启动、贮存 EVS 过大
*y19S4	对	5	无	遵从
*y20S4	错	5	无	遵从

续表

学生 S4、S6、S8 样本	译语评价	启动 EVS≤5	贮存 EVS≤8	认知维度遵从结果
y1S6	错	3	4	遵从
*y2S6	对	2	无	遵从
*y4S6	错	6	7	未遵从：启动 EVS 过大
y5S6	对	4	无	遵从
*y6S6	对	4	6	遵从
y7S6	错	4	5	遵从
y9S6	对	5	无	遵从
*y10S6	对	6	无	未遵从：后续短语 y11 误译，启动 EVS 过大
*y11S6	错	5	无	遵从
*y13S6	对	9	12	未遵从：后续译语错误，启动、贮存 EVS 过大
y14S6	对	4	无	遵从
y15S6	对	4	无	遵从
y16S6	错	8	无	未遵从：启动 EVS 过大
*y17S6	对	6	无	未遵从：后续译语错误，启动 EVS 过大
*y19S6	对	5	无	遵从
*y20S6	对	3	无	遵从
y1S8	错	4	5	遵从
*y4S8	错	5	无	遵从
y5S8	对	3	无	遵从
*y6S8	对	4	7	遵从
y7S8	对	4	无	遵从
*y8S8	对	8	无	未遵从：后续译语错误，启动 EVS 过大
y9S8	对	4	无	遵从
*y10S8	错	6	8	未遵从：启动 EVS 过大
*y11S8	错	6	无	未遵从：启动 EVS 过大

续表

学生 S4、S6、S8 样本	译语评价	启动 EVS≤5	贮存 EVS≤8	认知维度遵从结果
y12S8	错	3	无	遵从
*y13S8	对	6	无	未遵从：后续译语错误，启动 EVS 过大
y14S8	对	2	无	遵从
y15S8	对	4	无	遵从
y16S8	对	6	无	未遵从：后续短语 y17 误译，启动 EVS 过大
*y17S8	错	5	无	遵从
*y19S8	对	7	无	启动 EVS 孤例：后续短语 y20 译语正确，但实验组学生样本总体中 7 秒的正确样本数量低于误译样本
*y20S8	对	5	无	遵从

学生 S5 样本	译语评价	启动 EVS≤5+1	贮存 EVS≤8	认知维度遵从结果
y1S5	对	4	8	遵从
*y4S5	错	5	6	遵从
y5S5	对	3	无	遵从
y7S5	错	3	无	遵从
y9S5	对	6	无	遵从放宽：后续短语 y10 译语正确，启动 EVS 可延至 6 秒
*y10S5	对	5	无	遵从
*y11S5	对	4	无	遵从
y12S5	错	7	8	未遵从：启动 EVS 过大
*y13S5	对	8	无	启动 EVS 孤例：后续译语正确，但实验组学生样本总体中 8 秒的正确样本数量低于误译样本
y14S5	对	5	无	遵从
y15S5	对	4	无	遵从

续表

学生 S5 样本	译语评价	启动 EVS≤5+1	贮存 EVS≤8	认知维度遵从结果
y16S5	对	7	无	启动 EVS 孤例：后续短语 y17 译语正确，但实验组学生样本总体中 7 秒的正确样本数量低于误译样本
*y17S5	对	7	无	未遵从：后续译语错误，启动 EVS 过大
*y20S5	对	2	无	遵从

实验组学生的大部分样本均遵从认知维度，也有个别遵从特例。具体而言，实验组遵从认知维度的样本共计 74 个、遵从放宽样本 1 个、孤例样本 13 个、未遵从样本共 38 个。遵从放宽的样本 y9S5 通过译语后续句正确的检验，加之 6 秒的启动听译时滞在实验组学生样本总体中的正确样本数量超过误译样本，故接受学生 S5 启动听译时滞延长 1 秒至 6 秒的特性。孤例样本显示超过 6 秒达到 7 至 10 秒的启动听译时滞，在实验组学生总体样本中无法达到正确样本数量超过误译样本的要求，故无法接受其为启动听译时滞特性；贮存听译时滞超过 8 秒达到 9 秒、10 秒、11 秒、13 秒时亦然。可见，在 126 个实验组学生认知维度样本中，认知维度遵从率约为 58.7%。

4.2.2.3 信息—认知模型遵从

综合上述信息、认知维度的质性与量化分析，得出实验组学生英译汉同传语序差异处理信息—认知模型遵从结果如表 4.28 所示。

表 4.28 实验组学生英译汉同传语序差异处理模型遵从结果

样本	处理结果	信息维度遵从结果	认知维度遵从结果	模型遵从结果
y1S1	对	遵从	贮存 EVS 孤例	遵从信息维度、仅为认知维度孤例
y1S2	错	未遵从	遵从	遵从认知维度、未遵从信息维度
y1S3	错	未遵从	未遵从	未遵从信息、认知维度
y1S4	错	未遵从	遵从	遵从认知维度、未遵从信息维度
y1S5	对	遵从	遵从	遵从
y1S6	错	未遵从	遵从	遵从认知维度、未遵从信息维度

样本	处理结果	信息维度遵从结果	认知维度遵从结果	模型遵从结果
y1S7	错	未遵从	遵从	遵从认知维度、未遵从信息维度
y1S8	错	未遵从	遵从	遵从认知维度、未遵从信息维度
*y2S1	对	遵从	遵从	遵从
*y2S2	对	遵从	遵从	遵从
*y2S3	对	遵从	遵从	遵从
*y2S4	对	遵从	遵从	遵从
*y2S5	错	未遵从	无	未遵从信息维度
*y2S6	对	遵从	遵从	遵从
*y2S7	对	遵从	遵从	遵从
*y2S8	错	未遵从	无	未遵从信息维度
*y3S1	错	未遵从	无	未遵从信息维度
*y3S2	错	未遵从	无	未遵从信息维度
*y3S3	错	未遵从	无	未遵从信息维度
*y3S4	错	未遵从	无	未遵从信息维度
*y3S5	错	未遵从	无	未遵从信息维度
*y3S6	错	未遵从	无	未遵从信息维度
*y3S7	对	遵从	遵从	遵从
*y3S8	错	未遵从	无	未遵从信息维度
*y4S1	对	遵从	遵从	遵从
*y4S2	错	未遵从	遵从	遵从认知维度、未遵从信息维度
*y4S3	错	未遵从	遵从	遵从认知维度、未遵从信息维度
*y4S4	错	未遵从	未遵从	未遵从信息、认知维度
*y4S5	错	未遵从	遵从	遵从认知维度、未遵从信息维度
*y4S6	错	未遵从	未遵从	未遵从信息、认知维度
*y4S7	错	未遵从	遵从	遵从认知维度、未遵从信息维度
*y4S8	错	未遵从	遵从	遵从认知维度、未遵从信息维度
y5S1	对	遵从	遵从	遵从
y5S2	对	遵从	遵从	遵从
y5S3	对	遵从	遵从	遵从
y5S4	对	遵从	遵从	遵从
y5S5	对	遵从	遵从	遵从
y5S6	对	遵从	遵从	遵从

续表

样本	处理结果	信息维度遵从结果	认知维度遵从结果	模型遵从结果
y5S7	对	遵从	遵从	遵从
y5S8	对	遵从	遵从	遵从
*y6S1	对	遵从	遵从	遵从
*y6S2	错	未遵从	无	未遵从信息维度
*y6S3	错	未遵从	无	未遵从信息维度
*y6S4	错	未遵从	无	未遵从信息维度
*y6S5	错	未遵从	无	未遵从信息维度
*y6S6	对	遵从	遵从	遵从
*y6S7	错	未遵从	无	未遵从信息维度
*y6S8	对	遵从	遵从	遵从
y7S1	错	未遵从	未遵从	未遵从信息、认知维度
y7S2	对	遵从	遵从	遵从
y7S3	对	遵从	遵从	遵从
y7S4	对	遵从	遵从	遵从
y7S5	错	未遵从	遵从	遵从认知维度、未遵从信息维度
y7S6	错	未遵从	遵从	遵从认知维度、未遵从信息维度
y7S7	对	未遵从	未遵从	未遵从信息、认知维度
y7S8	对	遵从	遵从	遵从
*y8S1	错	未遵从	无	未遵从信息维度
*y8S2	对	遵从	启动 EVS 孤例	遵从信息维度、仅为认知维度孤例
*y8S3	对	遵从	启动 EVS 孤例	遵从信息维度、仅为认知维度孤例
*y8S4	对	遵从	启动 EVS 孤例	遵从信息维度、仅为认知维度孤例
*y8S5	错	未遵从	无	未遵从信息维度
*y8S6	错	未遵从	无	未遵从信息维度
*y8S7	错	未遵从	无	未遵从信息维度
*y8S8	对	遵从	未遵从	遵从信息维度、未遵从认知维度
y9S1	对	未遵从	未遵从	未遵从信息、认知维度
y9S2	对	遵从	遵从	遵从
y9S3	对	遵从	启动 EVS 孤例	遵从信息维度、仅为认知维度孤例
y9S4	对	遵从	遵从	遵从
y9S5	对	遵从	遵从放宽	遵从信息维度、为认知维度遵从放宽特例

续表

样本	处理结果	信息维度遵从结果	认知维度遵从结果	模型遵从结果
y9S6	对	遵从	遵从	遵从
y9S7	对	未遵从	未遵从	未遵从信息、认知维度
y9S8	对	遵从	遵从	遵从
*y10S1	错	未遵从	未遵从	未遵从信息、认知维度
*y10S2	对	遵从	启动、贮存EVS孤例	遵从信息维度、仅为认知维度孤例
*y10S3	对	遵从	启动EVS孤例	遵从信息维度、仅为认知维度孤例
*y10S4	错	未遵从	遵从	遵从认知维度、未遵从信息维度
*y10S5	对	遵从	遵从	遵从
*y10S6	对	遵从	未遵从	遵从信息维度、未遵从认知维度
*y10S7	错	未遵从	无	未遵从信息维度
*y10S8	错	未遵从	未遵从	未遵从信息、认知维度
*y11S1	对	遵从	启动、贮存EVS孤例	遵从信息维度、仅为认知维度孤例
*y11S2	对	遵从	遵从	遵从
*y11S3	对	遵从	遵从	遵从
*y11S4	对	遵从	遵从	遵从
*y11S5	对	遵从	遵从	遵从
*y11S6	错	未遵从	遵从	遵从认知维度、未遵从信息维度
*y11S7	对	未遵从	未遵从	未遵从信息、认知维度
*y11S8	错	未遵从	未遵从	未遵从信息、认知维度
y12S1	错	未遵从	无	未遵从信息维度
y12S2	错	未遵从	未遵从	未遵从信息、认知维度
y12S3	错	未遵从	无	未遵从信息维度
y12S4	错	未遵从	无	未遵从信息维度
y12S5	错	未遵从	未遵从	未遵从信息、认知维度
y12S6	错	未遵从	无	未遵从信息维度
y12S7	对	遵从	未遵从	遵从信息维度、未遵从认知维度
y12S8	错	未遵从	遵从	遵从认知维度、未遵从信息维度
*y13S1	对	遵从	未遵从	遵从认知维度、未遵从信息维度
*y13S2	对	遵从	遵从	遵从
*y13S3	对	遵从	未遵从	遵从信息维度、未遵从认知维度

续表

样本	处理结果	信息维度遵从结果	认知维度遵从结果	模型遵从结果
*y13S4	对	遵从	未遵从	遵从信息维度、未遵从认知维度
*y13S5	对	遵从	启动 EVS 孤例	遵从信息维度、仅为认知维度孤例
*y13S6	对	未遵从	未遵从	未遵从信息、认知维度
*y13S7	错	未遵从	未遵从	未遵从信息、认知维度
*y13S8	对	遵从	未遵从	遵从信息维度、未遵从认知维度
y14S1	对	遵从	遵从	遵从
y14S2	对	未遵从	未遵从	未遵从信息、认知维度
y14S3	错	未遵从	遵从	遵从认知维度、未遵从信息维度
y14S4	错	未遵从	未遵从	未遵从信息、认知维度
y14S5	对	遵从	遵从	遵从
y14S6	对	遵从	遵从	遵从
y14S7	对	遵从	遵从	遵从
y14S8	对	遵从	遵从	遵从
y15S1	对	遵从	贮存 EVS 孤例	遵从信息维度、仅为认知维度孤例
y15S2	对	遵从	贮存 EVS 孤例	遵从信息维度、仅为认知维度孤例
y15S3	对	遵从	遵从	遵从
y15S4	对	遵从	遵从	遵从
y15S5	对	遵从	遵从	遵从
y15S6	对	遵从	遵从	遵从
y15S7	对	遵从	遵从	遵从
y15S8	对	遵从	遵从	遵从
y16S1	错	未遵从	无	未遵从信息维度
y16S2	错	未遵从	未遵从	未遵从信息、认知维度
y16S3	对	遵从	未遵从	遵从信息维度、未遵从认知维度
y16S4	对	遵从	未遵从	遵从信息维度、未遵从认知维度
y16S5	对	遵从	启动 EVS 孤例	遵从信息维度、仅为认知维度孤例
y16S6	错	未遵从	未遵从	未遵从信息、认知维度
y16S7	对	遵从	未遵从	遵从信息维度、未遵从认知维度
y16S8	对	遵从	未遵从	遵从信息维度、未遵从认知维度
*y17S1	对	遵从	遵从	遵从
*y17S2	错	未遵从	未遵从	未遵从信息、认知维度
*y17S3	错	未遵从	无	未遵从信息维度

续表

样本	处理结果	信息维度遵从结果	认知维度遵从结果	模型遵从结果
*y17S4	错	未遵从	未遵从	未遵从信息、认知维度
*y17S5	对	遵从	未遵从	遵从信息维度、未遵从认知维度
*y17S6	对	遵从	未遵从	遵从信息维度、未遵从认知维度
*y17S7	错	未遵从	无	未遵从信息维度
*y17S8	错	未遵从	遵从	遵从认知维度、未遵从信息维度
y18S1	错	未遵从	未遵从	未遵从信息、认知维度
y18S2	错	未遵从	未遵从	未遵从信息、认知维度
y18S3	错	未遵从	无	未遵从信息维度
y18S4	错	未遵从	未遵从	未遵从信息、认知维度
y18S5	错	未遵从	无	未遵从信息维度
y18S6	错	未遵从	无	未遵从信息维度
y18S7	错	未遵从	无	未遵从信息维度
y18S8	错	未遵从	无	未遵从信息维度
*y19S1	错	未遵从	遵从	遵从认知维度、未遵从信息维度
*y19S2	错	未遵从	未遵从	未遵从信息、认知维度
*y19S3	错	未遵从	遵从	遵从认知维度、未遵从信息维度
*y19S4	对	遵从	遵从	遵从
*y19S5	错	未遵从	无	未遵从信息维度
*y19S6	对	遵从	遵从	遵从
*y19S7	错	未遵从	无	未遵从信息维度
*y19S8	对	遵从	启动EVS孤例	遵从信息维度、仅为认知维度孤例
*y20S1	对	遵从	遵从	遵从
*y20S2	对	遵从	遵从	遵从
*y20S3	错	未遵从	遵从	遵从认知维度、未遵从信息维度
*y20S4	错	未遵从	遵从	遵从认知维度、未遵从信息维度
*y20S5	对	遵从	遵从	遵从
*y20S6	对	遵从	遵从	遵从
*y20S7	错	未遵从	无	未遵从信息维度
*y20S8	对	遵从	遵从	遵从

结果发现，在160个应采集样本总数中，遵从信息—认知模型的样本为53个，模型遵从率约为33.1%，占比超过三成；认知维度遵从放宽特例

和孤例为 14 个，占比约为 8.8%，接近一成；未遵从模型、处理失误的样本为 93 个，模型背离率为 58.8%，不到六成。

基于职业译员实证发现进行反馈的循证教学，在实验组学生英译汉同传中所取得的效果如下：第一，信息—认知模型的遵从率超过三成，可见经过一学期的循证教学，学生语序差异处理能力发展达到可以成功处理超过三成样本的水平。第二，模型遵从孤例接近一成，体现出学生具备一定的延长短时记忆持留时长、超水平占用短时记忆容量的能力。第三，未遵从模型、处理失误的短语不到六成，可见学生能力不足主要在于模型背离率仍然较高。实验组学生误译的首要诱因是模型信息维度背离，80 个样本占比 50%，背离率达到五成。其中信息识别错误为最突出问题，40 个样本占比 25%，识别错误率为 25%；源语信息未识别为次突出问题，34 个样本占比约为 21.3%，未识别率约为 21.3%；译语背离信息密度一致性问题不突出，6 个样本占比约为 3.8%，信息密度一致性背离率约为 3.8%。这反映出源语正确识别能力对实验组学生仍具有较强约束力，学生在源语识别能力上的发展水平仍显著低于职业译员；同时译语信息密度优化能力也需进一步提高。实验组学生误译的次要诱因是模型认知维度假设背离，38 个样本占比约为 23.8%，背离率超过两成。其中 25 个样本同时也背离源语正确识别的信息维度，可见信息与认知维度背离的高共现性。

4.2.3 循证教学在英译汉同传语序差异处理中的效果

在得出对照组与实验组学生英译汉同传实验结果的基础上，比较两组受试的语序差异处理结果与行为，发现循证教学在一学期的有限时间内在译语正确率与信息—认知模型遵从率上均取得显著成效。就译语正确率这一处理结果指标而言，实验组学生高出对照组 37.8 个百分点。对照组学生 200 个样本中译语正确者数量为 32 个，正确率为 16%；实验组 160 个样本中译语正确者 86 个，正确率约为 53.8%。鉴于两组学生接受反馈与训练的时长均为一个学期、其他相关变量受控，故排除训练时长的影响。实验组显著提升的译语正确率归因于循证教学对其处理能力发展的成效。

循证教学发展处理能力的效果，体现在实验组学生模型遵从的提升上，由模型背离率的大幅降低、遵从率的较大幅度提高、遵从放宽与孤例率的小幅上升三个指标印证。两组学生受试模型遵从指标表现，以及实验组发展趋势与变化幅度如表 4.29 所示。行表示模型遵从指标，以百分数表示，括号内标明相应样本数量与样本总数的比值；列表示 10 个受试的对照组、

8 个受试的实验组、以实验组为基准的模型遵从发展趋势与幅度，后者以百分点 pp 表示。

表 4.29 对照组、实验组学生英译汉同传语序差异处理模型遵从指标

指标	对照组（s=10）	实验组（S=8）	发展趋势与幅度（pp）
模型背离率	88.5%（177/200）	58.8%（93/160）	29.7 ↓
模型遵从率	10.5%（21/200）	33.1%（53/160）	22.6 ↑
模型遵从放宽与孤例率	1%（2/200）	8.8%（14/160）	7.4 ↑

实验组与对照组相比，模型遵从上更优的表现，反映在以下三个方面：第一，模型背离率大幅降低，降幅达 29.7 个百分点，可见实验组背离模型的处理所造成的语序差异短语或后续句误译率相较于对照组大幅下降。第二，模型遵从率较大幅度上升，升幅达 22.6 个百分点，可见实验组遵从模型的处理所致译语正确率与对照组相比呈现较大幅度的提高。第三，模型遵从放宽与孤例率小幅上升，升幅达 7.4 个百分点，可见实验组在模型遵从上放宽的同时处理与后续处理也一定程度上取得正确的结果，体现出其受短时记忆持留阈值等个体因素差异的影响，与对照组相比出现小幅增加。综上，实验组英译汉同传语序差异处理模型的遵从指标及其相对于对照组的优越表现，证实循证教学在提升模型遵从上的显著有效性。

为深入探究循证教学显著提升模型遵从的作用路径，从信息、认知两个维度分别比较对照组与实验组的表现差异。就信息维度表现而言，以语序差异未识别率、源语信息识别错误率、识别正确率、译语信息密度一致性背离率、主客观冗余调节率、译语信息密度一致性优化率六个指标，量化分析两组受试信息维度遵从的表现差异，如表 4.30 所示。

实验组与对照组相比，模型信息维度遵从总体而言表现更优。语序差异未识别率、源语信息识别正确率、译语信息密度一致性优化率三项指标均有大幅改进，前者降幅、后两者升幅均超 30 个百分点。同时，源语信息识别错误率一项指标小幅下降，降幅为 5 个百分点；主客观冗余调节率出现 3.4 个百分点的小幅上升。译语信息密度一致性背离率也出现 2.8 个百分点的小幅上升。

循证教学对模型信息维度遵从能力的发展，首要作用于语序差异敏感度、源语信息正确识别能力、译语信息密度优化产出能力，实验组学生三

项能力明显高于对照组。循证教学也对延长短时记忆持留时长、超限占用短时记忆容量的能力发挥了一定的促进作用；但同时也导致学生一定程度上轻视了处理的动态过程，以及背离信息密度一致性对后续处理的负面影响，这提示未来应考虑延长教学时间并在教学中强调信息密度一致性优化与后续处理的相关性。

表 4.30 对照组、实验组英译汉同传语序差异处理模型信息维度遵从比较

指标	对照组 （s=10）	实验组 （S=8）	发展趋势与幅度（pp）
语序差异未识别率	54% （108/200）	21.3% （34/160）	32.7 ↓
源语信息识别错误率	30%（60/200）	25%（40/160）	5 ↓
源语信息识别正确率	16%（32/200）	53.8%（86/160）	37.8 ↑
译语信息密度一致性背离率	1%（2/200）	3.8%（6/160）	2.8 ↑
主客观冗余调节率	1%（2/200）	4.4%（7/160）	3.4 ↑
译语信息密度一致性优化率	14%（28/200）	45.6%（73/160）	31.6 ↑

就认知维度表现而言，通过独立样本 t 检验比较实验组与对照组学生的两类听译时滞数据，量化分析其表现差异与听译时滞管理能力发展。在两组学生认知维度遵从检验中，已经发现实验组 58.7% 的遵从率比对照组的 52.2% 小幅提高 6.5 个百分点。然而两类听译时滞检验值的确定依据是统计分析得出的两组受试数据的集中趋势，又已知实验组两类数据的集中趋势均小于对照组，故为准确描写两组学生认知维度的表现，需比较两独立样本是否存在显著差异。先对实验组 126 个样本、对照组 92 个样本的启动听译时滞进行检验，再对实验组 43 个样本、对照组 24 个样本的贮存听译时滞进行检验，零假设均是两样本之间不存在显著差异。SPSS 报告的检验结果如表 4.31、表 4.32 所示。

实验组与对照组的启动听译时滞存在显著差异，但贮存听译时滞的差异并未达到具有统计学显著意义的水平。启动听译时滞数据的方差方程 Levene 检验得出方差相等的结果（Sig=0.319>0.05），拒绝两样本不存在显著差异的零假设（t =-2.400，Sig=0.017<0.05）；贮存听译时滞数据的方差方程 Levene 检验得出方差相等的结果（Sig=0.983>0.05），接受两样本不存在显著差异的零假设（t =-1.787，Sig=0.079>0.05）。可见实验组启动听译时滞显著小于对照组，但贮存听译时滞的差异则未达到显著水平。

表 4.31 实验组、对照组英译汉同传语序差异处理启动 EVS 独立样本检验

方差方程的 Levene 检验		均值方程的 t 检验							
F	显著性	t	df	显著性 （双侧）	均值 差值	标准误 差值	差分的 95% 置信区间		
							下限	上限
0.997	0.319	−2.400	216.000	0.017	−0.635	0.265	−1.157	−0.114
		−2.348	179.179	0.020	−0.635	0.271	−1.170	−0.101

表 4.32 实验组、对照组英译汉同传语序差异处理贮存 EVS 独立样本检验

方差方程的 Levene 检验		均值方程的 t 检验							
F	显著性	t	df	显著性 （双侧）	均值 差值	标准误 差值	差分的 95% 置信区间		
							下限	上限
0	0.983	−1.787	65.000	0.079	−1.261	0.705	−2.669	0.148
		−1.795	48.289	0.079	−1.261	0.702	−2.673	0.151

循证教学对听译时滞管理能力的发展，首要作用于启动处理时间的显著提前。一学期的循证教学在英译汉同传中，显著缩短实验组学生语序差异处理的启动时间。但同时结合实验组与职业译员启动听译时滞独立样本 t 检验存在显著差异的发现，可知循证教学一学期的时长仍不足以使实验组启动处理的时长缩短至译员的水平。此外，循证教学也对贮存产出时间的提前发挥了一定作用。实验组贮存听译时滞经过一学期的循证教学，与对照组相比有一定程度但未及显著水平的缩短。结合实验组贮存听译时滞与译员相比并无显著差异，但对照组与译员相比仍存显著差异的发现，可以推知一学期循证教学的作用在于推动实验组的贮存听译时滞管理能力发展至高于对照组的水平，但一学期的能力发展水平仍低于译员水准。数据发现证实了循证教学在发展听译时滞管理能力上的有效性，并揭示其显著提前处理启动时间的首要作用路径、缩短贮存产出时间的次要作用路径；但同时也提示延长教学时长、促进学生能力向职业水准提升的可能。

综上，循证教学的有效性已被实验组显著优于对照组的处理结果与行

为所证实。高出近 40 个百分点的译语正确率，归功于循证教学对学生模型遵从的显著提升，主要表现在模型背离率的大幅降低、遵从率的较大幅度提高。循证教学对模型的信息、认知维度遵从均发挥显著作用，路径分别在于大幅改进语序差异未识别率、源语信息识别正确率、译语信息密度一致性优化率，以及显著提前启动处理时间、缩短贮存产出时间，促进学生源语语序差异识别能力、译语信息密度优化能力，以及更早启动处理、产出贮存能力的发展。

4.2.4 对照组学生汉译英同传实验结果

4.2.4.1 模型信息维度遵从

完成汉译英同传任务的对照组学生共 8 人，以 s1—s8 编码，其汉译英同传语序差异处理译语及其评价汇总列表，见附录 3。信息维度遵从检验结果如表 4.33 所示。

表 4.33 对照组学生汉译英同传语序差异处理模型信息维度遵从检验

样本	译语评价	是否识别	是否识别正确	是否产出闭合轮廓	是否产出SV(O)轮廓	信息维度遵从结果
z1s1	对	是	是	是	否	未遵从：后续处理错误
z1s2	错	是	否	无	无	未遵从：源语识别错误
z1s3	对	是	是	是	是	遵从
z1s4	对	是	是	是	是	遵从
z1s5	错	是	否	无	无	未遵从：源语识别错误
z1s6	对	是	是	是	否	未遵从：后续处理错误
z1s7	对	是	是	是	是	遵从
z1s8	对	是	是	是	是	遵从
*z2s1	错	是	否	无	无	未遵从：源语识别错误
*z2s2	错	否	否	无	无	未遵从：源语未识别
*z2s3	错	是	否	无	无	未遵从：源语识别错误
*z2s4	错	否	否	无	无	未遵从：源语未识别
*z2s5	错	否	否	无	无	未遵从：源语未识别
*z2s6	错	否	否	无	无	未遵从：源语未识别

样本	译语评价	是否识别	是否识别正确	是否产出闭合轮廓	是否产出SV(O)轮廓	信息维度遵从结果
*z2s7	错	否	否	无	无	未遵从：源语未识别
*z2s8	对	是	是	是	是	遵从
z3s1	错	是	否	无	无	未遵从：源语识别错误
z3s2	错	是	否	无	无	未遵从：源语识别错误
z3s3	错	是	否	无	无	未遵从：源语识别错误
z3s4	错	是	否	无	无	未遵从：源语识别错误
z3s5	对	是	是	是	否	遵从：主观冗余调节
z3s6	错	是	否	无	无	未遵从：源语识别错误
z3s7	对	是	是	是	否	遵从：主观冗余调节
z3s8	错	否	否	无	无	未遵从：源语未识别
z4s1	对	是	是	是	是	遵从
z4s2	对	是	是	是	是	遵从
z4s3	对	是	是	是	是	遵从
z4s4	对	是	是	是	是	遵从
z4s5	错	是	否	无	无	未遵从：源语识别错误
z4s6	错	是	否	无	无	未遵从：源语识别错误
z4s7	对	是	是	否	是	遵从：主客观冗余调节
z4s8	对	是	是	是	是	遵从
z5s1	对	是	是	是	是	遵从
z5s2	错	否	否	无	无	未遵从：源语未识别
z5s3	错	是	否	无	无	未遵从：源语识别错误
z5s4	对	是	是	是	是	遵从
z5s5	错	是	否	无	无	未遵从：源语识别错误
z5s6	对	是	是	是	是	遵从
z5s7	对	是	是	是	是	遵从
z5s8	错	否	否	无	无	未遵从：源语未识别
*z6s1	错	否	否	无	无	未遵从：源语未识别
*z6s2	对	是	是	是	是	遵从
*z6s3	错	是	否	无	无	未遵从：源语识别错误
*z6s4	错	否	否	无	无	未遵从：源语未识别

续表

样本	译语评价	是否识别	是否识别正确	是否产出闭合轮廓	是否产出SV(O)轮廓	信息维度遵从结果
*z6s5	错	否	否	无	无	未遵从：源语未识别
*z6s6	错	否	否	无	无	未遵从：源语未识别
*z6s7	错	是	否	无	无	未遵从：源语识别错误
*z6s8	错	是	否	无	无	未遵从：源语识别错误
z7s1	错	是	否	无	无	未遵从：源语识别错误
z7s2	错	否	否	无	无	未遵从：源语未识别
z7s3	错	否	否	无	无	未遵从：源语未识别
z7s4	错	是	否	无	无	未遵从：源语识别错误
z7s5	错	是	否	无	无	未遵从：源语识别错误
z7s6	错	否	否	无	无	未遵从：源语未识别
z7s7	错	是	否	无	无	未遵从：源语识别错误
z7s8	错	否	否	无	无	未遵从：源语未识别
z8s1	对	是	是	是	是	遵从
z8s2	错	是	否	无	无	未遵从：源语识别错误
z8s3	错	是	否	无	无	未遵从：源语识别错误
z8s4	对	是	是	是	是	遵从
z8s5	对	是	是	是	是	遵从
z8s6	对	是	是	是	是	遵从
z8s7	错	否	否	无	无	未遵从：源语未识别
z8s8	错	是	否	无	无	未遵从：源语识别错误

对照组学生信息维度遵从的检验结果量化描述如下：第一，对照组学生汉译英同传语序差异未识别率约为26.6%。在应采集的64个样本中，语序差异未识别的样本共17个，分布在每名受试中，各1至3个样本不等。第二，语序差异识别率，即处理启动率约为73.4%，识别错误率约为35.9%。在识别语序差异并启动处理的47个样本中，源语信息识别错误的样本共23个，产生的听译时滞数据共47组，用于检验认知维度。据此可知，因不符合源语识别指标、未遵从信息维度而误译的样本共40个，占应采集样本总数的62.5%。第三，语序差异正确识别率为37.5%，译语信息密度一致性背离率约为3.1%。24个样本正确识别源语信息，其中未遵从译语

闭合 SV(O)轮廓产出指标的样本共 5 个。其中 3 个样本是对源语短语 Z3、Z4 的处理，而在职业译员实验的处理中这两个短语已被发现是在主客观冗余因素的积极调节下进行正确译语产出的案例，故对照组学生同样得益于主客观冗余的调节；另 2 个未遵从信息密度一致性的样本未通过后续短语正确产出的检验。综上，22 个样本遵从信息维度、处理结果正确，约占应采集样本总数的 34.4%，其中主客观冗余调节率约为 4.7%；未遵从信息维度、处理结果或当即或后续出现错误的样本 42 个，约占应采集样本总数的 65.6%。

比较对照组学生两个方向的信息维度遵从发现，可知方向性差异如下：第一，汉译英方向在源语识别正确率上表现更优，其未识别率更低，但同时存在一定程度上识别错误率升高的问题。具体而言，汉译英方向语序差异未识别率、处理启动率，与英译汉方向的 54%、46%相比，前者下降、后者上升，幅度达到 27.4 个百分点。然而，在源语信息识别错误率上，汉译英方向比英译汉方向的 30% 高出 5.9 个百分点。在源语信息识别正确率上，汉译英比英译汉方向的 16% 高出 21.5 个百分点。第二，汉译英方向的处理中主客观冗余调节率更高，取得更多正确处理结果的同时，也导致后续处理误译增多。汉译英方向信息密度一致性偏离率比英译汉方向的 1% 高出 2.1 个百分点；主客观冗余调节率比英译汉方向的 1% 高出 3.7 个百分点。

就顺译规范训练对学生同传语序差异处理能力发展的效果而言，源语信息识别率、语序差异处理启动率在汉译英方向中较大幅度的升高，说明在同传听译同时的严苛要求下，学生的母语识别同职业译员一样优于外语识别，母语外译方向上处理启动能力发展速度明显更快、超前于外译母语方向。但是，学生的识别错误率却高于英译汉方向，这一与译员相左的发现说明学生在处理中的母语信息识别精确度仍待提高，识别能力仍待进一步发展。信息密度一致性偏离率、主客观冗余调节率的小幅升高，与职业译员汉译英方向相对于英译汉方向的发现一致，说明学生发展出一定的利用主客观冗余调节译语信息轮廓产出的能力，但无法保证译语完全正确，故译语信息密度一致性优化能力仍待提高。

4.2.4.2 模型认知维度遵从

进入认知维度遵从检验的样本共 47 个，每名对照组学生样本 5 至 7 个不等。各受试各短语的听译时滞数据统计以及译语评价汇总如表 4.34 所示。

表 4.34 对照组学生汉译英同传语序差异处理 EVS 分布汇总

译语	对照组 s1		对照组 s2		对照组 s3		对照组 s4	
	评价	EVS	评价	EVS	评价	EVS	评价	EVS
z1	对	5,8,-18	错	5,8,-18	对	4,5,-19	对	2,3,-21
z2	错	4	错	无	错	1	错	无
z3	错	3,7,-12	错	2,3,-13	错	2,3,-15	错	5,7,-10
z4	对	12,14,-2	对	15,16	对	7,8,-7	对	8,9,-6
z5	对	6,8	错	无	错	6,7	对	5,7
z6	错	无	对	3	错	7,10,-11	错	无
z7	错	10,12	错	无	错	无	错	4
z8	对	6	错	15,17	错	5	对	6

译语	对照组 s5		对照组 s6		对照组 s7		对照组 s8	
	评价	EVS	评价	EVS	评价	EVS	评价	EVS
z1	错	5,7,-18	对	4,4,-19	对	4,4,-19	对	4,5,-19
z2	错	无	错	无	错	无	对	4
z3	对	7,9,-8	错	8,10,-7	对	1,3,-14	错	无
z4	错	10,11,-4	错	24,26	对	9,10,-5	对	7,8,-7
z5	错	10,11	对	14,16	对	3,4	错	无
z6	错	无	错	无	错	2	错	7
z7	错	12,14	错	无	错	5	错	无
z8	对	6	对	7	错	无	错	6

对 47 个启动听译时滞样本进行统计，得出对照组学生汉译英同传语序差异处理的启动听译时滞发现如下：第一，最小值为 1 秒，最大值为 24 秒，启动听译时滞的浮动区间位于 1—24 秒。第二，平均数、中位数、众数各不相同，启动听译时滞位于 4—7 秒区间，集中趋势不明显。平均数为 6.5 秒，约等于 7 秒；中位数即排在第 24 位的样本，为 6 秒；众数为样本数最多，共有 7 个的 4 秒和 5 秒。第三，启动听译时滞的标准差约为 4.3 秒。上述发现显示，对照组学生启动听译时滞浮动区间超大，集中趋势不明显。对数据的差异显著性进行检验，SPSS 报告的结果如表 4.35、表 4.36 所示。

表 4.35 对照组学生汉译英同传语序差异处理启动 EVS 正态性检验

对照组学生	Kolmogorov-Smirnov[a]			Shapiro-Wilk		
	统计量	*df*	显著性	统计量	*df*	显著性
1	0.284	7	0.092	0.899	7	0.323
2	0.278	5	0.200*	0.792	5	0.070
3	0.155	7	0.200*	0.909	7	0.389
4	0.167	6	0.200*	0.976	6	0.933
5	0.229	6	0.200*	0.929	6	0.570
6	0.266	5	0.200*	0.894	5	0.375
7	0.195	6	0.200*	0.922	6	0.523
8	0.254	5	0.200*	0.803	5	0.086

a. Lilliefors 显著水平修正

* 这是真实显著水平的下限。

表 4.36 对照组学生汉译英同传语序差异处理启动 EVS 方差齐性检验

Levene 统计量	*df1*	*df2*	显著性
5.286	7	39	0

正态性检验结果显示，各组数据的显著性均大于 0.05，并无显著差异；方差齐性检验结果的显著性为 0、小于 0.01，说明差异极显著。8 组数据正态分布但方差不齐，无法满足参数检验条件，故差异显著性检验采用非参数 Kruskal-Wallis 检验方法。SPSS 报告的结果如表 4.37 所示。

表 4.37 对照组学生汉译英同传语序差异处理启动 EVS Kruskal-Wallis 检验

对照组学生	N	秩均值
1	7	25.21
2	5	24.70
3	7	18.64
4	6	20.08
5	6	33.58
6	5	34.60
7	6	14.17
8	5	23.50
总数	47	
检验统计量 [a, b]		
卡方	10.765	
df	7	
渐近显著性	0.149	

a. Kruskal-Wallis 检验

b. 分组变量：对照组学生

Kruskal-Wallis 检验的渐进显著性为 0.149、大于 0.05、差异不显著。因此，8 组数据并不存在显著差异，说明对照组学生语序差异处理启动听译时滞的个体差异并不显著。与职业译员同传听译时滞的普遍规律相比，对照组启动听译时滞仅呈现出浮动区间大一项相似性。相较于译员启动听译时滞达 12 秒的最大值，对照组再落后 12 秒达 24 秒之久。然而，其集中趋势不明显、个体差异不显著。相较于译员 5 秒的启动听译时滞集中趋势，对照组数据集中分布在 4—7 秒的区间，偶尔提前译员 1 秒，但普遍落后 1—2 秒。个体差异不强，反映出对照组在一学期的同传训练中并未发展出各自的启动听译时滞管理能力。可见，同传训练与经验积累在汉译英方向中可能与收窄启动听译时滞浮动区间、提升其集中趋势相关，而与发展听译时滞个体差异的关系有限。学生在训练初始阶段启动听译时滞普遍存在浮动区间过大的特征，无集中趋势；但训练延长、经验积累达到职业水准后，听译时滞浮动区间收窄，集中趋势显现。

统计对照组学生启动听译时滞的相关指标，厘清各学生各样本的处理及其与信息、认知维度的关系，进而检验其处理是否发展出对信息—认知模型的遵从。结果如表 4.38 所示。对照组学生汉译英同传语序差异处理启动听译时滞的发现如下：第一，各学生启动听译时滞的浮动区间较大。学生 s1 的浮动区间是 3—12 秒；s2 是 2—15 秒；s3 是 1—7 秒；s4 是 2—8 秒；s5 是 5—12 秒；s6 是 4—24 秒，是浮动区间最大者；s7 是 1—9 秒；s8 是 4—7 秒，是浮动区间最小者。第二，启动听译时滞的集中趋势不明显。仅有 1 名学生 s4 的启动听译时滞平均数、中位数、众数三项指标一致，半数 4 名学生 s1、s3、s7、s8 有两项一致，其余 3 名学生 s2、s5、s6 三项指标均不一致，其中 s6 的数据中没有众数。s7、s8 有两项一致，另有 1 名学生 s10 三项指标均不一致。第三，启动听译时滞的离散程度差别巨大。8 名学生的标准差分布在 1.5—7.9 秒的区间，可见学生启动语序差异处理的时间很不稳定。再加之极值对个别受试平均数与众数指标的影响，以及数据总体并无集中趋势与显著个体差异的发现，确定样本总体的中位数 6 秒为对照组学生汉译英方向启动听译时滞检验值。

表 4.38 各对照组学生汉译英同传语序差异处理启动 EVS 分布

对照组学生	样本数量	最小值 EVS_{min}	最大值 EVS_{max}	平均数 $\overline{EVS}$	中位数 $EVS_{0.5}$	众数 EVS_M	标准差 σEVS
s1	7	3	12	7（6.6）	6	6	3.3
s2	5	2	15	8	5	15	6.5
s3	7	1	7	5（4.6）	5	7	2.4
s4	6	2	8	5	5	5	4.0
s5	6	5	12	8（8.3）	9（8.5）	10	2.7
s6	5	4	24	11（11.4）	8	无	7.9
s7	6	1	9	4	4（3.5）	无	2.8
s8	5	4	7	6（5.6）	6	7	1.5

继而对 33 个贮存听译时滞样本进行统计，得出对照组学生汉译英同传语序差异处理的贮存听译时滞发现如下：第一，最小值为 3 秒，最大值为 26 秒，对照组贮存听译时滞的浮动区间位于 3—26 秒。第二，平均数、中位数、众数三者中有两项一致，贮存听译时滞的数值分布于 7—9 秒，集中趋势不明显。平均数为 8.9 秒，约等于 9 秒；中位数即排在第 17 位的样本，为 8 秒；众数为样本数最多，共有 5 个的 7 秒和 8 秒，两个众数也反映出集中趋势的不显著。第三、贮存听译时滞的标准差约为 5.0 秒（4.99

秒）。对数据的差异显著性进行检验，SPSS 报告的结果如表 4.39、表 4.40 所示。

表 4.39 对照组学生汉译英同传语序差异处理贮存 EVS 正态性检验

对照组学生	Kolmogorov-Smirnov[a]			Shapiro-Wilk		
	统计量	*df*	显著性	统计量	*df*	显著性
1	0.324	5	0.095	0.858	5	0.220
2	0.273	4	0	0.895	4	0.408
3	0.159	5	0.200*	0.990	5	0.980
4	0.329	4	0	0.895	4	0.406
5	0.209	5	0.200*	0.969	5	0.872
6	0.166	4	0	0.984	4	0.925
7	0.402	4	0	0.753	4	0.041
8	0.260	2	0			

a. Lilliefors 显著水平修正

* 这是真实显著水平的下限。

表 4.40 对照组学生汉译英同传语序差异处理贮存 EVS 方差齐性检验

Levene 统计量	*df1*	*df2*	显著性
3.440	7	25	0.010

　　根据适用于小样本的 Shapiro-Wilk 正态性检验方法，s7 的数据显著性为 0.041、小于 0.05，s8 的数据显著性检验无结果，因而无法接受数据正态分布的原假设。方差齐性检验结果的显著性为 0.010、小于 0.05，因而也无法接受数据方差齐性的原假设。由于数据非正态分布且方差不齐，故对贮存听译时滞的差异显著性检验采用非参数 Kruskal-Wallis 检验方法。SPSS 报告的结果如表 4.41 所示。

　　Kruskal-Wallis 检验的渐进显著性为 0.221、大于 0.05，差异不显著。可见，对照组学生贮存听译时滞并无显著差异，反映出其短时记忆持留阈值趋同。对照组语序差异处理贮存听译时滞呈现出浮动区间大、集中趋势不明显、个体差异不强的特征，与职业译员贮存听译时滞的质性描述特征相比，主要差异在于集中趋势的不同以及数值的明显落后。第一，相较于译员贮存听译时滞 6 秒的集中趋势，对照组学生集中趋势不明显且落后 1—3

秒。第二，相较于译员贮存听译时滞达 12 秒的最大值，对照组学生的极值可长达 26 秒之久。可见，同传训练与经验积累在汉译英方向同传上可能与提升集中趋势、提前贮存产出时间相关。

表 4.41 对照组学生汉译英同传语序差异处理贮存 EVS Kruskal-Wallis 检验

对照组学生	N	秩均值
1	5	20.30
2	4	20.50
3	5	12.60
4	4	11.75
5	5	22.40
6	4	23.13
7	4	9.38
8	2	12.75
总数	33	
检验统计量[a,b]		
卡方	9.458	
df	7	
渐近显著性	0.221	

a. Kruskal-Wallis 检验

b. 分组变量：对照组学生

为全面描写各名对照组学生贮存听译时滞的具体实际，统计其各自的贮存听译时滞相关指标，结果如表 4.42 所示。

统计得出对照组学生汉译英同传语序差异处理贮存听译时滞的发现如下：第一，各学生贮存听译时滞的浮动区间很大。学生 s1 的区间是 7—14 秒；s2 是 3—17 秒，s3 是 3—10 秒；s4 是 3—9 秒；s5 是 7—14 秒；s6 是 4—26 秒，为浮动区间最大者；s7 是 3—10 秒；s8 是 5—8 秒，为浮动区间最小者。第二，贮存听译时滞的集中趋势不明显。仅有 1 名学生 s4 三项集中指标完全一致，超过半数共 5 名学生 s1、s3、s5、s7、s8 有两项指标一致，s2、s6 的指标均没有众数且平均数与中位数也不一致。第三，贮存听译时滞离散程度相差很大，8 名学生标准差的区间达到 2.1—9.4 秒。考虑到对照组学生产出贮存的时间非常不稳定，再加之 26 秒的极值影响，故确定贮存听译时滞总体样本的中位数与一个众数 8 秒，为各学生个体贮存听译时滞的检验值。

表 4.42 各对照组学生汉译英同传语序差异处理贮存 EVS 分布

对照组学生	样本数量	最小值 EVS_{min}	最大值 EVS_{max}	平均数 $\overline{EVS}$	中位数 $EVS_{0.5}$	众数 EVS_M	标准差 σEVS
s1	5	7	14	10 (9.8)	8	8	3.3
s2	4	3	17	11	12	无	6.7
s3	5	3	10	7 (6.6)	7	无	2.7
s4	4	3	9	7 (6.5)	7	7	2.5
s5	5	7	14	10 (10.4)	11	11	2.6
s6	4	4	26	14	13	无	9.4
s7	4	3	10	5 (5.3)	4	4	3.2
s8	2	5	8	7 (6.5)	7 (6.5)	无	2.1

鉴于职业译员听译时滞在两个同传方向上存在显著差异，为探究对照组学生是否发展出听译时滞的方向性差异，通过独立样本 t 检验分别比较对照组两个方向的启动听译时滞、贮存听译时滞。首先检验启动听译时滞英译汉方向 92 个、汉译英方向 47 个数据，再检验贮存听译时滞英译汉方向 24 个、汉译英方向 33 个数据，零假设均是两样本之间不存在显著差异。SPSS 报告的检验结果如表 4.43、表 4.44 所示。

表 4.43 对照组英译汉、汉译英同传语序差异处理启动 EVS 独立样本检验

方差方程的 Levene 检验		均值方程的 t 检验						
F	显著性	t	df	显著性（双侧）	均值差值	标准误差值	差分的 95% 置信区间	
							下限	上限
14.575	0	−0.761	137.000	0.448	−0.412	0.542	−1.483	0.659
		−0.619	57.229	0.538	−0.412	0.666	−1.745	0.920

对照组学生的启动听译时滞、贮存听译时滞均不存在显著的方向性差异。启动听译时滞数据的方差方程 Levene 检验得出方差不相等的结果

表 4.44 对照组学生英译汉、汉译英同传语序差异处理贮存 EVS 独立样本检验

方差方程的 Levene 检验		均值方程的 t 检验						
F	显著性	t	df	显著性（双侧）	均值差值	标准误差值	差分的 95% 置信区间	
							下限	上限
3.853	0.055	0.931	55.000	0.356	1.049	1.126	−1.208	3.307
		1.015	51.694	0.315	1.049	1.033	−1.025	3.123

（Sig=0<0.05），接受两样本不存在显著差异的零假设（t=−0.619，Sig=0.538>0.05）；贮存听译时滞数据的方差方程 Levene 检验得出方差相等的结果（Sig=0.055>0.05），接受两样本不存在显著差异的零假设（t=0.931，Sig=0.356>0.05）。

对照组学生启动听译时滞、贮存听译时滞并无显著方向性差异，与职业译员的发现相左。可见更长时间的同传训练与经验积累，有助于听译时滞的方向性差异化发展，仅接受一学期顺译规范训练的对照组尚未发展出依据不同同传方向管理听译时滞的能力；同时也凸显出母语外译同传方向的特异性、顺译规范在发展听译时滞方向特异性管理能力上的局限，以及针对方向特异性探索有效训练方法的必要。

描述统计对照组学生两方向共 139 个启动听译时滞数据与共 57 个贮存听译时滞数据，得出对照组听译时滞的特征如下：除浮动区间过大外，启动听译时滞、贮存听译时滞分别集中在 5—6 秒、8—9 秒。其中启动听译时滞的平均数约为 6 秒（6.3 秒），中位数为 6 秒，众数为 5 秒，贮存听译时滞的平均数约为 9 秒（9.4 秒），中位数为 9 秒，众数为 8 秒；启动听译时滞、贮存听译时滞的标准差分别为 3.0、4.2 秒，呈现出启动处理时间比产出贮存时间更稳定的特征。

鉴于对照组学生英译汉同传语序差异处理的听译时滞与职业译员存在显著差异，为揭示对照组汉译英方向的听译时滞与译员的差异是否同样存在显著性，对两组受试的启动听译时滞、贮存听译时滞进行独立样本 t 检验。首先检验译员 48 个、对照组 47 个启动听译时滞数据，再检验译员 32 个、对照组 33 个贮存听译时滞数据，零假设均是两样本之间不存在显著差异。SPSS 报告的检验结果如表 4.45、表 4.46 所示。

表 4.45 译员、对照组学生汉译英同传语序差异处理启动 EVS 独立样本检验

方差方程的 Levene 检验		均值方程的 t 检验							
F	显著性	t	df	显著性（双侧）	均值差值	标准误差值	差分的 95% 置信区间		
							下限	上限	
8.446	0.005	−2.226	93.000	0.028	−1.574	0.707	−2.977	−0.170	
		−2.213	69.822	0.030	−1.574	0.711	−2.992	−0.155	

表 4.46 译员、对照组学生汉译英同传语序差异处理贮存 EVS 独立样本检验

方差方程的 Levene 检验		均值方程的 t 检验							
F	显著性	t	df	显著性（双侧）	均值差值	标准误差值	差分的 95% 置信区间		
							下限	上限	
7.715	0.007	−2.741	63.000	0.008	−2.690	0.982	−4.652	−0.729	
		−2.767	47.134	0.008	−2.690	0.972	−4.646	−0.734	

对照组学生的启动听译时滞、贮存听译时滞均与译员存在显著差异。启动听译时滞数据的方差方程 Levene 检验得出方差不相等的结果（Sig=0.005<0.05），拒绝两样本不存在显著差异的零假设（$t=-2.213$，Sig= 0.030< 0.05）；贮存听译时滞数据的方差方程 Levene 检验得出方差不相等的结果（Sig=0.007<0.05），拒绝两样本不存在显著差异的零假设（$t=-2.767$，Sig= 0.008<0.05）。

可见对照组学生在汉译英同传方向上与英译汉方向相似，启动语序差异处理的时长，以及产出贮存的时长，仍显著落后于职业译员。这一发现再次印证延长训练时间或改进训练方法对学生汉译英同传听译时滞管理能力发展的必要性。

在分别确定对照组学生 6 秒的启动听译时滞、8 秒的贮存听译时滞检验值后，对进入认知维度检验的 47 个汉译英同传语序差异处理样本，与检验值逐一进行比较，得出认知维度遵从检验结果如表 4.47 所示。

表 4.47 对照组学生汉译英同传语序差异处理模型认知维度遵从结果

样本	译语评价	启动 EVS≤ 6+1	贮存 EVS≤ 8+1	认知维度遵从结果
z1s1	对	5	8	遵从
z1s2	错	5	8	遵从
z1s3	对	4	5	遵从
z1s4	对	2	3	遵从
z1s5	错	5	7	遵从
z1s6	对	4	4	遵从
z1s7	对	4	4	遵从
z1s8	对	4	5	遵从
*z2s1	错	4	无	遵从
*z2s3	错	1	无	遵从
*z2s8	对	4	无	遵从
z3s1	错	3	7	遵从
z3s2	错	2	3	遵从
z3s3	错	2	3	遵从
z3s4	错	5	7	遵从
z3s5	对	7	9	遵从放宽：后续译语正确，对照组学生样本总体中 7 秒、9 秒的正确样本数量超过误译样本，启动、贮存 EVS 可延至 7 秒、9 秒
z3s6	错	8	10	未遵从：启动、贮存 EVS 过大
z3s7	对	1	3	遵从
z4s1	对	12	14	启动、贮存 EVS 孤例：后续译语正确，但对照组学生样本总体中 12 秒、14 秒的正确样本数量并未超过误译样本
z4s2	对	15	16	启动、贮存 EVS 孤例：后续译语正确，但对照组学生样本总体中 15 秒、16 秒的正确样本数量并未超过误译样本
z4s3	对	7	8	遵从放宽：后续译语正确，对照组学生样本总体中 7 秒的正确样本数量超过误译样本，启动 EVS 可延至 7 秒
z4s4	对	8	9	启动 EVS 孤例：后续译语正确，但对照组学生样本总体中 8 秒的正确样本数量并未超过误译样本

续表

样本	译语评价	启动EVS≤6+1	贮存EVS≤8+1	认知维度遵从结果
z4s5	错	10	11	未遵从：启动、贮存 EVS 过大
z4s6	错	24	26	未遵从：启动、贮存 EVS 过大
z4s7	对	9	10	启动、贮存 EVS 孤例：后续译语正确，但对照组学生样本总体中 9 秒的正确样本仅此一例、10 秒的正确样本数量并未超过误译样本
z4s8	对	7	8	遵从放宽：后续译语正确，对照组学生样本总体中 7 秒的正确样本数量超过误译样本，启动 EVS 可延至 7 秒
z5s1	对	6	8	遵从
z5s3	错	6	7	遵从
z5s4	对	5	7	遵从
z5s5	错	10	11	未遵从：启动、贮存 EVS 过大
z5s6	对	14	16	未遵从：后续短语 z6 未启动处理，启动、贮存 EVS 过大
z5s7	对	3	4	遵从
*z6s2	对	3	无	遵从
*z6s3	错	7	10	未遵从：贮存 EVS 过大
*z6s7	错	2	无	遵从
*z6s8	错	7	无	遵从
z7s1	错	10	12	未遵从：启动、贮存 EVS 过大
z7s4	错	4	无	遵从
z7s5	错	12	14	未遵从：启动、贮存 EVS 过大
z7s7	错	5	无	遵从
z8s1	对	6	无	遵从
z8s2	错	15	17	未遵从：启动、贮存 EVS 过大
z8s3	错	5	无	遵从
z8s4	对	6	无	遵从
z8s5	对	6	无	遵从
z8s6	对	7	无	遵从放宽：对照组学生样本总体中 7 秒的正确样本数量超过误译样本，启动 EVS 可延至 7 秒，但无后续句供检验
z8s8	错	6	无	遵从

对照组中大部分样本遵从认知维度，个别样本提示特异于其他受试的认知维度遵从放宽与孤例。对照组学生遵从认知维度的样本 30 个、提示认知维度遵从放宽与孤例的样本 8 个、未遵从的样本 9 个，认知维度遵从率约为 63.8%。就启动听译时滞遵从而言，z3s5、z4s1—z4s4、z4s7、z4s8、z8s6 共 8 个样本提示遵从放宽。把其与样本总体进行交叉校验，发现其中 4 个样本所提示的 7 秒启动听译时滞在总体样本中仅被 2 个样本证伪，故接受 7 秒作为对照组学生英译汉同传启动听译时滞特性。然而，8 秒、9 秒、12 秒、15 秒的启动听译时滞均是孤例。就贮存听译时滞遵从而言，z3s5、z4s1、z4s2、z4s4、z4s7 共 5 个样本提示遵从放宽。与样本总体的交叉校验发现，2 个样本提示的 9 秒贮存听译时滞在总体样本中未被证伪，故接受 9 秒作为贮存听译时滞特性。但 10 秒、14 秒、16 秒的贮存听译时滞均为孤例。

4.2.4.3 信息—认知模型遵从

综合信息、认知维度分析，对照组学生汉译英同传语序差异处理信息—认知模型遵从结果如表 4.48 所示。结果发现在 64 个样本中，遵从模型的样本 13 个，模型遵从率约为 20.3%，占比两成；认知维度遵从放宽特例 8 个，占比 12.5%、超过一成；未遵从模型的样本 43 个，模型背离率约为 67.2%，接近七成。

表 4.48 对照组学生汉译英同传语序差异处理模型遵从结果

样本	处理结果	信息维度遵从结果	认知维度遵从结果	模型遵从结果
z1s1	对	未遵从	遵从	遵从认知维度、未遵从信息维度
z1s2	错	未遵从	遵从	遵从认知维度、未遵从信息维度
z1s3	对	遵从	遵从	遵从
z1s4	对	遵从	遵从	遵从
z1s5	错	未遵从	遵从	遵从认知维度、未遵从信息维度
z1s6	对	未遵从	遵从	遵从认知维度、未遵从信息维度
z1s7	对	遵从	遵从	遵从
z1s8	对	遵从	遵从	遵从
*z2s1	错	未遵从	遵从	遵从认知维度、未遵从信息维度
*z2s2	错	未遵从	无	未遵从信息维度
*z2s3	错	未遵从	遵从	遵从认知维度、未遵从信息维度
*z2s4	错	未遵从	无	未遵从信息维度

续表

样本	处理结果	信息维度遵从结果	认知维度遵从结果	模型遵从结果
*z2s5	错	未遵从	无	未遵从信息维度
*z2s6	错	未遵从	无	未遵从信息维度
*z2s7	错	未遵从	无	未遵从信息维度
*z2s8	对	遵从	遵从	遵从
z3s1	错	未遵从	遵从	遵从认知维度、未遵从信息维度
z3s2	错	未遵从	遵从	遵从认知维度、未遵从信息维度
z3s3	错	未遵从	遵从	遵从认知维度、未遵从信息维度
z3s4	错	未遵从	遵从	遵从认知维度、未遵从信息维度
z3s5	对	遵从	遵从放宽	遵从信息维度、为认知维度遵从放宽个例
z3s6	错	未遵从	未遵从	未遵从信息、认知维度
z3s7	对	遵从	遵从	遵从
z3s8	错	未遵从	无	未遵从信息维度
z4s1	对	遵从	遵从放宽	遵从信息维度、为认知维度遵从放宽个例
z4s2	对	遵从	遵从放宽	遵从信息维度、为认知维度遵从放宽个例
z4s3	对	遵从	遵从放宽	遵从信息维度、为认知维度遵从放宽个例
z4s4	对	遵从	遵从放宽	遵从信息维度、为认知维度遵从放宽个例
z4s5	错	未遵从	未遵从	未遵从信息、认知维度
z4s6	错	未遵从	未遵从	未遵从信息、认知维度
z4s7	对	遵从	遵从放宽	遵从信息维度、为认知维度遵从放宽个例
z4s8	对	遵从	遵从放宽	遵从信息维度、为认知维度遵从放宽个例
z5s1	对	遵从	遵从	遵从
z5s2	错	未遵从	无	未遵从信息维度
z5s3	错	未遵从	遵从	遵从认知维度、未遵从信息维度
z5s4	对	遵从	遵从	遵从
z5s5	错	未遵从	未遵从	未遵从信息、认知维度
z5s6	对	遵从	未遵从	遵从信息维度、未遵从认知维度
z5s7	对	遵从	遵从	遵从
z5s8	错	未遵从	无	未遵从信息维度
*z6s1	错	未遵从	无	未遵从信息维度
*z6s2	对	遵从	遵从	遵从
*z6s3	错	未遵从	未遵从	未遵从信息、认知维度
*z6s4	错	未遵从	无	未遵从信息维度

样本	处理结果	信息维度遵从结果	认知维度遵从结果	模型遵从结果
*z6s5	错	未遵从	无	未遵从信息维度
*z6s6	错	未遵从	无	未遵从信息维度
*z6s7	错	未遵从	遵从	遵从认知维度、未遵从信息维度
*z6s8	错	未遵从	遵从	遵从认知维度、未遵从信息维度
z7s1	错	未遵从	未遵从	未遵从信息、认知维度
z7s2	错	未遵从	无	未遵从信息维度
z7s3	错	未遵从	无	未遵从信息维度
z7s4	错	未遵从	遵从	遵从认知维度、未遵从信息维度
z7s5	错	未遵从	未遵从	未遵从信息、认知维度
z7s6	错	未遵从	无	未遵从信息维度
z7s7	错	未遵从	遵从	遵从认知维度、未遵从信息维度
z7s8	错	未遵从	无	未遵从信息维度
z8s1	对	遵从	遵从	遵从
z8s2	错	未遵从	未遵从	未遵从信息、认知维度
z8s3	错	未遵从	遵从	遵从认知维度、未遵从信息维度
z8s4	对	遵从	遵从	遵从
z8s5	对	遵从	遵从	遵从
z8s6	对	遵从	遵从放宽	遵从信息维度、为认知维度遵从放宽个例
z8s7	错	未遵从	无	未遵从信息维度
z8s8	错	未遵从	遵从	遵从认知维度、未遵从信息维度

　　基于顺译规范进行反馈的同传训练，在对照组学生汉译英同传中所取得的效果如下：第一，语序差异处理信息—认知模型的遵从率为两成左右，可见对照组的语序差异处理能力发展到可以成功进行两成左右处理的水平。第二，认知维度遵从放宽的个例占比超过一成，可见对照组学生发展出一定的利用主客观冗余调节、突破短时记忆持留阈值与容量占用限制的能力。第三，未遵从模型、处理失误的样本接近七成，可见学生能力发展水平仍然较低、模型背离率较高。对照组误译的首要诱因是信息维度背离，42 个样本占比约为 65.6%，背离率超过六成。其中源语信息识别错误为最突出问题，23 个样本占比约为 35.9%，识别错误率为 35.9%；语序差异未识别为次突出问题，17 个片段占比约为 26.6%，未识别率为 26.6%；译语

背离信息密度一致性问题并不突出，2 个样本占比约为 3.1%，信息密度一致性未优化率为 3.1%。这反映出源语正确识别能力对对照组的强约束力，其同传中对汉语的准确识别能力显著弱于职业译员。对照组误译的次要诱因是认知维度背离，9 个样本占比约为 14.1%，背离率超过一成。其中 8 个样本同时也背离源语正确识别的信息维度，可见信息、认知维度背离的高共现性；另有 1 个样本仅背离认知维度，虽当前处理正确但后续句译语错误，可见处理中信息、认知维度的动态平衡过程，以及认知维度背离对连续处理的负面影响。

　　基于对照组语序差异处理能力得到发展但水平仍然较低的发现及其诱因的分析，可以推断出训练时长不足或训练效果有限两个潜在原因。考虑到英译汉同传实验已经证实循证教学在发展学生处理能力上的显著成效，故可推测循证教学在汉译英处理能力发展上同样具有显著促进效果。然而鉴于对照组汉译英方向处理能力的发展水平已被发现超越英译汉方向，故循证教学在这一方向上的成效是否仍然显著有待进一步考察实验组学生实验结果并对比分析。

4.2.5 实验组学生汉译英同传实验结果

4.2.5.1 模型信息维度遵从

　　完成汉译英同传任务的实验组学生共 8 人，以 S1—S8 编码，其汉译英同传语序差异处理译语及其评价汇总列表，见附录 4。检验结果如表 4.49 所示。

表 4.49 实验组学生汉译英同传语序差异处理模型信息维度遵从检验

样本	译语评价	是否识别	是否识别正确	是否产出闭合轮廓	是否产出 SV(O) 轮廓	信息维度遵从结果
z1S1	对	是	是	是	是	遵从
z1S2	错	是	否	无	无	未遵从：源语识别错误
z1S3	对	是	是	是	是	遵从
z1S4	对	是	是	是	是	遵从
z1S5	错	是	否	无	无	未遵从：源语识别错误
z1S6	错	是	否	无	无	未遵从：源语识别错误
z1S7	错	是	否	无	无	未遵从：源语识别错误
z1S8	对	是	是	是	是	遵从

样本	译语评价	是否识别	是否识别正确	是否产出闭合轮廓	是否产出SV(O)轮廓	信息维度遵从结果
*z2S1	对	是	是	是	是	遵从
*z2S2	错	是	否	无	无	未遵从：源语识别错误
*z2S3	错	是	否	无	无	未遵从：源语识别错误
*z2S4	对	是	是	是	是	遵从
*z2S5	对	是	是	是	是	遵从
*z2S6	错	是	否	无	无	未遵从：源语识别错误
*z2S7	错	否	否	无	无	未遵从：源语未识别
*z2S8	错	是	否	无	无	未遵从：源语识别错误
z3S1	对	是	是	是	否	遵从：主观冗余调节
z3S2	对	是	是	是	是	遵从
z3S3	错	是	否	无	无	未遵从：源语识别错误
z3S4	对	是	是	是	否	遵从：主观冗余调节
z3S5	对	是	是	是	否	遵从：主观冗余调节
z3S6	错	是	否	无	无	未遵从：源语识别错误
z3S7	对	是	是	是	否	遵从：主观冗余调节
z3S8	错	是	否	无	无	未遵从：源语识别错误
z4S1	对	是	是	是	是	遵从
z4S2	对	是	是	是	是	遵从
z4S3	对	是	是	是	是	遵从
z4S4	对	是	是	否	是	遵从：主客观冗余调节
z4S5	对	是	是	否	是	遵从：主客观冗余调节
z4S6	对	是	是	是	是	遵从
z4S7	对	是	是	是	是	遵从
z4S8	对	是	是	是	是	遵从
z5S1	错	是	否	无	无	未遵从：源语识别错误
z5S2	对	是	是	是	是	遵从
z5S3	错	是	否	无	无	未遵从：源语识别错误
z5S4	错	是	否	无	无	未遵从：源语识别错误
z5S5	错	是	否	无	无	未遵从：源语识别错误
z5S6	对	是	是	是	是	遵从
z5S7	对	是	是	是	是	遵从
z5S8	对	是	是	是	是	遵从

续表

样本	译语评价	是否识别	是否识别正确	是否产出闭合轮廓	是否产出 SV(O) 轮廓	信息维度遵从结果
*z6S1	对	是	是	是	否	遵从：主客观冗余调节
*z6S2	对	是	是	否	是	遵从：主客观冗余调节
*z6S3	对	是	是	是	否	遵从：主客观冗余调节
*z6S4	错	是	否	无	无	未遵从：源语识别错误
*z6S5	错	是	否	无	无	未遵从：源语识别错误
*z6S6	对	是	是	是	否	遵从：主客观冗余调节
*z6S7	对	是	是	是	否	遵从：主客观冗余调节
*z6S8	对	是	是	是	是	遵从
z7S1	错	是	否	无	无	未遵从：源语识别错误
z7S2	错	否	否	无	无	未遵从：源语未识别
z7S3	对	是	是	是	否	遵从：主客观冗余调节
z7S4	错	是	否	无	无	未遵从：源语识别错误
z7S5	错	否	否	无	无	未遵从：源语未识别
z7S6	错	否	否	无	无	未遵从：源语未识别
z7S7	错	是	否	无	无	未遵从：源语识别错误
z7S8	错	否	否	无	无	未遵从：源语未识别
z8S1	错	是	否	无	无	未遵从：源语识别错误
z8S2	对	是	是	是	是	遵从
z8S3	对	是	是	是	是	遵从
z8S4	对	是	是	是	是	遵从
z8S5	对	是	是	是	是	遵从
z8S6	对	是	是	是	是	遵从
z8S7	错	是	否	无	无	未遵从：源语识别错误
z8S8	对	是	是	是	是	遵从

　　实验组学生信息维度遵从的检验结果量化描述如下：第一，实验组学生汉译英同传语序差异未识别率约为 7.8%。在应采集的 64 个样本中，语序差异未识别的样本共 5 个，分布在 8 名受试中的 5 名，每名学生各 1 个样本。第二，语序差异识别率，即处理启动率约为 92.2%，识别错误率约为 34.4%。在识别语序差异并启动处理的 59 个样本中，源语信息识别错误的样本共 22 个，产生的听译时滞数据共 59 组，用于检验认知维度遵从。据此可知，因不符合源语识别指标、未遵从信息维度而误译的样本共 27

个，约占应采集样本总数的 42.2%。第三，语序差异正确识别率约为
57.8%。37 个样本正确识别源语信息，其中未遵从译语产出闭合 SV(O)轮
廓指标的样本共 12 个，后续译语均正确，分布在 7 名学生 4 个短语 Z3、
Z4、Z6、Z7 的处理中。鉴于上述短语均在职业译员受试的检验中被证实
存在主客观冗余因素对源语信息不确定的调节，故实验组学生样本也证明
除 S8 外的受试在具备主客观冗余调节的条件下译语轮廓构建展现出更大
的自主性，属信息维度遵从放宽特例。综上，37 个样本遵从信息维度、处
理结果正确，占应采集样本总数的 57.8%，其中主观冗余调节率约为
18.8%；未遵从信息维度、处理结果错误的样本 27 个，约占应采集样本总
数的 42.2%。

比较实验组学生两个方向的信息维度遵从发现，可知方向性差异如下：
第一，汉译英方向在源语识别正确率上表现更优，其未识别率更低，但同
时存在一定识别错误率上升的问题。具体而言，汉译英方向语序差异未识
别率、处理启动率，与英译汉方向的 21.3%、78.8%相比，前者下降、后
者上升，幅度达到 13.5 个百分点。然而，在源语信息识别错误率上，汉译
英方向比英译汉方向的 25%高出 9.4 个百分点。在源语信息识别正确率上，
汉译英比英译汉方向的 53.8%高出 4 个百分点。第二，主客观冗余调节率
更高，取得更多正确处理结果。汉译英方向信息密度一致性轮廓偏离率为
0，比英译汉方向的 3.8%降低 3.8 个百分点；主客观冗余调节率比英译汉
方向的 4.4%升高 14.4 个百分点。

就循证教学对学生同传语序差异处理能力发展所产生的效果而言，源
语信息识别率、语序差异处理启动率在汉译英同传方向中出现中等幅度的
升高，说明学生的母语识别同职业译员一样优于外语识别，母语外译方向
上启动处理能力发展速度更快、超前于外译母语方向。但是，学生的识别
错误率却高于英译汉方向，这一与译员相左的发现说明学生在处理中的母
语信息识别精确度仍待提高，识别能力仍待进一步发展。信息密度一致性
轮廓偏离率的小幅升高、主客观冗余调节率的中等幅度提高，显示实验组
学生与译员相比在主客观冗余调节上表现更优，说明学生只要信息识别正
确、就能利用主客观冗余调节译语信息轮廓的产出。

4.2.5.2 模型认知维度遵从

进入认知维度遵从检验的样本共 59 个，每名实验组学生 7 至 8 个样
本不等。各受试各短语的听译时滞数据统计以及译语评价汇总如表 4.50
所示。

表 4.50 实验组学生汉译英同传语序差异处理 EVS 分布汇总

译语	实验组 S1		实验组 S2		实验组 S3		实验组 S4	
	评价	EVS	评价	EVS	评价	EVS	评价	EVS
z1	对	5, 6, -18	错	5, 8, -18	对	6, 7, -17	对	3, 4, -20
z2	对	6	错	6	错	6	对	2
z3	对	1, 2, -14	对	3, 5, -12	错	5, 7, -10	对	3, 4, -12
z4	对	9, 10, -5	对	5, 6, -9	对	11, 12, -3	对	11, 12, -3
z5	错	11, 12	对	4, 5	错	5, 7	错	3, 4
z6	错	11	对	11	对	5, 9, -13	错	6, 10, -12
z7	错	8, 14	错	无	对	4	错	2
z8	错	5	对	3	对	3, -5	对	7

译语	实验组 S5		实验组 S6		实验组 S7		实验组 S8	
	评价	EVS	评价	EVS	评价	EVS	评价	EVS
z1	错	8, 11, -15	错	5, 6, -18	错	6, 7, -17	对	5, 6, -18
z2	对	2	错	5	错	无	错	2
z3	对	6, 10, -9	错	1, 5, -14	对	4, 5, -11	错	2, 4, -13
z4	对	18, 20,	对	6, 8, -8	对	10, 11	对	6, 8, -8
z5	错	6, 8	对	3, 4	对	6, 7	对	4, 5
z6	错	15	对	7, 9, -11	错	11, -3	对	6
z7	错	无	错	无	错	8	错	无
z8	对	4, 15, -7	对	4	错	6	对	6

对 59 个启动听译时滞样本进行统计，得出实验组学生汉译英同传语序差异处理的启动听译时滞发现如下：第一，最小值为 1 秒，最大值为 18 秒，启动听译时滞的浮动区间位于 1—18 秒。第二，平均数、中位数、众数三者中有两项一致，启动听译时滞位于 5—6 秒区间，集中趋势不明显。平均数为 5.9 秒，约等于 6 秒；中位数即排在第 30 位的样本的平均数，为 5 秒；众数为样本数最多，共有 14 个的 6 秒。第三，启动听译时滞的标准差约为 3.3 秒。上述发现显示，实验组启动听译时滞浮动区间大，集中趋势不明显。对数据的差异显著性进行检验，SPSS 报告的结果如表 4.51、表 4.52 所示。

表 4.51 实验组学生汉译英同传语序差异处理启动 EVS 正态性检验

实验组学生	Kolmogorov-Smirnov[a]			Shapiro-Wilk		
	统计量	df	显著性	统计量	df	显著性
1	0.154	8	0.200*	0.936	8	0.574
2	0.256	7	0.185	0.802	7	0.043
3	0.313	8	0.021	0.800	8	0.029
4	0.321	8	0.015	0.816	8	0.043
5	0.243	7	0.200*	0.889	7	0.267
6	0.185	7	0.200*	0.967	7	0.876
7	0.268	7	0.138	0.916	7	0.441
8	0.236	7	0.200*	0.806	7	0.047

a. Lilliefors 显著水平修正

* 这是真实显著水平的下限。

表 4.52 实验组学生汉译英同传语序差异处理启动 EVS 方差齐性检验

Levene 统计量	df1	df2	显著性
2.475	7	51	0.029

Shapiro-Wilk 检验中 S2、S3、S4、S8 的显著性均小于 0.05，故正态性检验不支持数据正态分布的原假设。方差齐性检验支持数据正态分布的原假设：显著性为 0.029、小于 0.05。因此，8 组数据非正态分布且方差不齐，无法满足参数检验假设的条件，故对实验组启动听译时滞的差异显著

性检验采用非参数 Kruskal-Wallis 检验方法。SPSS 报告的结果如表 4.53 所示。

表 4.53 实验组学生汉译英同传语序差异处理启动 EVS Kruskal-Wallis 检验

对照组学生	N	秩均值
1	8	37.13
2	7	26.07
3	8	29.31
4	8	22.56
5	7	37.50
6	7	23.43
7	7	40.50
8	7	23.64
总数	59	
检验统计量 [a, b]		
卡方	9.402	
df	7	
渐近显著性	0.225	

a. Kruskal-Wallis 检验

b. 分组变量：实验组学生

Kruskal-Wallis 检验的渐进显著性为 0.225、大于 0.05，差异不显著。因此，8 组数据并不存在显著差异，说明实验组学生启动听译时滞的个体差异并不显著。与职业译员同传听译时滞的普遍规律相比，实验组启动听译时滞呈现出浮动区间大、个体差异不强的相似性。相较于译员启动听译时滞达 12 秒的最大值，实验组再落后 6 秒达 18 秒。然而，其集中趋势不明显。相较于译员 5 秒的启动听译时滞集中趋势，实验组落后 1 秒，集中在 5—6 秒。

实验组学生在两个方向同传的语序差异处理中，启动听译时滞均未出现显著个体差异，但就浮动区间与集中趋势而言，汉译英方向较之英译汉方向区间更大，但集中趋势更显著。与英译汉方向相比，汉译英方向启动听译时滞的浮动区间由 2—10 秒进一步扩大至 1—18 秒，集中趋势值由 4—5 秒延后至 5—6 秒，反映出实验组在母语外译方向的译语产出时间更加不稳定，也更灵活多变，但普遍延后产出。其中延长持留时长、增加对短时记忆容量的占用，与译员在汉译英同传中启动听译时滞的发现一致，显示短时记忆持留母语信息的效率更高。

与对照组相似，集中趋势不显著、浮动区间过大是实验组学生启动听译时滞的共同特征，反映出学生在完成一个学期的同传训练后，其启动听译时滞尚未发展出达到译员水平的集中度；但与对照组分布在 4—7 秒的集中值、1—24 秒的浮动区间相比，实验组的数值分布区间进一步收窄、分布趋势进一步集中。

循证教学在发展学生启动听译时滞管理能力上的有效性，体现在收窄其浮动区间、提升其集中趋势两个方面。教师在教学中分享职业译员汉译英同传语序差异处理启动听译时滞集中在 5 秒的研究发现，为学生提供听译时滞管理规范，有助于改变其启动听译时滞浮动区间过大且并不集中的趋势，在一学期内使其收窄并集中于更接近译员水平的 5—6 秒。然而，与译员三项集中指标均为 5 秒的集中趋势，以及更窄的浮动区间相比，实验组仍然落后，同时也反映出一学期循证教学时长的有限性。

针对实验组学生启动听译时滞的相关指标进行统计，厘清各学生各样本的处理与模型认知维度的关系，进而检验其处理是否发展出对信息—认知模型的遵从。结果如表 4.54 所示。

表 4.54 各实验组学生汉译英同传语序差异处理启动 EVS 分布

实验组学生	样本数量	最小值 EVS_{min}	最大值 EVS_{max}	平均数 $\overline{EVS}$	中位数 $EVS_{0.5}$	众数 EVS_M	标准差 σEVS
S1	8	1	11	7	7	5	3.4
S2	7	3	11	5（5.3）	5	5	2.8
S3	8	3	11	6（5.6）	5	5	2.4
S4	8	2	11	5（4.6）	3	3	3.2
S5	7	2	18	8（8.4）	6	6	5.9
S6	7	1	7	4（4.4）	5	5	2.0
S7	7	4	11	7（7.3）	6	6	2.5
S8	7	2	6	4（4.4）	5	6	1.8

统计得出实验组学生汉译英同传语序差异处理启动听译时滞的发现如下：第一，各学生启动听译时滞的浮动区间较大。学生 S1 的浮动区间是 1—11 秒；S2 是 3—11 秒；S3 是 3—11 秒；S4 是 2—11 秒；S5 是 2—18 秒，是浮动区间最大者；S6 是 1—7 秒；S7 是 4—11 秒；S8 是 2—6 秒，是

浮动区间最小者。第二，启动听译时滞的集中趋势不明显。仅有 1 名学生 S2 启动听译时滞的平均数、中位数、众数三项指标一致，6 名学生 S1、S3、S4、S5、S6、S7 有两项一致，另外 1 名学生 S8 三项指标均不一致，其启动听译时滞的众数同时也是最大值。第三，启动听译时滞的离散程度相差较大。8 名学生的离散指标分布在 1.8—5.9 秒的区间，可见实验组启动语序差异处理的时间较不稳定。根据总体样本中的平均数和众数，确定 6 秒为实验组启动听译时滞检验值。

继而对贮存听译时滞指标的 37 个样本进行统计，得出实验组学生汉译英同传语序差异处理的贮存听译时滞发现如下：第一，最小值为 2 秒，最大值为 20 秒，实验组贮存听译时滞的浮动区间位于 2—20 秒。第二，平均数、中位数、众数三者中有两者一致，贮存听译时滞集中于 5—8 秒，集中趋势不明显。平均数为 7.9 秒，约等于 8 秒；中位数即排在第 19 位的样本，为 7 秒；众数为样本数最多，共有 5 个的 5 秒和 7 秒。第三、贮存听译时滞的标准差约为 3.7 秒。SPSS 报告的个体差异显著性检验结果如表 4.55、表 4.56 所示。

表 4.55 实验组学生汉译英同传语序差异处理贮存 EVS 正态性检验

实验组学生	Kolmogorov-Smirnov[a]			Shapiro-Wilk		
	统计量	df	显著性	统计量	df	显著性
1	0.198	5	0.200*	0.957	5	0.787
2	0.260	4	0	0.827	4	0.161
3	0.339	5	0.062	0.754	5	0.033
4	0.364	5	0.029	0.753	5	0.032
5	0.247	5	0.200*	0.929	5	0.587
6	0.180	5	0.200*	0.952	5	0.754
7	0.329	4	0	0.895	4	0.406
8	0.192	4	0	0.971	4	0.850

a. Lilliefors 显著水平修正

* 这是真实显著水平的下限。

表 4.56 实验组学生汉译英同传语序差异处理贮存 EVS 方差齐性检验

Levene 统计量	df1	df2	显著性
2.908	7	29	0.020

根据正态性检验的Shapiro-Wilk方法,S3、S4的显著性达到0.033、0.032,小于0.01,差异显著、无法接受正态分布的原假设,数据非正态分布。方差齐性检验结果的显著性为0.020、小于0.05,故无法接受方差齐性的原假设。由于数据非正态分布且方差不齐,故对贮存听译时滞的差异显著性检验采用非参数 Kruskal-Wallis 检验方法。SPSS 报告的结果如表 4.57 所示。

表 4.57 实验组学生汉译英同传语序差异处理贮存 EVS Kruskal-Wallis 检验

对照组学生	N	秩均值
1	5	22.10
2	4	13.50
3	5	22.50
4	5	14.60
5	5	30.80
6	5	14.90
7	4	18.88
8	4	12.25
总数	37	
检验统计量[a, b]		
卡方	11.126	
df	7	
渐近显著性	0.133	

a. Kruskal-Wallis 检验

b. 分组变量:实验组学生

Kruskal-Wallis 检验的渐进显著性为 0.133、大于 0.05,差异不显著。可见,实验组学生贮存听译时滞并无显著差异,反映出其短时记忆持留阈值、容量上限趋同。实验组语序差异处理贮存听译时滞呈现出浮动区间大、集中趋势不明显、个体差异不强的特征,与职业译员贮存听译时滞的质性描述特征存在差异,主要表现在集中趋势与数值差距上。第一,相较于译员贮存听译时滞的 6 秒集中趋势,实验组集中度更低、集中在 5—8 秒。第二,相较于译员 12 秒的最大值,实验组最多可再落后 8 秒达 20 秒之久。

实验组学生在两个方向同传的语序差异处理中,贮存听译时滞均未出现显著个体差异，但就浮动区间与集中趋势而言，汉译英方向较之英译汉方向区间更大，集中趋势不及后者显著。与英译汉方向相比，汉译英方向贮存听译时滞的浮动区间由4—16秒进一步扩大至2—20秒，集中趋势值由7—10秒提前至5—8秒。可见在母语外译同传方向上，实验组同译员一样，有能力在更短时间内产出贮存，贮存听译时滞普遍短于外译母语方向；而其并不显著的个体差异，也与译员贮存听译时滞的发现一致。

实验组学生与对照组相比，集中趋势不显著、浮动区间过大是启动听译时滞的共同特征，反映出学生在完成一个学期的同传训练后，尚未发展出集中度达到译员水平的贮存听译时滞；但与对照组分布在7—9秒的集中值、3—26秒的浮动区间相比，实验组的数值分布进一步提前，区间进一步收窄。

循证教学在发展学生贮存听译时滞管理能力上的有效性，也被证实；体现在收窄其浮动区间、提前其集中趋势两个方面。教师在教学中分享职业译员的同传研究发现，其汉译英同传语序差异处理中贮存听译时滞集中在6秒，但上限不超过8秒，为学生提供听译时滞管理规范，有助于改变其贮存听译时滞浮动区间过大并且不集中的趋势，在一学期内使其收窄并集中于更接近译员水平的5—8秒。然而，与译员三项集中指标均为6秒的集中趋势，以及更窄的浮动区间相比，实验组偶尔比译员更早，但普遍仍然更晚产出，也反映出一学期循证教学时长的有限性。

对实验组学生各自贮存听译时滞的相关指标进行统计，结果如表4.58所示，得出实验组汉译英同传语序差异处理贮存听译时滞的发现。第一，

表 4.58 各实验组学生汉译英同传语序差异处理贮存 EVS 分布

实验组学生	样本数量	最小值 EVS_{min}	最大值 EVS_{max}	平均数 $\overline{EVS}$	中位数 $EVS_{0.5}$	众数 EVS_M	标准差 σEVS
S1	5	2	14	9（8.8）	10	无	4.8
S2	4	5	8	6	6（5.5）	5	1.4
S3	5	7	12	8（8.4）	7	7	2.2
S4	5	4	12	7（6.8）	4	4	3.9
S5	5	8	20	13（12.8）	11	无	4.8
S6	5	4	9	6（6.4）	6	无	2.1
S7	4	5	11	8（7.5）	7	7	2.5
S8	4	4	8	6（5.8）	6（5.5）	无	1.7

各学生贮存听译时滞的浮动区间很大。学生 S1 的区间是 2—14 秒；S2 是 5—8 秒，为浮动区间最小者；S3 是 7—12 秒；S4 是 4—12 秒；S5 是 8—20 秒；S6 是 4—9 秒；S7 是 5—11 秒；S8 是 4—8 秒。浮动区间最大者为 S1 与 S5。第二，贮存听译时滞的集中趋势不明显。6 名学生 S2、S3、S4、S6、S7、S8 三项集中指标有两项一致，2 名学生 S1、S5 的数据均没有众数，平均数与中位数也不一致。第三，贮存听译时滞离散程度相差较大，标准差的区间达到 1.4—4.8 秒。鉴于实验组各受试贮存听译时滞样本数量不大，因此依据样本总体平均值，确定 8 秒为实验组贮存听译时滞检验值。

鉴于职业译员两类听译时滞在两个同传方向上存在显著差异，为探究实验组学生在接受一学期循证教学后是否发展出启动与贮存听译时滞的方向性差异，以独立样本 t 检验对启动听译时滞英译汉 126 个样本与汉译英 59 个样本，以及贮存听译时滞英译汉 43 个样本与汉译英 37 个样本进行检验，零假设均为两样本均值之间不存在显著差异。SPSS 报告的检验结果如表 4.59、表 4.60 所示。

表 4.59 实验组英译汉、汉译英同传语序差异处理启动 EVS 独立样本检验

方差方程的 Levene 检验		均值方程的 t 检验						
F	显著性	t	df	显著性（双侧）	均值差值	标准误差值	差分的 95% 置信区间	
							下限	上限
12.375	0.001	−1.051	183.000	0.294	−0.397	0.378	−1.143	0.348
		−0.861	74.573	0.392	−0.397	0.462	−1.317	0.522

表 4.60 实验组英译汉、汉译英同传语序差异处理贮存 EVS 独立样本检验

方差方程的 Levene 检验		均值方程的 t 检验						
F	显著性	t	df	显著性（双侧）	均值差值	标准误差值	差分的 95% 置信区间	
							下限	上限
1.883	0.174	1.074	78.000	0.286	0.779	0.725	−0.665	2.223
		1.052	66.220	0.297	0.779	0.741	−0.699	2.257

实验组学生的启动与贮存听译时滞均不存在方向性差异。启动听译时滞数据的方差方程 Levene 检验得出方差不相等的结果（Sig=0.001<0.05），接受两样本不存在显著差异的零假设（$t=-0.861$，Sig=0.392>0.05）。贮存听译时滞数据的方差方程 Levene 检验得出方差相等的结果（Sig=0.174>0.05），接受两样本不存在显著差异的零假设（$t=1.074$，Sig=0.286>0.05）。

可见，实验组学生同传语序差异处理的两类听译时滞均不存在显著方向性差异，与职业译员存在显著方向性差异的发现相左。实验组学生在接受了第一学期的循证教学之后，同对照组学生一样，也未发展出根据不同同传方向管理两类听译时滞的能力，提示延长训练时间，以及对方向特异性听译时滞管理能力进行训练的必要。

鉴于实验组学生的两类听译时滞在英译汉与汉译英两个方向上并无显著差异，对两个方向启动听译时滞的 181 个数据、贮存听译时滞的 80 个数据进行描述性统计，得出实验组听译时滞的特征如下：除浮动区间大之外，启动听译时滞集中在 5—6 秒，贮存听译时滞集中在 7—8 秒。启动听译时滞的平均数约为 6 秒（5.6 秒），中位数为 5 秒，众数为 6 秒；贮存听译时滞的平均数约为 8 秒（8.4 秒），中位数为 8 秒，众数为 7 秒。启动听译时滞的标准差为 2.4 秒，小于贮存听译时滞的标准差 3.2 秒，呈现出启动处理时间比贮存产出时间更加稳定的特征。

为揭示实验组学生汉译英同传语序差异处理的听译时滞与职业译员的差异是否具有统计学意义上的显著性，对两组受试的启动、贮存听译时滞进行独立样本 t 检验。首先检验译员 48 个、实验组学生 59 个启动听译时滞数据，再检验译员 32 个、实验组学生 37 个贮存听译时滞数据，零假设均是两样本之间不存在显著差异。SPSS 报告的检验结果如表 4.61、表 4.62 所示。

表 4.61 实验组学生、译员汉译英同传语序差异处理启动 EVS 独立样本检验

方差方程的 Levene 检验		均值方程的 t 检验						
F	显著性	t	df	显著性（双侧）	均值差值	标准误差值	差分的95%置信区间	
							下限	上限
3.671	0.058	-1.633	105.000	0.106	-0.923	0.565	-2.044	0.198
		-1.694	102.505	0.093	-0.923	0.545	-2.004	0.158

表 4.62 实验组学生、译员汉译英同传语序差异处理贮存 EVS 独立样本检验

方差方程的 Levene 检验		均值方程的 t 检验							
F	显著性	t	df	显著性（双侧）	均值差值	标准误差值	差分的 95% 置信区间		
							下限	上限	
3.487	0.066	−2.112	67.000	0.038	−1.638	0.775	−3.185	−0.090	
		−2.168	63.972	0.034	−1.638	0.755	−3.147	−0.129	

实验组学生汉译英同传的启动听译时滞与译员已无显著差异，但贮存听译时滞的差异仍然显著。启动听译时滞数据的方差方程 Levene 检验得出方差相等的结果（Sig=0.058>0.05），故接受两样本不存在显著差异的零假设（t=−1.633，Sig=0.106>0.05）。贮存听译时滞数据的方差方程 Levene 检验得出方差相等的结果（Sig=0.066>0.05），拒绝两样本不存在显著差异的零假设（t=−2.112，Sig=0.038<0.05）。

可见，实验组学生在完成第一学期基于循证教学与反馈的同传训练之后，在汉译英同传方向上启动语序差异处理的时长已不显著落后于职业译员，但产出贮存的时长仍显著落后于译员。与对照组显著落后于译员的发现不同，实验组的启动听译时滞已缩短至与译员并无显著差异的水平，印证了基于译员实证发现的反馈对学生尽早启动处理的有效性，揭示循证教学在汉译英方向上率先对短时记忆持留时长，即容量占用的管理能力产生显著作用。然而，实验组的贮存听译时滞虽较对照组有所缩短，但仍显著落后于译员，显示循证教学对汉译英方向贮存产出时长的作用效果并不显著，尚未达到职业水准的贮存听译时滞提示其显著作用的收效更晚，有待延长教学与训练的时长。

在分别确定实验组学生个体启动、贮存听译时滞的检验值后，对进入认知维度检验的 59 个汉译英同传语序差异处理样本，与检验值逐一进行比较，得出认知维度遵从检验结果如表 4.63 所示。把未遵从的原因、提示听译时滞特性的详情一并标出，并对后者做进一步分析探讨。

表 4.63 实验组学生汉译英同传语序差异处理模型认知维度遵从结果

样本	译语评价	启动EVS≤6	贮存EVS≤8+2	认知维度遵从结果
z1S1	对	5	6	遵从
z1S2	错	5	8	遵从
z1S3	对	6	7	遵从
z1S4	对	3	4	遵从
z1S5	错	8	11	未遵从：启动、贮存 EVS 过大
z1S6	错	5	6	遵从
z1S7	错	6	7	遵从
z1S8	对	5	6	遵从
*z2S1	对	6	无	遵从
*z2S2	错	6	无	遵从
*z2S3	错	6	无	遵从
*z2S4	对	2	无	遵从
*z2S5	对	2	无	遵从
*z2S6	错	5	无	遵从
*z2S8	错	2	无	遵从
z3S1	对	1	2	遵从
z3S2	对	3	5	遵从
z3S3	错	5	7	遵从
z3S4	对	3	4	遵从
z3S5	对	6	10	遵从放宽：后续译语正确，实验组学生样本总体中 10 秒的正确样本数量超过误译样本，贮存 EVS 可延至 10 秒
z3S6	错	1	5	遵从
z3S7	对	4	5	遵从
z3S8	错	2	4	遵从
z4S1	对	9	10	启动 EVS 孤例：后续译语正确，9 秒的启动 EVS 在实验组学生样本总体中仅此一例
z4S2	对	5	6	遵从
z4S3	对	11	12	启动、贮存 EVS 孤例：后续译语正确，但实验组学生样本总体中 8 秒的启动 EVS 就已全部出现误译、11 秒的贮存 EVS 正确样本数量未超出误译样本，故启动、贮存 EVS 不可延至 11 秒、12 秒

样本	译语评价	启动EVS≤6	贮存EVS≤8+2	认知维度遵从结果
z4S4	对	11	12	启动、贮存 EVS 孤例：后续译语正确
z4S5	对	18	20	启动、贮存 EVS 孤例：后续译语正确，但启动、贮存 EVS 分别为 18 秒、20 秒的样本在实验组学生样本总体中各仅有一例
z4S6	对	6	8	遵从
z4S7	对	10	11	启动、贮存 EVS 孤例：后续译语正确，实验组学生样本总体中 10 秒的启动 EVS 仅此一例、11 秒的贮存 EVS 正确样本数量未超出误译样本数量
z4S8	对	6	8	遵从
z5S1	错	11	12	未遵从：启动、贮存 EVS 过大
z5S2	对	4	5	遵从
z5S3	错	5	7	遵从
z5S4	错	3	4	遵从
z5S5	错	6	8	遵从
z5S6	对	3	4	遵从
z5S7	对	6	7	遵从
z5S8	对	4	5	遵从
*z6S1	对	11	无	启动 EVS 孤例：后续译语正确，但实验组学生样本总体中 8 秒的启动 EVS 就已全部出现误译，故启动 EVS 不可延至 11 秒
*z6S2	对	11	无	启动 EVS 孤例：后续译语正确
*z6S3	对	5	9	遵从放宽：后续译语正确，实验组学生样本总体中 9 秒的贮存 EVS 样本全部正确，贮存 EVS 可延至 9 秒
*z6S4	错	6	10	遵从
*z6S5	错	15	无	未遵从：启动 EVS 过大
*z6S6	对	7	9	启动 EVS 孤例：后续译语正确，但实验组学生样本总体中 7 秒的启动 EVS 正确样本数量未超过误译样本，故仅为孤例
*z6S7	对	11	无	启动 EVS 孤例：后续译语正确
*z6S8	对	6	无	遵从
z7S1	错	8	14	未遵从：启动、贮存 EVS 过大

续表

样本	译语评价	启动 EVS≤6	贮存 EVS≤8+2	认知维度遵从结果
z7S3	对	4	无	遵从
z7S4	错	2	无	遵从
z7S7	错	8	无	未遵从：启动 EVS 过大
z8S1	错	5	无	遵从
z8S2	对	3	无	遵从
z8S3	对	3	无	遵从
z8S4	对	7	无	启动 EVS 孤例：无后续句可供检验，仅为孤例
z8S5	对	4	15	贮存 EVS 孤例：后续句可供检验，15 秒的贮存 EVS 仅此一例
z8S6	对	4	无	遵从
z8S7	错	6	无	遵从
z8S8	对	6	无	遵从

实验组中大部分样本遵从认知维度，个别样本提示特异于其他受试的认知维度遵从放宽与孤例。实验组学生遵从认知维度的样本为 41 个，提示认知维度遵从放宽与孤例的样本 13 个，未遵从的样本 5 个，认知维度遵从率约为 69.5%。就启动听译时滞遵从而言，z4S1、z4S3—z4S5、z4S7、z6S1、z6S2、z6S6、z6S7、z8S4 共 9 个样本所提示的超过 6 秒的启动听译时滞均为孤例。就贮存听译时滞遵从而言，z3S5、z4S3—z4S5、z4S7、z6S3、z8S5 共 7 个样本提示遵从放宽。与样本总体的交叉校验发现，2 个译语正确样本所提示的 9 秒贮存听译时滞在样本总体中未被证伪，故接受 9 秒作为贮存听译时滞特性；2 个译语正确样本所提示的 10 秒贮存听译时滞在样本总体中的数量超过 1 个误译样本，故接受 10 秒作为贮存听译时滞特性。但 11 秒的贮存听译时滞因正确样本数量未超出误译样本而仅为孤例，12 秒、15 秒、20 秒的贮存听译时滞均为孤例。

4.2.5.3 信息—认知模型遵从

综合上述信息、认知维度的质性、量化分析，得出实验组学生汉译英同传语序差异处理信息—认知模型遵从结果如表 4.64 所示。结果发现，在 64 个应采集样本总数中，遵从模型的样本为 24 个，模型遵从率约为 37.5%，占比接近四成；认知维度遵从放宽特例为 13 个，占比约为 20.3%、达到两成；未遵从模型、处理失误的样本为 27 个，模型背离率约为 42.2%，超过四成。

表 4.64 实验组学生汉译英同传语序差异模型遵从结果

样本	处理结果	信息维度遵从结果	认知维度遵从结果	模型遵从结果
z1S1	对	遵从	遵从	遵从
z1S2	错	未遵从	遵从	遵从认知维度、未遵从信息维度
z1S3	对	遵从	遵从	遵从
z1S4	对	遵从	遵从	遵从
z1S5	错	未遵从	未遵从	未遵从信息、认知维度
z1S6	错	未遵从	遵从	遵从认知维度、未遵从信息维度
z1S7	错	未遵从	遵从	遵从认知维度、未遵从信息维度
z1S8	对	遵从	遵从	遵从
*z2S1	对	遵从	遵从	遵从
*z2S2	错	未遵从	遵从	遵从认知维度、未遵从信息维度
*z2S3	错	未遵从	遵从	遵从认知维度、未遵从信息维度
*z2S4	对	遵从	遵从	遵从
*z2S5	对	遵从	遵从	遵从
*z2S6	错	未遵从	遵从	遵从认知维度、未遵从信息维度
*z2S7	错	未遵从	无	未遵从信息维度
*z2S8	错	未遵从	遵从	遵从认知维度、未遵从信息维度
z3S1	对	遵从	遵从	遵从
z3S2	对	遵从	遵从	遵从
z3S3	错	未遵从	遵从	遵从认知维度、未遵从信息维度
z3S4	对	遵从	遵从	遵从
z3S5	对	遵从	遵从放宽	遵从信息维度、为认知维度遵从放宽特例
z3S6	错	未遵从	遵从	遵从认知维度、未遵从信息维度
z3S7	对	遵从	遵从	遵从
z3S8	错	未遵从	遵从	遵从认知维度、未遵从信息维度
z4S1	对	遵从	遵从放宽	遵从信息维度、为认知维度遵从放宽特例
z4S2	对	遵从	遵从	遵从
z4S3	对	遵从	遵从放宽	遵从信息维度、为认知维度遵从放宽特例
z4S4	对	遵从	遵从放宽	遵从信息维度、为认知维度遵从放宽特例
z4S5	对	遵从	遵从放宽	遵从信息维度、为认知维度遵从放宽特例
z4S6	对	遵从	遵从	遵从

续表

样本	处理结果	信息维度遵从结果	认知维度遵从结果	模型遵从结果
z4S7	对	遵从	遵从放宽	遵从信息维度、为认知维度遵从放宽特例
z4S8	对	遵从	遵从	遵从
z5S1	错	未遵从	未遵从	未遵从信息、认知维度
z5S2	对	遵从	遵从	遵从
z5S3	错	未遵从	遵从	遵从认知维度、未遵从信息维度
z5S4	错	未遵从	遵从	遵从认知维度、未遵从信息维度
z5S5	错	未遵从	遵从	遵从认知维度、未遵从信息维度
z5S6	对	遵从	遵从	遵从
z5S7	对	遵从	遵从	遵从
z5S8	对	遵从	遵从	遵从
*z6S1	对	遵从	遵从放宽	遵从信息维度、为认知维度遵从放宽特例
*z6S2	对	遵从	遵从放宽	遵从信息维度、为认知维度遵从放宽特例
*z6S3	对	遵从	遵从放宽	遵从信息维度、为认知维度遵从放宽特例
*z6S4	错	未遵从	遵从	遵从认知维度、未遵从信息维度
*z6S5	错	未遵从	未遵从	未遵从信息、认知维度
*z6S6	对	遵从	遵从放宽	遵从信息维度、为认知维度遵从放宽特例
*z6S7	对	遵从	遵从放宽	遵从信息维度、为认知维度遵从放宽特例
*z6S8	对	遵从	遵从	遵从
z7S1	错	未遵从	未遵从	未遵从信息、认知维度
z7S2	错	未遵从	无	未遵从信息维度
z7S3	对	遵从	遵从	遵从
z7S4	错	未遵从	遵从	遵从认知维度、未遵从信息维度
z7S5	错	未遵从	无	未遵从信息维度
z7S6	错	未遵从	无	未遵从信息维度
z7S7	错	未遵从	未遵从	未遵从信息、认知维度
z7S8	错	未遵从	无	未遵从信息维度
z8S1	错	未遵从	遵从	遵从认知维度、未遵从信息维度
z8S2	对	遵从	遵从	遵从
z8S3	对	遵从	遵从	遵从
z8S4	对	遵从	遵从放宽	遵从信息维度、为认知维度遵从放宽特例
z8S5	对	遵从	遵从放宽	遵从信息维度、为认知维度遵从放宽特例

样本	处理结果	信息维度遵从结果	认知维度遵从结果	模型遵从结果
z8S6	对	遵从	遵从	遵从
z8S7	错	未遵从	遵从	遵从认知维度、未遵从信息维度
z8S8	对	遵从	遵从	遵从

基于职业译员实证发现进行反馈的循证教学，在实验组学生汉译英同传中所取得的效果如下：第一，语序差异处理信息—认知模型的遵从率接近四成，可见经过一学期的循证教学，学生语序差异处理能力发展达到可以成功处理接近四成样本的水平。第二，模型遵从放宽率达两成左右，体现出学生发展了一定的利用主客观冗余调节、超水平占用短时记忆容量的能力。第三，未遵从模型、处理失误的短语超过四成，可见学生能力不足主要体现在其模型背离率仍然不低。实验组学生误译的首要诱因是信息维度背离，27 个样本占比 42.2%，背离率达到四成。其中信息识别错误为最突出问题，22 个样本占比 34.4%，识别错误率为 34.4%；源语信息未识别为次突出问题，5 个样本占比约为 7.8%，未识别率约为 7.8%。这反映出源语正确识别能力对实验组学生仍具有较强约束力，学生源语识别能力的发展水平仍显著低于职业译员。实验组学生误译的次要诱因是认知维度背离，6 个样本占比约为 9.4%，背离率将近一成。上述样本同时也背离源语正确识别的信息维度，可见信息与认知维度背离的共现性。故在同传语序差异处理的训练中，仍有必要进一步提升学生的源语信息正确识别能力，母语信息正确识别能力在同传语序差异处理的训练中也应受到重视。

4.2.6 循证教学在汉译英同传语序差异处理中的效果

在得出对照组与实验组学生汉译英同传实验结果的基础上，比较两组受试的处理结果与行为，发现循证教学在一学期的有限时间内在译语正确率与模型遵从率上均取得显著成效。就译语正确率这一处理结果指标而言，实验组学生高出对照组 20.3 个百分点。对照组学生 64 个样本中译语正确者数量为 24 个，正确率为 37.5%；实验组 64 个样本中译语正确者 37 个，正确率约为 57.8%。鉴于两组学生接受反馈与训练的时长均为一个学期、其他相关变量受控，故排除训练时长的影响。实验组译语正确率的提升归因于循证教学对其处理能力发展上的成效。

循证教学发展处理能力的效果，体现在实验组学生模型遵从能力的提升上，由模型背离率的较大幅度降低、遵从率中等幅度提高、遵从放宽率小幅上升三个指标印证。两组学生受试的模型遵从指标表现，以及实验组发展趋势与变化幅度如表 4.65 所示。行表示模型遵从指标，以百分数表示，括号内标明相应样本数量与样本总数的比值；列表示 8 个受试的对照组、8 个受试的实验组、以实验组为基准的遵从能力发展趋势与幅度，后者以百分点 pp 表示。

表 4.65 对照组、实验组学生汉译英同传语序差异处理模型遵从指标

指标	对照组 （s=8）	实验组 （S=8）	发展趋势与幅度 （pp）
模型背离率	67.2%（43/64）	42.2%（27/64）	25.0 ↓
模型遵从率	20.3%（13/64）	37.5%（22/64）	17.2 ↑
模型遵从放宽率	12.5%（8/64）	20.3%（13/64）	7.8 ↑

实验组与对照组相比，模型遵从上更优的表现，反映在以下三个方面：第一，模型背离率较大幅度降低，降幅达 25.0 个百分点，可见实验组背离模型的处理所造成的语序差异短语或后续句误译率与对照组相比出现较大幅度下降。第二，模型遵从率中等幅度上升，升幅达 17.2 个百分点，可见实验组遵从模型的处理所致译语正确率与对照组相比呈现中等幅度的提高。第三，模型遵从放宽率小幅上升，升幅达 7.8 个百分点，可见实验组在模型遵从上放宽的同时，处理与后续处理也一定程度上取得正确的结果，体现出其所受主客观冗余因素调节、短时记忆容量占用等个体差异因素的影响，与对照组相比出现小幅增加。综上，实验组汉译英同传语序差异处理信息—认知模型的遵从指标及其相对于对照组的优越表现，证实循证教学在提升模型遵从上的有效性。

为深入探究循证教学在汉译英方向上提升模型遵从能力的作用路径，从信息、认知两个维度分别比较对照组与实验组的表现差异。就信息维度表现而言，通过语序差异未识别率、源语信息识别错误率、识别正确率、译语信息密度一致性背离率、主客观冗余调节率、译语信息密度一致性优化率六个指标，量化分析两组受试信息维度遵从的表现差异，如表 4.66 所示。

表 4.66 对照组、实验组汉译英同传语序差异处理模型信息维度遵从指标

指标	对照组（s=8）	实验组（S=8）	发展趋势与幅度（pp）
语序差异未识别率	26.6%（17/64）	7.8%（5/64）	18.8 ↓
源语信息识别错误率	35.9%（23/64）	34.4%（22/64）	1.5 ↓
源语信息识别正确率	37.5%（24/64）	57.8%（37/64）	20.3 ↑
译语信息密度一致性背离率	3.1%（2/64）	0（0/64）	3.1 ↓
主客观冗余调节率	4.7%（3/64）	18.8%（12/64）	14.1 ↑
译语信息密度一致性优化率	34.4%（22/64）	39.1%（25/64）	4.7 ↑

实验组与对照组相比，信息维度遵从总体而言表现更优。源语信息识别正确率出现较大幅度上升，升幅达到 20 个百分点左右；同时，语序差异未识别率、主客观冗余调节率均有中等幅度改进，前者降幅、后者升幅均超 10 个百分点；此外源语信息识别错误率、译语信息密度一致性背离率与优化率出现小幅改进，前两者降幅、后者升幅都在 5 个百分点以内。

循证教学对信息维度遵从能力的发展，首要作用于源语信息正确识别能力，实验组该能力表现较大幅度优于对照组。循证教学也对语序差异敏感度、超限占用短时记忆容量的能力，发挥中等幅度的促进作用，同时对译语信息密度优化能力产生小幅积极影响。然而循证教学的作用强度，在汉译英方向似乎不及出现大幅改进的英译汉方向，提示其效果可能存在一定的方向性差异。

就认知维度表现而言，通过独立样本 t 检验比较实验组与对照组学生的两类听译时滞数据，量化分析其表现差异、听译时滞管理能力的发展。在两组学生认知维度遵从检验中，已经发现实验组 69.5% 的遵从率比对照组 63.8% 的遵从率小幅提高 5.7 个百分点。为探究实验组小幅提高的认知维度遵从是否与对照组相比具有显著意义，需比较两个独立样本是否存在显著差异。先对实验组 59 个样本、对照组 47 个样本的启动听译时滞进行独立样本检验，再检验实验组 37 个样本、对照组 33 个样本的贮存听译时滞，零假设均是两样本之间不存在显著差异。SPSS 报告的检验结果如表 4.67、表 4.68 所示。

实验组与对照组相比，两组的启动听译时滞、贮存听译时滞均不存在显著差异。启动听译时滞数据的方差方程 Levene 检验得出方差相等的结果（Sig=0.190>0.05），接受两样本不存在显著差异的零假设（t=-0.877，Sig=

0.382>0.05）；贮存听译时滞数据的方差方程 Levene 检验得出方差相等的结果（Sig=0.232>0.05），接受两样本不存在显著差异的零假设（t=-0.950，Sig= 0.345>0.05）。可见实验组启动、贮存听译时滞均不显著小于对照组。

表 4.67 实验组、对照组汉译英同传语序差异处理启动 EVS 独立样本检验

方差方程的 Levene 检验		均值方程的 t 检验						
							差分的 95% 置信区间	
F	显著性	t	df	显著性（双侧）	均值差值	标准误差值	下限	上限
1.740	0.190	-0.877	104.000	0.382	-0.651	0.741	-2.121	0.820
		-0.852	84.746	0.397	-0.651	0.763	-2.169	0.867

表 4.68 实验组、对照组汉译英同传语序差异处理贮存 EVS 独立样本检验

方差方程的 Levene 检验		均值方程的 t 检验						
							差分的 95% 置信区间	
F	显著性	t	df	显著性（双侧）	均值差值	标准误差值	下限	上限
1.454	0.232	-0.950	68	0.345	-0.990	1.042	-3.069	1.089
		-0.934	58.487	0.354	-0.990	1.060	-3.111	1.131

　　循证教学对听译时滞管理能力的发展，主要作用于启动处理时间的提前。鉴于对照组学生的启动听译时滞和译员存在显著差异、实验组和译员不存在显著差异，故两组学生也不存在显著差异的发现说明实验组启动听译时滞较对照组有所缩短，但尚未缩短至出现显著差异的水平；与译员相比仍然落后，但已经达到并无显著差异的水平。在一学期的循证教学后，实验组启动听译时滞的发展水平介于对照组与译员之间。这一发现证实循证教学在发展学生启动听译时滞管理能力上的有效性；但贮存听译时滞较之对照组与译员并未形成显著差异，也反映出一学期的教学时长在发展贮存产出时间管理能力上的有限性，提示延长训练使能力进一步发展的可能。

　　综上，循证教学的有效性已被实验组优于对照组的处理结果与行为所证实。高出近 20 个百分点的译语正确率，归功于循证教学对学生信息—认知模型遵从能力较为显著的提升，主要表现为模型背离率的较大幅度降低、遵从率的中等幅度提高。循证教学对模型的信息维度遵从发挥较为显著的作用，其主要路径在于较大幅度提升源语信息识别正确率、中等幅度改进语序差异未识别率与主客观冗余调节率。循证教学对处理的认知维度遵从也发挥一定的作用，其主要路径在于缩短启动处理时间至与译员相近的水平。学生的源语识别能力、利用主客观冗余调节构建译语信息轮廓的能力，以及更早启动处理的能力，均有发展。

4.3 实验结论

本实验控制受试期初水平，以及刻意训练的动力、任务、时长等变量，分别施加顺译规范教学与循证教学的差异化反馈自变量，考察对照组与实验组学生两个方向同传语序差异处理的因变量表现，通过质性与量化统计、对比、分析两组学生同传处理样本，探索汉英同传语序差异处理能力的发展实际，以及循证教学对能力发展的效果。

实验结果显示，循证教学对汉英同传语序差异处理能力的发展，具有明显的促进作用。就处理结果而言，接受循证教学的实验组学生表现优于对照组，证实其语序差异处理能力发展优于后者。对照组在经过一学期以顺译规范为内容的反馈与训练后，仅能成功处理一至三成的语序差异短语，可见其发展出的处理能力仍位于较低水平。然而实验组在经过循证教学与反馈后，成功处理的语序差异短语超过五成，可见其发展出的处理能力已达中等水平。可见，一学期的循证教学对发展汉英同传语序差异处理能力的有效性已被处理结果所证实。

就信息—认知模型遵从而言，循证教学在两个同传方向上均提升了实验组学生的模型遵从率，对信息、认知两个维度的表现均产生积极作用。对照组与实验组学生两个同传方向上模型遵从指标汇总如表 4.69 所示。

对照组的模型遵从率仅为一至两成、实验组为三至四成，证实循证教学在促进模型遵从上的积极作用。具体而言，循证教学对信息和认知维度的遵从均产生积极效果。对信息维度遵从的作用，主要体现在源语信息识别正确率、译语信息密度一致性优化率的大幅提高。对认知维度遵从的作用，除使其遵从率小幅上升外，更是显著提前了实验组英译汉同传启动处理的时间。循证教学还促进实验组英译汉同传方向贮存产出时间，以及汉译英同传方向启动处理时间的发展，二者均发展至与职业译员并无显著差异的水平；然而对照组两个同传方向上的两类听译时滞均显著落后于译员。一学期的基于译员听译时滞发现的反馈，全面缩短实验组语序差异处理的两类听译时滞，足见循证教学在推动听译时滞管理能力发展上的明显成效。

表 4.69 对照组、实验组学生语序差异处理模型遵从指标汇总

指标	对照组		实验组		发展趋势与幅度	
	英译汉	汉译英	英译汉	汉译英	英译汉	汉译英
语序差异未识别率	54%	26.6%	21.3%	7.8%	32.7 ↓	18.8 ↓
源语信息识别错误率	30%	35.9%	25%	34.4%	5 ↓	1.5 ↓
源语信息识别正确率	16%	37.5%	53.8%	57.8%	37.8 ↑	20.3 ↑
译语信息密度一致性背离率	1%	3.1%	3.8%	0	2.8 ↑	3.1 ↓
主客观冗余调节率	1%	4.7%	4.4%	18.8%	3.4 ↑	14.1 ↑
译语信息密度一致性优化率	14%	34.4%	45.6%	39.1%	31.6 ↑	4.7 ↑
启动 EVS	5—6 秒	6—7 秒	5—6 秒	6 秒	差异显著	差异不显著
贮存 EVS	10 秒	8—9 秒	8 秒	8—10 秒	差异不显著	差异不显著
模型背离率	88.5%	67.2%	57.5%	42.2%	31 ↓	25 ↓
模型遵从放宽率	1%	12.5%	9.4%	20.3%	8.4 ↑	7.8 ↑
模型遵从率	10.5%	20.3%	33.1%	37.5%	22.6 ↑	17.2 ↑

依据实验发现可以推知，顺译规范教学对汉英同传语序差异处理能力发展的效力有限。尽管对照组汉译英同传方向的表现优于英译汉，但其处理结果总体不佳、处理能力发展迟缓。究其原因，顺译规范训练仅针对语序差异处理中的结构提出要求，对顺译的时间同步性则予规定，反馈内容更为有限。时间同步性反馈内容的缺失，导致对照组学生在处理的认知维

度上听译时滞管理能力发展缓慢，经过一学期的发展在两个同传方向上的启动与贮存听译时滞仍显著落后于职业译员。严重滞后的两类听译时滞进而影响源语信息的识别，导致连续语序差异短语或后续句的未识别问题突出。这一问题在英译汉同传方向上更为严峻，既反映出反馈与教学方法改进的必要，也说明母语外译这一非传统同传方向上的处理能力在中国学生群体中先于外译母语方向发展，而后者的发展则更为迟滞。

循证教学对汉英同传语序差异处理能力发展的有效性，以及其对译语信息密度一致性优化能力、听译时滞管理能力的作用路径已被本研究揭示。与顺译规范训练显现出的能力发展水平低、方向性差异大截然不同的是，循证教学在同等教学时长内促进两个同传方向上的语序差异处理能力均发展至中等水平，实现能力发展的高效性，以及在不同方向上的均衡化。循证教学有效促进能力发展的原因，在于基于译员实证研究证据的教学为学生提供更为充实的反馈内容、设定更为全面的训练目标，从而产生更加明显的能力发展效果。循证教学通过对译员同传语序差异处理能力的解构与探究，可反馈的内容更为丰富，包括译语信息轮廓的构建、信息密度一致性的优化、译员启动和贮存听译时滞的数值与方向性差异等，为学生提供综合、量化的语序差异处理反馈，从而有效促进实验组学生语序差异识别、译语信息轮廓构建、听译时滞管理等能力的发展。

循证教学在发展汉英同传语序差异处理能力上有效性的证实，还带来了以下启示：第一，循证教学在发展其他同传专长能力上也应具有积极效果，故对作为专家的职业译员相关能力开展实证研究，采集其行为数据与语料，将促进同传循证教学的发展与训练效果的提升。第二，顺译规范训练中学生汉译英同传方向的相关能力先于英译汉方向发展，证明该方向上同传教育与实践不仅具有现实必要性，同时具备可行性与合理性，凸显出汉译英方向展开更多实证研究的迫切需要。这有助于增进对母语外译非传统同传方向的认知，进而推动得出超越语种、更加具有普遍意义的同传方向性发现。

第 5 章　汉译英同传的显化：
超越语序差异处理的普遍特征

在循证教学已被证实有效促进语序差异处理能力发展的基础上，两组学生受试在汉译英同传方向上的语序差异处理中均体现出偏离信息密度一致性、主客观冗余调节率上升的现象。然而，循证教学与反馈内容的重点在于译语信息密度一致性优化、听译时滞管理，主客观冗余的调节则仅在该方向教学中简要提及。结合职业译员汉译英同传方向的主客观冗余调节率超过两成、明显高于英译汉方向的不到一成，主客观冗余在汉译英同传方向的调节作用成为语序差异处理中各组受试间的共性反常现象。

根据库恩的科学哲学史观，反常在科学演进史中发挥着引出科学革命、孕育新范式的先导作用，因而具有深入探索的重要价值。为进一步剖析已经发现的主客观冗余调节这一反常现象，本研究追加提出新的研究问题如下：在汉译英同传方向上，在无须进行语序差异处理的片段中，主客观冗余是否也会产生一定影响？如是，则其影响与在语序差异处理片段中的影响是否存在不同？

基于现有汉译英方向口译研究发现，本研究假设译员利用主客观冗余在译语中对源语进行显化，即显化是汉译英同传译语中超越语序差异处理的普遍特征。汉译英方向的口译研究显示，交传译语具有删减与泛化特征（Wu & Wang, 2009），但增译与显化特征更为普遍（Wang, 2012; Hu & Tao, 2013; Tang & Li, 2017）。最新同传研究成果显示，与交传译语相比，同传译语呈现更高的信息密度与复杂度（Lü & Liang, 2019）。鉴于目前针对职业译员汉译英方向同传口译形式的研究十分稀少的现状，本研究采用与语序差异处理研究相同的产品分析、假设检验路径，通过量化与质性方法，分析无须进行语序差异处理的译语、对比经语序差异处理的译语，探究汉译英方向同传中的显化是否在主客观冗余作用下普遍存在，从而试图揭示母译外语方向同传的特异性。

依据前人发现，本研究中的显化是指同传译语产品中不违背源语意义的、对连接词与语义词的增添，排除因增添而导致的误译、重复，具体表现为增译、插入、替换、明晰、消歧等（Gumul, 2008），以及问卷调查研究中译员所承认的解释与软化等（Setton & Guo, 2011）。显化特征以片段末尾听译时滞、连接词、增添的语义词三个指标进行考察。连接词包括连词与其他发挥连接作用的副词、代词等，排除 and 与 to 等在口语中常被滥用且带有个人特征的词，从而最小化受试风格等潜在混淆变量的影响。增添的语义词包括名词、动词、形容词、副词、数词、否定词等补充而非违背源语意义的语义词。译语中其他如冠词、介词、其他代词等由于并无语义内容而不作考察。

5.1 显化指标的量化统计

基于同传听译同时的特殊要求，以及本研究汉英同传语序差异处理对两个限制前提进行动态平衡的发现，可以推知译员应稳定保持片段末尾听译时滞与源语近乎同时的节奏，即在存在明显滞后的语序差异处理中限制显化，而在无须处理时进行显化。由此推导得出的工作假设如下：1）在无须进行语序差异处理的译语中，与经语序差异处理的译语相比，两类片段末尾听译时滞并无显著差异；2）连接词在经语序差异处理译语中的数量不超过在源语中的数量；3）连接词在无须进行语序差异处理译语中的数量超过在源语中的数量；4）增添的语义词在无须进行语序差异处理译语中的数量超过在经语序差异处理译语中的数量。

为最大化研究的生态效度，依据汉语源语讲话中语序差异短语的所在片段，选取相同数量、相似词数的无语序差异片段，考察其译语。把语序差异片段编码为组 1，其余无显著语序差异的片段剔除四字成语排比等语句后，编辑为 8 个片段，编码为组 2。借助谷歌翻译于 2019 年 7 月生成英语译文，辅以必要的译后编辑与源语变译，保证信息准确的同时，保留源语特征，确保译员译语产品比较具备统一的基准，控制人工翻译难免出现的翻译风格等混淆变量的影响。对得出的两组源语片段进行独立样本 t 检验，可知其在连接词（组 1 M=1.00，SD=1.07，组 2 M=1.75，SD=1.28，$t=-1.271$，p=0.224）、语义词（组 1 M=24.13，SD=5.74，组 2 M=23.25，SD=7.91，$t=0.253$，p=0.804）、总词数（组 1 M=44.13，SD=11.40，组 2 M=42.75，SD=11.85，

$t=0.237$，$p=0.816$）上并无显著差异，可见两组源语片段同在一篇讲话中且具有可比性。在完成组 2 译语转写、标注、评价等程序的基础上，对源语译文与译员译语还额外标注连接词、语义词、增添的语义词，以供数据统计，详见附录 5、6。建成的译语语料库总词数为 4148，共有 96 个译语样本；组 1、组 2 词数分别为 2148 与 2000，各 48 个译语样本，两组译语词数并无显著差异（组 1 M=44.75，SD=13.87，组 2 M=41.67，SD=15.70，$t(94)=1.020$，$p=0.311$），译语具有可比性。

工作假设 1）得以证实，即无论是否处理语序差异，译语落后于源语的时间均在 3—4 秒并且无显著差异。对组 1、组 2 译语片段末尾听译时滞数据进行独立样本 t 检验，零假设为两样本不存在显著差异。其中组 1 共48 个样本的听译时滞平均值为 3.60，组 2 的听译时滞平均值为 3.52，独立样本 t 检验结果如表 5.1 所示。片段末尾听译时滞数据的方差方程 Levene 检验得出方差相等的结果（Sig=0.912>0.05），接受两样本不存在显著差异的零假设（$t=0.161$，Sig=0.873>0.05）。可见无论语序差异处理还是潜在的显化译语产出，译员均把译语片段末尾听译时滞控制在均等水平上，不因某项处理而过度落后于源语。

表 5.1 译员汉译英同传语序差异处理、无处理片段末尾 EVS 独立样本检验

方差方程的 Levene 检验		均值方程的 t 检验					差分的 95% 置信区间	
F	显著性	t	df	显著性（双侧）	均值差值	标准误差值	下限	上限
0.012	0.912	0.161	94.000	0.873	0.083	0.519	−0.947	1.114
		0.161	93.860	0.873	0.083	0.519	−0.947	1.114

工作假设 2）被证伪，语序差异处理片段译语中连接词数量显著超过源语。对组 1 的连接词数据进行源语译文与译员译语的配对样本 t 检验，零假设为两样本不存在显著差异。其中源语译文连接词数量的平均值为1.00，译语连接词数量的平均值则为 1.69。配对样本 t 检验结果如表 5.2 所示，显著性为 0.002，因此拒绝两样本不存在显著差异的零假设。译员译语连接词数量显著大于源语译文的发现，揭示译员在语序差异处理的同时，还通过显著增加连接词数量进行译语显化。

表5.2 译员汉译英同传语序差异处理片段源、译语连接词数配对样本检验

配对差分					t	df	显著性（双侧）
均值	标准差	均值的标准误	差分的95%置信区间				
			下限	上限			
−0.688	1.417	0.204	−1.099	−0.276	−3.362	47.000	0.002

工作假设3）被证伪，连接词数量在无须进行语序差异处理的译语中并未超过源语。对组2的连接词数据进行源语译文与译员译语的配对样本 t 检验，零假设为两样本不存在显著差异。其中源语译文连接词数量的平均值为1.75，译员译语连接词数量的平均值为1.96。配对样本 t 检验结果如表5.3所示，显著性为0.297，因此接受两样本不存在显著差异的零假设。可见虽然译语连接词数量的均值超过源语译文，但检验结果显示的不显著差异说明两样本仍来自同一样本总体，揭示译员在无须进行语序差异处理时译语连接词显化并不显著。

表5.3 译员汉译英同传无语序差异处理片段源、译语连接词数配对样本检验

配对差分					t	df	显著性（双侧）
均值	标准差	均值的标准误	差分的95%置信区间				
			下限	上限			
−0.208	1.368	0.197	−0.605	0.189	−1.055	47.000	0.297

工作假设4）得到证实，增添语义词的数量在无须进行语序差异处理的译语中超过了在经语序差异处理译语中的数量。对组1、组2译语的增添语义词数据进行独立样本 t 检验，零假设为两样本不存在显著差异。其中组1译语增添语义词数量的平均值为2.02，组2的平均值为3.27。独立样本 t 检验结果如表5.4所示，显著性为0.042，因此拒绝两样本不存在显著差异的零假设。可见组1译语的增添语义词数量显著小于组2，揭示译员在无须进行语序差异处理时通过增加语义词对译语进行显化。

表 5.4 译员汉译英同传语序差异处理、无处理片段增添语义词数独立样本检验

方差方程的 Levene 检验		均值方程的 t 检验							
F	显著性	t	df	显著性（双侧）	均值差值	标准误差值	差分的 95% 置信区间		
							下限	上限
3.922	0.051	−2.063	94	0.042	−1.250	0.606	−2.453	−0.047
		−2.063	85.185	0.042	−1.250	0.606	−2.455	−0.045

　　量化统计证实显化在职业译员汉译英同传方向中普遍存在。显化并未被同传的语序差异处理所完全限制；处理与显化的同时进行也未导致译语显著落后于源语，但影响显化的形式：语序差异处理同时的显化以连接词增加为主，无须进行处理时的显化则以语义词增添为主。汉译英同传普遍显化的发现，支持交传研究的结论；与语序差异处理同时出现的连接词数量显著增加，也证实交传显化中衔接提升（cohesion enhancement）的倾向在同传中同样存在（Wang 2012; Hu & Tao, 2013; Tang & Li, 2017）。与处理同时的连接词显化，可能由于语序差异片段的结构复杂性加剧了衔接提升的显化倾向性所致。无须进行语序差异处理的片段，虽也出现连接词增加的现象，但这一倾向并不显著，更为显著的是语义词增添。那么语义词增添形式的显化中，澄清（clarification）、主观强化（subjective reinforcement）等交传研究已经揭示的倾向是否存在、译员在调查中承认的软化（softening）倾向是否存在、是否还出现其他倾向，需要通过质性分析进一步探索。

5.2 显化语料的质性分析

　　质性分析显示，澄清与主观强化在职业译员的显化中同样存在，其表现为译员在译语中增加信息与预告态度。例 1、例 2 即为译语中的典型案例，其中源语、机翻译文、译员译语中，后两者的语义词以下画线标注、连接词以双下画线标注、增添语义词加粗，片段末尾时间也一并标注。

　　例 1：组 2 片段 1

　　源语：过去的这一年，是非常不平凡的一年。云南省不仅经受了金融危机的强烈冲击，也遇到了百年不遇的干旱灾害 1:39。

　　机翻译文：The <u>past year</u> has been a <u>very extraordinary year</u>. Yunnan

Province <u>not only</u> <u>suffered</u> from the <u>strong impact</u> of the <u>financial crisis</u>, <u>but also</u> encountered drought disasters <u>not occurring</u> in <u>one hundred years</u> 1:39.

译员 I2：Of course, in the <u>past year</u>, we have **witnessed** a **lot** of **things going** on. In <u>Yunnan province</u>, <u>for example</u>, we <u>not only</u> withstood the <u>impact</u> of the <u>financial crisis</u>, and we <u>also</u> <u>actually</u> were <u>hit</u> by <u>unprecedented drought</u> 1:41.

译员 I4：In the <u>past year</u>, we have **experienced** a **lot**, a **lot** of **ups** and **downs**. <u>Yunnan province</u> has <u>not only</u> been <u>hit very hard</u> by the <u>financial crisis</u>, and we have <u>also</u> been <u>confronted</u> by <u>unprecedented drought</u> 1:39.

译员 I6：In the <u>past year</u>, we **experienced difficulties**, and it was a <u>special year</u>. <u>Yunnan province went</u> through the <u>hit</u> of the <u>financial crisis</u>, and <u>encountered</u> the <u>drought</u> 1:40.

例 1 显示译员利用客观冗余澄清译语隐含信息，明晰源语"不平凡"的实际意义。在该片段出现前的源语已经提及国际金融危机，故所谓"不平凡"是指遭遇危机与挑战，而非超常、杰出等积极意义。译员利用该客观冗余澄清讲者的真实所指，译语产出的方式便利了译语听众的理解。

例 2：组 2 片段 5

源语：干旱灾害发生以后，社会各族各界伸出了援助的手，支持云南资金、物资。我们共接受资金援助 11.5 亿元，这对我们夺取抗旱救灾的胜利起到了极大的作用。这中间也包括我们"长江人"，高士军先生捐资 1200 万元 4:12。

机翻译文：<u>After</u> the <u>drought disaster</u>, <u>all walks</u> of <u>life</u> from <u>all ethnic groups</u> extended a <u>helping hand</u> to <u>support</u> Yunnan funds and <u>materials</u>. We have <u>received</u> a <u>total</u> of <u>1.15 billion</u> in <u>financial assistance</u>, <u>which</u> has <u>greatly contributed</u> to our <u>victory</u> in <u>fighting drought</u> and <u>disaster relief</u>. This <u>also</u> includes our <u>CKGSB people</u>, and Mr. Gao Shijun donated 12 million 4:12.

译员 I1：<u>After</u> the <u>disaster took place</u>, <u>help</u> and <u>support</u> from **everywhere** in **China** <u>came here</u>. We <u>received 1.15 billion capital donation</u>, <u>which</u> <u>played</u> a <u>significant role</u> for us to <u>overcome</u> the <u>crisis</u>. Among that, the <u>donors include</u> our <u>CKGSB</u>. <u>Mr. Gao donated</u> about <u>12 million</u> **RMB** 4:17.

译员 I3：<u>After</u> the <u>drought</u>, we <u>received</u> a <u>lot</u> of <u>relief</u>, a <u>lot</u> of <u>help</u> and <u>support</u> from **other provinces**. In <u>total</u>, we <u>received</u> 1.15 billion **Yuan** in <u>terms</u> of <u>relief</u>, <u>which</u> was <u>very significant</u> to our <u>victory</u> against the <u>drought</u>. And <u>in particular</u>, I **want** to **thank** <u>people</u> from <u>CKGSB</u>. Mr. Gao Shijun donated 12 million **Yuan** 4:13.

译员 I5：<u>After</u> the <u>drought occurred</u>, the **public rapidly mobilised** to <u>provide support</u> and <u>assistance</u> in <u>terms</u> of <u>financial support</u> and <u>in-kind support</u>. We <u>received</u> <u>financial support</u> of <u>1.15 billion</u> **RMB**, <u>which</u> is <u>crucial</u> in our <u>fight</u> against the <u>drought</u>. I'd <u>also</u> like to **thank** CKGSB for your **contribution**. Mr. Gao Shijun donated 12 million **RMB** 4:14.

例 2 显示译员利用主观冗余增加译语信息产出，插入源语中被隐去的货币信息，明确"社会各族各界"的所指。在便利译语听众理解的同时，译员 I3、I5 并未仅是照搬源语中对捐资方的提及，而是预告讲者的感谢之情，强化主观态度。

此外，译员汉译英同传的显化还显露出改进与软化的倾向，通过听众易于理解、乐于接受的方式产出译语。如例 3、例 4 典型案例所示，译员利用其所掌握的汉英比较差异，针对英语听众对汉语普遍缺乏了解的实际，遵守英语话语惯习便利听众理解、适当降低汉语调门促进听众接受，从而改善源语信息在译语听众中的接受效果。

例 3：组 2 片段 6

源语：我们在遇到困难的时候，遇到危机的时候，遇到灾难的时候，资金的支持、物质的支持是重要的。精神的支持更重要。社会各界的支持，我们觉得这不仅仅是资金、物质支持，我觉得这是对我们更大的精神支持 5:26。

机翻译文：<u>When</u> we <u>encounter difficulties</u>, <u>when</u> <u>encountering</u> a <u>crisis</u>, <u>when</u> it <u>comes</u> to <u>disasters</u>, <u>financial support</u> and <u>material support</u> are <u>important</u>. <u>Spiritual support</u> is <u>more important</u>. With the <u>support</u> of <u>all walks</u> of <u>life</u>, we <u>feel</u> this is <u>not just financial</u> and <u>material support</u>. I <u>think</u> this is <u>greater spiritual support</u> for us 5:26.

译员 I3：<u>Facing</u> the <u>difficulty</u>, <u>or</u> <u>facing</u> the <u>threat</u>, <u>or</u> <u>facing</u> the <u>natural disaster</u>, we **received** <u>cash</u> and <u>in-kind support</u>. These are <u>also very important</u>, <u>but</u> <u>what's</u> <u>more important</u> is the <u>spiritual</u> or <u>emotional support</u> from you. We <u>believe</u> you've **shown** <u>support</u> <u>not only</u> in <u>terms</u> of <u>cash</u>, <u>but also</u> in <u>terms</u> of <u>spirit</u> 5:29.

译员 I5：<u>When</u> we are <u>encountering crisis</u> <u>or</u> <u>disaster</u>, <u>financial support</u> and <u>in-kind</u> support are <u>both important</u>. <u>However</u>, <u>what</u> is <u>more important</u> is the <u>spiritual support</u>. And we can **see** <u>both financial support</u> and <u>in-kind support</u> from the <u>public</u>. I <u>also</u> <u>feel</u> that **everyone sympathises** with us 5:31.

例 3 显示译员遵守汉英话语惯习对比差异，从排比繁复的汉语译入简洁精炼的英语时，并未原样保留汉语惯习，而是通过省略、替换重复的动词"遇到""是"，并解释再次出现的"精神支持"，在传达汉语信息的同时，遵守英语话语惯习。倘若译文不加解释，对于并未接触过汉语、不了解其话语惯习的英语听众而言，则很可能由于违背其所熟知的话语惯习而影响接受效果，甚至阻碍信息的有效接受。可见译员在无须进行语序差异处理的片段中，识别源语信息完成译语产出的同时，还注意对译语形式的改进、便利听众理解、改善其接受效果。

例 4：组 2 片段 7

源语：这是我们中华民族的优良传统，这也是我们传统的美德。我想只要我们能够继承、发扬这样好的传统，这样好的美德，我们就可以战胜一切困难、一切危机，我们中华民族就可以无往而不胜 6:18。

机翻译文：This is the <u>fine tradition</u> of our <u>Chinese nation</u>, and this is <u>also</u> our <u>traditional</u> virtue. I <u>think</u> <u>as long as</u> we can <u>inherit</u> and <u>carry</u> forward such a <u>good</u> <u>tradition</u>, such a <u>good virtue</u>, we can <u>overcome all difficulties</u> and <u>all</u> <u>crises,</u> and our <u>Chinese nation</u> can be <u>invincible</u> 6:18.

译员 I5：This is a <u>good tradition</u> of <u>China</u>, and this is <u>also</u> <u>what</u> we are **proud** of. I <u>believe</u> that <u>as long as</u> we could <u>inherit</u> such a <u>tradition</u>, such a <u>virtue</u>, we could be <u>able</u> to <u>succeed</u> and <u>fight</u> against <u>all</u> the <u>disasters</u> and <u>crises</u>, and we would be a **successful nation** and **country**.

译员 I6：This is the <u>tradition</u> of the <u>Chinese people</u>, and <u>also</u> it is the <u>merit</u> of our <u>tradition</u>. I **firmly** <u>believe</u> that <u>as long as</u> we can <u>inherit</u> this <u>tradition</u> and <u>spread</u> it over <u>China</u>, we can <u>tide</u> over <u>all difficulties</u> and <u>crises</u>, and the <u>Chinese nation</u> can **head** towards the **future** 6:20.

例 4 显示在汉语使用修辞手法表达决心、鼓舞士气时，译员适当降低调门、软化源语，避免英语听众感到威胁的潜在感受，使其更加乐于接受。可见译员显化过程中也进行软化与降调，照顾听众感受、促进接受效果，消除跨文化交际偏差所导致的潜在误解。译员的语料支持并佐证了其改进源语、软化威胁性、批评性话语的自述（Diriker, 2009; Setton & Guo, 2011）。

质性分析揭示，职业译员在汉译英同传无须进行语序差异处理的片段中，普遍利用自身主客观冗余、增添语义词进行译语显化；其倾向不仅包括澄清、主观强化，还包括改进、软化。这种听译同时前提下的英语显化，虽然反常，但也揭示汉译英方向同传中的特异性：汉语识别的准确性与汉语信息的充分性。前者已被语序差异处理研究中译员更高的识别正确率所证实；而汉语信息的充分性不仅源于微观层面的会议相关信息，还源自在本国执业的译员对整个我国社会与文化环境的深刻认识。

更为重要的是，不同显化倾向所反映出的是译员职业身份认同的多元性。尽管识别准确、信息充分为汉译英同传显化提供客观条件，但显化并非必要，译员本可对译语信息进行可接受的简化，节约自身短时记忆资源以防认知负荷过载。增添语义词的显化，真正目的并不在于便利译员自身，而在于服务译语听众，以译语听众易于理解、乐于接受的方式，促进跨语言、跨文化的交际。此类显化的多种倾向，体现出译员对自身角色的认识超越传声管道等专业化，甚至机械化的单一表征，呈现出交际促进者、跨语言跨文化专家等多元角色，进而对同传这一社会文化语境中的情景活动展开话语实践（Roy, 2002; Diriker, 2004）。质性分析中再次印证的澄清与主观强化的显化倾向，反映出译员对讲者的忠实及其传递讲者声音的角色；而改进与软化倾向，则更多体现译员对听众接受效果的考量。汉语作为高语境语言，对听众所掌握的语境信息有着较高的要求；而英语作为低语境语言，通过更多明示传达语境信息，故对听众语境信息的掌握要求不高（Hall, 1976）。译员基于对汉英语言与文化比较差异的认识，在汉译英同传中进行不同倾向的显化，旨在提升译语听众的接受效果。遵守英语话语惯习进行改进型显化的目的，在于便利听众理解，而非绝对忠于讲者或保存自身认知资源；适当降低调门软化源语修辞的目的，在于促进听众接受、也并非出于讲者与自身需要。可见，译员主动承担双语意义协商与文化交际的角色，反映出译员在汉译英同传方向中的交际与传播能动性（agency），以及其作为交际者与传播者的职业身份认同（identity）。

然而，除有利的客观条件与多元的职业身份推动汉译英同传的显化外，当前西强我弱的传播局面才是显化的根本动因。由于汉语以及中国文化与国情囿于当前西强我弱传播局面的局限（史安斌、盛阳，2017），译员调动自身主客观冗余对译语产出的信息与形式进行一定程度的显化干预，从而达到易于听众理解、使其乐于接受的效果。译员在汉译英方向同传中既忠实于讲者的信息、态度，又致力于听众的理解、接受。看似"一仆二主"的矛盾通过译员发挥自身交际与传播能动性的方式得以化解。而这一能动的交际者与传播者的职业身份认同，也使得译员在汉译英同传过程中肩负起构建对外话语、传播中国声音的使命，从而成为我国对外话语体系中、在对外话语理论指导下、发挥其对外话语能力、开展对外话语实践的前沿阵地。

5.3 汉译英同传显化的对外话语理论依据与能力发展

5.3.1 对外话语理论依据

2012 年 11 月党的十八大以来，以习近平同志为核心的党中央首创对外话语理论体系，做出一系列重要阐述，特别是在 2013 年密集提出对外话语的概念与表述，以及对外话语体系的建设期许。

2013 年 8 月，习近平在全国宣传思想工作会议上强调："要精心做好对外宣传工作，创新对外宣传方式，着力打造融通中外的新概念新范畴新表述，讲好中国故事，传播好中国声音。"（习近平，2013：6）2013 年 11 月，党的十八届三中全会通过的《中共中央关于全面深化改革若干重大问题的决定》提出："扩大对外文化交流，加强国际传播能力和对外话语体系建设，推动中华文化走向世界。"（中共中央关于全面深化改革若干重大问题的决定，2013：13-14）2013 年 12 月，习近平在主持十八届中央政治局第十二次集体学习时的讲话中强调："提高国家文化软实力，要努力提高国际话语权。要加强国际传播能力建设，精心构建对外话语体系，发挥好新兴媒体作用，增强对外话语的创造力、感召力、公信力，讲好中国故事，传播好中国声音，阐释好中国特色。"（习近平，2022：162）这一年，通过多次论述，对外话语理论得以创立；此后，通过多次更加详细的阐述，对外话语理论进一步得以阐明。

2015 年 5 月，习近平在《人民日报》海外版创刊 30 周年的重要批示中指出："希望人民日报海外版以创刊 30 年为起点，总结经验、发挥优势、锐意创新，用海外读者乐于接受的方式、易于理解的语言，讲述好中国故事，传播好中国声音，努力成为增信释疑、凝心聚力的桥梁纽带。"（习近平，2015：18）

2016 年 2 月，习近平在党的新闻舆论工作座谈会上的讲话中强调："要加强国际传播能力建设，增强国际话语权，集中讲好中国故事。"（习近平，2017：333）

对外话语理论区别于其他理论的特点如下：第一，在以往强调对外宣传的基础上，着重突出"话语"的重要性。这标志着理论从目的向效果的转向，更加凸显出在我国当前所处的新时代中对外传播的关键问题在于取得更好的传播效果。第二，在强调话语的基础上，更加重视话语"体系"的建设。新时代对外话语传播，对完整性与系统性提出更高要求，旨在避免传播信息纷繁庞杂、相互冲突的弊端，从而实现更好的预期传播效果。第三，在话语体系的基础上，专门提出"对外"话语体系的构建，尊重其相对于其他形式话语的差异性。对外话语不同于一般话语，有其特殊的传播规律。对外话语传播效果的取得，有赖于对其差异化传播规律的认识与尊重。可见，创造性提出的对外话语理论具有重视效果、强调体系、尊重差异的三大特点，目的在于更好地实现我国对外话语的国际接受效果。

5.3.2 对外话语能力发展

职业译员汉译英同传的普遍显化，尊重汉英语言、文化差异，重视英语听众的接受效果，旨在以其易于理解、乐于接受的话语构建进行对外传播。译员所具备的对外话语能力使其成为我国对外话语体系中的重要一环；同传学员作为后备力量，也应发展汉译英、汉译外的对外话语能力。循证教学作为效果已被证实的能力发展方案，也需用以促进学生汉译英方向同传对外话语能力的发展。

循证教学可把对外话语理论，以及职业译员汉译英同传的显化发现作为反馈内容，即汉译英同传是对外话语实践的形式之一，基于主客观冗余的显化是汉译英同传的普遍特征，具有连接词增加与语义词增添的显化形式以及衔接、澄清、强化、改进、软化的显化倾向。教师可向学生阐述对外话语理论及其重视效果、强调体系、尊重差异的特点，使其明确汉译英同传的本质与实现更优接受效果的目的。教师继而传授译员实验研究的显化相关发现，即显化在英语译语中的普遍性及其与语序差异处理的关系：无论是否需要进行语序差异处理，显化均普遍存在且并未显著延长译语落后于源语的时间；但同时语序差异处理的需求对显化的形式产生影响：无须进行处理时的显化以语义词增添为主，语序差异处理时的显化以连接词增加为主。教师可把质性分析中译员的译语产品作为案例进行讲解，如通过增加连接词加强英语衔接，通过增添语义词澄清隐含信息，或强化讲者主观态度，或遵守英语话语惯习改进译语的表述形式，或软化可能被英语听众视作威胁的汉语表述形式。此外，教师在对学生表现进行反馈时，应聚焦于其表现中把汉语源语照搬到英语中的直译，指出在听译同时的限制下也应克服直译倾向，利用自身主客观冗余相关信息与知识进行显化，从而实现更好的译语接受效果。但当学生在语序差异处理中误用语义词增添的显化形式时，也应说明源语信息误译的风险，提示学生仍应以成功处理语序差异、优先保证信息传达为重，处理同时的显化应以连接词增加为主。

而当学生自身主客观冗余不足时，则应告诫其避免盲目增译，说明盲目增译所可能导致的误译。

尽管欧洲口译训练严格区分语言学习与口译能力发展（Donovan, 2006），然而考虑到我国口笔译教育实际，以及汉译英交传中译员与学员译语连贯性表现差异的实证发现（Lederer, 2008; Wang & Mu, 2009; Peng, 2009），为了发展学生汉译英同传显化能力，同传课程与评价也应从证据出发进行相应调整。

第一，就课程而言，在中国学生的外语水平普遍需要提升才能驾驭母语外译方向同传的现实下，同传课程增加外语提升模块、汉外对比模块、母语外译方向训练的同时，也应增设对外话语理论与翻译实践相关课程。课上可以更为完整、系统地讲述对外话语理论，为学生在汉译英同传实践中的显化奠定理论基础，同时促进其角色由同传学生向对外话语实践者转化。在对外话语理论指导下的翻译实践中，汉译外方向翻译实践者的角色是把汉语源语中的中国信息以英语进行话语构建与传播。译者并非简单的传声管道，而是具有跨语言意义协商、跨文化交际传播能动性的对外话语实践者。鉴于高语境的汉语语言与文化中存在大量隐含于社会文化语境的信息，为达到外语受众易于理解、乐于接受的效果，翻译实践者利用自身掌握的主客观冗余信息进行显化。译员作为对外话语实践者与传播者所呈现出的超越传声管道的多元化角色与身份，也应在课程中进行讲授，引导学生在接受同传循证教学发展相应能力的过程中，同时形成对外话语实践者的身份认识。在形成理论认识的基础上，教师还应利用同传教育项目资源，通过组织学生现场观摩会议同传、和/或参与模拟会议同传等已被证实有效的方式（Li, 2015; Chouc & Conde, 2016; Chang & Wu, 2017），深入认识译员所处的对外话语翻译实践的实际情景与显化必要。

第二，就评价而言，对同传译员对外话语实践者身份的明晰，有利于同传学员的遴选与形成性评价。引入对外话语能力的遴选标准，在其他条件相似的情况下，优先录取具有用外语澄清、解释、传播中国话语意愿的学员，而非缺乏相应意愿的学员，有助于遴选出具备对外话语实践禀赋的学生加以培养。通过循证教学等方法促进其同传中对外话语实践能力的发展，再通过终结性评价中显化能力与对外话语实践能力相关指标的设计与评估，筛选出具备突出潜质的学生，从而为我国对外话语的翻译、构建与传播打下更为坚实的人才基础。

5.4 小结

综上，从汉译英同传方向语序差异处理中主客观冗余利用率更高的发现出发，本研究通过量化统计与质性分析，进一步揭示显化是汉译英同传方向中的普遍特征。无论是否需要语序差异处理，职业译员均进行显化，但方式有所差异：与语序差异处理同时进行的显化，以增加连接词方式为主；无须进行语序差异处理时的显化，则以增添语义词方式为主。语序差异这一问题诱因的出现，使译员从显化优先调整为信息传达为主、显化为辅。显化的倾向包括以增加连接词为代表的衔接增强，以及以增添语义词为代表的澄清、主观态度强化、译语形式改进、软化等。译员在汉译英同传方向中，采用显化这一看似不合常理的行为，并非出于自身节约认知资源的考虑，其客观条件是汉语识别更准确、汉语信息更充分的相对优势，其主观原因则是译员自身角色与身份认同的多元性，但其根本动因在于国际传播格局中西强我弱的现实。为此，译员主动发挥跨语言意义协商、跨文化交际传播的作用，形成超越传声管道的机械角色认知，展现对外话语实践者等多元角色与身份。

在对外话语理论重视效果、强调体系、尊重差异的框架内，同传译员的显化反映出其对易于理解、乐于接受的对外话语的自觉构建与实践，使其成为我国对外话语体系中的重要一环。对外话语能力的发展，也应整合至同传教育之中，以循证教学的实施、课程与评价的调整为我国对外话语的翻译奠定人才基础。译员汉译英同传显化普遍特征的实证发现，为汉译英同传教育改革提供支撑，同时为汉译英与汉译外同传人才培养、显化能力乃至对外话语能力发展提供参考。

第 6 章　结论

本研究回应我国同传研究未适应实践与教育的更高要求并存在一定不足的现状，聚焦于汉英语序差异处理及其顺译技巧这一历史最久的模因，跨学科交叉信息、认知科学理论，提出汉英同传语序差异处理的信息—认知模型。模型被职业译员受控实验质性、量化分析结果所证实。译员实证发现被整合进教学反馈中，接受循证教学的实验组学生、接受顺译训练的对照组学生参与对比实验，结果证明循证教学在促进汉英同传语序差异处理能力发展上的显著成效。对译员实证发现中汉译英同传方向的反常现象，也进行了进一步探索，揭示译员作为对外话语实践者的多元职业身份认同，提出在我国同传教育中还应关注对外话语能力发展的建议。

研究专注于我国同传取代交传成为普遍会议口译形式，但理论研究却未给予其充分独立考察的现状，通过建立代表性成果文献库，在科学哲学史观框架内对我国同传研究的演进展开全景考察与阶段分析，并比较国际同传研究发展史、理清中外研究的异同。我国同传研究 40 年的演进，分为萌发（1980—1999）、勃兴（2000—2009）、成长（2010—2019）三个阶段，经历由前范式科学进入常规科学的历史进程，形成有别于国际研究的汉外对比、译学阐释的传统。在上述研究传统影响下的我国同传研究，虽然发展过程中量质并举，但仍存学理构建薄弱、实证方法匮乏的不足。

语序差异处理是我国同传研究过去 40 年中历史最久的实践与教育课题，学者提出顺译的实践与教育技巧。但是同国外 70 年的同传研究历程相比，存在理论范式与研究方法滞后的问题。第一，在理论范式方面，汉英同传研究出现理论建构缺失、经验归纳片面、时间规范未明的不足。汉英同传研究尚未以抽象演绎推理方法建构理论模型，未能如西方同传研究的理论建模一样在国际同传研究界推出汉英同传模型，未能为包含汉语的同传研究，以及与汉语一样存在特殊性的其他语言的同传研究贡献中国知识与中国智慧。尽管提出顺译规范，但其仅是基于汉英语言组合同传中的现象进行归纳而总结的处理技巧，虽然聚焦于汉语特殊性且已成为广为应用的实践与教学建议，但仍仅是一种规范性描述，其是否全面完整地描写译员的处理实际仍有待严谨实证研究的检验，而其在汉英同传教学中应用之后的效果如何也尚待验证。此外，顺译技巧的提出，旨在避免同传中因语序差异而导致的延时译语产出，但顺译并未明确时间规范，在源语语序差异出现后何时开始顺译，即顺译的听译时滞问题仍未得到确切解答。第二，在研究方法方面，我国同传研究存在实证方法薄弱、量化分析欠缺、学科交叉落后的问题。尽管近年来出现实证导向，但多是针对小样本的学生译员群体开展的分散性研究，缺乏先提出理论模型、再通过实证数据验证工作假设的、更加科学严谨的实证研究方法论，所得结论难免普适性不足。同时，对所采集语料进行质性分析是更为普遍的分析方法，而采用定量统计与分析方法论的研究数量仍然稀少。此外，我国研究多沿袭国外现有的认知等范式，缺乏与其他学科，特别是自然科学相关学科的交流、借鉴与跨学科交叉。

本研究因而承继汉外对比的我国同传研究传统、兼顾教学的研究主题，聚焦于汉英同传语序差异处理及其能力发展的理论探索与实证考察。研究把汉英语序差异置于类型学的理论基石之上，明确汉语类型学独特性、由此产生的限制前提与汉英同传语序差异处理对其的动态平衡；在跨学科交叉的理论框架内，向信息科学与认知科学寻求语序差异处理的最优解，进而提出处理的信息—认知模型。模型通过一组工作假设，按照规划的检验路径、流程和标准进行验证。

类型学研究显示，汉语是 VO 型语言中唯一具有修饰成分与名词中心词向左分枝类型学特征的语言，汉语的语序特异性使其与向右分枝的、包括英语在内的 VO 型语言形成显著语序差异。汉英语序差异的类型学实际、同传听译近乎同时的内在要求构成一对矛盾，两者均为同传语序差异处理中的限制前提。译语产出中本应第一时间出现的意义被源语语序差异所推迟，在意义不确定的条件下坚持译语产出则可能误译且无暇更正；为确定意义而延迟译语产出则可能不仅违背同步传译的要求，还会延长对译员短时记忆容量的占用，导致认知负荷过载、译语产出失败。故汉英同传语序差异处理应寻求确定意义与可控负荷之间的动态平衡最优解。

在信息科学与认知科学的理论框架内，研究经由演绎推理提出汉英同传语序差异处理的信息—认知模型，分为信息与认知两个维度。借鉴信息科学中的信息论，把语序差异所致的源语意义不确定抽象为信息熵，把同传语序差异处理抽象为在信道有噪、容量有限、传达信息要求准确的极限条件下的语言使用过程，可以推知在信息轮廓中遵循信息密度一致性是处理的最优解。然而同传概率预期模型指出主客观冗余在同传过程中发挥着促进预期的作用，可以推知主客观冗余是意义不确定的调节因素；又因为SV(O)是信息密度一致性偏差最低的信息轮廓，故可进一步推知在不具备主客观冗余调节的条件下、按照闭合SV(O)信息轮廓进行产出是处理的信息维度最优解。同时，受限于短时记忆容量的有限性、同传认知负荷之间的竞争性，可以推知译员启动处理时对短时记忆容量的占用时长不高于短时记忆正确持留阈值的中等水平、处理中的任何贮存在产出时占用的时长不高于该阈值是处理的认知维度最优解。因此汉英同传语序差异处理的信息—认知模型是在短时记忆容量占用时长可控的认知维度下，按照闭合SV(O)信息轮廓的信息维度产出译语，从而达成确定意义与可控负荷之间的动态平衡最优解，其中主客观冗余如果具备，则发挥对信息不确定的调节作用。汉英同传中的语序差异处理是优化利用有限的短时记忆容量资源，在信息不确定的情况下，以可控的短时记忆容量占用作为成本，换取能够保证信息密度更一致的译语信息轮廓的构建，优化信息密度，以闭合SV(O)信息轮廓优先产出确定信息，从而符合信息密度一致性的语言产出最优计算方案。

在组织执业经验达到150天的职业译员作为受试、严控实验程序与语料处理的基础上，英译汉、汉译英两个方向的同传受控实验均证实汉英同传语序差异处理的信息—认知模型。信息维度以译语产品所反映的信息识别与信息轮廓产出指标进行质性分析并检验，认知维度以处理过程的启动听译时滞与贮存听译时滞指标进行测量、在统计确定检验值的基础上进行量化检验。译员受控实验的定性与定量分析结果发现，处理的启动听译时滞在英译汉同传方向上集中在4秒，汉译英同传方向上集中在5秒；贮存听译时滞在英译汉同传方向上集中在8秒，汉译英方向上集中在6秒。除证实模型、得出听译时滞发现外，实验揭示在汉译英同传方向上，主客观冗余的调节率明显高于英译汉方向，提示母语外译方向预测更加频繁的同时，译员职业角色与身份的能动性与多元性。

证实的信息—认知模型与模型验证过程中所得出的发现，为改进教学方法提供支撑。汉英同传语序差异处理能力作为特定专长，其发展应遵循心理学刻意训练理论，即需要改进的动力、重复的训练、合适的任务、有益的反馈四要素兼具。在刻意训练理论框架内，基于译员相关发现实施一学期的循证反馈与教学，控制其他相关变量，对比接受顺译规范训练的对照组与实验组学生期末同传语序差异处理表现，探究处理能力发展的实际，以及循证反馈与教学对能力发展的效果。实验发现，在处理正确率与模型遵从率相关指标上，实验组表现均优于对照组。对照组的能力发展处于低水平，英译汉同传方向能力发展落后于汉译英方向；实验组则达到中等水平，实现两个方向能力发展的均衡化。在听译时滞一部分指标上，实验组与译员已无显著差异，但对照组却相反，在全部听译时滞指标上与译员均存在显著差异，进而证实循证教学对学生处理能力的发展同时作用于信息与认知两个维度的遵从上。可见，学生在循证教学方式下译语信息密度一致性优化能力、译语信息轮廓构建能力、听译时滞管理能力的发展带动语序差异处理能力出现提升，循证教学进而被证明具有优于顺译规范教学的能力发展效果。

在证实信息—认知模型、探明循证教学效果的基础上，本研究还对汉译英同传方向上所发现的处理中主客观冗余调节率明显升高的反常现象展开更进一步的个案分析。通过比较语序差异处理片段译语与无须进行处理片段译语的片段末尾听译时滞、连接词与增添语义词数量，发现无论是否进行语序差异处理，基于主客观冗余的显化均是汉译英方向同传的普遍特征，但显化方式因处理需要而变：与处理同时的显化，以连接词增加的方式为主，具有增强衔接的倾向；无须处理的显化，以语义词增添的方式为主，具有澄清、强化、改进、软化等多种倾向。普遍显化反映出的是汉译英同传方向这一母语外译方向中的一些客观相对优势，但更为重要的是其折射出译员作为对外话语实践者的能动、多元职业身份。在对外话语理论的框架内，译员在汉译英同传实践中尊重对内话语与对外话语的差异，重视英语听众的接受效果，从而成为对外话语理论的自觉实践者，以及对外话语体系中的重要一环。上述发现也为我国同传教育中开展对外话语能力发展的循证教学、进行翻译课程设置与评价体系调整等提供有益参考。在当前西方通过英语主导，而我国处于弱势地位的国际传播格局中，在翻译专业学生也具备英语传播能力的条件下，汉译英方向的同传实践，乃至翻译实践具备大规模扩展的基本条件，进而能够在国际上积极展开中国解读中国，而非外国解读中国的话语实践，促进我国对外话语能力的提升、增强国际话语权。

本研究的创新之处如下：

第一，在科学哲学史观观照下，对我国同传研究 40 年嬗变史进行梳理与时期划分，尚属首次。研究揭示我国同传研究 40 年的演进，分为萌发（1980—1999）、勃兴（2000—2009）、成长（2010—2019）三个阶段，经历由前范式科学进入常规科学的历史进程，形成有别于国际研究的汉外对比、译学阐释传统，但仍存学理构建薄弱与实证方法匮乏的不足。

第二，在类型学视角下，厘清汉英语序差异的理论基础，首次从理论而非经验层面明晰汉英语序差异的内涵。汉语作为唯一向左分枝的 VO 型语言，具有语序独特性，与向右分枝的 VO 型英语形成语序差异性，超越过往研究中仅以汉英例句进行经验阐述的局限。

第三，向信息科学、认知科学寻求跨学科交叉并进行演绎推理与假设检验，创新性地提出汉英同传语序差异处理的信息—认知模型并证实。立足同传研究的同时，跨学科交叉信息、认知科学，不仅承继汉外对比传统、丰富顺译经验规范，还为我国同传研究向自然科学跨学科交叉探索出可行路径，并通过质性分析与量化统计的实证方法检验模型的信息与认知维度。

第四，借鉴心理学理论，探究循证教学对汉英同传语序差异处理这项特定能力发展所产生的积极效应，首次探明顺译规范训练对处理能力发展的效用，为我国同传教育研究提供可供参考的实证范例。实施循证教学，把已被职业译员实验证实的理论模型与实证发现用于教学反馈，对比实验组学生与接受顺译规范训练的对照组的实验表现，明确循证教学对促进处理能力发展的高效性。

第五，进一步剖析汉译英方向同传中译员与学生的共性反常发现，首次揭示显化是汉译英同传的普遍特征，以及汉语为母语的译员对外话语实践者的能动、多元职业身份认同。这一发现与以往汉译英交传的研究结论一致，证实译员自觉进行对外话语实践，提示我国同传教育应在对外话语理论的指导下，加强学生对外话语能力的研究，促进能力发展。

第六，融合文献考察、跨学科演绎推理、实证检验、个案研究等多元方法于一体进行研究方法创新，同时把质性分析与量化统计相结合，特别是以大量定量统计与数据计算首次揭示汉英同传听译时滞数值和汉译英同传方向的特异性。

本研究的特色在于：

第一，对我国同传研究中历史最久的语序差异处理问题进行系统性研究，揭示处理的本质规律。译员处理的本质在于对信息—认知模型的遵从，即依据信息密度一致性对译语信息产出进行优化，同时保持自身短时记忆持留时长不超出正确持留阈值的中等水平与上限，从而控制短时记忆容量占用处在合理水平。

第二，为顺译规范的使用实际提供真实证据，验证其合理性的同时也揭示其局限性。顺译仅对结构维度做出规定，缺乏对时间维度处理的规范；

存在一定的片面性，即译员处理的外在表象可能是译语与源语语序一致的顺译，但也可能是语序不一致的等待或预测，顺译所难以解释的处理的深层规律其实在于对信息—认知模型的遵从。

第三，对译员汉英同传两个方向的启动听译时滞、贮存听译时滞进行全面测量，为汉英同传听译时滞的后续研究提供可资借鉴的首批数据。回应当前研究缺乏译员处理中认知/时间维度描写性证据的现状，本研究为国际同传研究界提供汉英语对听译时滞的一手数据。

第四，为顺译规范的教学效果提供真实证据，验证其合理性与局限性。证实顺译规范训练能够促进汉英同传语序差异处理能力的低水平发展，发现英译汉同传方向上的能力水平进步落后于汉译英方向。

第五，为循证教学的有效性与优越性提供事实支撑。循证教学已被证明能够推动汉英同传语序差异处理能力发展至中等水平，同时实现不同同传方向能力发展的均衡化，为包括对外话语能力等其他能力在内的培养摸索出更为高效的模式。

本研究的学术贡献在于：

第一，为汉语语序独特性及其在汉英同传中的处理进行跨学科理论建构，超越基于经验归纳得出的顺译规范，把同传处理上升至信息与认知科学的理论层面，深化汉英同传语序差异处理是源语信息不确定与短时记忆长占用之间动态平衡过程的认识，改变长久以来只有归纳性规范而理论建构阙如的不足。

第二，为我国同传研究中其他相关研究课题的理论建构提供跨学科交叉路径的范例参考、为实证研究提供方法论参照，同时为我国同传研究向信息科学的跨学科交叉并进而形成同传研究的信息范式探索可行性。

第三，为汉语与其他 SVO 型语言之间同传中的语序差异处理奠定学术基础，可供更多语言组合同传的实证检验。

本研究的应用价值在于：

第一，为汉英同传语序差异处理提供理论依据，即在译语中产出闭合 SV(O)信息轮廓，在短时记忆容量占用时长不高于译员正确持留阈值中等水平时启动、在任何贮存占用时长不高于短时记忆正确持留阈值时产出贮存信息，主客观冗余发挥调节作用。

第二，为汉英同传积累听译时滞数据，为同传教学超越归纳总结的低效经验模式提供实证数据参考。

第三，为同传教育探索循证教学模式，证实循证教学相较规范教学在促进能力发展上的高效性，即在同等训练时间内，同等水平学生处理的正确率、模型遵从率更高，部分听译时滞与职业译员已无显著差异。

诚然，本研究也存在受试数量不多的局限。作为同传研究乃至口译研究的普遍不足，职业受试数量有限的问题往往通过学生受试替代的方式进行规避。然而，跨学科理论框架下所提出的信息—认知模型只有通过具备职业能力的受试才可准确验证，而且本研究对职业译员的选择标准也严格按照现有研究发现的 150 天从业经验执行，这一较高的职业受试选择标准进一步缩小了受试的范围。学生受试虽然数量更多，利于假设检验的量化统计，但其能力仍处于发展过程之中，尚未达到独立从事职业同传实践的水准，所以用于假设检验并不符合验证假设的需要。本研究采用从理论到假设的演绎推理，再以实证数据进行假设验证，并非从实际到理论的归纳推理，后者要求受试具备相当数量，方可归纳概括出具有普遍意义的结论。有鉴于此，在用以验证假设的数据之量与质两者无法兼顾的前提下，本研究优先保证数据质量，从而证实演推理绎得出的理论模型，同时进一步剖析揭示汉译英同传显化的普遍特征。在职业译员受试语料与数据证实模型的基础上，再以数量更大的学生受试再次证实模型遵从与处理结果的相关性，揭示循证教学对学生处理能力发展的有效性相对于顺译规范教学的优越性。以职业译员与学生译员两批受试、学生译员对照组与实验组两组表现的比较，模型与循证教学效果均得以证实。模型通过演绎推理提出，未被实证数据证伪，故认为模型在职业译员语序差异处理中成立，受试数量不多的研究局限并未降低研究的可靠性。然而鉴于社会科学研究中无法全盘贯彻证伪主义这类观点的存在（李子奈、齐良书，2010），本研究证实模型成立的同时，也指明后续研究采用更大受试群体进行进一步数据验证的研究方向。

后续研究方向如下：第一，通过在实验中增加其他语种职业译员的参与，检验基于汉英同传的信息—认知模型在汉语与其他语言间同传中的适用性。第二，以更大规模、更多语种的学生译员实验，探索循证教学在发展诸如对外话语能力等其他能力上的适用性；第三，结合目前我国同传研究技术模因发展势头迅猛的现实，推动同传研究信息范式的形成。

在汉英同传语序差异处理信息—认知模型得以证实的基础上，未来研究可以继续探索汉语与其他 SVO 型语言之间的同传是否在语序差异处理行为方面同样遵循模型，从而检验模型是否具有普适性，或依据语言组合特点校准模型，从而推动包含汉语的中国同传理论的发展、改变当前国际研究界汉语研究数量稀少的现状。

在循证教学已被证实比经验规范教学更加有效的基础上，结合职业译员汉译英同传方向中的显化特征及其所折射出的对外话语能力，未来研究可以聚焦于循证教学在对外话语能力发展上的适用性，从而培养出具备国际传播能力的翻译人才，使用易于英语听众理解，使其乐于接受的话语进行国际传播，最终摸索出为我国国际话语权提升进行人才储备的可行路径，为我国对外话语体系与能力建设做出贡献。

在我国同传研究度过萌发、勃兴、成长三个阶段的演变后，站在21世纪第3个10年展望未来，本研究希望在探索信息科学跨学科交叉可行性的基础上，为我国同传研究提供一个利用信息科学理论成就、解答翻译研究问题的范例。在过去10年我国同传研究中激增的技术模因已经在数量上超越技巧模因的现实条件下，鉴于技术模因中语料库、远程同传与新技术三大方面都是对信息技术的应用，信息科学的技术成就已为同传实践、教学与研究拓展了新的形式与工具。本研究证实，信息论等理论成就还为同传处理过程中的科学问题提供可供深入探析的理论基础。据此，本研究认为，我国同传研究可以孕育出一个新的范式——信息范式，即信息技术为研究共同体提出同传实践新形式、教学新方法、研究新工具等问题，而信息科学为这些新兴问题，以及同传中传递信息的方式、时间、原因、不同译者群体（职业译员与学习者等）的差异等先在问题，提供解答的理论基础。

目前我国同传研究对技术新模因的论证数量增长迅猛，然而多聚焦于新技术引介和应用的个案考察，难免存在对某一技术的反复论证。在经过近10年的分散、重复研究后，同传研究暂未出现把相关研究整合凝聚为公认范式、从而继续纵深推进的趋势。但是在更为宏观的口译研究子学科，以及翻译学学科内，信息技术辅助下的口译教学乃至数字人文视域下的翻译研究已经开始得到学者们的系统性论证，其理论框架亟待建构的问题也成为共识（胡开宝，2018；陈菁、吴琼，2019；邓军涛、仲伟合，2019）。对技术应用导向的口译教学研究进行梳理，无疑有利于结束目前技术模因中研究零散的现状，但理论基础薄弱的局面仍需着力加以改变。本研究向信息科学进行跨学科交叉，提供借鉴信息科学成就、充实同传理论基础的范例。同传研究的信息范式因此具有可行性，既囊括信息技术为研究带来的新课题，又夯实汉语作为主要会议语言的同传研究之理论基础，避免研究过度技术化可能导致的理论盲从。信息范式的出现，将使研究共同体的科研活动集聚于新范式，继续向纵深推进。鉴于口译研究仍然较为滞后（张政、王克非，2017），本研究期待通过多维研究促进翻译专业与学科的发展（庄智象，2007），特别是同传研究领域向前迈进，开启文理融合的跨学科发展态势、拓展我国同传研究边界，从而在翻译学科迎来繁荣新时期之时（王克非，2019），推动研究持续演进。

　　此外，本研究所得出的同传语序差异处理的信息—认知模型，似可进一步抽象为信息—认知决策模型，即在信息不确定、认知资源有限的条件下进行决策时，最优解是对两个条件同时进行优化并进行动态平衡，从而达到决策目标。第一，对信息不确定或信息熵进行实时识别，对信息密度的传输进行实时优化。一旦信息熵处于低位，要立即做出信息传输决策，避免过度偏离信息密度一致性所导致的连续信息传输失误。但当信息熵较低时，可通过预判提前进行信息传输决策。第二，始终对有限的认知资源进行中等水平的占用，而不进行逼近上限的较高水平占用，避免达到资源上限出现过载、阻碍决策目标的实现。本研究的上述发现，或可对同传以外的其他决策，特别是信息不定、资源有限两条件同时存在的复杂决策提供借鉴。

参考文献

GREENBERG J H, 陆丙甫, 陆致极. 某些主要跟语序有关的语法普遍现象[J]. 国外语言学, 1984(2): 45-60.

艾战胜. 科学革命的本质: 科恩与库恩的比较[J]. 自然辩证法研究, 2008, 24(4): 86-90.

白秋梅. 汉英同声传译中的理解与信息的有效传递[J]. 中国科技翻译, 2013, 26(2): 16-19.

鲍川运. 口译的职业化[J]. 中国翻译, 2007(1): 50-51.

波赫哈克. 口译研究概论[M]. 仲伟合, 等译. 北京: 外语教学与研究出版社, 2010.

柴明颎. 口译与口译教学[J]. 中国翻译, 2007(1): 48-50.

柴明颎. 对专业翻译教学建构的思考——现状、问题和对策[J]. 中国翻译, 2010(1): 54-56.

陈方正. 科学进步的历史有规律吗——波普尔与库恩学说评析[J]. 科学, 2014(6): 5-12.

陈菁. 从 Bachman 交际法语言测试理论模式看口译测试中的重要因素[J]. 中国翻译, 2002(1): 51-53.

陈菁, 符荣波. 国内外语料库口译研究进展 (1998—2012)——一项基于相关文献的计量分析[J]. 中国翻译, 2014(1): 36-42.

陈菁, 吴琼. 信息技术辅助下的中西口译教学: 演变与展望[J]. 中国翻译, 2019(2): 68-78.

陈宁. 初识图联——从中文同传工作看 IFLA[J]. 国家图书馆学刊, 2008(2): 89-91.

陈雪梅, 柴明颎. 非平衡双语者口译语义加工路径探究[J]. 上海大学学报

（社会科学版）: 2018, 35(5): 121-130.

陈雪梅, 陈丽莉. 同传技能: 探索同传过程[J]. 中国科技翻译, 2004, 17(3): 23-27.

陈洋. 国内 FGD 同传行业实证研究: 现状与问题——来自译员与用户的调查报告[J]. 中国翻译, 2016(3): 70-77.

邓军涛, 仲伟合. 信息技术与口译教学整合: 层次、机制与趋势[J]. 中国翻译, 2019(6): 88-95.

邓玮. 国内视译研究30年(1987—2016): 回顾与反思——基于中国知网(CNKI)的文献计量分析[J]. 外国语文, 2017(5): 97-102.

邓小玲. 进阶还是平行——交传、同传课程设置顺序之争[J]. 外语教育研究前沿, 2018(2): 19-25.

丁丽蓉, 张广林. 同声传译信息处理过程分析——以图式理论为视角[J]. 情报科学, 2012(6): 903-906.

董海雅. 语际实时字幕翻译研究: 现状与展望[J]. 东方翻译, 2019(6): 25-31.

杜争鸣, 孟祥春. 同声传译中的"等待"——一个值得商榷的问题[J]. 解放军外国语学院学报, 2006, 29(5): 69-73.

范徽, 王凤华, 范青蠢, 等. "三为思维": 移动互联网背景下的企业经营理念新思维[J]. 上海管理科学, 2016(2): 14-17.

方凡泉. 同声传译的挑战与技巧[J]. 中国科技翻译, 1996, 9(3): 26-29, 32.

方生平. 同声传译中的原语信息量[J]. 中国翻译, 1987(2): 19-21.

冯千. 视频语料库应用于日语同声传译教学的可行性研究——以西部高校日语翻译专业硕士教学为对象[J]. 外国语文, 2014(1): 157-160.

高彬. 心理学对同声传译研究的影响探析[J]. 中国外语, 2014(6): 77-81.

高彬, 柴明颎. 试论会议口译人才培养的层次和相关课程设置——欧洲会议口译硕士核心课程分析[J]. 外语电化教学, 2007(4): 58-62.

高彬, 柴明颎. 西方同声传译研究的新发展——一项文献计量研究[J]. 中国翻译, 2009(2): 17-21.

高彬, 柴明颎. 中国同声传译研究引证分析[J]. 中国翻译, 2010(4): 15-19.

高彬, 柴明颎. 猜测与反驳——同声传译理论发展路线研究[J]. 中国翻译, 2013(2): 12-16.

高彬, 柴明颎. 同传神经语言学实验范式研究及其对同传教学的启示[J]. 中国翻译, 2015(6): 48-52.

高彬, 柴明颎. 同声传译认知加工能力研究与教学应用[J]. 中国翻译, 2016(6): 43-47.

高洁, 堵海鹰. 汉英时政类同传常见问题的应对策略[J]. 中国科技翻译, 2010(4): 23-25, 64.

官锦台. 习近平的一天如何度过? [J]. 先锋, 2015(2): 64-65.

古煜奎. 同声传译中的预测策略[J]. 广东外语外贸大学学报, 2008(1): 35-38.

管佩森. New Class DL760 同声传译训练系统在外语教学中的应用[J]. 实验室研究与探索, 2013(3): 171-174.

管玉华. 基于教学参数综合评估的双模块同传教学法在复旦的应用[J]. 复旦外国语言文学论丛, 2009(1): 78-83.

管玉华, 许金迪. 同传跟述完形练习中理想认知模型的构建[J]. 复旦外国语言文学论丛, 2015(2): 102-110.

郭宝栋. 法语口译课型设置浅析[J]. 外语与外语教学, 1991(5): 32-35.

郭靓靓. 汉英同传语序差异处理的信息—认知模型[J]. 外国语, 2024(5): 114-124.

国玉奇. 谈同声传译的一些方法和技巧[J]. 中国俄语教学, 2010(1): 67-71.

郝斌. 同传的特点及其教学[J]. 外语与外语教学, 2008(5): 49-53.

郝苗. 电视新闻直播同声传译如何更加专业化——以央视新闻实践为例[J]. 传媒, 2015(15): 73-75.

何刚强. 精艺谙道, 循循善诱——翻译专业教师须具备三种功夫[J]. 外语界, 2007(3): 24-29.

何妍, 李德凤, 李丽青. 同声传译方向性问题研究的设计与方法[J]. 外语学刊, 2017(5): 92-96.

胡家英, 庞坤. "脱离源语语言外壳"假说在汉英同传中语际转换障碍的消除[J]. 外语学刊, 2015(6): 105-109.

胡开宝. 数字人文视域下翻译研究的进展与前景[J]. 中国翻译, 2018(6): 24-26.

胡开宝, 陶庆. 汉英会议口译中语篇意义显化及其动因研究——一项基于平行语料库的研究[J]. 解放军外国语学院学报, 2009(4): 67-73.

胡开宝, 陶庆. 汉英会议口译语料库的创建与应用研究[J]. 中国翻译, 2010(5): 49-56.

胡敏霞. 同声传译的理解机制[J]. 西南民族大学学报(人文社科版), 2008(S2): 92-95, 232-233.

胡愈. 纽伦堡审判与四国语言的同声传译[J]. 德语人文研究, 2014(2): 36-43.

胡元江, 马广惠. 同声传译中译语产出的认知心理模式研究[J]. 外语教学理论与实践, 2013(4): 64-70.

黄建凤. 地方性口译人才教学模式研究[J]. 学术论坛, 2005(8): 200-202.

黄天海. 从同声传译看信息守恒原则[J]. 中国科技翻译, 1998, 11(2): 1-3.

黄田, 郭建红. 关联理论视角下的同声传译研究[J]. 中国外语, 2007(4): 70-72.

金立鑫, 于秀金. 从与 OV-VO 相关和不相关参项考察普通话的语序类型[J]. 外国语, 2012(2): 22-29.

靳雪竹. 英—汉同声传译中输入语段切分的心理认知视角[J]. 四川外语学院学报, 2007(3): 126-129.

康志峰. STM 增效性与同传成效性[J]. 外语教学, 2016a(4): 100-104.

康志峰. 同声传译增效研究：WM 维度[J]. 外语研究, 2016b(6): 71-74.

蓝红军, 许钧. 改革开放以来我国译学话语体系建设[J]. 中国外语, 2018(6): 4-9, 15.

郎玥, 侯林平, 何元建. 同声传译中记忆配对的认知研究[J]. 现代外语, 2018(6): 840-851.

郎玥, 侯林平, 何元建. 多模态输入对同传认知加工路径影响的库助认知研究[J]. 外国语, 2019(2): 75-86.

勒代雷. 释意学派口笔译理论[M]. 刘和平, 译. 北京：中国对外翻译出版公司, 2001.

雷慧英. 汉日同声传译的教学研究[J]. 日语学习与研究, 2008(4): 78-82.

雷静. 英汉同传困境的表现方式及应对之策——基于同声传译过程模型的探索性分析[J]. 外语与外语教学, 2008(8): 60-63.

雷静. 访谈类节目同声传译的多任务处理模式[J]. 中国科技翻译, 2009(1): 17-19, 52.

李春怡. 同声传译的顺句驱动和非顺句驱动策略[J]. 中国翻译, 2009(3): 69-73, 96.

李德超, 王克非. 汉英同传中词汇模式的语料库考察[J]. 现代外语, 2012(4): 409-415.

李箭. 同声传译技能训练和运作模式[J]. 四川外语学院学报, 2005, 21(3): 130-132, 138.

李锦霞, 孙斌. 俄罗斯同声传译教学及其对我国办学的启示[J]. 中国俄语教学, 2011(2): 72-75.

李晶. 认知心理学视域下同传译员视听注意力分配研究[J]. 外语与翻译, 2019(1): 40-46.

李婧, 李德超. 基于语料库的口译研究: 回顾与展望[J]. 中国外语, 2010(5): 100-105, 111.

李军. 如何更好地进行口译训练[J]. 中国科技翻译, 2010(1): 20-23.

李军. 汉外同传挑战与对策分析[J]. 中国科技翻译, 2012(1): 15-18.

李军, 吴国华. 法译汉口译中的顺句驱动[J]. 中国科技翻译, 2015(1): 21-24.

李莉. 关于同声传译中的听力教学[J]. 日语学习与研究, 2009(4): 87-92.

李青原. 同声传译实践对教学的启示[J]. 中国翻译, 1985(2): 36-38.

李天韵. 口译工作模型下的机器同声传译系统分析[J]. 东方翻译, 2018(6): 34-39, 87.

李希, 杨洪娟. 在华召开的国际学术会议的工作语言问题[J]. 语言文字应用, 2013(4): 40-46.

李霄垅, 王梦婕. 基于语音识别 APP 的同声传译能力培养教学模式建构与研究——以科大讯飞语记 APP 为例[J]. 外语电化教学, 2018(1): 12-18.

李洋, 王楠. 预制语块对同声传译的缓解效应研究[J]. 外语界, 2012(1): 61-67.

李洋, 王少爽. 基于文献计量的中国语料库口译研究评述[J]. 北京第二外国语学院学报, 2016(5): 71-83.

李长栓. 汉英同声传译中应注意用词简洁[J]. 中国翻译, 1996(6): 23-25.

李长栓. 汉英语序的重大差异及同传技巧[J]. 中国翻译, 1997a(3): 15-18.

李长栓. 汉英语序的相似之处及同传技巧[J]. 中国翻译, 1997b(6): 8-9.

李长栓. 英汉同声传译的技巧[J]. 中国翻译, 1998(6): 12-15, 11.

李子奈, 齐良书. 关于计量经济学模型方法的思考[J]. 中国社会科学, 2010(2): 69-83.

梁博男. 从传播学的角度浅谈电视同传的特点与工作原则[J]. 广西大学学报(哲学社会科学版), 2009(S1): 276-278.

梁洁, 柴明颎. 同声传译中的元认知能力跟踪研究[J]. 上海翻译, 2017(1): 83-89.

梁君英, 李鹏, 沈模卫. 同声传译过程中的工作记忆与双语控制研究[J]. 应用心理学, 2007(1): 91-96.

林记明. 关于同声传译在本科翻译专业课程设置中的定位思考[J]. 河北师范大学学报(教育科学版), 2011(12): 82-86.

林岚. 同声传译策略论[J]. 福建论坛, 2010(S1): 158-159.

林薇, 庄逸抒. 同伴反馈在同传教学中对学生动机内化的作用[J]. 翻译界,

2017(1): 47-60, 154.

林巍. 试论同声传译教学的思维和语言策略[J]. 解放军外国语学院学报, 2006, 29(3), 54-59.

刘丹青. 汉语名词性短语的句法类型特征[J]. 中国语文, 2008(1): 3-20.

刘德周. 同传译员口译任务的分工与合作[J]. 中国科技翻译, 2019(3): 16-18.

刘和平. 职业口译新形式与口译教学[J]. 中国翻译, 2003(3), 32-36.

刘和平, 雷中华. 对口译职业化+专业化趋势的思考：挑战与对策[J]. 中国翻译, 2017(4): 77-83.

刘和平, 许明. 探究全球化时代的口译人才培养模式——第九届全国口译大会暨国际研讨会述评[J]. 中国翻译, 2012(5): 53-59.

刘建军. 同声传译中交际策略的使用及其与口语成绩的关系——一项基于学生口译考试语料的实证研究[J]. 外语界, 2009(4): 48-55, 76.

刘建军, 肖德法. 英—汉同声传译中的数字口译错误——一项基于2008年天津达沃斯世界经济论坛口译语料的实证研究[J]. 外语教学理论与实践, 2010(4): 90-96.

刘建珠. 英汉同声传译中的信息噪音与模糊表达策略[J]. 翻译论坛, 2013(6): 40-44.

刘剑, 陈燕宇. 基于同传语料库的将来时显化翻译现象研究——以"will"为例[J]. 淮北师范大学学报(哲学社会科学版), 2019(5): 109-113.

刘剑, 胡开宝. 多模态口译语料库的建设与应用研究[J]. 中国外语, 2015(5): 77-85.

刘丽媛. 联合国的会议口译[J]. 外语教学与研究, 1988(2): 42-46.

刘林军. 论同声传译中的译员角色[J]. 中国科技翻译, 2004, 17(2), 20-23.

刘延立. 同声传译技巧探讨[J]. 中国翻译, 1996(1): 11-13.

刘颖呈, 梅德明. 情境模型视角下同传译员与未受训双语者工作记忆对比研究[J]. 外语教学与研究, 2019(6): 914-924.

卢敏. 全国翻译专业资格(水平)考试英语二、三级口笔译和同声传译考试命题及考点分析[J]. 译苑新谭, 2012(4): 75-93.

卢信朝. 原型范畴理论启示下的汉英同声传译简缩策略[J]. 外国语, 2016(3): 92-102.

卢信朝. 中英同声传译信息加工策略[J]. 中国翻译, 2019(5): 145-151.

卢信朝, 王立弟. 英汉同声传译译员轮换与译语质量[J]. 外语教学与研究, 2015(4): 585-596.

卢信朝, 王立弟. 英汉同声传译信息损耗原因: 基于会议口译员有提示回溯性访谈的研究[J]. 外语研究, 2019(2): 82-88, 100.

陆庆邦. 提高石油科技国际会议同声传译质量的经验[J]. 中国科技翻译, 1992, 5(3): 21-24.

路邈, 孙莹. 汉日电视同传中的"凝缩化"现象[J]. 解放军外国语学院学报, 2017(4): 116-123.

罗嘉美. 我们怎样在语言实验教室上口译课[J]. 外语教学与研究, 1983(1): 46-50.

马霞. 广西—东盟博览会高级口译人才培养模式研究[J]. 社会科学家, 2007(4): 170-172.

马星城. 眼动跟踪技术在视译过程研究中的应用——成果、问题与展望[J]. 外国语, 2017(2): 81-89.

马星城, 李霄翔. 事件相关电位 (ERP): 在同声传译研究中的应用及对口译认知研究的启示[J]. 翻译论坛, 2018(4): 50-56.

马一川. 汉日同声传译中的关系认知要素分析——以《胡锦涛主席早稻田大学演讲》为例[J]. 日语学习与研究, 2012(4): 86-92.

马志刚. 反省法对于同声传译研究适用性探析——兼论口译研究的学科独立性[J]. 外语与外语教学, 2007(11): 61-64.

门斌, 宋瑞琴. 同声传译训练系统在同传教学中的应用[J]. 外语电化教学, 2012(3): 78-80.

苗夺谦, 王珏. 粗糙集理论中知识粗糙性与信息熵关系的讨论[J]. 模式识别与人工智能, 1998(1): 34-40.

苗菊. 西方翻译实证研究二十年 (1986—2006)[J]. 外语与外语教学, 2006(5): 45-48.

穆雷, 李希希. 翻译学博士学位论文中的"理论框架"问题研究: 以翻译学博士论文为例[J]. 中国外语, 2016(6): 94-101.

穆雷, 王斌华. 国内口译研究的发展及研究走向——基于 30 年期刊论文、著作和历届口译大会论文的分析[J]. 中国翻译, 2009(4): 19-25.

穆雷, 王巍巍, 许艺. 中国口译博士论文研究的现状、问题与思考 (1997—2014)——以研究主题与方法分析为中心[J]. 外国语, 2016(2): 97-109.

潘峰, 胡开宝. 语料库口译研究: 问题与前景[J]. 语言与翻译, 2015(2): 55-61.

潘珺, 孙志祥, 王红华. 口译的职业化与职业化发展——上海及江苏地区口译现状调查研究[J]. 解放军外国语学院学报, 2009(6): 81-85, 101.

庞焱. 日中口译平行语料库的设计与建设[J]. 广东外语外贸大学学报, 2012(3): 29-32.

庞焱, 王娉婷. 中日同传初学者的漏译分析[J]. 东北亚外语研究, 2015(1): 90-96.

彭玉生. 社会科学中的因果分析[J]. 社会学研究, 2011(3): 1-32.

齐涛云. 关联理论对同声传译策略的解释力[J]. 民族翻译, 2009(3): 26-30.

齐涛云. 从停顿频次特征看职业译员英汉同传的认知过程——基于小型双模态口译语料库的个案研究[J]. 外语与外语教学, 2019(5): 135-146.

秦勤, 秦勇. 从释意理论再探大学英语专业口译教学新思路——基于中欧同声传译培训项目[J]. 外国语文, 2014(6): 171-176.

秦亚青. 浅谈英中视译[J]. 外交学院学报, 1987(1): 61-64, 70.

曲强. 电视新闻直播报道中同声传译的应用[J]. 中国翻译, 2016(4): 77-81.

全国翻译专业学位研究生教育指导委员会. 翻译硕士专业学位研究生教育指导性培养方案[EB/OL]. (2011-08-31) [2020-07-25]. https://cnti.gdufs.edu.cn/info/1006/1094.htm.

任开兴. 基于 SRT 格式字幕的同传训练[J]. 中国科技翻译, 2011(3): 20-23, 38.

任文. 当代西方口译研究的几种主要学派[J]. 译苑新谭, 2012(4): 3-23.

任文. 试论中国口译理论话语体系的建构[J]. 中国翻译, 2018(5): 21-26.

任文, 郭聪, 黄娟. 改革开放以来中国口译研究 40 年考察[J]. 外语教育研究前沿, 2019(1): 27-37.

任文, 胡敏霞. 同声传译课程设计的评价与再设计[J]. 广东外语外贸大学学报, 2007, 18(3), 15-19, 62.

桑力攀, 温晓龙. 浅谈同声传译中的预测技巧[J]. 天津外国语学院学报, 2006(2): 20-24.

尚宏. 同声传译过程中的注意力分配问题[J]. 郑州大学学报 (哲学社会科学版), 2009(1): 131-133.

沈家煊. 汉语 "名动包含" 格局对英语学习的负迁移[J]. 外国语言文学, 2018(1): 4-22.

沈明霞, 梁君英. 专业译员与学生译员在同传中的工作记忆对比研究——以 "高风险省略" 现象分析为例[J]. 外国语, 2015(2): 47-56.

施晓菁, 翟宏彪. 巴黎高等翻译学校访问记[J]. 中国翻译, 1983(12): 46-47.

石毓智. 论语言的基本语序对其语法系统的影响——兼论现代汉语句子组织信息的原则形成的历史动因[J]. 外国语, 2002(1): 17-27.

史安斌, 盛阳. "一带一路"背景下我国对外传播的创新路径[J]. 新闻与写作, 2017(8): 10-13.

史宁中. 试论数学推理过程的逻辑性——兼论什么是有逻辑的推理[J]. 数学教育学报, 2016(4): 1-16.

宋佳音. 释意派理论在欧盟中英同传训练中的应用及教学策略[J]. 国际商务——对外经济贸易大学学报, 2008(S1): 65-68.

宋全德, 褚晓圆, 白杰, 等. 基于服务聚合的同声传译平台的设计与实现[J]. 计算机应用与软件, 2011(10): 162-166.

宋协毅. 论汉日双语同声传译教学的改革与发展[J]. 外语与外语教学, 2002(1): 41-44.

宋莹, 覃江华. 纽伦堡审判与东京审判口译制度比较分析[J]. 中国科技翻译, 2016(4): 54-57.

苏晓军. 同声传译研究的认知模型述评[J]. 西安外国语大学学报, 2007, 15(1), 60-62.

孙宁, 张蕾. 试论翻译工作中的六组关系[J]. 中国翻译, 2019(1): 123-129.

孙杨杨. 中译英逻辑衔接显化现象: 以即兴发言的同传为例[J]. 外国语文, 2018(2): 124-130.

索朗多吉. 汉藏同声传译略述[J]. 中国藏学, 2009(2): 125-128.

覃江华, 黄海瑛. 对我国同声传译教材出版的反思[J]. 中国出版, 2014(4): 22-26.

汤丹, 张克金. 同声传译的认知图式及其功能探讨[J]. 中国科技翻译, 2010(2): 15-17, 47.

唐爱燕. 同声传译中的交际策略[J]. 中国科技翻译, 2009, 22(3), 19-23.

唐芳. 口译实证研究在中国——一项基于口译实验性研究论文的文献计量研究[J]. 外语界, 2010(2): 39-46.

唐建文, 唐笙. 漫谈同声传译[J]. 中国翻译, 1984(5): 6-9.

陶友兰. 基于语料库的翻译专业口译教材建设[J]. 外语界, 2010(4): 2-8.

陶友兰. 我国翻译教材建设与翻译学学科发展[J]. 上海翻译, 2017(6): 83-88.

铁军. 同声传译与听说课教学[J]. 日语学习与研究, 2008(4): 67-71.

万宏瑜, 杨承淑. 同声传译中顺译的类型与规律[J]. 中国翻译, 2005(3), 73-77.

王斌华. 口译的即时双语信息处理论——口译过程真正处理的是什么？[J]. 中国外语, 2019(4): 87-94.

王斌华, 古煜奎. 英汉同声传译的变量考察——基于对同一场电视直播的三位职业译员同传的观察研究[J]. 中国翻译, 2014(6): 19-23.

王斌华, 穆雷. 国外专业口译教学的调研报告——兼谈对我国翻译专业办学的启示[J]. 外语界, 2012(5): 24-33.

王斌华, 秦洪武. 汉英口译目标语交际规范的描写研究——基于现场口译语料库中增补性偏移的分析[J]. 外语教学与研究, 2015(4): 597-610.

王斌华, 仲伟合. 翻译本科新专业的口译教学理念探索——兼谈外研社翻译专业本科口译系列教材的编写[J]. 广东外语外贸大学学报, 2010(4): 78-82.

王德孝. 多语种同声传译的初次尝试[J]. 外语学刊, 1984(3): 77-80.

王恩冕. 从母语译入外语：东亚三国的经验对比[J]. 中国翻译, 2008(1): 72-75.

王峰, 陈文. 国内外翻译研究热点与趋势——基于译学核心期刊的知识图谱分析[J]. 外语教学, 2017(4): 83-88.

王国胤, 于洪, 杨大春. 基于条件信息熵的决策表约简[J]. 计算机学报, 2002(7): 759-766.

王海若. 同传课程教学的行动研究——以华北电力大学 MTI 为例[J]. 翻译研究与教学, 2018(2): 100-111.

王海若. 基于用户需求的网络直播字幕同声传译工作特点探究[J]. 翻译研究与教学, 2019(1): 117-124.

王鸿雁, 林彬. 翻译硕士(MTI)：研究生教育探索[J]. 中国俄语教学, 2013(1): 46-49.

王华树, 杨承淑. 人工智能时代的口译技术发展：概念、影响与趋势[J]. 中国翻译, 2019(6): 69-79.

王建国, 张萍萍, 吴碧宇. 英汉对比视角下的口译研究现状与展望[J]. 华东理工大学(社会科学版), 2011(3): 91-96.

王建华. 同声传译中的视译记忆实验研究[J]. 中国翻译, 2009(6): 25-30.

王建华. 语块认知与同传流畅性——一项基于语块认知训练的实证研究[J]. 外语教学与研究, 2016(5): 765-775.

王克非. 新中国翻译学科发展历程[J]. 外语教学与研究, 2019(6): 819-824.

王南. 世界最大的口译组织——SCIC[J]. 中国翻译, 1987(2): 49-53.

王茜, 刘和平. 2004—2013 中国口译研究的发展与走向[J]. 上海翻译, 2015(1): 77-83.

王若瑾. 同声传译技巧及其训练[J]. 中国翻译, 1985(8): 12-16.

王巍巍, 穆雷. 中国英语口译能力等级量表结构探微[J]. 外语界, 2019(4): 15-23.

王晓露. 口译工作压力及其对策[J]. 中国科技翻译, 2014(2): 20-23.

王欣红. 同声传译过程中的非语言因素[J]. 中国翻译, 2004(6), 61-63.

王学文. 同声传译的若干原则与技巧[J]. 对外经济贸易大学学报, 1993(5): 29-35.

王炎强. 口译生态系统下的译员交际能力[J]. 复旦外国语言文学论丛, 2014(01): 54-58.

王炎强. 媒体直播同传译员"面子"保全策略研究[J]. 上海翻译, 2018(6): 44-49.

王燕. 全国人事部翻译考试——2009 版英语口译实务 2 级[M]. 北京: 外文出版社, 2009.

王吟颖, 张爱玲. "一带一路"框架下的同声传译接力语研究[J]. 外国语, 2019(6): 51-59.

温建科. 专业外语实验教学实践的探索与思考[J]. 实验室研究与探索, 2015(8): 194-196, 243.

吴福祥. 试说汉语几种富有特色的句法模式——兼论汉语语法特点的探求[J]. 语言研究, 2012(1): 1-13.

吴思远, 蔡建永, 于东, 等. 文本可读性的自动分析研究综述[J]. 中文信息学报, 2018(12): 1-10.

吴远宁. 论同声传译的质量评估[J]. 求索, 2003a(4): 236-238.

吴远宁. 文本同声传译材料的语言特点分析[J]. 中南大学学报(社会科学版), 2003b, 9(4): 552-555.

吴远宁. 电视同传口译技巧的关联研究[J]. 中国翻译, 2015(3): 99-104.

武光军. 中西同声传译理论研究回顾与展望[J]. 中国科技翻译, 2006, 19(4): 48-53, 43.

习近平. 胸怀大局把握大势着眼大事　努力把宣传思想工作做得更好[J]. 党建, 2013(9): 4-6.

习近平. 用海外乐于接受方式易于理解语言　努力做增信释疑凝心聚力桥梁纽带[J]. 中国报业, 2015(6 上): 18-19.

习近平. 习近平谈治国理政: 第二卷[M]. 北京: 外文出版社, 2017.

习近平. 习近平谈治国理政: 第一卷[M]. 2 版. 北京: 外文出版社, 2022.

肖开荣, 文旭. 翻译认知过程研究的新进展[J]. 中国翻译, 2012(6): 5-10.

肖晓燕. 同声传译的多任务处理模式[J]. 中国翻译, 2001, 22(2): 33-36.

肖晓燕. 西方口译研究：历史与现状[J]. 外国语, 2002(4): 71-76.

肖晓燕, 李飞燕. 媒体传译的质量评估[J]. 中国翻译, 2011(2): 68-72.

肖晓燕, 王继红. 语言研究新视角——工作记忆的理论模型及启示[J]. 外语学刊, 2011(4): 86-90.

谢宏, 程浩忠, 牛东晓. 基于信息熵的粗糙集连续属性离散化算法[J]. 计算机学报, 2005(9): 1570-1574.

熊伟. 大国外交呼唤更多更好的翻译服务[J]. 世界知识, 2018(17): 58-59.

徐东风. 会议同声传译中的 ABCD 技巧和 EF 原则[J]. 国际商务研究, 2004(6): 65-69.

徐家驹. 汉日同声传译的意群划分[J]. 北京第二外国语学院学报, 2014(2): 42-48.

徐琦璐. 会议口译的特殊性与口译人才培育[J]. 南通大学学报（社会科学版）, 2014(5): 72-77.

徐然. 基于语料库技术的口译译前准备模式建构[J]. 中国翻译, 2018(3): 53-59.

许钧. 当下翻译研究的困惑与思考[J]. 东北师大学报（哲学社会科学版）, 2019(3): 1-11.

许明. 口译认知过程中"deverbalization"的认知诠释[J]. 中国翻译, 2010(3): 5-11.

许明. 西方口译认知研究概述[J]. 中国翻译, 2008(1): 16-21.

许明. 论同声传译研究方法[J]. 中国翻译, 2013(1): 12-19.

许庆美, 刘进. 视译教材的编写：现状与问题[J]. 上海翻译, 2014(4): 55-59.

杨承淑. 从"经济性原则"探讨"顺译"的运用[J]. 中国翻译, 2002, 23(6): 29-34.

杨承淑. 口译语料库的编码与标记：以 SIDB 为例[J]. 外文研究, 2014(4): 82-88, 101.

杨科, 吴志萌. 英语同传口译课程师生团队译前准备教学训练方法探讨[J]. 西南民族大学学报（人文社会科学版）, 2011(S2): 136-139.

杨玲. 同声传译中的技能技巧训练与同传标准[J]. 日语学习与研究, 2008(4): 37-45.

杨梅, 蒋婷. 从认知角度看同声传译译员误译的原因[J]. 四川外语学院学报, 2007(3): 121-125.

杨小虎. 工作记忆与同声传译实验研究综述[J]. 外语教学理论与实践, 2009(1): 77-83.

杨新璐, 梁洁. 维吾尔族学习者汉语口语的停顿边界特征研究[C]//第十届
　　中国语音学学术会议(PCC2012)论文集. 上海：中国语言学会语音学
　　分会, 2012: 382-387.

杨艳君. 视译在同传教学中的应用性研究[J]. 江西农业大学学报(社会科
　　学版), 2010(2): 148-151.

姚斌. 远程会议口译——回顾与前瞻[J]. 上海翻译, 2011(1): 32-37.

姚斌. 西方口译史研究的历史与现状[J]. 外语与外语教学, 2012(6): 71-74.

姚斌. 问题诱因对译员同传表现的影响——基于定量和定性分析的实证研
　　究[J]. 中国科技翻译, 2013(2): 20-23.

姚斌. 同声传译实践中的合理预期[J]. 中国科技翻译, 2017a(1): 15-18.

姚斌. MTI口译教材编写：问题与展望[J]. 上海翻译, 2017b(6): 74-78.

姚斌, 邓小玲. 筚路蓝缕, 以启山林——联合国译训班(部)：四十周年访谈
　　录[J]. 翻译界, 2019(1): 149-164.

姚岚. 同声传译与工作记忆关系的批评分析[J]. 外国语, 2012(5): 71-79.

于日平. 外语运用能力和语言切换能力的培养——课程的互补性和同声传
　　译课[J]. 日语学习与研究, 2008(4): 62-66.

曾传生. 数与同声传译翻译质量[J]. 外语与外语教学, 2011(5): 69-72.

曾传生. 语调对同声传译话语结构的影响[J]. 外国语言文学, 2012(2):
　　119-126.

曾传生, 苏晶. 浅谈同声传译问答中的称谓转换[J]. 外国语文, 2012(S1):
　　115-119.

詹成. 视译教学的原理、步骤及内容[J]. 上海翻译, 2012(2): 48-50.

张吉良. 交替传译与同声传译辨[J]. 上海科技翻译, 2003(1): 33-36.

张吉良. 同声传译的自我训练途径[J]. 中国翻译, 2004, 25(5), 82-85.

张吉良. ESIT模式与中国的口译教学[J]. 中国外语, 2008, 5(2), 91-96.

张吉良. 国际口译界有关巴黎释意学派口译理论的争议及其意义[J]. 外语
　　研究, 2010a(1): 72-78.

张吉良. 经典的变迁——巴黎释意学派口译办学模式研究[J]. 外语界,
　　2010b(2): 30-38.

张吉良. 从研究方法看20世纪50年代以来的国际口译研究[J]. 外语与外
　　语教学, 2011(5): 63-68.

张吉良, 高彬. 翻译专业交传、同传训练的视频语料库建设[J]. 中国翻译,
　　2014(5): 49-53.

张兰. 结伴同传与独立同传的差异[J]. 西南民族大学学报(人文社会科学

版), 2011(S2): 202-204.

张兰, 朱金平. 浅谈同声传译中的几个认知误区[J]. 西南民族大学学报(人文社科版), 2009(S2): 41-43.

张凌. 省略对同声传译质量的影响[J]. 中国翻译, 2006(4): 43-48.

张其帆. 汉英同传中删减与增译现象的案例分析[J]. 中国翻译, 2011(6): 42-46.

张威. 英汉同声传译"顺句驱动"操作的理据透析[J]. 广东外语外贸大学学报, 2006a(2): 46-50.

张威. 口译与记忆: 历史、现状、未来[J]. 外语研究, 2006b(6): 66-70.

张威. 口译过程的认知因素分析: 认知记忆能力与口译的关系——一项基于中国口译人员的调查报告[J]. 中国翻译, 2006c(6): 47-53.

张威. 同声传译与工作记忆关系的认知分析[J]. 四川外语学院学报, 2007a, 23(3): 107-114.

张威. 论"顺译"原则在英汉同传教学与实践中的实施策略[J]. 北京第二外国语学院学报, 2007b(12): 5-11.

张威. 同声传译对工作记忆发展潜势的特殊影响研究[J]. 现代外语, 2008a(4): 423-430, 438.

张威. 口译质量评估: 以服务对象为依据——一项基于现场口译活动的调查研究报告[J]. 解放军外国语学院学报, 2008b(5): 84-89.

张威. 口译认知加工分析: 认知记忆在同声传译实践中的作用——以口译省略现象为例的一项观察性研究报告[J]. 北京第二外国语学院学报, 2009a(2): 53-60, 74.

张威. 同声传译认知加工分析: 工作记忆能力与同声传译效果的关系——一项基于中国英语口译人员的实证研究报告[J]. 外国语文, 2009b(4): 128-134.

张威. 工作记忆在不同方向同传中的作用[J]. 外语教学与研究, 2009c(5): 371-378.

张威. 同声传译的工作记忆机制研究[J]. 外国语, 2010a(2): 60-66.

张威. 科技口译质量评估: 口译使用者视角[J]. 上海翻译, 2010b(3): 43-47.

张威. 口译研究的科学选题意识——以全国优秀博士学位论文《同声传译与工作记忆的关系研究》为例[J]. 中国外语, 2011a(1): 97-105.

张威. 会议口译质量评估调查——译员与使用者的对比分析[J]. 解放军外国语学院学报, 2011b, 34(2): 74-79.

张威. 中外口译研究对比分析[J]. 中国外语, 2011c(5): 94-101, 106.

张威. 口译研究的科学方法论意识[J]. 外语学刊, 2012a(2): 113-117.

张威. 近十年来口译语料库研究现状及发展趋势[J]. 浙江大学学报（人文社会科学版）, 2012b(2): 193-205.

张威. 同声传译工作记忆模型研究[J]. 解放军外国语学院学报, 2012c(3): 67-72.

张威. 口译研究的跨学科探索：困惑与出路[J]. 中国翻译, 2012d(3): 13-19.

张威. 工作记忆与口译技能在同声传译中的作用与影响[J]. 外语教学与研究, 2012e(5): 751-764.

张威. 口译认知加工机制的理论述评[J]. 天津外国语大学学报, 2013a(1): 33-39.

张威. 口译语料库研究的原则与方法[J]. 外语电化教学, 2013b(1): 63-68.

张威. 会议口译员职业角色自我认定的调查研究[J]. 中国翻译, 2013c(2): 17-25.

张威. 线性时间对齐转写：口译语料库建设与研究中的应用分析[J]. 外国语, 2013d(2): 76-84.

张威. 新世纪口译研究的热点与策略[J]. 中国外语, 2013e(6): 77-82.

张威. 认知记忆训练对口译学习效果的影响研究[J]. 外语与外语教学, 2014(6): 56-61.

张威. 中国口译学习者语料库的副语言标注：标准与程序[J]. 外语电化教学, 2015a(1): 23-30.

张威. 我国翻译研究现状考察——基于国家社科基金项目（2000—2013）的统计与分析[J]. 外语教学与研究, 2015b(1): 106-118.

张威. 中国口译学习者语料库的口译策略标注：方法与意义[J]. 外国语, 2015c(5): 63-73.

张威. 中国口译学习者语料库建设与研究：理论与实践的若干思考[J]. 中国翻译, 2017(1): 53-60.

张威. 中国口译学习者语料库的语言信息标注：策略及分析[J]. 外国语, 2019(1): 83-93.

张威, 柯飞. 从口译用户看口译质量评估[J]. 外语学刊, 2008(3): 114-118.

张威, 王克非. 口译与工作记忆研究[J]. 外语与外语教学, 2007(1): 43-47.

张文鹤, 文军. 国外翻译教学研究：热点、趋势与启示[J]. 外语界, 2017(1): 46-54.

张雯怡, 傅勇林. 英汉同声传译中的精力负荷模式研究[J]. 西南民族大学学报（人文社会科学版）, 2012(4): 186-189.

张旭东. 同声传译的释意理论视角——浅论面对时间压力的同传信息处理原则[J]. 东北师大学报(哲学社会科学版), 2011(4): 267-269.

张燕. 口译技巧——论提高同声传译的质量[J]. 中国翻译, 2002(4): 66-68, 77.

张燕. 论媒体场合中的口译[J]. 外语电化教学, 2008(6): 46-51.

张幼屏. 同声传译的重要因素[J]. 厦门大学学报(哲社版), 1997(1): 88-92.

张载梁. 同声传译初探[J]. 外语教学与研究, 1980(2): 57-60, 7.

张载梁. 同声传译的断句技巧[J]. 中国翻译, 1981(2): 15-21.

张政, 王克非. 翻译研究: 现状与未来——记"首届翻译学国际前沿课题高端研讨会"[J]. 中国翻译, 2017(2): 75-78.

赵颖, 杨俊峰. 视译训练的模式和策略[J]. 中国外语, 2014(3): 53-58.

郑宇帆. 初论计算机网络辅助的口译员自主学习模型的构建[J]. 江苏外语教学研究, 2018(1): 9-12.

中共中央关于全面深化改革若干重大问题的决定[J]. 求是, 2013(22): 3-18.

仲伟合. 口译训练:模式、内容、方法[J]. 中国翻译, 2001a(2): 30-33.

仲伟合. 英汉同声传译技巧与训练[J]. 中国翻译, 2001b(5), 39-43.

仲伟合. 口译课程设置与口译教学原则[J]. 中国翻译, 2007(1): 52-53.

仲伟合. 我国翻译专业教育的问题与对策[J]. 中国翻译, 2014(4): 40-44.

仲伟合, 邓婕. 从认知角度看专业技术领域汉英同传中的信息缺失[J]. 当代外语研究, 2014(1): 40-43.

仲伟合, 贾兰兰. 中国口译研究的发展和研究走向浅析——一项基于国内口译研究博士论文的分析[J]. 中国翻译, 2015(2): 19-25.

仲伟合, 王斌华. 口译研究的"名"与"实"——口译研究的学科理论建构之一[J]. 中国翻译, 2010a(5): 7-12.

仲伟合, 王斌华. 口译研究方法论——口译研究的学科理论建构之二[J]. 中国翻译, 2010b(6): 18-24.

朱义华, 包通法. 解读同传的服务属性——从 Daniel Gile 的认知负荷模型谈起[J]. 外国语, 2011(4): 64-71.

诸大建. 科学革命研究的十个问题[J]. 科学技术与辩证法, 1997(6): 1-6.

庄明亮. 汉英同声传译的技巧[J]. 中国翻译, 1991(2): 24-27.

庄智象. 关于我国翻译专业建设的几点思考[J]. 外语界, 2007(3): 14-23.

左嘉, 刘和平. 意象图式与同声传译中的影子跟读——一项基于图式理论的实证研究[J]. 中国翻译, 2011(5): 58-61.

左嘉, 杨桂华. 图式在同声传译中的预测功能[J]. 英语研究, 2007(2): 80-83.

AL-SALMAN S, AL-KHANJI R. The native language factor in simultaneous interpretation in an Arabic/English context [J]. *Meta*, 2002, 47(4): 607-626.

AIS A C. Quality assessment in simultaneous interpreting: The importance of nonverbal communication [M]. In Pochhacker, F. & Shlesinger, M. (eds.). *The Interpreting Studies Reader*. London/New York: Routledge, 2002: 327-336.

BADDELEY A. *Your Memory: A User's Guide* [M]. London: Carlton Books, 2004.

BARIK H C. Simultaneous interpretation: Qualitative and linguistic data [M]. In Pochhacker, F. & Shlesinger, M. (eds.). *The Interpreting Studies Reader*. London/New York: Routledge, 2002: 79-91.

BURGESS N, HITCH G. Computational models of working memory: Putting long-term memory into context [J]. *Trends in Cognitive Sciences*, 2005, 9(11): 535-541.

CAMPIONE E, JEAN V. A large-scale multilingual study of silent pause duration. Speech Prosody 2002 [EB/OL]. (2002-04-13) [2018-09-29]. http://www.isca-speech.org/archive_ open/sp2002/sp02_199.pdf.

CHANG C, Schallert D L. The impact of directionality on Chinese/English simultaneous interpreting [J]. *Interpreting*, 2007, 9(2): 137-176.

CHANG C, WU M. From conference venue to classroom: The use of guided conference observation to enhance interpreter training [J]. *The Interpreter and Translator Trainer*, 2017, 11(4): 294-315.

CHARNESS N, TUFFIASH M. The role of expertise research and human factors in capturing, explaining, and producing superior performance [J]. *Human Factors*, 2008, 50(3): 427-432.

CHERNOV G V. Semantic aspects of psycholinguistic research in simultaneous interpretation [M]. In Pochhacker, F. & Shlesinger, M. (eds.). *The Interpreting Studies Reader*. London/New York: Routledge, 2002: 98-109.

CHERNOV G V. *Inference and Anticipation in Simultaneous Interpreting* [M]. Shanghai: Shanghai Foreign Language Education Press, 2010.

CHI M T. Two approaches to the study of experts' characteristics [M]. In Ericsson et al. (eds.). *The Cambridge Handbook of Expertise and Expert Performance*. Cambridge: Cambridge University Press, 2006: 21-30.

CHIARO D, NOCELLA G. Interpreters' perception of linguistic and non-linguistic factors affecting quality: A survey through the world wide web [J]. *Meta*, 2004, 49(2): 278-293.

CHOUC F, JOSE M C. Enhancing the learning experience of interpreting students outside the classroom: A study of the benefits of situated learning at the Scottish parliament [J]. *The Interpreter and Translator Trainer*, 2016, 10(1): 92-106.

CHRISTOFFELS I K. Listening while talking: The retention of prose under articulatory suppression in relation to simultaneous interpreting [J]. *European Journal of Cognitive Psychology*, 2006, 18(2): 324-345.

CHRISTOFFELS I K, DE GROOT A M. Components of simultaneous interpreting: Comparing interpreting with shadowing and paraphrasing [J]. *Bilingualism: Language and Cognition*, 2004, 7(3): 227-240.

CRONIN M. The empire talks back: Orality, heteronomy and the cultural turn in interpreting studies [M]. In Pochhacker, F. & Shlesinger, M. (eds.). *The Interpreting Studies Reader*. London/New York: Routledge, 2002: 387-397.

DAM H V. Lexical similarity vs lexical dissimilarity in consecutive interpreting: A product-oriented study of form-based vs meaning-based interpreting [M]. In Pochhacker, F. & Shlesinger, M. (eds.). *The Interpreting Studies Reader*. London/New York: Routledge, 2002: 266-277.

DE GROOT A M, CHISTOFFELS I K. Language control in bilinguals: Monolingual tasks and simultaneous interpreting [J]. *Bilingualism: Language and Cognition*, 2006, 9(2): 189-201.

DIAZ-GALAZ S, PADILLA P, BAJO M T. The role of advance preparation in simultaneous interpreting: A comparison of professional interpreters and interpreting students [J]. *Interpreting*, 2015, 17(1): 1-25.

DILLINGER M. Comprehension during interpreting: What do interpreters know that bilinguals don't [J]. *The Interpreters' Newsletter*, 1990(3): 41-58.

DIRIKER E. *De-/Re-Contextualizing Conference Interpreting* [M]. Amsterdam/Philadelphia: John Benjamins Publishing Company, 2004.

DIRIKER E. Meta-discourse as a source for exploring the professional image(s) of conference interpreters [J]. *Hermes–Journal of Language and*

Communication Studies, 2009, 42: 71-91.

DONOVAN C. Training's contribution to professional interpreting [M]. In Chai, M. & Zhang, J. (eds.). *Professionalization in Interpreting: International Experience and Developments in China.* Shanghai: Shanghai Foreign Language Education Press, 2006: 72-85.

DOWNIE J. What every client wants? (Re)mapping the trajectory of client expectations research [J]. *Meta*, 2015, 60(1): 18-35.

DRYER M S. The Greenbergian word order correlations [J]. *Language*, 1992, 68(1): 81-138.

DRYER M S. Word order in Tibeto-Burman languages [J]. *Linguistics of the Tibeto-Burman Area*, 2008, 31:1- 88.

DRYER M S. The branching direction theory of word order correlations revisited [M]. In Scalise S., Magni, E. & Bisetto, A. (eds.). *Universals of Language Today.* Berlin: Springer, 2009: 185-207.

ERICSSON K A. Expertise in interpreting: An expert-performance perspective [J]. *Interpreting*, 2001, 5(2): 187-220.

ERICSSON K A, CHARNESS N, FELTOVICH P J, et al. *The Cambridge Handbook of Expertise and Expert Performance* [M]. Cambridge: Cambridge University Press, 2006.

ERICSSON K A, KRAMPE R T, TESCH-ROMER C. The role of deliberate practice in the acquisition of expert performance [J]. *Psychological Review*, 1993, 100(3): 363-406.

FRANK A, JAEGER T F. Speaking rationally: Uniform information density as an optimal strategy for language production [C]. In Love, B. C., McRae, K. & Sloutsky, V. M. (eds.). *Proceedings of the 30th Annual Meeting of the Cognitive Science Society (CogSci08).* Austin, TX: Cognitive Science Society, 2008: 939-944.

GENZEL D, CHARNIAK E. Entropy rate constancy in text [C]. In Isabelle, P. (ed.). *Proceedings of the 40th Annual Meeting of the Association for Computational Linguistics (ACL).* Philadelphia: Association for Computational Linguistics, 2002: 199-206.

GERVER D. A psychological approach to simultaneous interpretation [J]. *Meta*, 1975, 20(2): 119-128.

GERVER D. The effects of source language presentations rate on the performance of simultaneous conference interpreters [M]. In Pochhacker, F. & Shlesinger, M. (eds.). *The Interpreting Studies Reader*. London/New York: Routledge, 2002: 52-66.

GILE D. Observational studies and experimental studies in the investigation of conference interpreting [J]. *Target*, 1998, 10(1): 69-93.

GILE D. Testing the Effort Models' tightrope hypothesis in simultaneous interpreting: A contribution [J]. *Hermes*, 1999, 23: 153-172.

GILE D. Conference interpreting as a cognitive management problem [M]. In Pochhacker, F. & Shlesinger, M. (eds.). *The Interpreting Studies Reader*. London/New York: Routledge, 2002: 165-176.

GILE D. Local cognitive load in simultaneous interpreting and its implications for empirical research [J]. *Forum*, 2008, 6(2): 59-77.

GILE D. *Basic Concepts and Models for Interpreter and Translator Training* [M]. Rev. ed. Shanghai: Shanghai Foreign Language Education Press, 2011.

GOLDMAN-EISLER F. Segmentation of input in simultaneous translation [M]. In Pochhacker, F. & Shlesinger, M. (eds.). *The Interpreting Studies Reader*. London/New York: Routledge, 2002: 69-76.

GREENBERG J H. Some universals of grammar with particular reference to the order of meaningful elements [M]. In Greenberg, J. H. (ed.). *Universals of Language*. London: MIT Press, 1963: 73-113.

GUMUL E. Explicitation in simultaneous interpreting: The quest for optimal relevance? [M]. In Wałaszewska, E., Kisielewska-Krysiuk, M., Korzeniowska, A. et al. (eds.). *Relevant Worlds: Current Perspectives on Language, Translation and Relevance Theory*. New Castle: Cambridge Scholars Publishing, 2008: 188-205.

HALL E. *Beyond Culture* [M]. New York: Anchor Books/Doubleday, 1976.

HATIM B, MASON I. Interpreting: A text linguistic approach [M]. In Pochhacker, F. & Shlesinger, M. (eds.). *The Interpreting Studies Reader*. London/New York: Routledge, 2002: 255-265.

HE Y, WANG M, LI D, et al. Optical mapping of brain activation during the English to Chinese and Chinese to English sight translation [J]. *Biomedical Optics Express*, 2017, 8(12): 5399-5411.

HERVAIS-ADELMAN A, MOSER-MERCER B, MICHEL C M, et al. fMRI of simultaneous interpretation reveals the neural basis of extreme language control [J]. *Cerebral Cortex*, 2014, doi:10.1093/cercor/bhu158.

HU K, TAO Q. The Chinese-English conference interpreting corpus: Uses and limitations [J]. *Meta*, 2013, 58(3): 626-642.

INJOQUE-RICLE I, BARREYRO J P, FORMOSO J, et al. Expertise, working memory and articulatory suppression effect: Their relation with simultaneous interpreting performance [J]. *Advances in Cognitive Psychology*, 2015, 11(2): 56-63.

JAEGER T F. Redundancy and reduction: Speakers manage syntactic information density [J]. *Cognitive Psychology*, 2010, 61(1): 23-62.

KIM H. Linguistic characteristics and interpretation strategy based on EVS analysis of Korean- Chinese, Korean-Japanese interpretation [J]. *Meta*, 2005, 50(4): https://doi.org/10.7202/019846ar.

KIRCHHOFF H. Simultaneous interpreting: Interdependence of variables in the interpreting process, interpreting models and interpreting strategies [M]. In Pochhacker, F. & Shlesinger, M. (eds.). *The Interpreting Studies Reader*. London/New York: Routledge, 2002: 110-119.

KALINA S. Quality assurance for interpreting processes [J]. *Meta*, 2005, 50(2): 768-784.

KOHN K, KALINA S. The strategic dimension of interpreting [J]. *Meta*, 1996, 41(1): 118-138.

KOSHKIN R, SHTYROV Y, MYACHYKOV A, et al. Testing the efforts model of simultaneous interpreting: an ERP study [J]. *PLoS ONE*, 2018, 13(10): e0206129. doi: 10.1371/journal. pone.0206129.

KUHN T. *The Structure of Scientific Revolutions* [M]. 2nd ed. Chicago: The University of Chicago Press, 1970.

KURZ I. Watching the brain at work: An exploratory study of EEG changes during simultaneous interpreting (SI) [J]. *The Interpreters' Newsletter*, 1995(6): 3-16.

KURZ I. Conference interpretation: Expectations of difference user groups [M]. In Pochhacker, F. & Shlesinger, M. (eds.). *The Interpreting Studies Reader*. London/New York: Routledge, 2002: 313-324.

LAMBERT S. Information processing among conference interpreters: A test of the depth-of-processing hypothesis [J]. *Meta*, 1988, 33(3): 377-387.

LATIF M M M A. Towards a typology of pedagogy-oriented translation and interpreting research [J]. *The Interpreter and Translator Trainer*, 2018, 12(3): 322-345.

LEDERER M. Simultaneous interpretation: Units of meaning and other features [M]. In Pochhacker, F. & Shlesinger, M. (eds.). *The Interpreting Studies Reader*. London/New York: Routledge, 2002: 131-140.

LEDERER M. Interpreting into a B language: How it could be raised up to the conference interpreting standards [J]. *Chinese Translators Journal*, 2008 (1): 22-26.

LEVY R, JAEGER T F. Speakers optimize information density through syntactic reduction [M]. In Schölkopf, B., Platt, J. & Hofmann, T. (eds.). *Advances in Neural Information Processing Systems 19*. Cambridge: MIT Press, 2007: 849-856.

LI X. Mock conference as a situated learning activity in interpreter training: A case study of its design and effect as perceived by trainee interpreters [J]. *The Interpreter and Translator Trainer*, 2015, 9(3): 323-341.

LIU M, SCHALLERT D L, CARROLL P J. Working memory and expertise in simultaneous interpreting [J]. *Interpreting,* 2004, 6(1): 19-42.

LÜ Q, LIANG J. Is consecutive interpreting easier than simultaneous interpreting?: A corpus-based study of lexical simplification in interpretation [J]. *Perspectives*, 2019, 27(1): 91-106.

MAURITS L, PERFORS A, NAVARRO D. Why are some word orders more common than others? A uniform information density account [EB/OL]. (2010-09-11) [2017-10-16]. http://papers.nips.cc/paper/4085-why-are-some-word-orders-more-common-than-others-a-uniform-information-density-account.pdf.

MOSER B. Simultaneous interpretation: A hypothetical model and its practical application [M]. In Gerver, D. & Sinaiko, H. W. (eds.). *Language Interpretation and Communication*. New York: Plenum Press, 1978: 353-368.

MOSER P. Expectations of users of conference interpretation [J]. *Interpreting,* 1996, 1(2): 145-178.

MOSER-MERCER B. Process models in simultaneous interpretation [M]. In Pochhacker, F. & Shlesinger, M. (eds.). *The Interpreting Studies Reader*. London/New York: Routledge, 2002: 149-161.

MOSER-MERCER B. Skill acquisition in interpreting [J]. *The Interpreter and Translator Trainer*, 2008, 2(1): 1-28.

NIDA E A, TABER C R. *The Theory and Practice of Translation* [M]. Leiden: Brill, 1969.

OBLER L K. Conference interpreting as extreme language use [J]. *International Journal of Bilingualism*, 2012, 16(2): 177-182.

OLERON P, NANPON, H. Research into simultaneous translation [M]. In Pochhacker, F. & Shlesinger, M. (eds.). *The Interpreting Studies Reader*. London/New York: Routledge, 2002: 43-50.

PAN J, WANG H, YAN X. Convergences and divergences between studies on translator training and interpreter training: Findings from a database of English journal articles [J]. *Target,* 2017, 29(1): 110-144.

PANETH E. An investigation into conference interpreting [M]. In Pochhacker, F. & Shlesinger, M. (eds.). *The Interpreting Studies Reader*. London/New York: Routledge, 2002: 31-40.

PAVLOVIC N. Directionality in translation and interpreting practice: Report on a questionnaire survey in Croatia [J]. *Forum*, 2007(5): 79-99.

PENG G. Using Rhetorical Structure Theory (RST) to describe the development of coherence in interpreting trainees [J]. *Interpreting,* 2009, 11(2): 216-243.

PETERSON L R, PETERSON M J. Short-term retention of individual verbal items [J]. *Journal of Experimental Psychology*, 1959, 58(3): 193-198.

POCHHACKER F. *Introducing Interpreting Studies* [M]. Amsterdam/Philadelphia: John Benjamins Publishing Company, 2004.

POCHHACKER F. Quality standards in interpreting: theory and application [J]. *Chinese Translators Journal*, 2007(2): 10-16.

POCHHACKER F, SHLESINGER M. *The Interpreting Studies Reader* [M]. London/New York: Routledge, 2002.

PYM A. On omission in simultaneous interpreting: Risk analysis of a hidden effort [M]. In Gyde, H., Chesterman, A. & Gerzymisch-Arbogast, H. (eds.). *Efforts and Models in Interpreting and Translation Research*. Amsterdam: John Benjamins, 2008: 83-105.

REN H, WANG M, HE Y, et al. A novel phase analysis method for examining fNIRS neuroimaging data associated with Chinese/English sight translation [J]. *Behavioural Brain Research*, 2019, 361: 151-158.

RICCARDI A. On the evolution of interpreting strategies in simultaneous interpreting [J]. *Meta*, 2005, 502: 753-767.

RINNE J O, TOMMOLA J, LAINE M, et al. The translating brain: Cerebral activation patterns during simultaneous interpreting [J]. *Neuroscience Letters*, 2000(294): 85-88.

ROY C B. The problem with definitions, descriptions, and the role metaphors of interpreters [M]. In Pochhacker, F. & Shlesinger, M. (eds.). *The Interpreting Studies Reader*. London/New York: Routledge, 2002: 345-353.

SAWYER D B. *Fundamental Aspects of Interpreter Education* [M]. Shanghai: Shanghai Foreign Language Education Press, 2011.

SCHJOLDAGER A. An exploratory study of translational norms in simultaneous interpreting: Methodological reflections [M]. In Pochhacker, F. & Shlesinger, M. (eds.). *The Interpreting Studies Reader*. London/New York: Routledge, 2002: 301-311.

SEEBER K G. Cognitive load in simultaneous interpreting: Existing theories— a new models [J]. *Interpreting,* 2011, 13(2): 176-204.

SEEBER K G. Cognitive load in simultaneous interpreting: Measures and methods [J]. *Target,* 2013, 25(1): 18-32.

SEEBER K G, KERZEL D. Cognitive load in simultaneous interpreting: Model meets data [J]. *International Journal of Bilingualism*, 2012, 16(2): 228-242.

SELESKOVITCH D. Language and memory: A study of note-taking in consecutive interpreting [M]. In Pochhacker, F. & Shlesinger, M. (eds.). *The Interpreting Studies Reader*. London/New York: Routledge, 2002: 121-129.

SETTON R. *Simultaneous Interpretation: A Cognitive-Pragmatic Analysis* [M]. Amsterdam/Philadelphia: John Benjamins Publishing Company, 1999.

SETTON R. Meaning assembly in simultaneous interpretation [M]. In Pochhacker, F. & Shlesinger, M. (eds.). *The Interpreting Studies Reader*. London/New York: Routledge, 2002: 179-202.

SETTON R. Models [M]. In Pöchhacker, F. (ed.). *Encyclopaedia of Interpreting Studies*. London: Routledge, 2016: 263-268.

SETTON R, Guo L. Attitudes to role, status and professional identity in interpreters and translators with Chinese in Shanghai and Taipei [C]. In Sela-Sheffy, R. & Shlesinger, M. (eds.). *Benjamins Current Topics 32*. Amsterdam/Philadelphia: John Benjamins Publishing Company, 2011:

89-117.

SHANNON C E. A mathematical theory of communication [J]. *The Bell System Technical Journal*, 1948, 27: 379-423, 623-656.

SHLESINGER M. Corpus-based interpreting studies as an offshoot of corpus-based translation studies [J]. *Meta*, 1998, 43(4): 486-493.

SU W. Interpreting quality as evaluated by peer students [J]. *The Interpreter and Translator Trainer*, 2019, 13(2): 177-189.

TANG F, LI D. A corpus-based investigation of explicitation patterns between professional and student interpreters in Chinese-English consecutive interpreting [J]. *The Interpreter and Translator Trainer*, 2017, 11(4): 373-395.

THORN A S C, GATHERCOLE S E. Language differences in verbal short-term memory do not exclusively originate in the process of subvocal rehearsal [J]. *Psychonomic Bulletin & Review*, 2001, 8(2): 357-364.

TOMMOLA J, LAINE M, SUNNARI M, et al. Images of shadowing and interpreting [J]. *Interpreting,* 2001, 5(2): 147-157.

TREISMAN A. The effects of redundancy and familiarity on translating and repeating back a foreign and native language [J]. *British Journal of Psychology*, 1966, 56(4): 369-379.

TYMOCZKO M. Why translators should want to internationalize translation studies [J]. *The Translator,* 2009, 15(2): 401-421.

UCHIYAMA H. The effect of syntactic differences on English-Japanese interpreting: Premodifying adjectives in English [J]. *The Interpreters' Newsletter Special Issue*, 1992, 1: 52-59.

VAN DIJK, T A. Ideology and discourse analysis [J]. *Journal of Political Ideologies*, 2006, 11(2): 115-140.

WANG B. A descriptive study of norms in interpreting: based on the Chinese-English consecutive interpreting corpus of Chinese Premier Press Conferences [J]. *Meta*, 2012, 57(1): 198-212.

WANG B, MU L. Interpreter training and research in mainland China: Recent developments [J]. *Interpreting,* 2009, 11(2): 267-283.

WILLIAMS A M, FAWVER B, HODGES N J. Using the 'Expert Performance Approach' as a framework for improving understanding of expert learning [J]. *Frontline Learning Research*, 2017, 5(3): 139-154.

WU G, WANG K. Consecutive interpretation: A discourse approach–Towards a revision of Gile's Effort Model [J]. *Meta*, 2009, 54(3): 401-416.

XU Z. The ever-changing face of Chinese interpreting studies: A social network analysis [J]. *Target,* 2017, 29(1): 7-38.

YAN J X, PAN J, WU H, et al. Mapping interpreting studies: The state of the field based on a database of nine major translation and interpreting journals (2000–2010) [J]. *Perspectives*, 2013, 21(3): 446-473.

YUDES C, MACIZO P, MORALES L, et al. Comprehension and error monitoring in simultaneous interpreters [J]. *Applied Psycholinguistics*, 2013, 34: 1039-1057.

ZWISCHENBERGER C. Conference interpreters and their self-representation: A worldwide web-based survey [C]. In Sela-Sheffy R. & Shlesinger M. (eds.). *Benjamins Current Topics 32*. Amsterdam/Philadelphia: John Benjamins Publishing Company, 2011: 119-134.

附录 1 对照组学生英译汉同传语序差异处理译语

源语 Y1 The 0:14 relationship 0:15 between the business community and the issues on the United Nations agenda 0:20 is becoming increasingly well understood.

受试学生	译语	启动处理	译语评价	错误类型
s1	0:20 我们要将……商界现在正有着越来越重要的地位。	否	错	未启动处理
s2	y1 0:18 在商务领域和，和，和国际，额，和国际一些，额，协调，协约之间是越来越紧密的 0:28 关系。	是	错	分枝成分误译
s3	0:21 在我们联合国议题上，商业已经变成了一个非常重要的议题。	否	错	未启动处理
s4	0:18 我们现在的经济环境以及联合国的日程，都是在日程考虑范围之内。	否	错	未启动处理
s5	0:18 有关商业以及美国的日程越来越多地被更多的人理解。	否	错	未启动处理
s6	y1 0:18 商界与联合国公约的 0:24 关系正变得非常紧张。	是	错	分枝成分误译
s7	y1 0:19 呃，企业之间的一些，一些 0:20 关系正变得越来越受人关注。	是	错	分枝成分误译
s8	0:19 企业之间的问题以及，额，联合国的议程已经被理解。	否	错	未启动处理
s9	0:22 国际关系正在受到广泛的共识。	否	错	未启动处理

续表

受试学生	译语	启动处理	译语评价	错误类型
s10	0:20 联合国的事务正变得越来越得到大家的理解。	否	错	未启动处理

源语 Y2 … we at the United Nations are seeing more and more 0:29 ways in which the 0:31 business community can help advance important global objectives 0:35.

受试学生	译语	启动处理	译语评价	错误类型
s1	的确，我们联合国也看到了越来越多的 0:33 Y2 领域，在这些领域，0:35 商界可以帮助我们解决许多问题，做出贡献。	是	错	中心词误译
s2	我看到更多更多的 y2 0:31 方法额，在，额，额，0:34 人们之间的联系能够帮助我们完成更多的一些项目。	是	错	分枝成分误译
s3	0:29 我们联合国现在，商业机构在一些全球机构中越来越重要。	否	错	未启动处理
s4	0:28 我们作为联合国的一员，我们一同，一直，与整个商业界一起，为全球契约做努力。	否	错	未启动处理
s5	0:27 而作为联合国，我们也看到了越来越多的企业公民可以在全球性的问题上有所帮助。	否	错	未启动处理
s6	这是我们作为联合国，正看到更多的 y2 0:36 商界能够帮助我们的 0:37 行动。	是	错	中心词误译
s7	我们在联合国的时候，也看到也找到了更多的 y2 0:33 方式，0:35 去找更多的沟通的方式来帮助我们的项目的进展。	是	错	分枝成分误译
s8	0:28 今天，联合国，额，企业之间的联合可以提，额，提高全球问题的解决。	否	错	未启动处理
s9	我们联合国看到了更多的 y2 0:31 方法，00:33 企业公众向我们做出了更多的贡献。	是	错	分枝成分误译
s10	0:29 在联合国，我们发现到有，商业机遇已经越来越……	否	错	未启动处理

源语 Y3 … you contribute to society in a decisive manner, not only to the future of your country, but also to the 0:46 way 0:46 the world economy moves ahead 0:47 and we manage the effects of globalization 0:51.

受试学生	译语	启动处理	译语评价	错误类型
s1	0:43 中国的商界为中国的未来以及其他各个方面都会有巨大的贡献。	否	错	未启动处理
s2	0:49 这些举措不仅有利于你们国家的未来，还利于整个世界的全球化的一个进程。	否	错	未启动处理
s3	0:42 中国扮演的角色是非常重要的，不但对你们的未来，也对这个世界的进步以及全球化有着重要的作用。	否	错	未启动处理
s4	0:42 你们的每一个贡献都是至关重要的。不仅对整个世界有用，而且对全世界，全球化……全球化的作用都起着重要的作用。	否	错	未启动处理
s5	0:44 你们也在许多方面有着决定性的作用，不断，不仅是对于过去的事情，同时也是对于，额，在，额，全球化当中的一些问题。	否	错	未启动处理
s6	无	否	错	未启动处理
s7	0:46 你们不仅仅为中国的经济做出贡献，也要为全球经济的发展贡献出自己的一份力量。	否	错	未启动处理
s8	无	否	错	未启动处理
s9	0:40 你们做出了很多的成就，并不仅仅是对你们自己的国家，也是对全社会，对全国际的未来，也是对全球化。	否	错	未启动处理
s10	0:42 你们的，不仅，你们的贡献是巨大的，不仅是对国内，而且对于全球化也贡献颇大。	否	错	未启动处理

源语 Y4 Enhanced public-private partnership is the 0:55 key to 0:56 effectively alleviating poverty in China 0:58 and 1:00 to achieving our goal of halving poverty in the world by 2015 1:05.

续表

受试学生	译语	启动处理	译语评价	错误类型
s1	企业公民 y4 00:58 对于我们中国未来的变化是 1:01 极为重要的，同时，到 2015 年实现千年发展目标也十分重要。	是	错	分枝成分误译
s2	y4 1:00 在中国这些举措 1:02 可以额，额，减，减，1:05 减轻贫困的，贫困的现象 1:07 以及 2015 年前达到我们的目标。	是	错	分枝成分误译
s3	1:01 现在，为了实现我们的目标，实现我们 2015 年后发展目标，现在我们面临了许多全球化的挑战。	否	错	未启动处理
s4	0:58 公共和私营的领导力对中国有积极的贡献，为了达到我们的目标，在 2015 年达到我们的目标，都有很高的贡献。	否	错	未启动处理
s5	1:00 以及扶贫，同时在全球范围内，额，根除，在 2015 年根除贫困。	否	错	未启动处理
s6	我们对于合作非常 y4 1:01 关键，为了 1:04 达到我们的目标，在 2015 年之前。	是	错	分枝成分高风险省略
s7	我们的伙伴关系是 y4 1:02 非常重要的，1:05 对于实现我们在 2015 年的，呃，目标。	是	错	分枝成分高风险省略
s8	对，对于 y4 1:00 解决中国的贫困问题也 1:03 有帮助，而且对于，完成 2015 年的计划也很重要。	是	错	分枝成分高风险省略
s9	这始终有一个非常 y4 1:01 关键的因素 1:03 来达到我们的目标，在 2015 年之前。	是	错	分枝成分高风险省略
s10	0:59 重要的是提升了中国的人民，中国人民生活水平，以及 2015 的。	否	错	未启动处理

源语 Y5 But the rapid changes also pose severe 1:58 challenges, 1:59 both social and environmental 2:01.

受试学生	译语	启动处理	译语评价	错误类型
s1	当然，这些变化也同时带来了 y5 2:04 挑战，2:05 比方说社会、环境方面的挑战。	是	对	
s2	但是，额，但是这些变化也有一些比较严肃的 y5 2:04 部分，2:05 比如说在环境，额，环境方面。	是	错	中心词误译
s3	但是，这种变化也带来了 y5 2:03 挑战，2:05 不论是环境上的还是社会上的。	是	对	
s4	但是，这一快速的增长，也有很多的 y5 2:03 挑战，2:04 一是有社会挑战，二是环境挑战。	是	对	
s5	同时也带来了非常严峻的 y5 2:03 挑战，2:05 既是社会上的，也是环境上的。	是	对	
s6	可是，快速的改变也带来了严重的 y5 2:04 挑战，2:05 不管是社会上还是环境上。	是	对	
s7	但是同时我们也面临着很多的 y5 2:03 挑战，2:04 不仅仅是社会，还有环境问题。	是	对	
s8	但是，同时我们也面临着很大的 y5 2:04 挑战，面临着 2:05 社会和环境，额，社会和环境的挑战。	是	对	
s9	但是我们还见到了很多的改变，遭受了很多的 2:03 y5 困难，2:05 对于环境和社会都是如此。	是	对	
s10	但是 y5 2:03 在社会和环境方面却有做的 2:08 不足之处。	是	错	中心词误译

源语 Y6 And with the 2:03 prosperity 2:03 enjoyed by the Chinese business sector 2:06 also come responsibilities.

受试学生	译语	启动处理	译语评价	错误类型
s1	2:07 同时，中国的企业也面临了许多新的挑战。	否	错	未启动处理
s2	2:09 额，以及包括中国的一些，额，企业需要担负起它们的责任。	否	错	未启动处理
s3	2:12 但是它们也要肩负起责任。	否	错	未启动处理

续表

受试学生	译语	启动处理	译语评价	错误类型
s4	2:09 对于中国的这些企业家来说，他们也有很多问题。	否	错	未启动处理
s5	2:08 而中国的商业则对此要负起责任。	否	错	未启动处理
s6	2:09 我们对于中国商界也有一定的责任。	否	错	未启动处理
s7	2:10 很，很多中国企业同样也要承担着这些责，这些社会责任。	否	错	未启动处理
s8	2:12 企业不仅要承担责任，中国也要承担责任。	否	错	未启动处理
s9	2:08 中国的经济也有一定的责任。	否	错	未启动处理
s10	2:12 此外还有企业责任相关问题。	否	错	未启动处理

源语 Y7 For instance: How to address the 2:21 uneven development 2:23 between China's increasingly affluent urban centres and poorer rural areas 2:28, as well as 2:30 between the east and west of the country? 2:33

受试学生	译语	启动处理	译语评价	错误类型
s1	那么我们现在要如何解决 2:28 中国的城乡方面的 y7 2:30 差距问题呢？以及东西方面的各种发展不平衡问题呢？	是	错	分枝成分误译
s2	y7 02:26 在中国的城乡和，乡村和贫穷地区 2:31 发展该如何额，突出强调，额，2:36 以及中国西部的发展。	是	错	中心词、分枝成分误译
s3	如何解决 2:25 y7 不平等发展的问题，2:29 特别是在城市和农村方面？同时，这个不平等发展也同时存在于西部地区。	是	错	分枝成分误译

受试学生	译语	启动处理	译语评价	错误类型
s4	如何应该[应该如何]确保 y7 2:25 不平等这种现象？2:28 在中国有农村和城市发展不平衡的问题，对，中方和西方国家都有这样的现象。	是	错	分枝成分误译
s5	如何解决 y7 2:25 不平衡的发展问题？2:29 特别是在农村问题，农村与城市之间的差距上，或是从东部到西部之间的发展差距。	是	对	
s6	如何解决 y7 2:26 不平等发展，2:30 特别是在中国的农村地区？2:34 同时东西发展不平衡。	是	错	分枝成分误译
s7	如何去保持 y7 2:30 可持续的发展？2:32 如何去保证经济发展和其他的国家……	是	错	中心词、分枝成分误译
s8	2.28 如何，嗯，如何调解中国之间平，额，发展不平衡的问题？	否	错	未启动处理
s9	比如说，怎样来确认中国的 y7 2:27 不平等，2:28 经济发展的不平等问题，地区发展不平等问题？比如说东部和其他地区的国家。	是	错	分枝成分误译
s10	比如，y7 2:26 发展不平衡，2:29 城镇化和农村发展不平等问题。比如在中国的东部和中部，呃和西部。	是	对	

源语 Y8 How can cities and their social systems cope, in a fair way, with the influx of 2:39 migrant workers 2：41 looking for economic opportunities and a better life? 2:45 (How can economic growth be balanced with the protection of the environment?)

受试学生	译语	启动处理	译语评价	错误类型
s1	城市及其社会如何处理 y8 2:48 进城务工的 2:49 民工等等问题呢？（如何在确保经济发展的同时保护环境呢？）	是	对	
s2	2:39 城市，城市的一些社交，社会圈如何，如何为提供，如何寻求更高的经济机遇和提高生活水平？	否	错	未启动处理
s3	如何解决 y8 2:44 农民工的问题，2:47 提供他们机遇和更好的环境？	是	对	

续表

受试学生	译语	启动处理	译语评价	错误类型
s4	2:39 他们应当如何相互妥协，如何能够为人们提供一个更好的生活。	否	错	未启动处理
s5	而城市系统以及，而这些 y8 2:47 城市人也在 2:50 寻找更好的发展机会。	是	错	中心词误译
s6	2:40 如何城市、社会的阶层使得，嗯，给，嗯。	否	错	未启动处理
s7	城市如何在全球的层面上贡献出它自己的力量，为 y8 2:50 全球人民 2:52 提供机会？	是	错	中心词误译
s8	2:49 如何处理移民的问题？	否	错	未启动处理
s9	2:38 还有这样一些城市，它们怎样，怎样在不同地区的人们，他们能够得到同样的生活质量的提高？	否	错	未启动处理
s10	无	否	错	未启动处理

源语 Y9 How can business most effectively help tackle 2:55 challenges such as 2:56 environmental protection, the 2:58 fight against corruption and 3:00 halting the spread of HIV/AIDS, 3:02 …

受试学生	译语	启动处理	译语评价	错误类型
s1	如何有效地解决 y9 3:04 环境、腐败、艾滋病等等 3:06 问题呢？	是	对	
s2	商业将如何帮助更好地，嗯，更好地面对一些 y9 3:03 挑战与机遇，额，以及如何面对例如 3:08 像 HIV 这样的一些病毒的 03:10 挑战？	是	错	中心词误译、分枝成分高风险省略
s3	如何使商业能够解决 y9 3:03 一些挑战，3:04 比说环境问题，还有一些腐败问题、HIV 的问题。	是	对	

续表

受试学生	译语	启动处理	译语评价	错误类型
s4	2:58 我们的经济如何保护环境，又如何与艾滋病和反腐的工作相联系起来。	否	错	未启动处理
s5	2:59 而他们又如何在一起来更好的保护环境，反对，额，腐败，以及，额，保护艾滋病人。	否	错	未启动处理
s6	如何，商界如何解决例如 y9 3:02 环境问题等的 3:03 问题，也包括如何解决艾滋。	是	对	
s7	3:01 企业如何在保护环境、防腐、预防艾滋？	否	错	未启动处理
s8	3:00 而且企业如何保护企业的，额，保护环境问题？	否	错	未启动处理
s9	企业怎样能够，怎样应对这些 y9 3:01 机遇，对于经济发展中的一些，一些腐败 3:10 问题。	是	错	中心词、分枝成分误译
s10	y9 3:04 艾滋病的传播 3:09 挑战。	是	错	分枝成分高风险省略

源语 Y10 ... 3:03 challenges that are 3:04 acute in China today? 3:06

受试学生	译语	启动处理	译语评价	错误类型
s1	所有的这些 y10 3:09 挑战 3:10 在今天的中国都是存在的。	是	错	分枝成分误译
s2	无	否	错	未启动处理
s3	无	否	错	未启动处理

续表

受试学生	译语	启动处理	译语评价	错误类型
s4	无	否	错	未启动处理
s5	无	否	错	未启动处理
s6	无	否	错	未启动处理
s7	这些 y10 3:10 我们面临的 3:12 问题上做出努力。	是	错	分枝成分误译
s8	所以这些都是 y10 3:10 中国现今面临的 3:12 问题。	是	错	分枝成分误译
s9	无	否	错	未启动处理
s10	这是 y10 3:10 中国目前面临的 3:11 挑战。	是	错	分枝成分误译

源语 Y11 Those kinds of 3:07 questions, 3：08 prompted by the impact of globalization, 3:11 (are being asked not only in China but throughout the world.)

受试学生	译语	启动处理	译语评价	错误类型
s1	这些也都是 y11 3:17 由全球化带来的 3:20 挑战，（这不仅仅是中国面对的，同时也是全世界都在面临的挑战。）	是	对	
s2	这些 y11 3:11 问题，这些问题是 3:15 由全球化引起的。	是	对	
s3	这种 y11 3:12 问题 3:16 是由于全球化的影响。	是	对	
s4	这些 y11 3:11 问题都在随着 3:14 全球化不断加深着。	是	对	
s5	这些 y11 3:12 问题都是 3:15 由全球化浪潮而带来的。	是	对	
s6	这些 y11 3:12 问题是 3:16 由全球化带来的	是	对	
s7	3:17 这些随着全球化的推进，这些事情越来越，影响变得越来越大。	否	错	未启动处理

续表

受试学生	译语	启动处理	译语评价	错误类型
s8	3:18 随着，嗯，全球化的进行，这些问题不仅仅对中国来说是一个问题。	否	错	未启动处理
s9	这些 y11 3:12 问题都是 3:13 全球化带来的。	是	对	
s10	3:12 在全球化的影响之下。	否	错	未启动处理

源语 Y12 I called on business leaders to join the Global Compact to advance nine universal 3:47 principles in the areas of 3:49 human rights, 3:50 labour conditions and the environment, 3:53 …

受试学生	译语	启动处理	译语评价	错误类型
s1	我希望中国能够积极参与全球契约，y12 3:53 在人权、劳工保护以及其他方面做出其应有的 3:59 贡献。	是	错	中心词误译
s2	我很相信这些企业领袖，额，额以及，额，遵守这些 y12 3:55 原则，额 3:56 对保护环境。	是	错	分枝成分高风险省略
s3	现在 y12 3:55 在人权方面有 9 个 3:58 原则。	是	错	分枝成分高风险省略
s4	3:48 我们希望全世界的人可以加入全球契约中，为了保护人权、劳动力，以及保护环境。	否	错	未启动处理
s5	我希望各位企业领袖能够重视这些 y12 3:51 影响，特别是在 3:56 人权、环境、企业公民这些方面。	是	错	中心词、分枝成分误译
s6	3:47 我希望企业领袖加入全球契约，来保护人权、医药以及环境等等。	否	错	未启动处理

续表

受试学生	译语	启动处理	译语评价	错误类型
s7	3:54 在人权、劳工和环境等方面，我们需要提高。	否	错	未启动处理
s8	我希望企业领导能够加入我们的全球契约，并且能够有共同的 y12 3:55 原则来共同应对，额，3:59 环境问题。	是	错	分枝成分高风险省略
s9	我现在仰仗中国的企业领袖来提高 9 个 y12 3:55 原则，3:56 对于环境和社会都是如此。	是	错	分枝成分误译
s10	3:50 我，我提议各个企业加入全球契约来保护人权、社会和环境。	否	错	未启动处理

源语 Y13 I am happy to report that today the Global Compact includes more than 1,500 4:06 companies 4:08 operating in more than 70 countries, including China, 4:11 (and has added a crucial tenth principle, a fight against corruption.)

受试学生	译语	启动处理	译语评价	错误类型
s1	我很高兴能够告诉你们，今天，全球契约已经囊括了超过 1500 家 4:14 公司，4:15 它们分布在超过 70 个国家，（它们对于反腐等等方面都有很重要的作用。）	是	对	
s2	我很开心给大家汇报，今，今天，额，世界的，全球契约已经涉及很多 y13 4:13 国家，4:14 已经超过了 70 个国家，包括了中国。	是	错	中心词误译
s3	我非常高兴报告，现在《全球契约》包括了 150 个 y13 4:15 国家，4:16 其中中国也包括在内。	是	错	中心词误译
s4	我们的全球契约不仅包含了 1500 个 y13 4:12 公司，4:15 包括中国的一些企业，（而且还会为反腐提供原则性的作用。）	是	对	
s5	我很高兴向大家汇报，而全球契约有 1000，额，150 多个 y13 4:15 国家，额，4:16 包括中国。	是	错	中心词、分枝成分误译

续表

受试学生	译语	启动处理	译语评价	错误类型
s6	我非常高兴，全球契约包含了 1500 个 y13 4:14 国家和组织，4:16 也包括中国。	是	错	中心词、分枝成分误译
s7	4:07 我今天很高兴能在这告诉大家，已经有 1500 多个公司，嗯，企业，在，都参与了这个全球契约的行动。	否	错	未启动处理
s8	4:07 我很高兴今天，嗯，全球契约，额，能够，嗯，包，包容 150 多，有 150 多个，额，国家在全球契约当中。	否	错	未启动处理
s9	我十分高兴向你们宣布全球契约已经有了更多的 y13 4:14 企业，4:15 已经有超过 70 个国家，包括中国，（应对腐败问题。）	是	对	
s10	但是今天，全球契约已经有 1400 多的 y13 4:15 企业加入，4:17 呃包括中国的企业，（最重要的是它的原则问题。）	是	对	

源语 Y14 Joining the Compact can enhance corporate and brand 4:41 reputations 4:42 with stakeholders around the world, including investors and consumers 4:48.

受试学生	译语	启动处理	译语评价	错误类型
s1	这样的契约能够使 y14 4:45 全球的利益攸关者 4:48 受益。	是	错	中心词误译
s2	加入全球契约，将能，将能获取更多的，y14 4:44 在世界范围内获取更多的 4:47 机遇，额，包括投资者。	是	错	中心词误译
s3	使他们建立 y14 4:46 信誉，4:47 在全球，使他们吸引投资者和顾客。	是	对	
s4	4:43 很多持股者，还有投资人，包括一些消费者。	否	错	未启动处理
s5	签署这项全球契约将会使 y14 4:47 全球的利益攸关方，包括投资人，以及散户都会 4:55 赢利。	是	错	中心词误译
s6	加入全球契约，可以增强企业 y14 4:46 形象，4:47 在全球范围内，包括投资者以及消费者。	是	对	

续表

受试学生	译语	启动处理	译语评价	错误类型
s7	这可以提高我们的 y14 4:46 合作，4:47 在全球范围内的积极合作，包括，呃，包括了投资者和消费者。	是	错	中心词误译
s8	加入全球契约能够提高，嗯，企业之间的 y14 4:47 合作，4:48 包括，嗯，投资以及消费，包括投资方面，以及对消费者也有好处。	是	错	中心词、分枝成分误译
s9	4:41 加入这个契约也会给中国带来一定的好处。	否	错	未启动处理
s10	4:47 那么各个利益攸关方，吸引了越来越多的包括消费者。	否	错	未启动处理

源语 Y15 … I am confident that the Compact can serve as 5:39 a platform 5:40 that helps China pursue economic growth and global competitiveness while advancing environmental and social responsibility 5:50.

受试学生	译语	启动处理	译语评价	错误类型
s1	我就对全球契约十分有信心，5:47 我相信它可以对中国以及世界做出巨大的贡献，能够解决我们目前面对的环境以及社会方面的种种问题。	否	错	未启动处理
s2	我很有信心，我很有信心这个契约能够成为 y15 5:44 一个平台，5:45 帮助中国实现经济增长和能力的建设，额，同时也能让企业建立更多的社会责任。	是	对	
s3	我认为全球契约可以作为 y15 5:46 一个平台，5:47 使他们（企业）在平等中竞争，在平等中发展，使他们肩负起责任。	是	错	分枝成分误译
s4	5:41 我相信，这一契约一定能够帮助中国能够在今后取得更好的经济效益，并且在全球化进程中做出更好的作用，起到，肩负起自己在全球化进程中的责任。	否	错	未启动处理
s5	我很相信，这一 y15 5:44 平台，将会 5:45 帮助中国更好地取得经济发展以及社会发展，并且减，降低社会与环境压力。	是	错	分枝成分误译
s6	我相信全球契约能在中国商界有重要的 y 15 5:47 作用，5:48 包括促进经济增长，以及保护环境和承担社会责任。	是	错	中心词误译

受试学生	译语	启动处理	译语评价	错误类型
s7	5:44 我相信全球契约可以帮助中国追求经济的增长，达到一个更好的社会。	否	错	未启动处理
s8	并且，嗯，这些，额，中国企业所参与的活动，额，是全球契约中非常重要的 y15 5:47 一部分，5:48 它有利于提高中国的经济增长，并且能够促进，额，中国提高它们的，中国的企业提高它们的企业责任。	是	错	中心词误译
s9	中国企业的加入，我相信，将会打造一个更大的 y15 5:45 平台。5:46 中国能够在这个平台上扮演更重要的角色，并且承担更多的环境和社会责任。	是	错	分枝成分误译
s10	我想用企业作为一个 y15 5:48 平台 5:49 来促进经济发展，促进中国企业经济，促进中国经济发展。	是	错	分枝成分误译

源语 Y16 It can help ensure that business plays its full part in the work to reach 6:02 the Millennium Development Goals 6:06 agreed by all the world's Governments as a blueprint for building a better world in the twenty-first century 6:13.

受试学生	译语	启动处理	译语评价	错误类型
s1	6:04 能够确保公司能够实现其发展目标，并且能够参与到建立一个更好的世界中来。	否	错	未启动处理
s2	6:04 企业，企业在获得千年发展目标时候发展了很重要的作用，以及是 21 世纪蓝图中很重要的一个部分。	否	错	未启动处理
s3	6:06 商业，在取得千年发展计划中扮演重要的作用，这对政府创造一个21世纪更好的世界非常重要。	否	错	未启动处理
s4	6:07 我也相信在此过程中，它（契约）能够对千禧年计划能够起到更好的作用，在 21 世纪中，对其经济起到促进作用。	否	错	未启动处理
s5	6:06 我相信中国的努力在，额，千年发展计划后，2015 发展目标当中将扮演重要角色,这在 21 世纪将非常重要。	否	错	未启动处理
s6	6:06 商界能够在千年计划中出一份力，以及政府合作起来，为我们的下一代制造一个更美好的世界。	否	错	未启动处理

续表

受试学生	译语	启动处理	译语评价	错误类型
s7	6:09 为了实现我们的千年发展目标，我们，我们各国政府都要积极履行我们的宏伟蓝图。	否	错	未启动处理
s8	6.08 并且，在，额，新，嗯，联合国千年发展目标，额，框架下，我们可以更好地，额，实施全球契约这个计划。	否	错	未启动处理
s9	6:01 并且它也会保证所有的企业将会尽自己所能达到我们所期待的目标，来打造一个更好的世界，在未来这一个世纪。	否	错	未启动处理
s10	6:08 使我们我们能够更快地实现千年发展目标，在20，在21世纪前就使其成为事实。	否	错	未启动处理

源语 Y17 I hope all of you here today will join our efforts by organizing a 6:18 Global Compact network 6:20 of the type that has already been launched in 40 other countries. 6:26 (In this way you will ensure that the Global Compact in China develops in accordance with your own priorities and perspectives.)

受试学生	译语	启动处理	译语评价	错误类型
s1	我希望今天在场的所有人都能够参与我们，能够帮助我们建立 y17 6:26 全球契约网络，6:28 就像在其他 40 个国家的人们一样。（我们将确保中国的全球契约能够以自己独特的道路发展。）	是	对	
s2	6:17 我希望你们今天所有人都可以听到，然后加入到我们的努力中来组织一个更加美好的一个网络，以及在其他的 40 个国家中做出努力。	否	错	未启动处理
s3	我希望所有在座的你们，能够共同努力一起建立 y17 6:25 全球契约，6:26 虽然这个已经在 14 个国家已经发布了。	是	错	中心词、分枝成分误译
s4	我希望大家能够同心协力，共同构建一个健全的 y17 6:26 全球契约网络，6:29 与其他的 15 个国家一起。	是	错	分枝成分误译
s5	我相信我们将参与到这一 y17 6:24 全球努力当中，6:25 而这在 40 多个国家都已经进，开展了。	是	错	中心词误译

受试学生	译语	启动处理	译语评价	错误类型
s6	我希望在座的各位建立 y17 6:25 全球契约，6:31 加强被其他 40 多个国家已经建立的 6:34 全球契约网。（我希望中国的全球影响力……）	是	对	
s7	今天我很高兴能在这里，我们大家一起行动起来，来实现这个 y17 6:32 全球契约，这个契约 6:34 已经，已经在很久之前就发布了	是	错	中心词、分枝成分误译
s8	6:21 我们，我们要共同努力，来，嗯，实现我们的，额，全球化。	否	错	未启动处理
s9	6:17 我现在需要你们所有人都跟我们一起努力来建造一个全球化的网络。	否	错	未启动处理
s10	6:25 现在我推动了全球契约的网络的建设。	否	错	未启动处理

源语 Y18 And you will develop further the 6:40 bridges 6:40 you have built through trade and investment with people and nations around the world 6:45.

受试学生	译语	启动处理	译语评价	错误类型
s1	6:42 同时它（契约）也会通过投资等方式与全球各地的人们联系起来。	否	错	未启动处理
s2	y18 6:42 在投资和贸易方面也会（发展），投资和贸易方面将会给全球的人们也会带来优，优，优，6:52 优势。	是	错	中心词误译
s3	6:47 希望你们能投资贸易，在全球化的背景下。	否	错	未启动处理
s4	6:46 我们能够将贸易与投资，起到全球范围内的积极作用。	否	错	未启动处理
s5	6:43 并且通过商贸将会更快的发展全国范围内的商业。	否	错	未启动处理

续表

受试学生	译语	启动处理	译语评价	错误类型
s6	6:36 我希望中国的全球影响力，能够起到一个很好的领导作用，通过商贸、投资、旅游等等。	否	错	未启动处理
s7	6:45 你们也会因此得到更多的更进一步的发展，同时全世界也会因此得到发展。	否	错	未启动处理
s8	6:48 我们通过贸易和投资连接了全球的人。	否	错	未启动处理
s9	6:41 并且你们能够更加进一步地发展。你们的人民和国家将会更上一层楼。	否	错	未启动处理
s10	6:48 希望我们能够继续投资，促进其（契约）发展。	否	错	未启动处理

源语 Y19 I also warmly encourage the 6:49 suggestion that 6:50 China might host a major international Global Compact event within the next year, 6:56 …

受试学生	译语	启动处理	译语评价	错误类型
s1	6:53 我也鼓励中国在明年创建一个大型的契约活动。	否	错	未启动处理
s2	6:55 中国，额，中国在下一年将会更加，额，加入到全球契约的活动中来。	否	错	未启动处理
s3	6:53 我也非常鼓励，中国可能会在下一年继续发展全球契约。	否	错	未启动处理
s4	我同样还十分欢迎，y19 6:53 也建议，6:54 中国能够在今后，明年能够取得一个更好的契约作用。	是	错	分枝成分误译
s5	6:52 我同时还鼓励那些，中国将会，额，开展一项全球契约的活动，在明年。	否	错	未启动处理
s6	6:53 我希望，中国，在明年之前，开办一个全球契约事件。	否	错	未启动处理

受试学生	译语	启动处理	译语评价	错误类型
s7	6:56 中国扮演着一个非常重要的国际，在国际社会上扮演着一个非常重要的角色。	否	错	未启动处理
s8	7:00 中国在明年将会成为全球经济体中非常重要的一部分。	否	错	未启动处理
s9	6:53 中国将会在全球契约中发挥主导作用。	否	错	未启动处理
s10	无	否	错	未启动处理

源语 Y20 … which would serve as a practical 7:00 demonstration of 7:01 how the Compact can connect Chinese business leaders with the world economy 7:05.

受试学生	译语	启动处理	译语评价	错误类型
s1	y20 7:05 让人们更加了解 7:09 全球契约能够如何将中国与全球企业联合起来。	是	对	
s2	7:05 我们要关注到全球契约将如何更好地和中国的企业领袖相互联系。	否	错	未启动处理
s3	7:07 使《全球契约》联系中国的企业。	否	错	未启动处理
s4	它也将成为有力的 y20 7:02 证明，7:03 中国的企业和商业在全球起到了多么大的作用。	是	错	分枝成分误译
s5	7:06 而这一契约将会如何将商业领袖与社会联系起来，也是重点。	否	错	未启动处理
s6	7:08 来集中全中国的商界人士。	否	错	未启动处理
s7	7:09 这个契约如何在全，全世界起到作用非常重要。	否	错	未启动处理

续表

受试学生	译语	启动处理	译语评价	错误类型
s8	7:09 并且我们将联系全球，将和各国领导人一起合作。	否	错	未启动处理
s9	7:02 我们希望看到中国表现自身的领导力，以及中国企业的努力。	否	错	未启动处理
s10	7:07 如何将中国的企业领袖与世界经济联结起来。	否	错	未启动处理

附录 2　实验组学生英译汉同传语序差异处理译语

源语 Y1 The 0:14 relationship 0:15 between the business community and the issues on the United Nations agenda 0:20 is becoming increasingly well understood.

受试学生	译语	启动处理	译语评价	错误类型
S1	y1 0:17 商业界和联合国事业的 0:24 关系，正在被大家越发地理解得好。	是	对	
S2	y1 0:18 在商界之间的 0:20 关系，以及联合国议程之间的问题，0:24 变得越来越为广泛地被理解。	是	错	分枝成分误译
S3	y1 0:18 商业问题以及联合国问题的 0:24 联系越来越紧密。	是	错	分枝成分误译
S4	y1 0:18 工业商业社会之间的 0:20 关系已经越来越多地被人们理解。	是	错	分枝成分误译
S5	y1 0:18 企业和联合国之间的 0:22 关系，是越来越能被人理解的。	是	对	
S6	y1 0:17 企业的 0:18 关系以及联合国议程上的问题都越来越被人们所知。	是	错	分枝成分误译
S7	y1 0:19 商业社会当中的各个 0:21 关系变得越来越被关注和了解。	是	错	分枝成分误译
S8	y1 0:18 我们之间的 0:19 联系，以及联合国的议程都被大家所理解。	是	错	分枝成分误译

续表

源语*Y2 ... we at the United Nations are seeing more and more 0:29 ways in which the 0:31 business community can help advance important global objectives 0:35.

受试学生	译语	启动处理	译语评价	错误类型
S1	我们联合国也看到了越来越多的 y2 0:34 方式，0:35 能够，让商业界帮助我们推动一些全球行动。	是	对	
S2	其实我们在联合国能看见越来越多的 y2 0:32 方法，呃，0:35 在此商界能够帮助推进全球的项目。	是	对	
S3	我们作为联合国，也看到了更多的 y2 0:32 方法，0:35 商业界能够帮助实现全球目标。	是	对	
S4	我们在联合国正在见证越来越多的 y2 0:31 方法，0:32 商业界可以帮助推进很多重要的目标。	是	对	
S5	在联合国当中，0:32 在企业当中可以增进一些全球的事务。	否	错	未启动处理
S6	确实我们在联合国看到越来越多的 y2 0:31 方法，0:33 企业能帮助社会提高全球目标的进展。	是	对	
S7	联合国正在发现更多的 0:33 y2 方法，0:35 企业能够更好帮助完成全球目标。	是	对	
S8	0:23 确实我们作为联合国非常关切企业能够完成全球重要目标。	否	错	未启动处理

源语*Y3 ... you contribute to society in a decisive manner, not only to the future of your country, but also to the 0:46 way 0:46 the world economy moves ahead 0:47 and we manage the effects of globalization 0:51.

受试学生	译语	启动处理	译语评价	错误类型
S1	你们对社会的贡献也有非常关键的力量，不光是对你们自己的国家，0:49 还对我们全球的经济进步以及全球化的进展。	否	错	未启动处理
S2	你们对于社会的贡献是可持续的，不仅是对于你们自己的国家，0:50 同时还包括整个全球的向前发展以及全球化的推动。	否	错	未启动处理
S3	你们对于社会的贡献是至关重要的，不仅仅对于自己的国家有帮助，0:49 并且对于全球经济迈进也有巨大的作用，0:52 也促进了经济全球化。	否	错	未启动处理
S4	你们对于社会的贡献是非常重要的，不仅仅是对中国，0:50 对于整个全球的经济都是如此。0:53 全球化进程不断加快。	否	错	未启动处理

受试学生	译语	启动处理	译语评价	错误类型
S5	你们对社会的贡献是非常重要的，不仅是对你们中国的未来，0:47 也是对整个世界的未来来说。0:50 我们必须来管理全球化的影响。	否	错	未启动处理
S6	你们对于社会贡献是有决定性的，不仅对于国家，0:48 对于国家经济的发展都有很大的关系，0:52 全球化也是。	否	错	未启动处理
S7	你们对社会的贡献是具有决定性意义的，不仅是对国家的未来，同时也对 y3 0:49 经济向前进的 0:51 方式，以及对全球化影响的管理。	是	对	
S8	0:42 你们对于社会的贡献不仅仅是为了你们国家的未来，同时针对全球化的进程也非常重要。	否	错	未启动处理

源语 *Y4 Enhanced public-private partnership is the 0:55 key to 0:56 effectively alleviating poverty in China 0:58 and 1:00 to achieving our goal of halving poverty in the world by 2015 1:05.

受试学生	译语	启动处理	译语评价	错误类型
S1	我们的公众私人合作关系 y4 1:01 能够 1:02 很好地帮助中国减贫，可以帮助我们在 2015 年前缓解全球贫困的状况。	是	对	
S2	推动公私之间的合作，是推动，呃，y4 1:01 减贫的 1:02 重要环节，要达成我们的目标我们必须在 2015 年之前协力合作。	是	错	分枝成分误译
S3	公有制对于 y4 0:59 减少中国贫困状况 1:03 至关重要。中国期望在 2015 年贫困率减半。	是	错	分枝成分误译
S4	加入全球契约对于 y4 1:01 中国脱贫来说是非常 1:04 重要的，尤其是到 2015 年前实现一半人脱贫。	是	错	分枝成分误译
S5	在公私关系当中，y4 1:00 对中国的发展 1:01 非常重要，对我们，到 2015 年减少贫困也是非常重要的。	是	错	分枝成分误译
S6	公私关系 y4 1:01 作为减缓贫困 1:02 特别重要，特别是中国，为了达到目标，在 2015 年减少一半的贫困也很重要。	是	错	分枝成分误译

续表

受试学生	译语	启动处理	译语评价	错误类型
S7	企业关系对于 y4 1:01 中国的发展意义 1:02 重大，对于 2015 年消除世界贫困现象也有巨大重要意义。	是	错	分枝成分误译
S8	我们公共的关系 y4 1:00 会 1:00 减轻中国的贫困情况，并完成我们的目标在 2015 年减少全球人口的一半。	是	错	分枝成分误译

源语 Y5 But the rapid changes also pose severe 1:58 challenges, 1:59 both social and environmental 2:01.

受试学生	译语	启动处理	译语评价	错误类型
S1	同时这也对我们有新的 y5 2:02 环境上和社会上的 2:03 挑战。	是	对	
S2	但是这些改变也为中国带来了许多的 y5 2:03 挑战，2:04 不仅是在社会还有环境方面。	是	对	
S3	但是这些变化同时也对我们形成了 y5 2:03 挑战，2:05 在社会和环境挑战都是如此。	是	对	
S4	但是这一快速的改变，同时也带来了巨大的 y5 2:01 挑战，2:02 不论是在社会上还是在环境上。	是	对	
S5	但是巨大的变化也带来许多 y5 2:01 挑战，2:03 对社会和环境来说都是巨大挑战。	是	对	
S6	但是快速的发展也带来了很多的 y5 2:02 挑战，2:03 对于社会和环境。	是	对	
S7	但是快速的发展同时也给我们带来了严峻的 y5 2:02 挑战，2:04 不仅是社会上的挑战，还是环境上的挑战。	是	对	
S8	但快速的改变也带来非常严重的 y5 2:01 挑战，2:03 不仅是社会也是环境的。	是	对	

源语 *Y6 And with the 2:03 prosperity 2:03 enjoyed by the Chinese business sector 2:06 also come responsibilities.

受试学生	译语	启动处理	译语评价	错误类型
S1	y6 02:07 中国商业界的 2:11 繁荣也意味着他们的责任。	是	对	
S2	2:09 但是在商业领域也对此是负有责任的。	否	错	未启动处理

续表

受试学生	译语	启动处理	译语评价	错误类型
S3	2:08 在中国的商业中心，也负有极大的负担。	否	错	未启动处理
S4	2:08 我们中国的企业领袖同时也要承担一些责任。	否	错	未启动处理
S5	2:08 而在未来的企业前景也非常重视责任问题。	否	错	未启动处理
S6	y6 2:07 中国企业的 2:09 繁荣，随之而来的就是责任。	是	对	
S7	2:10 中国的企业同时也承担着巨大的责任。	否	错	未启动处理
S8	同时 y6 2:07 商业领域的 2:10 繁荣也兼具着责任。	是	对	

源语 Y7 For instance: How to address the 2:21 uneven development 2:23 between China's increasingly affluent urban centres and poorer rural areas 2:28, as well as 2:30 between the east and west of the country? 2:33

受试学生	译语	启动处理	译语评价	错误类型
S1	比如说我们如何去处理 y7 2:29 城乡之间的 2:31 贫富差距，2:32 东西国家之间的差距？	是	错	分枝成分误译
S2	举个例子，如何解决 y7 2:26 不平衡的发展问题，2:28 在中国城乡发展是非常不平衡的，同时在东西部之间发展也是非常不平衡的。	是	对	
S3	比如说怎样才能解决 y7 2:26 中国的不断增长的城乡 2:28 发展鸿沟，以及东西部的发展鸿沟？	是	对	
S4	例如：如何解决 y7 2:25 发展不平衡的问题，2:26 在中国越来越富裕的城市地区和贫穷的农村地区，发展较快的东部和发展落后的西部？	是	对	
S5	比如说如何解决 y7 2:24 不平衡发展？2:27 比如在中国城市地区和农村地区的发展如何平衡？同样东西方的发展也是不平衡的。	是	错	分枝成分误译
S6	比如说怎么去平衡 y7 2:25 地区之间的 2:26 不平等，如城市和农村之间的不平等，还有东方和西方国家之间的不平等。	是	错	分枝成分误译

续表

受试学生	译语	启动处理	译语评价	错误类型
S7	如何去解决 y7 2:25 中国快速发展的城市地区和发展较慢的乡村地区之间的 2:36 差异？同时如何去解决东西部的发展差异？	是	对	
S8	怎样解决 y7 2:25 不平等的发展问题，2:27 例如非常发达地区以及贫穷地区的问题，同时也有东部和西部的问题。	是	对	

源语*Y8 How can cities and their social systems cope, in a fair way, with the influx of 2:39 migrant workers 2：41 looking for economic opportunities and a better life? 2:45 (How can economic growth be balanced with the protection of the environment?)

受试学生	译语	启动处理	译语评价	错误类型
S1	2:40 我们的社保制度如何去平衡机遇和更好的生活之间达到平衡。	否	错	未启动处理
S2	城市还有许多，呃，城市中涌入了许多 y8 2:48 来自乡镇的务工人员，2:50 他们来此谋生。（经济增长如何能够变得更加和保护环境平衡？）	是	对	
S3	城市以及城市系统如何能够应变，怎样为一些 y8 2:49 迁移民工 2:50 提供更多的机会？（经济怎样和环境实现协调发展？）	是	对	
S4	中国如何来解决那些 y8 2:47 农民工？2:48 他们想要更好的生活。（经济的增长如何同环境的保护相平衡起来？）	是	对	
S5	2:40 如何使市民和社会体系互相吻合，2:50 同样也创造更好的经济机遇和更好的生活。	否	错	未启动处理
S6	2:39 城市和它们的社会环境怎么融合，嗯，2:47 我们需要找一种生态友好的方法来发展。	否	错	未启动处理
S7	2:47 同时如何去寻找更多机会发展自我。	否	错	未启动处理
S8	怎么样可以改变社会系统，能够使 y8 2:47 农民工 2:50 享受到经济机遇？（同时怎么样能够保护环境？）	是	对	

源语 Y9 How can business most effectively help tackle 2:55 challenges such as 2:56 environmental protection, the 2:58 fight against corruption and 3:00 halting the spread of HIV/AIDS, 3:02 …

续表

受试学生	译语	启动处理	译语评价	错误类型
S1	我们如何去更好地解决 y9 3:02 腐败和环境污染以及艾滋病方面的 3:09 挑战？	是	对	
S2	企业如何能够帮助解决 y9 3:01 问题？比如说 3:03 环境保护以及打击腐败还有控制艾滋病的扩散等等。	是	对	
S3	企业怎样帮助解决更多 y9 3:02 挑战？比如 3:04 反腐，3:06 抗击HIV。	是	对	
S4	商业如何帮助我们解决这些 y9 3:00 挑战，如 3:01 环境保护、反腐斗争以及艾滋病病毒的传播？	是	对	
S5	企业要来解决这些 y9 3:01 挑战？比如 3:02 环境保护，反腐，以及艾滋问题。	是	对	
S6	企业怎么有效地应对这些 y9 3:00 挑战？比如 3:01 环境、反腐、艾滋病。	是	对	
S7	同时企业如何去做到 y9 3:03 保护环境、制止HIV病毒传播的 3:11 问题？	是	对	
S8	怎么样能够应对这些 y9 2:59 挑战，例如 3:02 环境保护，对抗腐败，以及对抗艾滋病传播？	是	对	

源语*Y10 ... 3:03 challenges that are 3:04 acute in China today? 3:06

受试学生	译语	启动处理	译语评价	错误类型
S1	这都是我们 y10 3:11 今天要面对的 3:13 问题。	是	错	分枝成分误译
S2	这是 y10 3:10 中国面临的非常尖锐的 3:12 问题。	是	对	
S3	这些都 y10 3:10 对中国形成了巨大的 3:11 挑战。	是	对	
S4	这些都是 y10 3:08 中国今天面临的 3:10 挑战。	是	错	分枝成分误译
S5	y10 3:08 这些问题 3:09 非常突出。	是	对	
S6	y10 3:09 这些问题 3:10 在中国都很尖锐。	是	对	
S7	3:11 这是我们面临的挑战。	否	错	未启动处理
S8	和 y10 3:09 中国面临的一些 3:11 困难。	是	错	分枝成分误译

续表

源语*Y11 Those kinds of 3:07 questions, 3:08 prompted by the impact of globalization, 3:11 (are being asked not only in China but throughout the world.)

受试学生	译语	启动处理	译语评价	错误类型
S1	这些都是 y11 3:15 由全球化引起的 03:17 问题。(这些问题不光光是在中国有，在全世界都是存在的。)	是	对	
S2	所有这些 y11 3:13 问题都 3:16 对于全球化，都源自全球化所带来的影响……	是	对	
S3	这些 y11 3:12 问题是 3:16 由经济全球化所导致的……	是	对	
S4	这些 y11 3:12 挑战 3:13 受到了全球化的影响……	是	对	
S5	这些 y11 3:11 问题，额，3:14 随着全球化而凸显……	是	对	
S6	y11 3:12 这些问题 3:13 随着全球化的发展……	是	错	分枝成分误译
S7	y11 3:15 全球化所带来的这些 3:17 问题，(正在变得越来越严峻，不仅对中国带来了影响和挑战，对世界各地亦是如此。)	是	对	
S8	这样的一些 y11 3:13 问题，其实都是 3:14 全球化进程中的问题。	是	错	分枝成分误译

源语 Y12 I called on business leaders to join the Global Compact to advance nine universal 3:47 principles in the areas of 3:49 human rights, 3:50 labour conditions and the environment, 3:53 (so that we could help achieve a more stable and inclusive world economy.)

受试学生	译语	启动处理	译语评价	错误类型
S1	3:50 我非常欢迎大家来加入全球契约，3:54 来推动人权发展，来保护环境。	否	错	未启动处理
S2	我非常信任企业领袖能够签订这些全球契约来担任全球的 y12 3:54 责任，不仅仅是在 3:56 人权、环境问题方面。	是	错	中心词误译
S3	3:49 我非常鼓励大家参与全球契约，3:54 这也包括了人文主义、劳工，以及环境。	否	错	未启动处理
S4	3:46 我指望那些商业领袖能利用他们的领导力，3:51 来在人权领域、环境领域彰显他们的领导力。	否	错	未启动处理

受试学生	译语	启动处理	译语评价	错误类型
S5	我希望所有的企业领导人可以参加全球契约,可以,额,拥有共同的 y12 3:56 人权 3:56 责任观,并且对社会和环境负起责任。	是	错	中心词误译
S6	3:53 发展人道主义,3:57 发展环境保护问题。	否	错	未启动处理
S7	我呼吁企业的领导来去遵循我们的 3:55 y12 原则,3:56 保护人权,保护环境,(这样我们才可以实现一个更加稳定、更加包容的世界经济发展。)	是	对	
S8	我呼吁企业领袖能够遵循全球契约,能够遵循 y12 3:50 规定来保护 3:54 人类尊严 3:58 以及环境。	是	错	中心词、分枝成分误译

源语 Y13 I am happy to report that today the Global Compact includes more than 1,500 4:06 companies 4:08 operating in more than 70 countries, including China, 4:11 (and has added a crucial tenth principle; a fight against corruption.)

受试学生	译语	启动处理	译语评价	错误类型
S1	我非常高兴能够告诉大家,现在全球契约已经有多于 1500 家的 y13 4:15 企业,4:16 在全球逾 70 多个国家都有运作,(并且也在反腐方面取得了进展。)	是	对	
S2	我非常高兴地告诉你们,在今天全球契约已经包括了 1500 个 y13 4:13 公司,4:16 来自超过 70 个国家,其中包括中国。	是	对	
S3	我非常高兴向大家报告,今天全球契约已经有超过 1500 多 4:15 公司,4:16 在超过了 70 多个国家运营,(它们也秉持着反腐的原则。)	是	对	
S4	我非常高兴地宣布,今天全球契约包括 1500 个 y13 4:12 公司,4:13 遍布 70 个国家,其中包括中国,(它打击腐败。)	是	对	
S5	我很高兴地告诉大家,今天,额,全球契约已经涵盖了超过了 1500 个 y13 4:14 企业,4:15 超过 70 个国家,其中就包括中国。(同样,我们也有个非常重要的,额,原则,就是要打击腐败问题。)	是	对	

续表

受试学生	译语	启动处理	译语评价	错误类型
S6	我很高兴给大家进行汇报，全球契约有很多的，4:15 超过 70 个国家的几千个 y13 4:18 企业，（里面有很多重要的原则，去反腐。）	是	对	
S7	我也很高兴今天和大家做报告，有 1500 个 4:14 y13 来自世界各地的公司包括中国的 4:18 公司来到今天这个会场	是	错	分枝成分误译
S8	我非常高兴能够来宣布，全球契约已经有 1500 个 4:12 企业，4:13 在 70 个国家当中包括中国进行运营，（包括 10 项非常重要的契约来抵抗腐败问题。）	是	对	

源语 Y14 Joining the Compact can enhance corporate and brand 4:41 reputations 4:42 with stakeholders around the world, including investors and consumers. 4:48 (It can also complement China's existing business and industrial associations.)

受试学生	译语	启动处理	译语评价	错误类型
S1	（契约）也可以去发扬他们的 y14 4:47 好名声，4:49 吸引更多的消费者和投资者。	是	对	
S2	（契约）为中国的企业 y14 4:47 在全球赢得了 4:49 声誉，4:50 吸引了更多的消费者和投资者，（促进中国现有的企业和工业之间的合作。）	是	对	
S3	全球契约可以加强 y14 4:45 全球利益攸关方之间的 4:49 合作，4:50 包括投资与合作。	是	错	中心词、分枝成分误译
S4	加入契约组织，可以使他们同 y14 4:47 世界上所有的利益相关者进行 4:51 合作，其中包括投资者和消费者。	是	错	中心词误译
S5	参加契约可以使，额，提升企业的 4:46 声誉，4:46 使企业全球闻名，包括，额，在投资者和消费者当中。	是	对	
S6	这些契约可以为中国带来很好的 y14 4:45 名声，4:46 包括投资者以及消费者之中。	是	对	
S7	加入这个契约可以加强我们的企业的 y14 4:46 声誉，4:47 包括在投资者和消费者中间的声誉。	是	对	
S8	加入契约能够使得企业的 y14 4:43 名誉 4:45 涵盖全球，包括投资客和顾客中。	是	对	

续表

源语 Y15 … I am confident that the Compact can serve as 5:39 a platform 5:40 that helps China pursue economic growth and global competitiveness while advancing environmental and social responsibility. 5:50 (In this way it can help ensure that globalization's benefits can be shared by everyone.)

受试学生	译语	启动处理	译语评价	错误类型
S1	我非常自信，这一个全球契约可以成为一个 y15 5:45 帮助中国达到经济和竞争力增长的 05:52 平台，并且去完成他们的社会责任。（这也能够保证全球化的好处能够被大家一起分享。）	是	对	
S2	我非常自信，全球契约能够 y15 5:45 为中国的企业进行经济增长提供一个新的 5:50 平台，同时能够更好地平衡社会发展和环境保护之间的关系。（全球化所带来的利益能够被所有人共享。）	是	对	
S3	我相信全球契约可以为大家提供非常好的 y15 5:45 平台，5:46 为中国企业获得更好的竞争力和利益同时也能够加强环境责任。	是	对	
S4	我相信这个全球契约组织可以作为 y15 5:44 一个平台，5:46 来帮助中国来寻求经济增长，同时也能践行他们的环境和社会责任。	是	对	
S5	我非常有信心，这个契约可以作为一个 y15 5:43 平台，5:44 帮助中国追寻，有更好的经济发展，并且有更好的全球竞争力，并且履行其社会和环境责任。	是	对	
S6	那么我很确定这个全球契约可以作为一种 y15 5:43 平台，5:44 帮助中国发展经济、提高全球竞争力，同时发展环境保护。	是	对	
S7	我很有自信的一点是，契约 y15 5:43 平台 5:43 可以帮助中国追逐他们的、实现他们的经济发展目标，同时还可以推进社会责任履行的进程。	是	对	
S8	使我非常自信，这个契约可以成为 y15 5:43 平台，5:46 帮助中国经济增长以及全球竞争力，同时也实现环境和社会责任。	是	对	

源语 Y16 It can help ensure that business plays its full part in the work to reach 6:02 the Millennium Development Goals 6:06 agreed by all the world's Governments as a blueprint for building a better world in the twenty-first century 6:13.

受试学生	译语	启动处理	译语评价	错误类型
S1	6:08 商业界在我们的 21 世纪帮助我们塑造一个更好的世界。	否	错	未启动处理

续表

受试学生	译语	启动处理	译语评价	错误类型
S2	它能够帮助人们确定经济，呃，经济增长在 y16 6:12 联合国千年发展目标中扮演一个非常重要的角色，同时 6:15 构建一个 21 世纪更好的世界，更加光明的未来。	是	错	分枝成分误译
S3	（契约）并且能够保障企业能够发挥极大的效益来实现 y16 6:10 千年发展计划，这也是 6:12 各国政府所认定的，在 21 世纪要实现美好世界。	是	对	
S4	它可以确保商界能够在实现 y16 6:10 千年发展目标的过程中发挥它应该有的作用，6:13 构建一个更好的世界，在 21 世纪构建这个世界。	是	对	
S5	可以确保，额，企业可以充分发挥作用来实现 y16 6:09 千年发展目标，6:12 这是所有目，政府的目标，这也是我们 21 世纪的，额，蓝图发展计划。	是	对	
S6	我们还能够保证，企业能够发展 y16 6:10 千年发展目标，6:12 让全球的政府都加入进来，作为一个蓝图，发展 21 世纪的世界。	是	错	分枝成分误译
S7	我们要确保企业可以帮助我们去实现 y16 6:11 千年发展目标计划，6:14 去完成我们构建一个更美好世界的蓝图	是	对	
S8	同时确定商业可以帮助实现 y16 6:08 千年发展目标，6:10 这是由全球政府所共同同意的，是为了 21 世纪实现更加美好的社会。	是	对	

源语*Y17 I hope all of you here today will join our efforts by organizing a 6:18 Global Compact network 6:20 of the type that has already been launched in 40 other countries 6:26. (In this way you will ensure that the Global Compact in China develops in accordance with your own priorities and perspectives.)

受试学生	译语	启动处理	译语评价	错误类型
S1	我呼吁我希望大家都可以加入我们，组织 y17 6:24 全球契约网络，06:28 可以去和其他的 40 多个国家一样。	是	对	
S2	我希望你们今天到场的所有人能够与我们一同努力，推动 y17 6:26 全球契约在全球的实现，6:30 能够在其他 40 个国家进行推行。	是	错	中心词、分枝成分误译

续表

受试学生	译语	启动处理	译语评价	错误类型
S3	6:20 我希望在座的大家都能够共同努力,建立一个全球契约网络。	否	错	未启动处理
S4	我希望你们今天所有的人都能够加入我们,共同努力,来构建一个 y17 6:25 全球影响力网络,6:30 这已经在其他 40 多个国家都已经在实践了。	是	错	中心词误译
S5	我希望所有人能可以加入,额,我们,额,来实现这样一个 6:25 y17 全球契约的网络,6:27 这已经在其他 40 个国家建立起来。(通过这种方式,我们可以确保全球契约在中国可以,额,同你们自身发展,额,联系起来。)	是	对	
S6	我希望所有的人今天都能够加入我们,组建一个 y17 6:24 网络,6:28 这个网络已经在其他 40 个国家建立了起来。(这样我们就能保证全球契约不仅能够在中国发展,更能在全世界发展。)	是	对	
S7	6:20 我希望在座的各位能够构建一个更好的企业公民关系网。	否	错	未启动处理
S8	我希望在座的各位可以参与到我们的 y17 6:23 契约框架中,6:29 在其他 40 个国家中已经开始实行。	是	错	中心词误译

源语 Y18 And you will develop further the 6:40 bridges 6:40 you have built through trade and investment with people and nations around the world 6:45.

受试学生	译语	启动处理	译语评价	错误类型
S1	(各位)y18 6:44 能够通过投资和商业去和世界其他国家达成 06:52 利益交换。	是	错	中心词误译
S2	希望你们能够 y18 6:47 贸易和投资的 6:49 方面更进一步,更好地参与到全球市场当中。	是	错	中心词、分枝成分误译
S3	6:42 并且我们可以将发展更加扩大化,6:49 乃至全世界。	否	错	未启动处理

续表

受试学生	译语	启动处理	译语评价	错误类型
S4	你们会通过 y18 6:46 贸易投资，6:48 以及和全世界各国人民建立起来的这样的 6:51 联系。	是	错	分枝成分误译
S5	6:43 同样也可以，额，更加发展你们自身的贸易和投资，额，惠及全世界人民。	否	错	未启动处理
S6	6:42 我们能够更进一步的发展贸易，和全球的人一同合作。	否	错	未启动处理
S7	6:44 同时也可以通过贸易，通过经济发展来推动我们的经济发展。	否	错	未启动处理
S8	6:42 你们将在投资中更进一步发展。	否	错	未启动处理

源语*Y19 I also warmly encourage the 6:49 suggestion that 6:50 China might host a major international Global Compact event within the next year, 6:56 …

受试学生	译语	启动处理	译语评价	错误类型
S1	我还 y19 6:53 提议，6:54 中国可以在明年去办这样一个大项目。	是	错	分枝成分误译
S2	我只是提出一个 y19 6:56 建议，呃，7:00 希望中国能够参与全球契约明年主要的活动之一。	是	错	分枝成分误译
S3	我也非常鼓励 y19 6:55 建议，6:56 中国应该可以建立一些国际化的契约框架，在接下来的几年做到这样。	是	错	分枝成分误译
S4	我同时也非常欢迎这个 y19 6:54 建议，6:55 即中国会在明年承担一个重要的全球契约的活动。	是	对	
S5	6:51 我希望大家，中国可以举办一场国际，额，全球契约的活动，在明年举办。	否	错	未启动处理
S6	我还希望鼓励一些 y19 6:54 建议，就是 6:55 中国能举办一个全球契约的活动，就在明年。	是	对	

续表

受试学生	译语	启动处理	译语评价	错误类型
S7	6:55 中国可能会在明年承担一些重大的全球契约的责任和项目。	否	错	未启动处理
S8	我同时也非常欢迎 y19 6:56 提议，6:58 中国可以在明年去举行一个重要的全球契约活动。	是	对	

源语*Y20 … which would serve as a practical 7:00 demonstration of 7:01 how the Compact can connect Chinese business leaders with the world economy 7:05. (I thank the Chinese Government for its support.)

受试学生	译语	启动处理	译语评价	错误类型
S1	y20 07:05 去表现，展示 7:06 全球契约如何将中国的企业和世界经济进行接轨。	是	对	
S2	y20 7:07 展示 7:08 全球契约能够将中国的企业领袖与世界联系起来。（我非常感谢中国政府对此的支持。）	是	对	
S3	这是一个非常实际的 y20 7:05 建议。7:06 这项契约将会对中国的企业家有极大的作用。	是	错	中心词、分枝成分误译
S4	作为一个事实的 y20 7:05 表现，7:06 这种全球契约如何在世界经济内影响中国的经济。	是	错	分枝成分误译
S5	这可以作为，额，可以 y20 7:02 告诉大家，7:07 全球契约可以使，如何使中国企业领袖加入到全球大潮当中。	是	对	
S6	y20 7:03 展示 7:04 这种契约是怎么能促进中国企业的领导融入世界经济的发展。	是	对	
S7	7:04 那我们如何能够让中国企业领导者更好地履行契约，是我们今天要讨论的问题。	否	错	未启动处理
S8	能够 y20 7:05 显示 7:06 契约如何使中国企业领导与全球经济相挂钩。	是	对	

附录 3 对照组学生汉译英同传语序差异处理译语

源语 Z1 ……是 0:04 在国际金融危机逐步消退，0:10 国际经济形势变得越来越复杂、越来越多变，是在 0:22 新一轮西部大开发战略启动实施的 0:27 关键时刻……

受试译员	译语	启动处理	译语评价	错误类型
s1	… under z1 0:09 the background of 00:12 the decreasing of international financial crisis, and international situation has become more complicated, and new, the, the new round west development is carrying on.	是	对	
s2	… z1 0:09 based on 0:12 the recovery of the economic crisis. It is on the backdrop of that the economy is changeable. The West Explore Plan is proceeding.	是	错	分枝成分误译
s3	… z1 0:08 after 0:09 the global crisis. Now the global economy is more and more complex, and is, there are more and more variabilities in it. ... This forum takes place at the crucial time that we are going to develop the western regions in China.	是	对	
s4	… z1 0:06 under 0:07 the global financial crisis decreasing, and the, as the global economic situation becoming more complicated, and a key, critical stage for the Western Development.	是	对	
s5	… under z1 0:09 background that 0:11 the international financial crisis has gradually melted down. However, the national, em, situation has become more and more fragile and more and more intense. And, em, the national policy of the development of the west has been increasingly strengthened and increased.	是	错	分枝成分误译
s6	... at, z1 0:08 in the 0:08 disappearance of international financial crisis, and the international economic situation has becoming more and more complex. This is held in the key period of the development of China's western region.	是	对	

续表

受试译员	译语	启动处理	译语评价	错误类型
s7	... z1 0:08 after 0:08 the global finance crisis is gradually decreasing, and the global economic condition is becoming increasingly complicated, and the new west development is at the key stage.	是	对	
s8	... under the z1 0:08 circumstance of 0:09 a global financial crisis that is decreasing and global financial is becoming more and more complicated and changing. It's on a new round of, em, strategy, em, new opportunity in western of China which is launching. It is a critical stage.	是	对	

源语 Z2 ······ 0:40 抓住机遇、加快发展的 0:44 新视野、0:46 新前景、0:48 新对策······

受试译员	译语	启动处理	译语评价	错误类型
s1	This forum is, em, going with the topic of, the new topic of z2 0:44 seize the opportunity and accelerate the development, 0:50 the new view, new policy, ...	是	错	中心词误译
s2	0:40 This forum is to grasp the development opportunity. This embodies the bright future of common cooperation.	否	错	未启动处理
s3	...take some um, z2 0:41 opportunity, some themes that focus on the economic development. We are focusing on a 0:51 new vision, a new strategy ...	是	错	分枝成分误译
s4	... 0:44 and committed to, em, promoting the development ...	否	错	未启动处理
s5	0:46 This forum is set to discuss the new idea and new concept as well as the new goal of the development of the west.	否	错	未启动处理
s6	0:38 This is about a very advanced, high, high-end, em, topic in order to put forwards the new strategy to some challenge.	否	错	未启动处理
s7	... 0:44 advancing the new insights and new future as well as new resolutions, ...	否	错	未启动处理
s8	... z2 0:44 opportunity and push the development of China, 0:52 new vision and new solutions.	是	对	

续表

源语 Z3 …… 既是 2:57 中央的领导、关心、支持，既是 3:05 全省各族人民团结一致、顽强拼搏的 3:12 结果……（也和社会各界的关注、支持、帮助有很大的关系。）

受试译员	译语	启动处理	译语评价	错误类型
s1	… not only z3 3:00 depends, em, not, not only depends on the 3:04 support and concern of China government, but also, but also the results of all people struggle and efforts …	是	错	分枝成分误译
s2	… z3 2:59 related to 3:00 the concerns of the official of the central government. These achievements are also the results from the joint efforts of the people …	是	错	分枝成分误译
s3	… are made, are achieved, z3 3:04 are attributed not only to 3:06 the Central Committee's leadership, but also is the result of concerted efforts of people, all over the society.	是	错	分枝成分误译
s4	… z3 3:02 attribute to the 3:04 leadership and attention of the central government, but also, em, with the concerted efforts from all the, of people from different ethnic groups …	是	错	分枝成分误译
s5	… not only z3 3:04 because of 3:06 the support of the central government, but also to, the joint effort of all the people in Yunnan Province. (And we also thank, eh, the, eh, support from all over the country.)	是	对	
s6	… 3:05 thanks to 3:07 the whole nation's cooperation and, the cooperation of Yunnan Pro, Yunnan's people.	是	错	分枝成分误译
s7	… 2:58 the results of 3:00 the leadership of the Central Committee, the joint efforts of our citizens of Yunnan province, (and are also closely related to the society's concerns and supports.)	是	对	
s8	2:54 These achievements are the great leadership of central government concerning, and also the people from the whole province …	否	错	未启动处理

源语 Z4 对于 4:14 所有关心支持云南的抗旱救灾、帮助我们渡过难关的 4:28 朋友和同志们，（在此我表示衷心的感谢！我们在遇到困难的时候，遇到危机的时候，遇到灾难的时候，资金的支持、物质的支持是重要的。）

受试译员	译语	启动处理	译语评价	错误类型
s1	As for z4 4:26 these people who 4:28 support and help u, help us to go through the drought catastrophe, (I, here, I want to express my heartfelt gratefulness.)	是	对	

续表

受试译员	译语	启动处理	译语评价	错误类型
s2	To z4 4:29 friends 4:30 who helped us, we would like to thank you for your support. Your support has helped us relieve from the disaster. (When we are faced with disasters, difficulties, the financial support is very important.)	是	对	
s3	For z4 4:21 those 4:22 who have supported us fighting the disaster and helped us to survive the disaster. All those people, (I would like to express my heartfelt appreciation.)	是	对	
s4	For z4 4:22 those 4:23 who are, em, who paid great attention to the disaster relief and helped us a lot in going through this disaster, (I would like to express my sincere, em, gratitude.)	是	对	
s5	For, for z4 4:24 all the people 4:25 who have helped, helped us, ...	是	错	分枝成分高风险省略
s6	I want to show my graduate, my gratitude to z4 4:38 all of people that 4:40 help us and offer, your... and offer the help to us.	是	错	分枝成分高风险省略
s7	4:21 And we appreciated z4 4:23 all people 4:24 who have contributed to the disaster relief and helped us to being through the disaster. (I demonstrate my heartful appreciation to you all.)	是	对	
s8	For z4 4:21 those 4:22 who care for Yunnan province, em, our disasters, and those who help us through this difficulty, (I'd like to thank you, sincerely.)	是	对	

源语 Z5 …… 6:50 面向西南开放的 6:52 桥头堡 6:53。

受试译员	译语	启动处理	译语评价	错误类型
s1	... z5 6:56 a gateway 6:58 of new, of the west, em, development.	是	对	

续表

受试译员	译语	启动处理	译语评价	错误类型
s2	... 6:51 they require Yunnan to be the gateway.	否	错	未启动处理
s3	… and he, pointed out we should build Yunnan as 6:56 the gateway 6:57 of China.	是	错	分枝成分误译
s4	…z5 6:55 a gateway, em, 6:57 facing this southwest	是	对	
s5	…z5 7:00 a gateway 7:01 of the development of the middle and west China.	是	错	分枝成分误译
s6	… z5 7:04 the gateway 7:06 of western China.	是	对	
s7	... z5 6:53 the gateway 6:54 to the west development.	是	对	
s8	... 6:51 Yunnan province should be constructed as em, opening, em, to the west of China.	否	错	未启动处理

源语 Z6 …… 6:59 中央深刻地分析了全国改革、发展、稳定大局的形势 7:11、根据国家战略对我们云南提出的 7:17 要求……

受试译员	译语	启动处理	译语评价	错误类型
s1	7:02 I think, em, this, embody that the Chinese government has deeply, em, analyze the whole situation of the China, and according to the, em, national strategy, ...	否	错	未启动处理
s2	I believe that z6 7:02 the central government has analyzed the whole situation of the whole country in reform and opening-up. So it 7:20 requires Yunnan to be the gateway.	是	对	
s3	... this is, this z6 7:06 comes from the 7:09 analysis of the country overall situation. According to the national strategy, and President Hu made such 7:27 policies.	是	错	分枝成分误译
s4	... 7:01 it show, it not only shows that, em, the central government has had a detailed annole, annelo, em, analyse of the overall situation, and had a very, em, detailed plan for Yunnan, ...	否	错	未启动处理
s5	7:06 I think, this is a great encouragement to us, and we also will play a very important role in the overall development of the country.	否	错	未启动处理

续表

受试译员	译语	启动处理	译语评价	错误类型
s6	7:11 And they analyzed the reform situation of whole China.	否	错	未启动处理
s7	... z6 7:01 a deep analysis of the Central Committee, the opening up and revolution, and it is 7:19 a command from the Central Committee to Yunnan province, ...	是	错	分枝成分误译
s8	z6 7:06 Have a deep analysis in reform and development of China's strategy. According to the strategy of our country, and their 7:22 requirements to Yunnan, ...	是	错	分枝成分省略

源语 Z7 8:09 由发改委牵头、8:11 60 多个部委参加、8:15 有近 200 人的 8:16 调研组……

受试译员	译语	启动处理	译语评价	错误类型
s1	And there are some z7 8:19 research groups 8:21 including more than 200 people ...	是	错	分枝成分高风险省略
s2	8:11 The development department has deployed 12 small teams ...	否	错	未启动处理
s3	8:15 There are more than 200 people has launched researches in Yunnan Province.	否	错	未启动处理
s4	z7 8:13 Lea, led by the, em, Development and Reform Committee, and, em, consisted of 40 departments, em, 8:25 a campaign has now started in Yunnan province.	是	错	中心词、分枝成分误译
s5	…z7 8:21 a team of 8:23 200 of people to visit Yunnan Province, ...	是	错	分枝成分高风险省略

续表

受试译员	译语	启动处理	译语评价	错误类型
s6	8:22 Now, due of the central government groups have, the dozens of research in Yunnan, ...	否	错	未启动处理
s7	z7 8:14 With the leader of central department, and 8:21 a research team with 200 people ...	是	错	分枝成分误译
s8	8:13 As the leader of community of development, around 200 people ...	否	错	未启动处理

源语 Z8 ……8:59 中国西部 9:01 最具潜力、9:04 最有希望、9:07 最富商机的 9:10 发展高地 9:11。

受试译员	译语	启动处理	译语评价	错误类型
s1	...z8 9:05 the most potential, most hopeful, most prosperous 9:13 development area.	是	对	
s2	... z8 9:14 a place 9:16 that is gathering opportunities.	是	错	分枝成分高风险省略
s3	... z8 9:04 the most potential 9:05 program in Chinese western region.	是	错	中心词、分枝成分误译
s4	... z8 9:05 the most pro, em, potential, most promising and most, em, most business attractive 9:15 place for, in China.	是	对	
s5	... z8 9:05 the most potential and most promising 9:13 province with a lot of business opportunities among the west.	是	对	
s6	... z8 9:06 the most potential, em, 9:11 province of China's, of western China with, with the largest opportunity.	是	对	
s7	9:01 The colorful Yunnan will be most potential and most hopeful and have most opportunities for the development of China.	否	错	未启动处理

受试译员	译语	启动处理	译语评价	错误类型
s8	... z8 9:05 the western of China's most hopeful, most potential, and most good developing 9:17 opportunity and with most good developing opportunity.	是	错	中心词误译

附录 4　实验组学生汉译英同传语序差异处理译语

源语 Z1 ……是在 0:04 在国际金融危机逐步消退，0:10 国际经济形势变得越来越复杂、越来越多变，是在 0:22 新一轮西部大开发战略启动实施的 0:27 关键时刻……

受试译员	译语	启动处理	译语评价	错误类型
S1	… z1 0:09 after 0:10 the global financial crisis, and the landscape of international finance is getting more complicated, and we are at a crucial stage of this new western development plan.	是	对	
S2	… z1 0:09 under the condition that 0:12 international crisis is declining. The international condition is becoming more complicated and changeable. We are facing the launch of a new kind, um, a new round of western development.	是	错	分枝成分误译
S3	…z1 0:10 after 0:11 the world financial crisis and the increasing complicated global situation. It is also opened after the new round of western development and it's in critical period.	是	对	
S4	… under z1 0:07 the backdrop 0:08 where the world is recovering from the international financial crisis, and the condition of international economy is getting more complicated and changeable, and a new round of development strategy for the west is entering an important phase.	是	对	
S5	… z1 0:12 during the, um, 0:15 rejuvenation after the recess of the global financial crisis, while there are a lot of changes in the global economic landscape, and this is the critical, um, point to develop the western China with this new opportunities.	是	错	分枝成分误译
S6	… on the z1 0:09 era of 0:10 eliminating of global financial crisis. And the landscape of economy have become more complicated and diverse. And it is under the new term of development of the west.	是	错	中心词、分枝成分误译

续表

受试译员	译语	启动处理	译语评价	错误类型
S7	... z1 0:10 during the time 0:11 when economy crisis, um, has put an end and the national situation has become even more complicated than ever during the key period.	是	错	分枝成分误译
S8	... z1 0:09 after 0:10 the financial crisis, when the global financial situation has become more complex and more complicated. It's when the new western region development is in the key status.	是	对	

源语 Z2 …… 0:40 抓住机遇、加快发展的 0:44 新视野、0:46 新前景、0:48 新对策……

受试译员	译语	启动处理	译语评价	错误类型
S1	…discuss about z2 0:46 seizing the new opportunity for development and discuss new strategy and new plans	是	对	
S2	…z2 0:46 the new version of 0:47 accelerating development. We will have new prospect and new measures, ...	是	错	中心词误译
S3	… z2 0:46 seizing great opportunities and having new policies, new objectives.	是	错	中心词误译
S4	… z2 0:42 seize the opportunity to accelerate development with a new view and new strategies …	是	对	
S5	… z2 0:42 capture the new opportunities, and accelerate, um, our development and find new, um, methods and other measures to launch deeper development.	是	对	
S6	… talk about z2 0:45 the opportunities and new landscape and solutions of the west.	是	错	分枝成分误译
S7	0:32 The forum, this time, has a very deep and keen theme, which is about to identify new strategy during the key period.	否	错	未启动处理
S8	… z2 0:42 catch the opportunities and fasten the development to catch the new visions and new strategies.	是	错	分枝成分误译

续表

源语 Z3 ……既是 2:57 中央的领导、关心、支持，既是 3:05 全省各族人民团结一致、顽强拼搏的 3:12 结果……（也和社会各界的关注、支持、帮助有很大的关系。）

受试译员	译语	启动处理	译语评价	错误类型
S1	… z3 2:58 because of 2:59 the leadership and support of central government and also a result from our unity and hard work, … (and is closely related to the concern and help and support from all parties from the society).	是	对	
S2	… both z3 3:00 the fruit of 3:02 the Central Committee's care and support but also the people of the province's efforts and struggle.	是	对	
S3	…z3 3:02 achieved by 3: 04 the support and comfort, um, the support of the leaders of the central committee, also it originates from the joint of the different levels of people.	是	错	分枝成分误译
S4	… z3 3:00 attributed to the 3:01 support and encouragement of the central government, to the joint efforts of our peoples from all ethic groups … (as well as the attention, support and assistance from all sides of the society.)	是	对	
S5	… z3 3:03 cannot be achieved without 3:07 the care of the central government, the hard work of our people and civil servants, … (and the attention and support from the whole society from our country)	是	对	
S6	… z3 2:58 are gained from our 3:02 central government but also due to the joint efforts of all the people in the province …	是	错	分枝成分误译
S7	… the z3 3:01 result of 3:02 effort, of the leadership, the care of the central government, and it is also the result, of the, the united effort of the whole province. (And also, it is the result of help and support of people from all walks of life.)	是	对	
S8	… not only z3 2:59 contributed to 3:01 the work of CPC committee, their support, but also contribute to the people's cooperations and fightings, …	是	错	中心词、分枝成分误译

源语 Z4 对于 4:14 所有关心支持云南的抗旱救灾、帮助我们渡过难关的 4:28 朋友和同志们……（在此我表示衷心的感谢！我们在遇到困难的时候，遇到危机的时候，遇到灾难的时候，资金的支持、物质的支持是重要的。）

受试译员	译语	启动处理	译语评价	错误类型
S1	And for 4:23 all the people 4:24 who care about this drought in Yunnan, and helped us tide over the disaster, (I would like to extend my gratitude to all of you.)	是	对	
S2	For z4 4:19 all those 4:20 who care and support the fight against drought in Yunnan Province, for those who help us to struggle against the difficult times, ...	是	对	
S3	For z4 4:25 people 4:26 who have shown their concern and help to us, um, to help us to survive the droughts, ... (I, I'd like to thank you all.)	是	对	
S4	4:21 I would like to express our most sincere thanks to 4:25 all the people 4:26 who have supported us in our disaster relief efforts and helped us to overcome this great challenge. (Thank you very much. When we are faced with difficulties and crisis, and disasters, fund support and material support are very important.)	是	对	
S5	4:28 I want to, um, express my warm gratitude to z4 4:32 people, that, 4:34 helped us um, during the drought, and gave us support during this, um, recovery. (When we encountered some difficulties, and, serious crisis and disasters, the support of, um, money and materials are very important.)	是	对	
S6	For z4 4:20 all the people 4:22 who have supported and concerned the disaster in Yunnan Province and supported us to overcome the hardship, (I would like to extend my great gratitude to you.)	是	对	
S7	Thanks to z4 4:24 your 4:25 support to the disaster relief, we have, made it through the disasters, we have made it through the darkest hours. (So, I would like to extend my heartfelt thanks to all of you for your efforts and your help.)	是	对	
S8	To z4 4:20 all the people that, um, 4:22 give us support and attention, um, to, um, who have helped us to overcome the difficulties, ...	是	对	

续表

源语 Z5 ······ 6:50 面向西南开放的 6:52 桥头堡 6:53。

受试译员	译语	启动处理	译语评价	错误类型
S1	... z5 7:01 a gateway 7:02 for development of Yunnan.	是	错	分枝成分误译
S2	... z5 6:54 the gateway 6:55 for the development of western regions.	是	对	
S3	... z5 6:55 the gateway, um, 6:57 to westsouth, um, parts.	是	错	分枝成分误译
S4	... z5 6:53 a gateway 6:54 to the opening-up of southeast regions.	是	错	分枝成分误译
S5	... z5 6:56 a gateway and 6:58 take the leadership to um, lead the development of western China.	是	错	分枝成分误译
S6	... z5 6:53 a gateway 6:54 for the southwest provinces in China.	是	对	
S7	... z5 6:56 a gateway 6:57 to the west.	是	对	
S8	... z5 6:54 a gateway to 6:55 open to all the western regions.	是	对	

源语 Z6 ······ 6:59 中央深刻地分析了全国改革、发展、稳定大局的形势 7:11、根据国家战略对我们云南提出的 7:17 要求······（我觉得也是我们云南难得的发展机遇。）

受试译员	译语	启动处理	译语评价	错误类型
S1	I believe that under the um z6 7:10 thorough analysis of the central government, in accordance with the national strategy, this is a reasonable 7:23 request for Yunnan ... (and also a unique opportunity for us to grow and develop.)	是	对	
S2	...it is, the, it is that z6 7:10 the Central Committee has analyzed the development and the overall condition of the country and then they have such a 7:21 demand to our Yunnan Province. (I think it is also a rare, um, development chance for Yunnan Province.)	是	对	

受试译员	译语	启动处理	译语评价	错误类型
S3	... z6 7:04 this decision is made, um, after 7:08 the great consideration by Central Committee in terms of the national development and national strategic plan. (I, I think that it is also a, um, hard-won opportunity for Yunnan province.)	是	对	
S4	I think it is, z6 7:05 the reason behind this is 7:09 the comprehensive analysis of the central government of the comprehensive situation of national development and opening-up, and the requirements after such analysis.	是	错	中心词误译
S5	... it is based on the, z6 7:14 the overall development blueprint of the whole country, and this is the 7:23 requirement and demand from the central government, ...	是	错	分枝成分高风险省略
S6	... it z6 7:06 results from the 7:08 profound analysis of the landscape of reform and opening-up throughout the country. According to the 7:21 order our central government told us, (I think, it is a critical opportunity for Yunnan province.)	是	对	
S7	... this is a very key and, um, z6 7:10 deep and key analysis made by the central government. It is a very important 7:14 decision made by the central government. I think this 7:19 requirement (is very important. I think this is also one thing that a lifetime opportunity for Yunnan province to grow itself.)	是	对	
S8	... z6 7:05 when the central committee, after the specific analysis, um, when they analyzed the, this goal of the national development, this is, um, their 7:20 requirement that, to meet the national development, ...	是	对	

源语 Z7 8:09 由发改委牵头、8:11 60 多个部委参加、8:15 有近 200 人的 8:16 调研组……（目前正在云南分为 12 个小组进行调研，和我们一起、指导我们制定好西部大开发的规划，制定好桥头堡建设的规划，制定好"十二五"发展的规划。）

续表

受试译员	译语	启动处理	译语评价	错误类型
S1	We have z7 8:17 a survey group of 8:23 over 200 experts in Yunnan, they are studying our status quo, ...	是	错	分枝成分高风险省略
S2	8:12 Led by the Development and Reform Committee, participated by more than 60 departments, ...	否	错	未启动处理
S3	z7 8:13 Guided by the NDRC, um, a 8:18 team of 200 researchers is doing field research (by 12 smaller teams, guiding us to produce the western development plan, the gateway construction plan, and the 12th twelve five year plan.)	是	对	
S4	z7 8:11 Led by the commission of development and reform, with the participation of over 60 departments, 8:21 a team of over 60 researchers ...	是	错	分枝成分误译
S5	... 8:18 Nowadays, um, there are twelve official groups investigating Yunnan province, exploring the opportunities and possibilities of the development, ...	否	错	未启动处理
S6	8:12 This project has been supported by central departments.	否	错	未启动处理
S7	z6 8:17 Nearly two hundred people constitute 8:24 a research team to conduct further research into Yunnan province.	是	错	分枝成分高风险省略
S8	8:10 It has been led by the central development committee, and more than 200 experts, has, um, has been, um, has researched ...	否	错	未启动处理

源语 Z8 …… 8:59 中国西部 9:01 最具潜力、9:04 最有希望、9:07 最富商机的 9:10 发展高地 9:11。

续表

受试译员	译语	启动处理	译语评价	错误类型
S1	… z8 9:04 a most potential um, 9:12 place in the western part of China.	是	错	分枝成分高风险省略
S2	… z8 9:02 the Chinese western region's most potential and most promising 9:11 development highland with most business opportunities.	是	对	
S3	… z8 9:02 the most potential 9:05 place in China's western areas and also the most, um, potential place for business.	是	对	
S4	… z8 9:06 the most potential and promising 9:13 region for the development of western China.	是	对	
S5	… z8 9:03 a province that will be, be, um, a province 9:14 that develops with vast potentials and vast opportunities.	是	对	
S6	... z8 9:03 the most potential and most promising 9:11 place in China, in the southwest of China.	是	对	
S7	... z8 9:05 the most potential, the most, um, forward looking 9:13 one of the west.	是	错	中心词、分枝成分误译
S8	... become, em, become, z8 9:05 the most potential and the most hopeful, the most, um, have most opportunities in the western regions, and will become the 9:16 highland.	是	对	

附录 5 职业译员汉译英同传语序差异片段译语

语序差异（组 1）片段 1 源语	这次论坛是在国际金融危机逐步消退，国际经济形势变得越来越复杂、越来越多变，是在新一轮西部大开发战略启动实施的关键时刻召开的 0:28。
机翻译文	The forum is held at a crucial moment when the international financial crisis is gradually fading, the international economic situation has become more and more complicated and changing, and the new round of the strategy for the development of the western region is launched.

译语	I1	This forum is held under the background that the financial crisis is fading, and the international economy is getting more and more complex, and the new round of the western development is launched 0:30.
	I2	Now this forum is held … under the background of a, well, … an improving financial crisis, and also increasingly complex picture across the globe, and also is held when the new round of strategy to develop the western China is being launched 0:36.
	I3	This forum is being held when the global financial crisis is receding, when the global economic situation is becoming more and more complicated, more and more uncertain, and this conference is being held when a new round of the great development of China's west is being launched 0:31.
	I4	This forum is held against the backdrop of the declining trend of the global financial crisis. It is against the backdrop of increasing complexity of the global financial picture. It's also against the backdrop of a new wave of the fast development drive of the western part of China 0:29.
	I5	This forum is held in the context of the recovering economy after the financial crisis, and now the economic situation globally is more and more complicated, and is changing rapidly. Also, we're now in a period of time to promote the development of western China 0:32.
	I6	This forum is held under a background that the financial crisis is fading away, and the international economy is becoming more and more complex, and at the new round of the western development 0:29.

续表

组 1 片段 2 源语		这次论坛将以深刻而富有前瞻性的主题，致力于探讨抓住机遇、加快发展的新视野、新前景、新对策，更加展示了这一交流、合作机制的巨大潜力和光明前景，必将对云南的发展、进步产生积极的影响 1:08。
机翻译文		This <u>forum</u> will <u>focus</u> on <u>discussing new perspectives</u>, <u>new prospects</u> and <u>new countermeasures</u> to <u>seize opportunities</u> and <u>accelerate development</u> with a <u>deep</u> and <u>forward-looking</u> theme. It will <u>demonstrate</u> the <u>great potential</u> and <u>bright prospects</u> of this <u>exchange</u> and <u>cooperation mechanism</u>. It will <u>definitely have</u> a <u>positive impact</u> on the <u>development</u> and <u>progress</u> of <u>Yunnan</u>.
译语	I1	This <u>forum</u>, with an <u>insightful theme</u>, <u>discusses seizing opportunities</u>, <u>accelerating development</u>, and <u>new solutions</u> of the two <u>so that</u> we can <u>further demonstrate</u> the <u>great promise</u> of this <u>mechanism</u>. And this will <u>contribute</u> to the <u>Yunnan's development</u> 1:10.
	I2	<u>Now</u> this is <u>forward-looking.</u> We are <u>here to discuss how</u> we can <u>seize upon</u> the <u>opportunities</u> and <u>accelerate</u> our <u>development</u>. We are <u>looking</u> at <u>different approaches, strategies</u>. And of course, this <u>forum also</u> is a <u>showcase</u> of the <u>prospect</u> of this <u>cooperation mechanism</u> and its <u>potential</u>. It will, of course, <u>contribute</u> to Yunnan's <u>development</u> 1:09.
	I3	<u>So</u> I **believe** this <u>forum</u> will <u>discuss insightful</u> and <u>significant issues</u> … <u>so that</u> we can <u>seize all</u> the <u>opportunities</u> and we can <u>come up</u> with <u>new strategies</u> and <u>tactics in order to</u> seize these <u>opportunities</u>. And this <u>forum</u> will <u>also</u> <u>demonstrate</u> the <u>great potential</u> for this <u>cooperative platform</u>, and I **believe** this <u>forum</u> or this <u>conference</u> will be of <u>great importance</u> to the <u>development</u> and <u>advance</u> of <u>Yunnan province</u> 1:12.
	I4	<u>So</u> this <u>forum</u> will <u>cover many unprecedented issues</u> and <u>themes</u>, <u>so</u> we will <u>focus</u> on <u>talking</u> about <u>seizing opportunities</u> and <u>accepting</u>… <u>accelerating growth</u>, and we will <u>come</u> up with the <u>right strategies in order to</u> <u>utilize opportunities</u> and <u>new prospects</u>. And this <u>forum</u> will <u>demonstrate</u> the <u>great prospect</u> of our <u>cooperating</u> with <u>each other</u>, and I **believe** that this <u>forum</u> will <u>contribute</u> to the <u>development</u> and <u>progress</u> of <u>Yunnan province</u> 1:10.
	I5	This <u>forum actually</u> will, <u>thanks to</u> its <u>profound</u> and <u>visionary theme</u>, <u>focus</u> on <u>how</u> we could <u>grasp opportunities</u> to <u>promote further development</u>. I **believe** we will <u>have</u> a <u>new vision</u>, we will <u>have</u> a <u>new strategy</u>, and this <u>forum</u> is <u>also</u> a <u>good example</u> to <u>show</u> the <u>promising future</u> of such a <u>mechanism</u>, and will <u>promote</u> the <u>development</u> of <u>Yunnan province</u> 1:10.
	I6	This <u>forum</u>, … with a <u>visionary theme</u>, is <u>committed</u> to <u>seizing opportunities</u>, <u>accelerating development</u>, and <u>forming new strategies</u> of the two <u>so that</u> we can <u>further demonstrate</u> the <u>huge potential</u> of this <u>exchange mechanism</u>. And this will <u>certainly</u> be a <u>great help</u> and <u>have</u> a <u>great impact</u> on the <u>Yunnan province's development</u> 1:11.

续表

组 1 片段 3 源语		这些成绩的取得，既是中央的领导、关心、支持，既是全省各族人民团结一致、顽强拼搏的结果，也和社会各界的关注、支持、帮助有很大的关系 3:23。
机翻译文		The <u>achievement</u> of these <u>achievements</u> is <u>not only</u> the <u>result</u> of the <u>leadership, care</u> and <u>support</u> of the <u>central government</u>, <u>but also</u> the <u>result</u> of <u>unity</u> and <u>hard work</u> of the <u>people</u> of <u>all ethnic groups</u> in the <u>province</u>. It <u>also has</u> a <u>great relationship</u> with the <u>attention, support</u> and <u>help</u> of <u>all sectors</u> of <u>society</u>.
译文	I1	<u>All</u> these <u>achievements</u> are, are the <u>results of</u> <u>central government's help</u> and <u>support</u>, <u>but also</u> are the <u>fruits of</u> the <u>whole Yunnan people's unification</u> and <u>efforts</u>. Of course, it <u>has</u>, it <u>was greatly related</u> to the <u>strong support</u> and <u>help</u> from **all parts** in **China** 3:33.
	I2	<u>Now</u> these <u>achievements</u> were a <u>result</u> of the <u>leadership</u> from the <u>central government</u> and <u>also</u> their <u>support</u>, is <u>also</u> a <u>result</u> of the <u>joint effort of</u> <u>all people</u> in <u>Yunnan province</u>, and <u>also</u> were a <u>result</u> of the <u>support</u> from <u>all walks of life</u> in **Yunnan province** 3:25.
	I3	<u>So</u> we've <u>made great achievements</u>, and of course, we should **acknowledge** the <u>support</u> from the <u>central government</u>. We should <u>also</u> **acknowledge** the <u>great effort made</u> by <u>people</u> in Yunnan province. And our <u>achievements</u> and our <u>success</u> occur <u>also because</u> of the <u>great support</u> from various sectors 3:28.
	I4	I **think** <u>all</u> of these <u>great achievements</u> are <u>both</u> a <u>result</u> of the <u>good leadership</u> of the <u>central government</u>, their <u>care</u> and <u>support</u> of **local level governments**, <u>but also</u> a <u>result</u> of the <u>solidarity</u>, and <u>perseverance</u>, and <u>hard work</u> of <u>all people</u> in our <u>province</u>. I **think** we should <u>also</u> **give credit** to the <u>support, attention</u> and <u>care given</u> from <u>all quarters</u> of <u>society</u> 3:23.
	I5	<u>All</u> these <u>achievements</u> cannot be <u>made</u> without the <u>great support</u> from the <u>central government</u> and the <u>joint efforts</u> of <u>all</u> the <u>people</u> across the <u>province</u>. And we <u>also</u> **thank** the <u>public</u> for your <u>support</u>, without <u>which</u> we can't **achieve so rapid growth** 3:27.
	I6	These <u>achievements</u> … are <u>attributed</u> to the <u>leadership</u> of the <u>central government</u> and the <u>support provided</u> by <u>central government</u>. <u>Also</u>, it is <u>attributed</u> to the <u>people</u> of <u>Yunnan province</u>. It is <u>also closely related</u> to the <u>care</u> and <u>support provided</u> by the <u>social community</u> 3:23.
组 1 片段 4 源语		对于所有关心支持云南的抗旱救灾、帮助我们渡过难关的朋友和同志们，在此我表示衷心的感谢！4:38
机翻译文		<u>Here</u> I would like to <u>express</u> my <u>heartfelt thanks</u> to <u>all</u> the <u>friends</u> and <u>comrades who care</u> about <u>supporting</u> the <u>drought relief</u> in <u>Yunnan</u> and <u>helping</u> us through the <u>difficulties</u>.

译语	I1	To <u>all</u> the <u>people</u> <u>who</u> <u>helped</u> and <u>supported</u> the <u>disaster relief efforts</u> in <u>Yunnan</u>, **taking** this **occasion**, I'd like to <u>express</u> my <u>sincere gratitude</u> to you <u>all</u> 4:42.
	I2	And you <u>**see**</u>, I would like to <u>express</u> my <u>gratitude</u> to <u>all</u> those <u>who</u> <u>helped</u> us, <u>assisted</u> us, and <u>all</u> those <u>who</u> are <u>concerned</u>, <u>who</u> <u>sent</u> their <u>concern</u> to us. <u>Thank</u> you <u>again</u>. <u>Thank</u> you <u>very</u> <u>much</u> 4:40.
	I3	And <u>here</u>, I <u>want</u> to … <u>thank</u> you <u>who</u> have <u>made</u> your <u>own efforts</u> in <u>helping</u> us. And on **behalf** of the **Yunnan province**, of **people** of **Yunnan**, I <u>want</u> to <u>say</u> <u>thank</u> you, <u>thank</u> you <u>very</u> <u>much</u> for your <u>help</u> 4:42.
	I4	I **think** I should <u>say</u> <u>thank</u> you to <u>all</u> the <u>people</u> <u>who</u> have <u>given</u> your <u>support</u> and <u>care</u> in <u>helping</u> us <u>rebuild</u> <u>Yunnan</u> <u>after</u> the <u>disaster</u>. I would <u>also</u> like to <u>say</u> <u>thank</u> you to <u>all</u> <u>friends</u> and <u>concerned</u> **personalities** <u>who</u> have <u>given</u> us a <u>helping hand</u>. On this **special occasion**, please **allow** me to <u>express</u> my <u>heartfelt gratitude</u> to <u>all</u> of you <u>who</u> have <u>helped</u> us through the <u>crisis</u> 4:44.
	I5	For…I would like to <u>extend</u> my <u>most sincere thanks</u> to <u>all</u> the <u>people</u> <u>who</u> have <u>supported</u> our <u>fight</u> against the <u>drought</u>, <u>who</u> <u>helped</u> us go through our <u>most</u> <u>difficult period</u>. <u>Again</u>, <u>thank</u> you <u>very</u> <u>much</u> 4:38.
	I6	For <u>all</u> the <u>people</u> <u>who</u> <u>care</u> and <u>support</u> Yunnan province and <u>help</u> us to <u>tide</u> over <u>difficulties</u>, I'd like to <u>extend</u> the <u>warmest appreciation</u> to them 4:41.
组 1 片段 5 源语		去年七月，江泽民总书记[此处为口误]，胡锦涛总书记视察云南时，明确地向云南提出，要求云南建成面向西南开放的桥头堡 6:53。
机翻译文		In <u>July last year</u>, <u>General Secretary</u> Jiang Zemin and <u>General Secretary</u> Hu Jintao, <u>when</u> <u>inspecting</u> Yunnan, <u>made</u> a <u>clear request</u> to <u>Yunnan</u> to <u>build</u> a <u>bridgehead</u> <u>opening</u> up <u>facing</u> the <u>southwest</u>.
译语	I1	<u>Last July</u>, <u>President</u> Jiang Zemin and <u>Hu Jintao</u> <u>paid</u> a <u>visit</u> to <u>Yunnan</u>, and <u>required</u> <u>that</u> Yunnan should be <u>constructed</u> and <u>developed</u> to be a <u>gateway</u> of West **China** 6:59.
	I2	<u>Actually</u>, <u>last July</u>, President Jiang Zemin and <u>Hu Jintao</u> visited Yunnan. They <u>said</u> that they <u>want</u> Yunnan to <u>become</u> a <u>gateway</u> in the <u>bid</u> to <u>develop</u> western **China** 6:57.
	I3	<u>Last July</u>, <u>President</u> Jiang Zemin and <u>President</u> Hu Jintao <u>visited</u> Yunnan <u>province</u>, and they <u>instructed</u> <u>that</u> Yunnan should <u>become</u> a <u>gateway</u> to **China's** <u>southwest</u> 6:58.
	I4	<u>Last July</u>, <u>President</u> Jiang Zemin <u>as well as</u> Hu Jintao <u>visited</u> Yunnan <u>province</u>, and they <u>pointed</u> out a <u>special requirement</u>. They <u>wanted</u> us to <u>become</u> the <u>bridge</u> **connecting** the <u>southwestern part</u> of **China** with the **rest** of **China** 7:00.
	I5	<u>Last July</u>, <u>President</u> Jiang Zemin, **excuse** me, <u>Chairman</u> Hu Jintao,

		during his visit to Yunnan, said that Yunnan should be built into a beachhead of opening to the western and southern part of **China** 7:01.
	I6	July last year, President Mr. Jiang and Mr. Hu visited Yunnan province. At that time, they required Yunnan to be the gateway of western development 6:57.
组 1 片段 6 源语		我想这既是中央深刻地分析了全国改革、发展、稳定大局的形势，根据国家战略对我们云南提出的要求，我觉得也是我们云南难得的发展机遇 7:28。
机翻译文		I think this is not only the requirement to us Yunnan in accordance with the national strategy based on a profound analysis of the situation by the central government of national reform, development, and stability. I think it is also a rare development opportunity for Yunnan.
译语	I1	I think the central government has made deep analysis about the country's development project, and according to our country's strategy, they raised this requirement to us. I think this is a … really good opportunity for Yunnan to develop 7:34.
	I2	I believe it is not only a um **result** of analysis from the central government on … the development of the … entire country, and this is, of course, their, also their requirement on Yunnan province, and also a unique opportunity for Yunnan 7:30.
	I3	And their instructions are a **result** of careful analysis of the overarching situation in China in its development and reform. So, the **development** of Yunnan province is **actually** a **part** of national strategy, and this has also provided us a golden opportunity 7:31.
	I4	I think **great wisdom** has been **demonstrated** on the part of the central party at the top because they have analyzed the big picture of China's strategic development. And based on the requirement of the strategic development at the national level, they have put forward special requirement for us at the **local level**. I think that is a huge opportunity for Yunnan to make further economic progress 7:33.
	I5	I believe that that is the **decision** made by the central government based on an analysis of the reality of reform and development of the country, and it is also part of the national strategy. What's more, that **policy** gives us an unprecedented opportunity for development 7:30.
	I6	I think that … the central government has analyzed the development and reform of the whole nation. Based on the national strategy, they raised this kind of requirement to us. This is also an important chance for Yunnan to develop 7:30.
组 1 片段 7 源语		由发改委牵头、60 多个部委参加、有近 200 的调研组，目前正在云南分为 12 个小组进行调研，和我们一起、指导我们制定好西部大开发的规划，制定好桥头堡建设的规划，制定好"十二五"发展的规划 8:39。

机翻译文		The <u>research team led</u> by the <u>NDRC</u> and <u>attended</u> by <u>more</u> than <u>60</u> <u>ministries</u> and <u>commissions</u>, with <u>nearly two hundred people</u>, is <u>currently</u> <u>divided</u> into <u>12 groups</u> in <u>Yunnan</u> to <u>conduct fieldwork</u>, and <u>together</u> with us, <u>guide</u> us to <u>formulate plans</u> for the <u>development</u> of the <u>western</u> <u>region</u>, the <u>construction</u> of the <u>bridgehead</u>, and the <u>12th Five-Year Plan</u>.
译语	I1	The … <u>led</u> by <u>NDRC</u>, <u>more</u> than <u>60 ministries participated</u>, and <u>almost</u> <u>two hundred men</u> in <u>research groups</u> are in <u>Yunnan</u> <u>doing related research</u> <u>work</u> <u>together</u> with us. They <u>gave</u> us <u>guidelines</u> and <u>instructions</u> to <u>set up</u> the <u>project</u> of <u>western development</u>, <u>also</u> the <u>project</u> of <u>constructing</u> <u>gateway</u>, and the <u>12th Five-Year Plan</u> 8:43.
	I2	<u>NDRC</u> has <u>led</u> the <u>way</u>, has <u>led</u> a <u>delegation</u> of <u>two hundred people</u> <u>currently</u> in <u>Yunnan</u> to <u>do research</u> and <u>investigation</u>, a <u>field study</u> in <u>fact</u>. They are <u>helping</u> us to <u>develop</u> and <u>design</u> this <u>strategy</u> to <u>develop</u> <u>western</u> **China**, to <u>become</u> a gateway, and of course <u>also</u> to <u>formulate</u> our <u>12th Five-Year plan</u> 8:45.
	I3	The <u>NDRC held</u> a meeting *[misinterpretation]* with the <u>participation</u> of <u>more</u> than <u>60 government agencies</u>. Well, I <u>mean</u>, <u>actually</u>, *[self-correction]* under the <u>leadership</u> of the **Development** and **Reform** **Committee**, <u>two hundred people</u> form <u>12 groups</u> and are in <u>Yunnan</u> <u>doing</u> their <u>work</u> on <u>how</u> to <u>build Yunnan</u> into a <u>great gateway</u> to **China's** **Southwest**. And we are <u>also</u> <u>drafting</u> the <u>12th Five-Year Plan</u>, and in that <u>plan</u>, this **task** is on **top** of the **agenda** 8:51.
	I4	**More** than <u>60 ministries</u> in **China** <u>involving</u> two hundred **research** **experts** are <u>dispatched</u> in a team to <u>Yunnan</u> to <u>help</u> us <u>do some analysis</u>, and they <u>work</u> with us <u>together</u> to <u>work</u> out a <u>strategic development</u> <u>plan</u> for the <u>western development</u> in **China**, to <u>map</u> out the <u>blueprint</u> for us to <u>serve</u> as a <u>bridge</u> **connecting** the **southwestern part** of <u>China</u> with the **rest** of <u>China</u> as well as <u>finalizing</u> the <u>12th Five-Year Plan</u> 8:47.
	I5	In <u>fact</u>, there is an <u>investigation team</u> of <u>two hundred people coming</u> from <u>different ministries</u> of <u>central government</u> in <u>Yunnan</u>. They are <u>divided</u> into <u>12 sub-teams now</u>, <u>analyzing</u> the <u>reality</u> on the <u>ground</u> <u>so</u> <u>that</u> they could <u>help</u> us to <u>work</u> out a <u>plan</u> to <u>build Yunnan</u> into a <u>beachhead</u> of **Southwest China**. And they're <u>also</u> <u>helping</u> us to <u>make</u> our <u>12th Five-Year Plan</u> 8:40.
	I6	And the <u>NDRC led more</u> than <u>60 ministries</u> of **China**, and <u>more</u> than <u>two</u> <u>hundred people</u> are in a <u>research team divided</u> into <u>12 groups studying</u> the <u>work together</u> and <u>provide guidance</u> to us <u>so that</u> we can <u>form</u> the <u>strategy</u> of <u>western development</u> and the <u>strategy</u> of being the <u>gateway</u> to the **western land** 8:41.
组1片段8		当前，云岭大地新一轮西部大开发已经拉开了序幕。七彩云南将成

源语		为中国西部最具潜力、最有希望、最富商机的发展高地 9:11。
机翻译文		At <u>present</u>, the <u>new round</u> of <u>western development</u> in the <u>big land</u> of <u>Yunnan</u> has <u>already begun</u>. <u>Colorful Yunnan</u> will <u>become</u> the <u>most promising</u>, <u>most hopeful</u> and <u>most prosperous development highland</u> in <u>western China</u>.
译 语	I1	<u>Currently</u> … a <u>new round</u> of <u>western development project</u> in <u>Yunnan</u> has <u>started</u>. <u>Yunnan</u> will <u>become</u> … the <u>most potential</u>, the <u>most hopeful</u> <u>opportunity development place</u> in <u>West China</u> 9:14.
	I2	<u>Now</u> <u>currently</u> we **believe** we have <u>started</u> the <u>work</u> to <u>develop</u> the <u>west</u>, the <u>western part</u> of **China**. <u>So,</u> <u>Yunnan province</u> will <u>become</u> the <u>most promising</u>, and <u>most hopeful</u>, and <u>most vibrant place</u> in <u>western China</u> 9:13.
	I3	<u>Now</u> the <u>new round</u> of <u>developing</u> **China's** <u>West</u> is <u>beginning</u>. During the **process**, I **believe** <u>Yunnan province</u> will be a <u>province</u> with <u>great potential</u>, with <u>great hope</u>, and with <u>great business opportunities</u> 9:12.
	I4	And <u>right now</u> we have been **able** to <u>usher</u> in a <u>new period</u> of <u>western development</u> of **China**. I **think** <u>Yunnan province</u> is <u>poised</u> to <u>become</u> the <u>most dynamic</u>, <u>prosperous</u>, and <u>promising place attracting business investment</u> in the <u>western part</u> of <u>China</u> 9:15.
	I5	<u>Now</u> we are **seeing** a <u>new wave</u> of <u>development</u> of <u>western part</u> of **China**. <u>Yunnan</u>, the <u>beautiful province</u>, is going to be the <u>province</u> with the <u>highest</u> <u>potential</u>, and the <u>most number</u> of <u>business opportunities</u> 9:12.
	I6	For the <u>moment</u>, a <u>new round</u> of <u>western development</u> has <u>opened</u> a <u>new chapter</u>. <u>Colorful Yunnan</u> … will be … the <u>biggest potential</u> … <u>opportunity</u> for <u>Yunnan</u> to <u>develop</u> 9:14.

附录 6　职业译员汉译英同传无语序差异片段译语

无语序差异（组2）片段1源语		过去的这一年，是非常不平凡的一年 1:17。1:20 云南省不仅经受了金融危机的强烈冲击，也遇到了百年不遇的干旱灾害 1:39。
机翻译文		The <u>past year</u> has been a <u>very extraordinary year</u>. Yunnan Province <u>not only suffered</u> from the <u>strong impact</u> of the <u>financial crisis</u>, <u>but also</u> encountered drought disasters <u>not occurring</u> in <u>one hundred years</u>.
译语	I1	<u>Last year</u> was extraordinary 1:21. Yunnan <u>not only</u> withstood the <u>impact</u> of the **global** financial crisis, <u>but also</u> suffered from the <u>severe drought</u> 1:43.
	I2	Of course, in the <u>past year</u>, we have **witnessed** a <u>lot</u> of **things going on** 1:19. In <u>Yunnan province</u>, <u>for example</u>, we <u>not only</u> withstood the <u>impact</u> of the <u>financial crisis</u>, and we <u>also</u> <u>actually</u> was <u>hit</u> by <u>unprecedented</u> drought 1:41.
	I3	The <u>past year</u> was <u>quite eventful</u> 1:17. During the <u>past year</u>, <u>Yunnan province</u> was <u>hit hard</u> by the **global** financial crisis. <u>Moreover</u>, we were <u>also</u> <u>hit</u> by the <u>drought</u>, <u>which</u> very seldom hit Yunnan province 1:42.
	I4	In the <u>past year</u>, we have **experienced** a <u>lot</u>, a <u>lot</u> of **ups** and **downs** 1:20. <u>Yunnan province</u> has <u>not only</u> been <u>hit very hard</u> by the <u>financial crisis</u>, and we have <u>also</u> been <u>confronted</u> by <u>unprecedented drought</u> 1:39.
	I5	Over the <u>past year</u>, we have **had** a <u>lot</u> of **events** 1:25. <u>For example</u>, Yunnan province was <u>severely impacted</u> by the <u>economic crisis</u>. We <u>also</u> encountered once in a <u>hundred-year drought</u> 1:42.
	I6	In the <u>past year</u>, we **experienced difficulties**, and it was a <u>special year</u> 1:22. <u>Yunnan province went</u> through the <u>hit</u> of the <u>financial crisis</u>, and encountered the <u>drought</u> 1:40.
组2片段2源语		我可以欣慰地告诉大家，经过全省各族干部群众的团结努力、拼搏奋斗，我们不仅沉着地应对了危机，也夺取了抗旱救灾的初步胜利 2:06。
机翻译文		I am <u>pleased</u> to <u>tell</u> you that <u>after</u> the <u>united efforts</u> and <u>hard work</u> of the <u>cadres</u> and the <u>masses</u> in the <u>province</u>, we <u>not only</u> calmly responded to the <u>crisis</u>, <u>but also</u> won the <u>initial victory</u> in drought relief.

续表

译语	I1	I'd like to <u>say</u>, with the <u>efforts</u> of <u>all</u> the <u>people</u> in <u>Yunnan</u> and the <u>relevant</u> <u>government leaders</u>, we <u>coped</u> with the <u>crisis</u>, and <u>won</u> the <u>mission</u> of <u>tackling</u> the <u>disaster</u> 2:13.
	I2	<u>Actually,</u> it's my **great** <u>pleasure</u> to <u>tell</u> you that with the <u>efforts</u> of **everyone** in Yunnan province, we <u>not only</u> <u>handled</u>, <u>dealt</u> with, the <u>crisis</u> in a <u>calm</u> <u>manner</u>, <u>but also</u> we have <u>saw initial result</u> 2:08.
	I3	<u>But</u> I can <u>tell</u> you <u>now</u> that with the <u>concerted efforts</u> of <u>people</u> from <u>all</u> <u>walks</u> of <u>life</u> and the <u>leadership</u> of the <u>government</u>, we have <u>not only</u> **weathered** the **storm** of the **financial** <u>crisis</u>, <u>but also</u> we <u>got initial victory</u> against the <u>drought</u>, the <u>natural disaster</u> 2:13.
	I4	<u>But</u> I'm <u>pleased</u> to <u>report</u> to <u>everyone here today</u> that through <u>all</u> the <u>efforts</u> of the <u>grassroots level</u> and the <u>government</u> **agencies**, through our <u>joint efforts</u>, <u>not only</u> have we been <u>able</u> to <u>tackle</u> the crisis successfully, <u>but also</u> we have been <u>able</u> to <u>make initial progress</u> in our <u>fighting</u> against <u>natural disasters</u> like the <u>drought</u> 2:13.
	I5	<u>But</u> <u>thanks to</u> the <u>joint effort</u> of <u>people</u> and <u>government officials</u> throughout the <u>province</u>, we have <u>successfully dealt</u> with <u>all</u> the <u>problems</u> in the **economic** <u>crisis</u>, and we have <u>succeeded</u> in our <u>fight</u> against the <u>drought</u> 2:11.
	I6	I am <u>happy</u> to <u>inform</u> you that with the <u>concerted efforts</u> of the <u>government officials</u> and through their <u>hard work</u>, we <u>withstood</u> the <u>crisis</u>, and we were <u>successful</u> 2:09.
组 2 片段 3 源语		就是在去年金融危机那样的形势下，我们省的 GDP 保持了 12 的增长速度 2:21。
机翻译文		It was in the <u>situation</u> of the <u>financial crisis last year</u> <u>that</u> our <u>province's</u> GDP <u>maintained</u> a <u>growth rate</u> of <u>12</u>.
译语	I1	Against <u>last year's background</u> of the <u>financial crisis</u>, our <u>first quarter</u> GDP <u>achieved 12</u> **percent** <u>growth</u> 2:24.
	I2	<u>Actually</u>, <u>even</u> under the <u>financial crisis last year</u>, the GDP of <u>Yunnan province</u> <u>maintained</u> a <u>12</u> **percent** <u>growth</u> 2:23.
	I3	<u>Last year when</u> the <u>financial crisis</u> was at its **peak**, the <u>GDP growth</u> of <u>Yunnan province stood at 12</u> **percent** 2:21.
	I4	I **think progress** has been **made**, <u>even</u> against the <u>backdrop</u> of the <u>global financial crisis</u>. **Let** me **show** you **some figures**. GDP grew by <u>12</u> **percent** 2:22.
	I5	<u>Last year when</u> the <u>economic crisis</u> was **rampant**, our <u>GDP still</u> <u>maintained</u> a <u>growth rate</u> of <u>12</u> **percent** 2:22.
	I6	Under the <u>background</u> of the <u>financial crisis</u>, the <u>GDP reached 12</u> **percent** <u>growth</u> 2:22.

组2片段4 源语		今年遭遇了百年一遇的干旱，一季度 GDP 增长仍然保持了 15 的速度，上半年工业增加值不会低于 20% 2:48。
机翻译文		This year, it suffered a drought unseen in one hundred years. In the first quarter, GDP growth still maintained at a rate of 15. In the first half of the year, the industrial added value will not be lower than 20 percent.
译语	I1	This year, we faced the once in a century drought, but the GDP still recorded at 15 **percent**. The added value of the first half of the year will not be lower than 20 percent 2:53.
	I2	Now this year, we of course were struck by a drought unseen in one hundred years. However, the first quarter GDP growth was still 15 **percent**. And for the first half of this year, the industrial value adding recorded a 20 percent increase 2:52.
	I3	This year, despite the drought, the biggest natural disaster in one hundred years, in the first quarter of this year, the GDP of Yunnan still grew by 15 **percent**, and in the first half of this year, industrial output will grow no less than 20 percent 2:49.
	I4	And this year, we are hit by an unprecedented drought unseen for the last one hundred years. But the first quarter GDP growth was 15 **percent**. In the first half of this year, industrial added value will not be less than 20 percent 2:50.
	I5	This year, although we suffered from serious drought, our first quarter GDP grew by 15 **percent**. In the first half of this year, the industrial output is expected to grow at over 20 percent 2:52.
	I6	This year witnessed the once in a century drought. In the first quarter the GDP growth reached 15 **percent**. In the first half of this year, the industrial output will be no less than 20 percent 2:49.
组2片段5 源语		干旱灾害发生以后，社会各族各界伸出了援助的手，支持云南资金、物资。我们共接受资金援助 11.5 亿元，这对我们夺取抗旱救灾的胜利起到了极大的作用。这中间也包括我们"长江人"，高士军先生捐资1200 万元 4:12。
机翻译文		After the drought disaster, all walks of life from all ethnic groups extended a helping hand to support Yunnan funds and materials. We have received a total of 1.15 billion in financial assistance, which has greatly contributed to our victory in fighting drought and disaster relief. This also includes our CKGSB people, and Mr. Gao Shijun donated 12 million.

续表

译语	I1	After the disaster took place, help and support from **everywhere** in **China** came here. We received 1.15 billion capital donation, which played a significant role for us to overcome the crisis. Among that, the **donors** include our CKGSB. Mr. Gao donated about 12 million **RMB** 4:17.
	I2	After we were struck by drought, all walks of life sent us support, people from all walks of life sent us support in terms of relief, relief aid, etc. We actually received donation amounting to 1.15 billion, which, of course, played a vital role in conquering this drought disaster. But of course, our people from CKGSB also **contribute** a **lot**. Mr. Gao Shijun donated 12 million **RMB** 4:14.
	I3	After the drought, we received a lot of relief, a lot of help and support from **other provinces**. In total, we received 1.15 billion **Yuan** in terms of relief, which was very significant to our victory against the drought. And in particular, I **want** to **thank** people from CKGSB. Mr. Gao Shijun donated 12 million **Yuan** 4:13.
	I4	After the drought, people of all ethnic nationalities, from all quarters of society came to our rescue in the forms of financing as well as in kind. Actually, when we **do some calculation**, we will **find** that we have received 115 million **Yuan** in rescue fund. I **think** this is a decisive factor in our successful tackling of the drought. Of course, we **have** to **say thank** you to Cheungkong people. Gao Shijun donated 12 million **Yuan** to the disaster relief efforts 4:18.
	I5	After the drought occurred, the public **rapidly mobilized** to provide support and assistance in terms of financial support and in-kind support. We received financial support of 1.15 billion **RMB**, which is crucial in our fight against the drought. I'd **also** like to **thank** CKGSB for your **contribution**. Mr. Gao Shijun donated 12 million **RMB** 4:14.
	I6	Once the drought happened, social community provided help, assistance, and support to us to support the relief of Yunnan province. We have reached 150 million capital and this contributed a lot to the successful disaster relief. This also includes the **effort** of CKGSB. Mr. Gao donated 12 million 4:13.
组 2 片段 6 源语		我们在遇到困难的时候，遇到危机的时候，遇到灾难的时候，资金的支持、物质的支持是重要的。精神的支持更重要。社会各界的支持，我们觉得这不仅仅是资金、物质支持，我觉得这是对我们更大的精神支持 5:26。
机翻译文		When we encounter difficulties, when encountering a crisis, when it comes to disasters, financial support and material support are important. Spiritual support is more important. With the support of all walks of life, we feel this is not just financial and material support. I think this is greater spiritual support for us.

译语	I1	When we faced difficulties and crisis, and disasters, those financial and material support are very important. Spirit support is more important. The help from the society is not only the financial and material support, but the spiritual support 5:32.
	I2	Now of course, when facing difficulty, when facing crisis, when facing disaster, monetary support and support, material support are both important. But of course, apart from that, we **need** more spiritual support. We believe support from all walks of life means not only in monetary, in financial terms, they are more spiritual support to us 5:29.
	I3	Facing the difficulty, or facing the threat, or facing the natural disaster, we **received** cash and in-kind support. These are also very important, but what's more important is the spiritual or emotional support from you. We believe you've **shown** support not only in terms of cash, but also in terms of spirit 5:29.
	I4	When we are in the midst of the crisis and difficulties, when the disaster strikes, capital and assistance in the forms of cash and resources are very very important. I think what is more important is your mental support. I think support from all quarters of society does not **demonstrate** itself in the **form** of cash or resources. I think the support from all quarters is a huge amount of support which we **cherish very much** 5:28.
	I5	When we are encountering crisis or disaster, financial support and in-kind support are both important. However, what is more important is the spiritual support. And we can **see** both financial support and in-kind support from the public. I also feel that **everyone sympathizes** with us 5:31.
	I6	In the face of difficulties, and the crisis and disasters, the capital support and material support are very important. Also the spirit support is more important. Support of the social community **demonstrates** and is more than the capital and material support. It's more about spirit encouragement 5:30.
组2片段7源语		这是我们中华民族的优良传统，这也是我们传统的美德。我想只要我们能够继承、发扬这样好的传统，这样好的美德，我们就可以战胜一切困难、一切危机，我们中华民族就可以无往而不胜 6:18。
机翻译文		This is the fine tradition of our Chinese nation, and this is also our traditional virtue. I think as long as we can inherit and carry forward such a good tradition, such a good virtue, we can overcome all difficulties and all crises, and our Chinese nation can be invincible.

续表

译语	I1	This is a <u>great tradition</u> of <u>Chinese people</u>, and <u>also</u> a <u>great virtue</u> of <u>Chinese people</u>. I <u>think</u> <u>as long as</u> we can <u>inherit</u> and <u>develop</u> such <u>good tradition</u> and <u>virtue</u>, we are <u>able</u> to <u>overcome all kinds</u> of <u>difficulties</u> and <u>crisis</u>. <u>Chinese people</u> can be <u>insurmountable</u> 6:22.
	I2	I **believe** this is a <u>very good tradition</u> of the <u>Chinese people</u>. Of course this is our <u>traditional virtue</u>. I <u>believe</u> <u>as long as</u> we can <u>champion</u> this, <u>inherit</u> these <u>virtues</u>, this <u>kind</u> of <u>good traditions</u>, we can <u>overcome all difficulties</u>, <u>all crises</u>, and the <u>Chinese people</u> can **overcome all obstacles** 6:22.
	I3	This is **one** of the <u>great traditions</u> of the <u>Chinese nation</u>, and is <u>also</u> a <u>virtue</u>. And I <u>believe</u> <u>as long as</u> we can <u>keep on carrying</u> out this <u>virtue</u>, <u>as long as</u> we <u>follow</u> the <u>same principle</u>, <u>or</u> we <u>follow</u> the <u>same tradition</u>, <u>then</u> the <u>Chinese nation</u> will be <u>invincible</u>, <u>overcoming all kinds</u> of <u>challenges</u> and <u>threats</u> 6:25.
	I4	I **think** it is the <u>honored heritage</u> and <u>inheritance</u> of the <u>Chinese</u> to **help each other out** at the **time** of **crisis**, and this **spirit** has been **passed down** from **generations before**. I <u>think</u> we can <u>build</u> on the <u>spirit</u>. <u>If</u> we can <u>build</u> on this <u>good morality, good practice</u> and <u>spirit</u>, we will <u>fight</u>... we will be <u>able</u> to <u>tackle</u> <u>all kinds</u> of <u>crises</u> and <u>problems</u>. And <u>China</u> will <u>win all battles</u> and be **successful** on **all occasions** 6:22.
	I5	This is a <u>good tradition</u> of <u>China</u>, and this is <u>also</u> <u>what</u> we are **proud** of. I <u>believe</u> that <u>as long as</u> we could <u>inherit</u> such a <u>tradition</u>, such a <u>virtue</u>, we could be <u>able</u> to <u>succeed</u> and <u>fight</u> against <u>all</u> the <u>disasters</u> and <u>crises</u>, and we would be a **successful nation** and **country** 6:18.
	I6	This is the <u>tradition</u> of the <u>Chinese people</u>, and <u>also</u> it is the <u>merit</u> of our <u>tradition</u>. I **firmly** believe that <u>as long as</u> we can <u>inherit</u> this <u>tradition</u> and **spread** it over **China**, we can <u>tide</u> over <u>all difficulties</u> and <u>crises</u>, and the <u>Chinese nation</u> can **head** towards the **future** 6:20.
组2片段8 源语		我们要紧紧地抓住这一次机遇，把桥头堡的建设作为云南转变经济发展方式、拓展外向型经济发展空间、加快边疆民族贫困地区发展的千载难逢的机遇 7:56。
机翻译文		We must <u>tightly seize</u> this <u>opportunity</u> and <u>take</u> the <u>construction</u> of the <u>bridgehead</u> as a <u>golden opportunity</u> for <u>Yunnan</u> to <u>transform</u> its <u>economic development mode</u>, <u>expand</u> the <u>space</u> for <u>export-oriented economic development</u>, and <u>accelerate</u> the <u>development</u> of <u>poverty-stricken areas</u> of ethnic minorities in <u>frontier regions</u>.

译语	I1	We <u>need</u> to <u>seize</u> this <u>opportunity</u>, <u>regarding</u> the **project** of constructing the <u>gateway</u> as a <u>very important opportunity</u> to <u>develop</u> our <u>country's</u> **future** and <u>speed</u> up the <u>unification</u> of **South China** 8:05.
	I2	We <u>need</u> to <u>seize</u> upon this <u>opportunity</u>, and <u>using</u> the <u>opportunity</u> of <u>developing</u> into a <u>gateway</u> to **become**, to <u>develop</u> our <u>economy</u> and maintain our <u>relations</u> with <u>all ethnic minorities</u> 8:01.
	I3	We should **not** le...**let** this **go**. We must <u>take</u> this <u>opportunity</u> to <u>shift</u> our <u>development model</u>, to <u>improve</u> our, um, <u>export-oriented economic development</u> <u>so as to</u> **make** our **own contribution** to the **Chinese economy** 8:05.
	I4	I <u>think</u> we should <u>firmly seize</u> this <u>opportunity</u> and **fulfill** the **task** of <u>using</u> Yunnan as the <u>bridge</u> **connecting other parts** of **China** with the **western part** of **China** <u>so that</u> we can <u>seize</u> the <u>opportunity</u> to **solve** the **problems** in the **western part** of **China** and <u>accelerate</u> the <u>development</u> in our <u>region</u> 8:01.
	I5	<u>That's why</u> we will **do everything** we can to <u>grasp</u> this <u>opportunity</u> and ... <u>use</u> the <u>opportunity</u>, um, <u>Yunnan's opportunity</u> to <u>transform</u> our <u>economic</u> **structure** and <u>develop</u> the **backward** <u>areas</u> of <u>ethnic minorities</u> 7:57.
	I6	We must <u>seize</u> the <u>opportunity</u>, and <u>regard</u> the <u>gateway</u> of **western part** of **China** as an <u>important opportunity</u> for <u>Yunnan</u> to be the **gateway** <u>so that</u> <u>Yunnan</u> can be a **good gateway** to the **western land** of **China** 8:06.